普通高等学校“十二五”规划教材·会计学类

税法

（第 2 版）

许淑琴　主　编
高　丽　李卫华　李　雪　副主编

南京大学出版社

内容简介

本书对照我国新旧税收法规编写。全书共分15章，主要内容包括税法基础理论、增值税法、消费税法、营业税法、城市维护建设税法、关税法、企业所得税法、个人所得税法、资源税法、土地增值税法、房产税法、契税法、城镇土地使用税法、耕地占用税法、车船税法、车辆购置税法、船舶吨税法、印花税法、税收征收管理法和税务行政法制。为了便于学生熟练掌握本书的知识内容，在每一章都设有学习目标主题内容、典型案例及相关的知识链接。

本书内容新颖，体例合理，与职称考试和资格考试内容相衔接。本书不仅可作为高等院校经济和管理类专业教材，还可以作为广大税务干部、在职财务人员及注册会计师、注册税务师的学习和参考用书。

图书在版编目（CIP）数据

税法 / 许淑琴主编. -- 2 版. -- 南京 : 南京大学出版社, 2015.6
普通高等学校“十二五”规划教材. 会计学类
ISBN 978-7-305-15176-7

Ⅰ. ①税… Ⅱ. ①许… Ⅲ. ①税法—中国—高等学校—教材 Ⅳ. ①D922.22

中国版本图书馆 CIP 数据核字(2015)第 094577 号

出版发行 南京大学出版社
社　　址 南京市汉口路 22 号　　邮　　编 210093
网　　址 http://www.NjupCo.com
出 版 人 金鑫荣

丛 书 名 普通高等学校“十二五”规划教材 • 会计学类
书　　名 **税法（第 2 版）**
主　　编 许淑琴
策划编辑 孙明珍
责任编辑 文幼章 王抗战　　编辑热线 010-62010948

照　　排 北京圣鑫旺文化发展中心
印　　刷 常州市武进第三印刷有限公司
开　　本 787×1092 1/16 印张 18 字数 450 千
版　　次 2015 年 6 月第 1 版 2015 年 6 月第 1 次印刷
ISBN 978-7-305-15176-7
定　　价 39.80 元

网　　址：http://www.njupco.com
官方微博：http://weibo.com/njupco.
官方微信号：njupress
销售咨询热线：（025）83594756

第2版前言

本教材自出版以来重印了4次,广大高校教师、青年学生和税务工作者对教材的体例、内容结构以及实用性给予了良好评价,对内容的一些细节也提出了中肯的宝贵意见,在此对大家的厚爱深表谢意。

当前正值我国进行财税体制改革,税制内容在不断变化,作为经管专业核心课程之一的"税法"课程,其教材也要进行全方位的再版修订。为了更好地满足广大读者的需要,第2版教材做了以下变动:

首先在教材体例上,新版教材体例框架结构没做变动,各章在保持第1版主要部分的原则下略做了调整,设有学习目标、主体内容、知识链接、本章小结、快速问答、思考题(实体法各章设置了练习题以方便师生练习用)6个部分。

在知识内容上,对于改革中的"营改增"在第二章"增值税法"中单独设计了第三节"营业税改增值税相关内容",在第四章"营业税法"中则删去了改革后不再适用的陈旧内容;小税种的编写顺序重新做了整合,其中船舶吨税作为小税种单独设立一节进行阐述,烟叶税以"知识链接"形式在第二章"增值税法"中体现;对个人所得税法、资源税法等也做了较大的改动。除此之外,各章内容依据税法的最新条款都做了详细的修改。

改版后的教材具有知识体系完整、内容全面更新、体例更加合理、结合资格考试设计例题和习题等特点。

本教材由哈尔滨学院的许淑琴任主编,哈尔滨学院的高丽、重庆人文科技学院的刘卫华、天津科技大学的李雪任副主编。哈尔滨学院的高忠坡、李浩楠,重庆人文科技学院的杨懿丁参与编写。其中,第一章至第四章由许淑琴编写;第五章、第七章、第八章由高丽编写;第六章、第十章由刘卫华、杨懿丁编写;第九章、第十三章由李雪编写;第十一章至第十二章由高忠坡编写;第十四章至第十五章由李浩楠编写。

在编写过程中,编者参考了相关教材的内容,吸取了同行的意见,得到了专家学者的指导,也得到了南京大学出版社的大力支持,在此一并表示感谢!

限于作者水平,书中不当之处在所难免,敬请读者批评指正。

编　者

第1版前言

税法是调整国家与各纳税单位及公民之间分配关系的基本法律规范，是维护经济秩序、社会安定，保障国家利益和公民合法权益的法律规范，也是征纳双方的行为准则。税法课程专业性强，跨多学科，已经成为经管类专业的核心课程之一。

本书以我国最新的税收法律法规为基础，根据普通高等院校税法教学的特点，全面、系统地阐述了税法理论和实践应用的内容。

在体例上，各章设有学习目标、主体内容、知识链接、专栏、本章小结、快速问答6个部分。为了加强理解和应用，书中汲取了大量案例，每章最后对基本内容设计快速问答以便及时检验学习效果。

本书有如下特点。

第一，内容新——引用最新的法律法规，体现我国税法发展的最新动态。

第二，体例合理。教材体例实用合理，完整统一，符合教学需要。

第三，书中穿插知识链接、专栏作为相关内容的必要补充，启发读者思考。

第四，与资格考试内容相衔接——税法是会计职称、注册会计师和注册税务师考试的必考科目，本书在内容、例题、快速问答中结合了上述考试的重点内容。

因此，本书除用于教学外，还可供广大税务干部、在职财务人员，以及注册会计师、注册税务师学习和参考。

除本书之外，本社还出版了配套的《税法学习指导与练习》，同时提供了教学大纲、教学课件、例题讲解等辅助资料供读者选用。

本书由许淑琴任主编，高志远、崔学贤任副主编。其中，第一章至第五章由许淑琴编写；第六章至第八章由崔学贤编写；第九章至第十三章由高志远编写；第十四、十五章由李浩楠编写。另外，在教材编写过程中，东北林业大学研究生高忠坡查阅了大量资料，付出了辛勤的劳动，在此特别表示感谢！

由于编者水平有限，加之我国税制变革、完善带来的变化，书中不当之处在所难免，敬请广大专家、同行和读者不吝赐教。

编　者

目　录

第一章 税法基础理论

学习目标

本章主要介绍了税法基础理论,包括税收的概念与特征、税收法定原则、税法的概念与作用、税收法律关系、我国现行税法体系、税法的构成要素以及我国的税收管理体制。通过学习应达到以下要求。

- 掌握税收的概念及特征
- 理解税收法定原则
- 掌握税法的概念
- 了解税法的作用
- 理解税收法律关系
- 理解我国现行税法体系
- 掌握税法的构成要素
- 熟悉我国的税收管理体制

第一节 税收概述

一、税收的产生

税收是一个古老的经济范畴。从人类发展的历史来看,税收是与国家有着本质联系的一个分配范畴,是随着国家的形成而产生的。税收实际上就是国家为实现其职能,以政治权力参与社会产品分配而形成的分配形式,反映了国家和社会成员之间的经济利益关系。

(一) 税收产生的条件

税收的产生取决于两个相互影响的前提条件,一是社会条件,即国家的产生和存在;二是经济条件,即私有制的存在。历史上,私有制先于国家形成,但对税收而言,要同时存在这两个前提条件,税收才能产生。可以说,税收是私有财产制度和国家政权相结合的产物。

1. 国家的产生和存在——税收产生的社会条件

税收产生的社会条件是国家公共权力的建立,即国家的产生和存在。从税收和国家的关系来看,国家的存在同税收的产生具有本质的联系。首先,税收是实现国家职能的物质基础,只有出现了国家,才有国家政权行使其职能的客观需要。国家为了行使其职能,必须建立军队、警察、法庭、监狱等专政机构,以及管理国家公共事务的行政管理机构。所有这一切公共需求都要耗用一定的物质资料,而国家并不直接从事社会生产,于是,为了满足这种需要,就需要向社会成员征税。其次,税收是以国家为主体,以国家权力为依据,参与社会产品分配而形成的一种特定的产品分配方式。任何私人对社会产品的分配显然不具备这样的权力和依据,只有产生了国家和国家权力,才有各社会成员认可的征税主体和依据,从而使税收的产生成为可能。

2. 私有财产制的存在和发展——税收产生的经济条件

在私有制条件下,社会产品的分配以生产资料私人占有为分配的依据,即依财产权利进行分配。国家参与社会产品分配则有两种权力,即财产所有权和政治权力。国家凭借其自身的财产所有权参与社会产品分配而形成的收入,是国家的公产收入,而不是税收。税收是国家凭借其政治权力进行的分配。这种分配只针对那些不属于国家所有或者国家不能直接支配使用的社会产品。也就是说,当社会存在着私有制,国家将一部分属于私人所有的社会产品转变为国家所有的时候,国家便动用政治权力,从而产生了税收这种分配形式。因此,国家征税实际上是对私有财产行使支配权,是对私有财产的一种"侵犯"。这就是所谓的"超经济的强制"。可见,税收的产生必须具备这样的经济条件,即存在私有制,而私有制又不是神圣不可侵犯的,国家可以凭借其政治权力,对私有财产行使一定的支配权。如果没有私有制,国家对本来就属于自己所有的社会产品无须征税。同样,如果私有制是神圣不可侵犯的,当然也就不会产生税收了。

综上所述,税收是人类社会发展到一定阶段的产物,是国家公共权力与私有制存在的必然产物。

(二) 税收的产生和发展

我国自夏代开始进入奴隶制社会以后,在夏、商、周三代中土地均归王室所有,即所谓"溥天之下,莫非王土,率土之滨,莫非王臣"。在这样的土地所有制度之下,中国税收的产生同西方奴隶制国家有所不同,经历了一个演变过程。

1. 农业税赋的产生

(1)"贡"、"助"、"彻"——税收发展的雏形阶段

早在夏代,我国就已经出现了国家凭借其政权力量进行强制课征的形式——"贡"。"贡"是夏代王室对其所属部落或平民根据若干年土地收获的平均数按一定比例征收的农产物。到商代,"贡"逐渐演变为"助"——借助农户的力役共同耕种公田,公田的收获全部归王室所有,这实际上是一种力役之征。到周代,"助"又演变为"彻"——每个农户要将一定数量的土地收获缴纳给王室,即"民耗百亩者,彻取十亩以为赋"。夏、商、周三代的"贡"、"助"、"彻"都是对土地收获原始的强制课征形式。因此,从税收起源的角度看,它们是税收的原始形式,是税收发展的雏形阶段。

(2)"初税亩"——税收发展的成熟阶段

春秋时期,鲁国适应土地私有制发展实行的"初税亩",标志着我国税收从雏形阶段进入了成熟时期。随着生产力的发展,到春秋时期,在公田以外开垦私田增加收入,于鲁宣公十五年(前594)实行了"初税亩",宣布对私田按亩征税,即"履亩十取一也"。"初税亩"首次从法律上承认了土地私有制,是历史上一项重要的经济改革措施,同时也是税收起源的一个里程碑。

2. 工商税收的产生

早在商代,我国已经出现了商业手工业的赋税。商业和手工业在商代已经有所发展,但当时还没有征收赋税,即所谓"市廛而不税,关讥而不征"。到了周代,为了适应商业、手工业的发展,开始对经过关卡或上市交易的物品征收"关市之赋",对伐木、采矿、狩猎、捕鱼、煮盐等征收"山泽之赋"。这是我国最早的工商税收。

我国税收经历了奴隶社会的雏形，封建社会、半殖民地半封建社会的演变，出现了多种多样、纷繁复杂的税收种类。中华人民共和国成立之后，于1950年颁布了《全国税政实施要则》，1954年将“中华人民共和国公民有依照法律纳税的义务”写入首部《中华人民共和国宪法》，中国税法从此有了纲领和宪法依据。

二、税收的概念与特征

（一）税收的概念

税收是国家为了满足社会公共需要，实现其职能，凭借政治权力，强制、无偿地取得财政收入的一种形式。税收的内涵需要从税收的分配关系本质、国家税权和税收目的这3个方面来理解。

1. 税收是国家取得财政收入的一种重要工具，其本质是一种分配关系

国家行使其职能必须要有一定的财政收入作为保障。国家取得财政收入的手段多种多样，如税收、发行货币、发行国债、收费、罚没等，而税收则是大部分国家取得财政收入的主要形式。我国自1994年税制改革以来，税收收入占财政收入的比重基本都维持在90%以上。在社会再生产过程中和市场经济条件下，分配主要是对社会产品价值的分割，是连接生产与消费的必要环节。税收解决的是分配问题，处于社会再生产的分配环节，因而，它体现的是一种分配关系。

2. 国家征税凭借的是政治权力，它有别于按要素进行的分配

国家通过征税将一部分社会产品由纳税人所有转变为国家所有，因此，征税的过程实际上是国家参与社会产品分配的过程。国家与纳税人之间形成的这种分配关系与社会再生产中的一般分配关系不同。税收分配是以国家为主体、凭借其政治权力所进行的分配，而一般分配则是以各生产要素的所有者为主体、基于生产要素所进行的分配。

3. 国家征税的主要目的是满足社会公共需要

国家在履行其公共职能的过程中必然要有一定的公共支出。公共产品提供的特殊性决定了公共支出一般情况下不可能采用由公民个人、企业自愿出价的方式，而只能采用由国家强制征税的方式，由经济组织、单位和个人来负担。税收作为财政收入的最主要来源，为保证财政支出、满足国家提供公共产品的需要（包括政府弥补市场失灵、促进公平分配等）、维持政府实现职能提供财力保证。同时，国家征税也要受到所提供公共产品规模和质量的制约。

（二）税收的特征

1. 税收的无偿性

国家征税以后对具体纳税人既不需要直接偿还，也不付出任何直接形式的报酬，纳税人从政府支出所获的利益通常与其支付的税款不完全呈一一对应的比例关系。无偿性是税收的关键特征，决定了税收是国家筹集财政收入的主要手段，并成为调节经济和矫正社会分配不公的有力工具。

2. 税收的强制性

税收是国家凭借其政治权力，通过法律形式对社会产品进行的强制性分配，而非纳税人的一种自愿交纳，纳税人必须依法纳税，否则会受到法律制裁。强制性是国家权力在税收上的法律体现，是国家取得税收收入的根本前提。它是与税收的无偿性特征相对应的一个特征。正因为税收具有无偿性，才需要通过税收法律的形式规范征纳双方的权利和义务。

3. 税收的固定性

国家通过法律形式预先规定了对什么征税及征收比例等税制要求,并保持相对的连续性和稳定性。税制要素的具体内容会因经济发展水平、国家经济政策的变化而进行必要的改革和调整,但这种改革和调整要通过法律形式事先规定,而且改革调整后要保持一定时期的相对稳定。对于国家来说,这可以保证财政收入的及时、稳定和可靠,可以防止国家不顾客观经济条件和纳税人的负担能力,滥用征税权力;对于纳税人来说,可以保护其合法权益不受侵犯,增强其依法纳税的法律意识,同时也有利于纳税人通过税收筹划选择合理的经营规模、经营方式和经营结构等,降低成本。

税收的“三性”是一个完整的统一体,相辅相成、缺一不可。其中,无偿性是核心,强制性是保障,固定性是对强制性和无偿性的一种规范和约束。

三、税收的作用

财政是国家治理的基础和重要支柱,科学的财税体制是优化资源配置、维护市场统一、促进社会公平、实现国家长治久安的制度保障。国家治理体系和治理能力的现代化进程的不断推进,需要税收在其中发挥更大的作用。其作用主要体现在以下几个方面。

(一) 税收是确保经济效率、政治稳定、政权稳固的重要工具

随着国际竞争的日益加剧,各种经济和政治、文化因素的渗透,一国的政治体制、经济实力和文化社会环境等决定了其在国际上的竞争能力,也决定了其政府受民众欢迎的程度。为了提供更好的公共产品,也为了更大程度地满足民众对美好生活的向往,政府必须具有一定的财力作支持,这种支持在现代国家主要通过税收来解决。从这个意义上来说,税收是真正的“国家治理的基础和重要支柱”。

(二) 税收是促进现代市场体系构建、社会公平正义的重要手段

我国传统经济体制下政府对宏观经济过多的干预,影响了市场的公正性。现代市场体系要求市场公开、公正和有效,其中税收是一个重要的经济手段。为适应现代市场经济的要求,税收应以不影响市场主体的正常经营决策为前提,尽量保持“中性”。这样,通过税收的再分配功能,纠正国民收入初次分配中的不平衡,从而有助于实现分配的公平化,也是税收的重要社会功能。

(三) 税收是促进依法治国、法治社会建立、社会和谐的重要载体

税收涉及了公民的基本利益,征税直接影响了公民和法人可直接支配的收入;税收的使用(通过预算进行的财政支出)也直接影响到公民和法人对公共需要的满足。在现代国家治理中,税收的开征、征收过程和税款的使用过程无一不直接受到公民和法人的强烈关注,因此税收也直接影响到一国法治的进程。如果国家能在税收征纳和税款使用过程中最大限度地做到公开、透明、高效,则税收会成为推进社会和谐的重要载体。

(四) 税收是国际经济和政治交往中的重要政策工具,也是维护国家权益的重要手段

近几年,国际贸易领域纷争不断,各国除了通过正常的国际贸易争端解决机制外还运用了包括惩罚性关税等在内的经济手段。在国际税收领域,签订税收协定也是促进国际交往的重要方式。

第二节　税法概述

一、税收法定原则

（一）税法的基本原则

税法基本原则是统领所有税收规范的根本准则，为包括税收立法、执法、司法在内的一切税收活动所必须遵守。

1. 税收法定原则

税收法定原则又称为税收法定主义，是税法主体的权利义务必须由法律加以规定，税法的各类构成要素皆必须且只能由法律予以明确的原则。如果没有相应法律作前提，则国家不能征税，公民也没有纳税的义务。税收法定主义贯穿于税收立法和执法的全部领域，是税法基本原则的核心。

2. 税收公平原则

税收公平原则源于法律上的平等性原则，包括税收横向公平和纵向公平，即税收负担必须根据纳税人的负担能力分配——负担能力相等，税负相同；负担能力不等，税负不同。

3. 税收效率原则

税收效率原则包含两个方面，一是经济效率原则；二是行政效率原则。前者要求税法的制定要有利于资源的有效配置和经济体制的有效运行；后者要求提高税收行政效率，节约税收征管成本。

4. 实质课税原则

实质课税原则是指应根据客观事实确定是否符合课税要件，并根据纳税人的真实负担能力决定纳税人的税负，而不能仅考虑相关外观和形式。

（二）税法的适用原则

税法适用原则是税务行政机关和司法机关运用税收法律规范解决具体问题所必须遵循的准则。税法适用原则并不违背税法基本原则，而且在一定程度上体现着税法基本原则。

1. 法律优位原则

法律优位原则也称为行政立法不得抵触法律原则，明确了税收法律的效力高于税收行政法规的效力。对此，还可以进一步推论为税收行政法规的效力优于税收行政规章的效力。效力低的税法与效力高的税法发生冲突时，则效力低的税法是无效的。

2. 法律不溯及既往原则

其含义为：一部新法实施后，对新法实施之前人们的行为不得适用新法，而只能沿用旧法。其目的在于维护税法的稳定性和可预测性，使纳税人能在知道纳税结果的前提下作出相应的经济决策，使税收的调节作用更有效。

3. 新法优于旧法原则

新法优于旧法原则也称为后法优于先法原则，其含义为：新法、旧法对同一事项有不同规定时，新法的效力优于旧法。新法优于旧法原则在税法中普遍适用，但是当新税法与旧税法处于普通法与特别法的关系时,以及某些程序性税法引用“实体从旧、程序从新”原则时,可以例外。

4. 特别法优于普通法原则

其含义为:对同一事项两部法律分别具有一般和特别规定时,特别规定的效力高于一般规定的效力。特别法优于普通法原则打破了税法效力等级的限制,即居于特别法地位的级别较低的税法,其效力可以高于作为普通法的级别较高的税法。

5. 实体从旧、程序从新原则

其含义为:一是实体税法不具备溯及力,即在纳税义务的确定上,以纳税义务发生时的税法规定为准,实体性的税法规则不具有向前的溯及力;二是程序性税法在特定条件下具备一定的溯及力,即对于新税法公布实施之前发生,却在新税法公布实施之后进入税款征收程序的纳税义务,原则上新税法具有约束力。

6. 程序优于实体原则

其含义为:在诉讼发生时税收程序法优于税收实体法。使用这一原则是为了确保国家课税权的实现,即不因争议的发生而影响税款的及时、足额入库。

二、税法的概念与作用

(一) 税法的概念

税法是国家制定的用以调整国家与纳税人之间在征纳税方面的权利及义务关系的法律规范的总称。它是国家及纳税人依法征税、依法纳税的行为准则,其目的是保障国家利益和纳税人的合法权益,维护正常的税收秩序,保证国家的财政收入。税法体现为法律这一规范形式,是税收制度的核心内容。

税法具有义务性法规和综合性法规的特点。税法属于义务性法规的特点是由税收的无偿性和强制性特点所决定的。从法律性质上看,税法属于义务性法规,以规定纳税人的义务为主。税法属于义务性法规,并不是指税法没有规定纳税人的权利,而是指纳税人的权利是建立在其纳税义务的基础之上,处于从属地位。税法的另一特点是具有综合性,税法的综合性特点是由税收制度所调整的税收分配关系和税收法律关系的复杂性所决定的。它是由一系列单行税收法律法规及行政规章制度组成的体系,其内容涉及课税的基本原则、征纳双方的权利和义务、税收管理规则、法律责任、解决税务争议的法律规范等。

(二) 税法的作用

税法调整的对象涉及社会经济活动的各个方面,与国家的整体利益及企业、单位、个人的直接利益有着密切的关系。正确地认识税法本身应具有的功能价值作用,对于在实践工作中准确地把握税法的基本价值取向、促进税收法制水平提高,以及推动税收事业各项工作具有重要的意义。我国税法的重要作用主要有这样几个方面。

1. 为国家组织财政收入提供法律上的保障

为了国家各项职能的顺利实现,维护国家机器的正常运转,必须筹集大量的资金,即组织财政收入。为了保证税收组织财政收入职能的发挥,必须通过制定税法,以法律的形式确定企业、单位和个人履行纳税义务的具体项目、数额和纳税程序,惩治偷逃税款的行为,防止税款流失,保证国家依法征税,及时足额地取得税收收入。

2. 为国家宏观调控提供法律上的手段

建立和完善社会主义市场经济体制,国家就应该从习惯于运用行政手段管理经济,向运用法律、经济的手段调控经济转变。税收作为国家宏观调控的重要手段,通过制定税法,以法律的形式确定国家与纳税人之间的利益分配关系,调节社会成员的收入水平,调整产业结构和优化社会资源配置,使之符合宏观经济政策;同时,以法律的平等原则,鼓励平等竞争,公平纳税人的税收负担,为市场经济的发展创造良好的条件。

3. 促进依法纳税,维护国家经济秩序

现实经济活动中,税法的贯彻执行涉及从事生产经营活动的每个单位和个人。一切经营单位和个人通过办理税务登记、建账建制、纳税申报,其各项经营活动都将纳入税法的规范制约和管理范围,都将较全面地反映出纳税人的生产经营情况。这样,税法就确定了一个规范有效的纳税秩序和经济秩序,可以监督经营单位和个人依法经营,加强经济核算,提高经营管理水平;同时,税务机关按照税法规定对纳税人进行税务检查,严肃查处偷逃税款及其他违反税法规定的行为,也将有效地打击各种违法经营活动,为国民经济的健康发展创造一个良好、稳定的环境秩序。

4. 切实有效地保护纳税人的合法权益

税法不仅是税务机关征税的法律依据,同时也是纳税人保护自身合法权益的重要法律依据。为保护纳税人的合法权益,税法在确定税务机关征税权力和纳税人履行纳税义务的同时,相应规定了税务机关须尽的义务和纳税人享有的权利,如纳税人享有延期纳税权、申请减税免税权、不服税务机关的处理决定申请复议或提起诉讼权等;税法还严格规定了对税务机关执法行为的监督制约制度,如进行税收征收管理必须按照法定的权限和程序行事,造成纳税人合法权益损失的要负赔偿责任等。

5. 维护国家权益,促进国际经济交往

自1979年实行对外开放以来,我国在平等互利的基础上,不断扩大和发展同各国、各地区的经济交流与合作,利用外资及引进技术的规模、渠道和形式都有了很大发展。我国在建立和完善涉外税法的同时,还同80多个国家签订了避免双重征税的协定。这些税收协定既维护了国家的权益,又为鼓励外商投资、保护国外企业或个人在华合法经营、发展国家间平等互利的经济技术合作关系提供了可靠的法律保障。

三、税收法律关系

(一)权利主体

法律关系的主体是指法律关系的参加者。税收法律关系的主体即税收法律关系中享有权利和承担义务的当事人。在我国税收法律关系中,权利主体一方是代表国家行使征税职责的国家行政机关,包括国家各级税务机关、海关和财政机关;另一方是履行纳税义务的人,包括法人、自然人和其他组织,在华的外国企业、组织、外籍人、无国籍人,以及在华虽然没有机构、场所但有来源于中国境内所得的外国企业或组织。这种对税收法律关系中权利主体另一方的确定,在我国采取的是属地兼属人的原则。

在税收法律关系中,权利主体双方的法律地位平等,只是因为主体双方是行政管理者与被管理者的关系,所以双方的权利与义务不对等。因此,这与一般民事法律关系中主体双方的权利与义务平等是不一样的,这是税收法律关系的一个重要特征。

(二) 权利客体

权利客体即税收法律关系主体的权利、义务所共同指向的对象,也就是征税对象。例如,所得税法律关系客体就是生产经营所得和其他所得,财产税法律关系客体就是财产,流转税法律关系客体就是货物销售收入或劳务收入。税收法律关系客体也是国家利用税收杠杆调整和控制的目标,国家在一定时期根据客观经济形势发展的需要,通过扩大或缩小征税范围调整征税对象,以达到限制或鼓励国民经济中某些产业、行业发展的目的。

(三) 税收法律关系的内容

税收法律关系的内容就是权利主体所享有的权利和所应承担的义务,这是税收法律关系中最实质的东西,也是税法的灵魂。它规定了权利主体可以有什么行为,不可以有什么行为,若违反了这些规定,须承担相应的法律责任。

(四) 税收法律关系的产生、变更与消灭

税法是引起税收法律关系的前提条件,但税法本身并不能产生具体的税收法律关系。税收法律关系的产生、变更和消灭必须有能够引起税收法律关系产生、变更或消灭的客观情况,也就是由税收法律事实来决定。税收法律事实可以分为税收法律事件和税收法律行为。税收法律事件是指不以税收法律关系权利主体的意志为转移的客观事件,例如,四川汶川大地震导致税收减免,从而改变税收法律关系的内容;税收法律行为是指税收法律关系主体在正常意志支配下做出的活动,例如,纳税人开业经营即产生纳税人与征收机关税收法律关系,纳税人转业或停业就造成税收法律关系的变更或消灭。

四、税法体系概述

一个国家在一定时期内、一定体制下以法定形式规定的各种税收法律、法规的总和,称为税法体系。一个国家的税收制度是在既定的管理体制下设置的税种及与这些税种的征收、管理有关的,具有法律效力的各级成文法律、行政法规、部门规章等的总和。换句话说,税法体系就是通常所说的税收制度(简称税制)。

(一) 税法的分类

税法体系中各税法按立法目的、征税对象、权限划分、适用范围、职能作用的不同,可分为不同类型。

1. 按照税法的基本内容和效力的不同,可分为税收基本法和税收普通法

① 税收基本法也称为税收通则,是税法体系的主体和核心,在税法体系中起着税收母法的作用。其基本内容包括税收制度的性质、税务管理机构、税收立法与管理权限、纳税人的基本权利与义务、征税机关的权利和义务、税种设置等。我国目前还没有制定统一的税收基本法,随着我国税收法制建设的发展和完善,将研究制定税收基本法。

② 税收普通法是根据税收基本法的原则,对税收基本法规定的事项分别立法实施的法律,如个人所得税法、税收征收管理法等。

2. 按照税法的职能作用不同,可分为税收实体法和税收程序法

① 税收实体法主要是确定税种立法,具体规定各税种的征收对象、征收范围、税目、税率、纳

税地点等。例如,《中华人民共和国企业所得税法》、《中华人民共和国个人所得税法》就属于税收实体法。

② 税收程序法是指税务管理方面的法律,主要包括税收管理法、纳税程序法、发票管理法、税务机关组织法、税务争议处理法等。《中华人民共和国税收征收管理法》(以下简称《税收征收管理法》)就属于税收程序法。

3. 按照税法征收对象的不同,可分为流转税法、所得税法、财产行为税法、资源税法、特定目的税法等

① 流转税法。其主要包括增值税、营业税、消费税、关税等税法。这类税法的特点是与商品生产、流通、消费有密切联系,对什么商品征税,税率多高,对商品经济活动有直接的影响,易于发挥对经济的宏观调控作用。

② 所得税税法。其主要包括企业所得税、个人所得税等税法。其特点是可以直接调节纳税人收入,发挥其公平税负、调整分配关系的作用。

③ 财产、行为税税法。其主要是对财产的价值或某种行为课税,包括房产税、车船税、印花税、契税、船舶吨税等税法。

④ 资源税税法。其主要是为保护和合理使用国家自然资源而课征的税。我国现行的资源税、城镇土地使用税和土地增值税等税种均属于资源课税的范畴。

⑤ 特定目的税税法。其包括城市维护建设税、车辆购置税、耕地占用税、烟叶税等税法。其目的是对某些特定对象和特定行为发挥特定调节作用。

4. 按照主权国家行使税收管辖权的不同,可分为国内税法、国际税法和外国税法

① 国内税法一般是按照属人或属地原则规定一个国家的内部税收制度。

② 国际税法是指国家间形成的税收制度,主要包括双边或多边国家间的税收协定、条约和国际惯例等。一般而言,其效力高于国内税法。

③ 外国税法是指非本国的其他国家制定的税收制度。

(二) 我国现行税法体系

1. 税收实体法体系

我国的现行税制就其实体法而言,是1949年新中国成立后经过几次较大的改革逐步演变而来的。其按征税对象大致分为5类。流转税类,主要包括增值税、营业税、消费税、关税等税法,主要在生产、流通或者服务业中发挥调节作用;资源税类,包括资源税、土地增值税和城镇土地使用税,主要对因开发和利用自然资源差异而形成的级差收入发挥调节作用;所得税类,包括企业所得税、个人所得税,主要在国民收入形成后,对生产经营者的利润和个人的纯收入发挥调节作用;特定目的税类,主要包括城市维护建设税、车辆购置税、耕地占用税和烟叶税等,主要是为了达到特定目的,对特定对象和特定行为发挥调节作用;财产和行为税类,主要包括房产税、车船税、印花税、契税和船舶吨税,主要对某些财产和行为发挥调节作用。

上述税种中的关税由海关负责征收管理,其他税种由税务机关负责征收管理。除企业所得税、个人所得税以国家法律的形式发布实施外,其他各税种都是经全国人民代表大会授权立法,由国务院以暂行条例的形式发布实施的。这些税收法律、法规组成了我国的税收实体法体系。

2. 税收程序法体系

除税收实体法外,我国对税收征收管理适用的法律制度,是按照税收管理机关的不同而分别规定的,其中,由税务机关负责征收的税种的征收管理,按照全国人大常委会发布实施的《税收征收管理法》执行;由海关机关负责征收的税种的征收管理,按照《海关法》及《进出口关税条例》等

有关规定执行。

上述税收实体法和税收程序法的法律制度构成了我国现行税法体系。

第三节 税法的构成要素

税法的构成要素是指各种单行税法具有的共同的基本要素的总称。首先,税法构成要素既包括实体性的,也包括程序性的;其次,税法的构成要素是所有完善的单行税法都共同具备的,仅为某一税法所单独具有而非普遍性的内容不构成税法要素,如扣缴义务人。税法的构成要素一般包括总则、纳税义务人、征税对象、税目、税率、纳税环节、纳税期限、纳税地点、减税免税、罚则、附则等项目。

一、总则

总则主要包括立法依据、立法目的、适用原则等。

二、纳税义务人

纳税义务人又称为纳税主体,是税法规定的直接负有纳税义务的单位和个人。任何税种首先要解决的就是国家对谁征税的问题。纳税人有两种基本形式,即自然人和法人。自然人和法人是两个相对称的法律概念。自然人是基于自然规律而出生的,有民事权利和义务的主体,既包括本国公民,也包括外国人和无国籍人。法人是自然人的对称,根据《民法通则》第三十六条的规定,法人是指基于法律规定享有权利能力和行为能力,具有独立的财产和经费,依法独立承担民事责任的社会组织。我国的法人主要有机关法人、事业法人、企业法人和社团法人。

与纳税人紧密联系的两个概念是代扣代缴义务人和代收代缴义务人。代扣代缴义务人是指虽不承担纳税义务,但依照有关规定,在向纳税人支付收入、结算货款、收取费用时有义务代扣代缴其应纳税款的单位和个人,如出版社代扣作者稿酬所得的个人所得税等。如果代扣代缴义务人按规定履行了代扣代缴义务,税务机关将支付一定的手续费;反之,未按规定代扣代缴税款,造成应纳税款流失或将已扣缴的税款私自截留挪用、不按时缴入国库,一经税务机关发现,将要承担相应的法律责任。代收代缴义务人是指虽不承担纳税义务,但依照有关规定,在向纳税人收取商品或劳务收入时,有义务代收代缴其应纳税款的单位和个人。例如,《消费税暂行条例》规定,委托加工的应税消费品,由受托方在向委托方交货时代收代缴委托方应该缴纳的消费税。

三、征税对象

征税对象又称为课税对象、征税客体,是指税法规定对什么征税,是征纳税双方权利义务共同指向的客体或标的物,是区别一种税与另一种税的重要标志。例如,消费税的征税对象是《消费税暂行条例》所列举的应税消费品,房产税的征税对象是房屋,等等。征税对象是税法最基本的要素,因为它体现着征税的最基本界限,决定着某一种税的基本征税范围,同时也决定了各个不同税种的名称。例如,消费税、土地增值税、个人所得税等,这些税种因征税对象不同、性质不同,故以不同名称相区分。

四、税目

税目是在税法中对征税对象分类规定的具体的征税项目,反映具体的征税范围,是对课税对象质的界定,体现了征收的广度。设置税目的目的是明确具体的征税范围,凡列入税目的即为应税项目;未列入税目的,则不属于应税项目。并非所有税种都要规定税目,有些税种不分课税对象的具体项目,一律按照课税对象的应税数额采用同一税率计征税款,因此一般无须设置税目,如企业所得税等。

五、税基

税基又称为计税依据,是据以计算征税对象应纳税款的直接数量依据。它解决了对征税对象课税的计算问题,是对课税对象的量的规定。税基按照计量单位的性质划分,有两种基本形态,即价值形态和物理形态。价值形态包括应纳税所得额、销售收入、营业收入等;物理形态包括面积、体积、容积重量等。以价值形态作为税基又称为从价计征,即按征税对象的货币价值计算。例如,生产销售化妆品应纳消费税是由化妆品的销售收入乘以适用税率计算产生的,其税基为销售收入,属于从价计征。另一种是从量计征,即直接按征税对象的自然单位计算。例如,城镇土地使用税应纳税额是由占用土地面积乘以每单位面积应纳税额计算产生的,其税基为占用土地的面积,属于从量计征。

六、税率

税率是指对征税对象的征收比例或征收额度。税率是计算税额的尺度,也是衡量税负轻重与否的重要标志,体现了征收的深度。我国现行的税率主要有以下几种。

(一)比例税率

比例税率即对同一征税对象,不分数额大小,规定相同的征收比例。我国的增值税、营业税、城市维护建设税、企业所得税等采用的是比例税率。比例税率在适用中又可分为 3 种具体形式。

① 单一比例税率。它是指对同一征税对象的所有纳税人都适用同一比例征税。

② 差别比例税率。它是指对同一征税对象的不同纳税人适用不同的比例征税。

差别比例税率又分为 3 种类型。一是产品差别比例税率,即对不同产品分别适用不同的比例税率,同一产品采用同一比例税率,如消费税、关税等;二是行业差别比例税率,即对不同行业分别适用不同的比例税率,同一行业采用同一比例税率,如营业税等;三是地区差别比例税率,即区分不同的地区分别适用不同的比例税率,同一地区采用同一比例税率,如城市维护建设税等。

③ 幅度比例税率。它是指对同一征税对象,税法只规定最低税率和最高税率,各地区在该幅度内确定具体的适用税率。

(二)累进税率

累进税率是指随着征税对象数量增大而随之提高的税率,即按征税对象数额的大小划分为若干等级,不同等级的课税数额分别适用不同的税率,课税数额越大,适用税率越高。累进税率一般在所得税课税中使用,可以充分体现对纳税人收入多的多征、收入少的少征、无收入的不征的税收原则,从而有效地调节纳税人的收入,正确处理税收负担的纵向公平问题。

1. 全额累进税率

全额累进税率即把征税对象的数额划分为若干等级,对每个等级分别规定相应税率,当税基超过某个级距时,课税对象的全部数额都按提高后级距的相应税率征税。

全额累进税率计算方法简便,但税收负担不合理,特别是在划分级距的临界点附近,税负呈跳跃式递增,甚至会出现税额增加超过课税对象数额增加的不合理现象,不利于鼓励纳税人增加收入。

2. 超额累进税率

超额累进税率即把征税对象按数额的大小分成若干等级,每一等级规定一个税率,税率依次提高,但每一纳税人的征税对象则依所属等级同时适用几个税率分别计算,将计算结果相加后得出应纳税款。目前,我国采用这种税率的税种有个人所得税。

3. 超率累进税率

超率累进税率即以征税对象数额的相对率划分若干级距,分别规定相应的差别税率,相对率每超过一个级距的,对超过的部分就按高一级的税率计算征税。目前,我国采用这种税率的是土地增值税。

在级数较多的情况下,分级计算、然后相加的方法比较烦琐。为了简化计算,也可采用速算法。速算法的原理是,将超额累进计算的方法转化为全额累进计算的方法。对于同样的课税对象数量,按全额累进方法计算出的税额比按超额累进方法计算出的税额多,多出的部分是由于重复计算所致,应该扣除,这个扣除的常数叫速算扣除数。其用公式表示为:

速算扣除数 = 按全额累进方法计算的税额 - 按超额累进方法计算的税额

按超额方法计算的应纳税额 = 按全额累进方法计算的税额 - 速算扣除数

(三) 定额税率

定额税率即按征税对象确定的计算单位,直接规定一个固定的税额。目前,我国采用定额税率的有资源税、城镇土地使用税、车船税等。

七、纳税环节

纳税环节即征税对象在从生产到消费的流转过程中应当缴纳税款的环节,如流转税在生产和流通环节纳税,所得税在分配环节纳税等。商品从生产到消费要经历诸多流转环节,各环节都存在销售额,都可能成为纳税环节。但考虑到税收对经济的影响、财政收入的需要及税收征管的能力等因素,国家通常对在商品流转过程中所征的税种规定不同的纳税环节。

八、纳税期限

纳税期限是税法规定的关于税款缴纳时间方面的限定。税法关于纳税期限的规定有3个概念。一是纳税义务发生时间,即应税行为发生的时间;二是纳税期限,纳税人每次发生纳税义务后,不可能马上去缴纳税款,税法规定了每种税的纳税期限,即每隔固定时间汇总一次纳税义务的时间;三是缴库期限,即税法规定的纳税期满后,纳税人将应纳税款缴入国库的期限。

九、纳税地点

纳税地点主要是根据各个税种纳税对象的纳税环节，为有利于对税源的控制而规定的纳税人（包括代征、代扣、代缴义务人）的具体纳税地点。

十、减税免税

减税免税主要是对某些纳税人和征税对象采取减少征税或者免予征税的特殊规定，主要有税基式减免（以直接缩小计税依据的方式实现减免）、税率式减免（直接降低税率）、税额式减免（直接减免应纳税额）等方式。

十一、罚则

罚则主要是指对纳税人违反税法的行为采取的处罚措施。

第四节　我国税收管理体制

一、税收管理体制的概念

税收管理体制是在各级国家机构之间划分税权的制度。我国的税收管理体制是税收制度的重要组成部分，也是财政管理体制的重要内容。

税收管理权限包括税收立法权、税收法律法规的解释权、税种的开征或停征权、税目和税率的调整权、税收的加征和减免权等。税收管理权限划分为税收立法权和税收执法权两类。

二、税收立法权

制定税收法律、法规和规章的机关不同，法律级次不同，其法律效力也不同，具体包括以下层次。

（一）全国人民代表大会和全国人大常委会制定的税收法律

我国税收法律的立法权由全国人大及其常委会行使，其他任何机关都没有制定税收法律的权力。全国性税种的立法权，即包括全部中央税、中央与地方共享税和在全国范围内征收的地方税税法的制定、公布和税种的开征、停征权，属于全国人民代表大会及其常务委员会。除《宪法》外，在税法体系中，税收法律具有最高的法律效力，是其他有权机关制定税收法规、规章的法律依据，其他各级有权机关制定的税收法规、规章都不得与《宪法》和税收法律相抵触。

（二）全国人大或人大常委会授权立法

授权立法是全国人民代表大会及其常委会根据需要授权国务院制定某些具有法律效力的暂

行规定或者条例。授权立法与制定行政法规不同。国务院经授权立法所制定的规定或条例等，具有国家法律的性质和地位，它的法律效力高于行政法规。

(三) 国务院制定的税收行政法规

国务院是最高国家权力机关的执行机关，也是最高的国家行政机关，拥有广泛的行政立法权。行政法规作为一种法律形式，在中国法律形式中处于低于宪法、法律和高于地方法规、部门规章、地方规章的地位，也是在全国范围内普遍适用的。行政法规的立法目的在于保证宪法和法律的实施，行政法规不得与宪法、法律相抵触，否则无效。国务院发布的《企业所得税法实施条例》、《税收征收管理法实施细则》等，都是税收行政法规。

(四) 地方人民代表大会及其常委会制定的税收地方性法规

省、自治区、直辖市的人民代表大会以及省、自治区的人民政府所在地的市和经国务院批准的较大的市的人民代表大会有制定地方性法规的权力。目前，除了海南省、民族自治地区可以按照全国人大授权立法的规定，在遵循宪法、法律和行政法规原则的基础上，可以制定有关税收的地方性法规外，其他省、市一般都无权自定税收地方性法规。

(五) 国务院税务主管部门制定的税收部门规章

有权制定税收部门规章的税务主管机关是财政部、国家税务总局及海关总署。其制定规章的范围包括对有关税收法律、法规的具体解释，税收征收管理的具体规定、办法等。税收部门规章在全国范围内具有普遍适用效力，但不得与税收法律、行政法规相抵触。

(六) 地方政府制定的税收地方规章

省、自治区、直辖市以及省、自治区的人民政府所在地的市和国务院批准的较大的市的人民政府，可以根据法律和国务院的行政法规制定规章。按照"统一税法"的原则，上述地方政府制定税收规章，都必须在税收法律、法规明确授权的前提下进行，并且不得与税收法律、行政法规相抵触。没有税收法律、法规的授权，地方政府是无权自定税收规章的，越权自定的税收规章没有法律效力。

三、税收执法权

税收执法权和行政管理权是国家赋予税务机关的基本权力，是税务机关实施税收管理和系统内部行政管理的法律手段。其中，税收执法权是税收机关征收税款、进行税收管理活动的权力。

(一) 税务机构的设置

中央政府设立国家税务总局(正部级)，省及省以下税务机构分设国家税务局和地方税务局两个系统。

国家税务总局对国家税务局系统实行机构、编制、干部、经费的垂直管理，协同省级人民政府对省级地方税务局实行双重领导。

国家税务局系统包括省、自治区、直辖市国家税务局，地区、地级市、自治州、盟国家税务局，县、县级市、旗国家税务局，征收分局、税务所。其中，征收分局、税务所是县级国家税务局的派出机构。

省级国家税务局是国家税务总局直属的正厅(局)级行政机构,是本地区主管国家税收工作的职能部门,负责贯彻执行国家有关的税收法律、法规和规章,并结合本地实际情况制定具体实施办法。其局长、副局长均由国家税务总局任命。

地方税务局系统包括省、自治区、直辖市地方税务局,地区、地级市、自治州、盟地方税务局,县、县级市、旗地方税务局,征收分局、税务所。省以下地方税务局实行上级税务机关和同级政府双重领导、以上级税务机关垂直领导为主的管理体制,即地区(市)、县(市)地方税务局的机构设置、干部管理、人员编制和经费开支均由所在省(自治区、直辖市)地方税务局垂直管理。

省级地方税务局是省级人民政府所属的主管本地区地方税收工作的职能部门,一般为正厅(局)级行政机构,实行地方政府和国家税务总局双重领导、以地方政府领导为主的管理体制。

(二) 税收征收管理范围的划分

目前,我国的税收分别由财政、税务、海关等系统负责征收管理。

国家税务局系统负责征收和管理的项目有增值税,消费税,车辆购置税,铁道部门、各银行总行、各保险总公司集中缴纳的营业税、所得税、城市维护建设税,中央企业缴纳的所得税,中央与地方所属企业、事业单位组成的联营企业、股份制企业缴纳的所得税,地方银行、非银行金融企业缴纳的所得税,海洋石油企业缴纳的所得税、资源税,部分企业的企业所得税,证券交易税(开征之前为对证券交易征收的印花税),个人所得税中对储蓄存款利息所得征收的部分,中央税的滞纳金、补税、罚款。

地方税务局系统负责征收和管理的项目有营业税,城市维护建设税(不包括上述由国家税务局系统负责征收管理的部分),地方国有企业、集体企业、私营企业缴纳的所得税,个人所得税(不包括对银行储蓄存款利息所得征收的部分),资源税,城镇土地使用税,耕地占用税,土地增值税,房产税,车船税,印花税,契税,屠宰税,筵席税及其地方附加,地方税的滞纳金、补税、罚款。

在大部分地区,地方附加、契税、耕地占用税,仍由地方财政部门征收和管理。

海关系统负责征收和管理的项目有关税、行李和邮递物品进口税,同时负责代征进出口环节的增值税和消费税。

(三) 中央政府与地方政府税收收入的划分

根据国务院关于实行分税制财政管理体制的规定,我国的税收收入分为中央政府固定收入、地方政府固定收入和中央政府与地方政府共享收入。

1. 中央政府固定收入

中央政府固定收入包括消费税(含进口环节海关代征的部分)、车辆购置税、关税、海关代征的进口环节增值税等。

2. 地方政府固定收入

地方政府固定收入包括城镇土地使用税、耕地占用税、土地增值税、房产税、车船税、契税、筵席税。

3. 中央政府与地方政府共享收入

中央政府与地方政府共享收入主要包括以下几种。

① 增值税(不含进口环节由海关代征的部分)。中央政府分享75%,地方政府分享25%。

② 营业税。铁道部、各银行总行、各保险总公司集中缴纳的部分归中央政府,其余部分归地方政府。

③ 企业所得税。铁道部、各银行总行及海洋石油企业缴纳的部分归中央政府,其余部分中央与地方政府按60%与40%的比例分享。

④ 个人所得税。除储蓄存款利息所得的个人所得税外,其余部分的分享比例与企业所得税相同。

⑤ 资源税。海洋石油企业缴纳的部分归中央政府,其余部分归地方政府。

⑥ 城市维护建设税。铁道部、各银行总行、各保险总公司集中缴纳的部分归中央政府,其余部分归地方政府。

⑦ 印花税。证券交易印花税收入在中央政府和地方政府之间按比例分享。证券交易印花税原定上海和深圳两市在中央与地方各分享50%。1997年后,分享比例进行了几次调整,到2002年,中央为97%,地方为3%。

• 营业税改征增值税试点期间保持现行财政体制基本稳定,原归属试点地区的营业税收入,改征增值税后收入仍归属试点地区,税款分别入库。因试点产生的财政减收,按现行财政体制由中央和地方分别负担。

知识链接1-1

2011年,经国务院批准,财政部、国家税务总局联合下发营业税改征增值税试点方案。从2012年1月1日起,在上海交通运输业和部分现代服务业开展营业税改征增值税试点。

本章小结

税收是政府为了满足社会公共需要,凭借其政治权力强制、无偿地取得财政收入的一种形式,其本质是一种分配关系。税法是国家制定的用以调整国家与纳税人之间在征、纳税方面的权利与义务关系的法律规范的总称,其本质是权利义务关系,其目的是保障国家利益和纳税人的合法权益,维护正常的税收秩序,保证国家的财政收入。税法属于国家法律体系中一个重要部门法,它是调整国家与各个经济单位及公民个人分配关系的基本法律规范。税收法律关系的主体为税收法律关系中享有权利和承担义务的当事人,包括征纳双方。权利主体一方是代表国家行使征税职责的国家税务机关,另一方是履行纳税义务的人。在税法的构成要素中,纳税义务人、征税对象、税率是3个基本要素。税收管理体制是在各级国家机构之间划分税权的制度。

快速问答

1. 国家税收分配的本质是(　　)。

A. 社会产品分配关系　B. 权利义务关系　C. 社会经济关系　D. 征纳关系

2. 税收负担必须根据纳税人的负担能力分配,负担能力相等,税负相同;负担能力不等,税负不同。这是(　　)。

A. 税收法定原则　B. 实质课税原则　C. 税收公平原则　D. 法律优位原则

3. 下列关于税法的概念中,表述不正确的是(　　)。

A. 从法律性质来看,税法属于义务性法规

B. 税法属于义务性法规的这一特点是由税收的固定性特点所决定的

C. 从内容上看,税法具有综合性

D. 税法综合性的特点是由税收制度所调整的税收分配关系和税收法律关系的复杂性所决定的

4. 税收法律关系权利主体是指(　　　　)。

A. 征税方　　B. 纳税方　　C. 征纳双方　　D. 中央政府

5.《个人所得税法》(　　　　)。

A. 既是实体法,又是普通法　　B. 既是程序法,又是基本法

C. 既是实体法,又是基本法　　D. 既是程序法,又是普通法

6. 税收法律关系中最实质的是(　　　　)。

A. 征税对象　　B. 税率

C. 征税主体的确定　　D. 权利主体享有的权利和所应承担的义务

7. 下列表述中,正确的是(　　　　)。

A. 税目是区分不同税种的主要标志

B. 税率是衡量税负轻重的重要标志

C. 纳税人就是履行纳税义务的法人和自然人

D. 征税对象是征、纳双方权利义务所指向的物品

8. 下列全部属于中央政府固定收入的税种有(　　　　)。

A. 消费税　　B. 增值税　　C. 车辆购置税　　D. 资源税

9. 按照规定,税务机关还享有其他税收相关执法权,其中主要的有(　　　　)。

A. 税务行政罚款　　B. 停止出口退税权　　C. 没收违法所得　　D. 吊销营业执照

思考题

1. 如何理解税法与税收的关系?
2. 简述税收的主要特征。
3. 简述税收法律关系的构成。
4. 税法构成要素的内容是什么?
5. 我国中央政府与地方政府的税收收入是如何划分的?
6. 通过学习,思考我国目前税收管理体制存在哪些弊端?

第二章 增值税法

学习目标

本章主要介绍了流转税中增值税法的有关内容,包括增值税的基础知识、增值税法的基本内容、“营改增”的相关规定、增值税的计算与征收、增值税出口退(免)税以及增值税专用发票的管理。通过学习应达到以下要求。

- 明确增值税的定义及类型
- 掌握增值税纳税人及其税率的相关规定
- 掌握“营改增”的相关规定
- 掌握增值税纳税人应纳税额的计算
- 掌握增值税出口退税额的计算
- 了解增值税专用发票的管理
- 熟练掌握增值税纳税的申报方法

第一节 增值税基础知识

一、增值税概述

(一) 增值税的概念

一般意义上讲,增值税是以商品生产、流通或应税劳务、服务各环节的增值额为计税依据而征收的一种流转税。在我国,按照增值税法的规定,增值税是对在我国境内销售货物或者提供应税劳务和应税服务以及进口货物的企业单位和个人,以其货物销售或提供劳务的增值额以及货物进口金额为计税依据而课征的一种流转税。

(二) 增值税的类型

根据对购入固定资产已纳税款处理的不同,可以将增值税分为不同的类型。依据实行增值税的各个国家允许抵扣已纳税款的扣除项目范围的大小,增值税分为生产型增值税、收入型增值税、消费型增值税 3 种类型。

1. 生产型增值税

生产型增值税是指在计算增值税时,不扣除固定资产价值中所含有的税款,或者说在确定增值额时,不扣除固定资产的价值。它只以纳税人的销售收入(或劳务收入)减去用于生产、经营的外购原材料、燃料、动力等物资资料价值后的余额作为法定的增值额。就整个社会而言,增值额大体上相当于国民生产总值。

2. 收入型增值税

收入型增值税是指在计算增值税时,可以扣除固定资产折旧部分所含的税款,或者说在确定增值额时,可以扣除固定资产折旧部分,不扣除未计提折旧部分。就整个社会来说,这个法定增值额相当于国民收入,所以称为收入型增值税。

3. 消费型增值税

根据国民经济发展的需要,我国自2009年1月1日起征收消费型增值税。它是在计算增值税时,可以将固定资产价值中所含的税款全部扣除,或者说在确定增值额时,允许扣除固定资产的价值。就整个社会而言,增值额仅相当于社会消费资料的价值。

实行消费型增值税制,从经济的角度看,有利于鼓励投资,特别是民间投资,有利于促进产业结构调整和技术升级,有利于提高我国产品的竞争力;从财政的角度看,有利于消除重复征税,有利于公平内、外资企业和国内外产品的税收负担,有利于税制的优化;从管理的角度看,将使非抵扣项目大为减少,征收和缴纳将变得相对简便易行,有利于降低税收管理成本,提高税收管理的效率。

知识链接2-1

自2009年1月1日起,全国所有地区、所有行业开始推行增值税转型改革,即由原来的生产型增值税向消费型增值税转变。改革的主要内容是,允许企业抵扣新购入设备所含的增值税,将小规模纳税人的增值税征收率统一调低至3%,将部分矿产品增值税税率恢复到17%等。经测算,2009年实施该项改革将减少当年增值税收入约1 200亿元、城市维护建设税收入约60亿元、教育费附加收入约36亿元,增加企业所得税约63亿元,增、减相抵后将减轻企业税负共约1 233亿元。

二、增值税的特点和作用

(一) 增值税的特点

与其他税种相比,增值税具有以下特点。

1. 实行价外税制度

增值税实行价外税制度,税金不包括在销售额内,企业的成本核算与利润水平不受增值税税金的影响。这样有利于形成均衡的生产价格,并有利于税负转嫁的实现。这是增值税与传统的以全部流转额为计税依据的流转税或商品课税的一个重要区别。

2. 普遍征收制度

凡是从事生产、经营和提供应税劳务的单位或个人,只要产生增值额都应缴纳税金,征税对象十分广泛。同时,增值税的征税范围还延伸到生产和流通的各个环节,每道环节都应按其增值额纳税,体现了征税的普遍性。

3. 保持税收中性

对同一商品而言,无论流转环节是多还是少,只要增值额相同,税负就相等,不会影响商品的生产结构、组织结构和产品结构,体现了税负公平的原则。

4. 税负具有转嫁性

增值税税负具有转嫁性,税收负担由商品最终消费者承担。虽然增值税是向企业主征收的,但企业主在销售商品时又通过价格将税收负担转嫁给下一生产流通环节,最后由最终消费者负担。

5. 实行比例税率

增值税一般采用单一的比例税率,对所有应税货物与劳务无论增值额大小,一律平等征税,且简便易行。

6. 实行税款抵扣制度

为避免重复征税,在计算企业应纳税款时,凭购货发票扣除商品在以前生产环节已负担的税款。

(二) 增值税的作用

1. 保证财政收入稳定增长、及时入库

增值税课税范围涉及社会的生产、流通、消费、劳务等诸多生产经营领域,凡从事货物销售、提供应税劳务和进口货物的单位和个人,只要取得增值额都要缴纳增值税,且增值税不受生产结构、经营环节变化的影响,使收入具有稳定性。另外,增值税在货物销售或应税劳务提供的环节课征,其税款随同销售额一并向购买方收取,可以保证财政收入及时入库。

2. 促进专业化协作生产的发展

实行增值税制可以有效地排除按销售全额计税所造成的重复征税的弊端,使税负不受生产组织结构和经营方式变化的影响,始终保持平衡,从而有利于社会生产要素的优化配置,调整生产经营结构。在商品流通环节,增值税负担不受商品流转环节多少的影响,有利于企业畅通商品流通渠道,满足社会需要。

3. 加强对外经济交往,促进对外贸易的发展

在国际上,实行增值税制国家的通行做法是对出口实行零税率,即对出口的货物或劳务在国内已纳的增值税全部退还给纳税人,使其以不含税的价格进入国际市场,增强出口商品在国际市场上的竞争能力。在进口环节对应税货物征收增值税,使进口货物与本国同种货物之间税负一致,不会产生进口货物税负低于国内同种货物税负的问题。这样既有利于在对外经济交往中维护本国的权益,又有利于国内生产的发展和国际税负协调。

第二节　增值税法的基本内容

一、增值税的征税范围

按照我国《增值税暂行条例》及其实施细则的规定,可以将增值税的征税范围分为一般规定和特殊规定。

(一) 征税范围的一般规定

增值税的征税范围主要包括销售或者进口货物,以及提供的加工和修理修配劳务。其具体

规定如下。

1. 销售货物

货物是指有形动产,包括电力、热力、气体在内。销售货物是指有偿转让货物的所有权。

2. 提供加工、修理修配劳务

加工是指受托加工货物,即委托方提供原料及主要材料,受托方按照委托方的要求制造货物并收取加工费的业务;修理修配是指受托对损失和丧失功能的货物进行修复,使其恢复原状和功能的业务。单位或者个体工商户聘用的员工为本单位或者雇主提供的加工、修理修配劳务不包括在内。

3. 进口货物

进口货物是指纳税人报关进口的货物。

(二) 征税范围的特殊规定

1. 征税范围的特殊项目

① 货物期货(包括商品期货和贵金属期货),应当征收增值税,在期货的实物交割环节纳税。

② 银行销售金银的业务,应当征收增值税。

③ 典当业的死当物品销售业务和寄售业代委托人销售寄售物品的业务,均应征收增值税。

④ 集邮商品(如邮票、首日封、邮折等)的生产以及邮政部门与其他单位和个人销售的,均征收增值税。

⑤ 邮政部门发行报刊以及其他单位和个人发行报刊,均征收增值税。

⑥ 电力公司向发电企业收取的过网费,征收增值税。

⑦ 纳税人销售货物的同时代办保险而向购买方收取的保险费,以及从事汽车销售的纳税人向购买方收取的代购买方缴纳的车辆购置税、牌照费,不作为价外费用征收增值税。

⑧ 对增值税纳税人收取的会员费收入不征收增值税。

⑨ 纳税人提供的矿产资源开采、挖掘、切割、破碎、分拣、洗选等劳务,属于增值税应税劳务,应当缴纳增值税。

⑩ 纳税人在资产重组过程中,通过合并、分立、出售、置换等方式,将全部或者部分实物资产以及与其相关联的债权、负债和劳动力一并转让给其他单位和个人,不属于增值税的征税范围,其中涉及的货物转让,不征收增值税。

2. 征税范围的特殊行为

(1) 视同销售货物行为

单位或个体工商户的下列8种行为,视同销售货物,应当征收增值税。

① 将货物交付其他单位或者个人代销。

② 销售代销货物。

③ 设有两个以上机构并实行统一核算的纳税人,将货物从一个机构移送至其他机构用于销售,但相关机构设在同一县(市)的除外。

④ 将自产或者委托加工的货物用于非增值税应税项目。

⑤ 将自产或者委托加工的货物用于集体福利或者个人消费。

⑥ 将自产、委托加工或者购进的货物作为投资,提供给其他单位或者个体工商户。

⑦ 将自产、委托加工或者购进的货物分配给股东或者投资者。

⑧ 将自产、委托加工或者购进的货物无偿赠送其他单位或者个人。

(2) 混合销售行为

如果一项销售行为既涉及货物又涉及非增值税应税劳务,则为混合销售行为。除《增值税暂行条例实施细则》第六条规定的外,从事货物的生产、批发或者零售的企业、企业性单位和个体工商户的混合销售行为,视为销售货物,应当缴纳增值税;其他单位和个人的混合销售行为,视为销售非增值税应税劳务,不缴纳增值税。其中,非增值税应税劳务是指属于应缴纳营业税的建筑业、金融保险业、电信业、文化体育事业、娱乐业、服务业中属于征收营业税的劳务;“从事货物的生产、批发或者零售的企业、企业性单位和个体工商户”,包括以从事货物的生产、批发或者零售为主,并兼营非增值税应税劳务的单位和个体工商户在内。

按照《增值税暂行条例实施细则》的规定,上述属于应当征收增值税的,其销售额应是货物与非应税劳务销售额的合计,该非应税劳务的销售额视同含税销售额处理;且该混合销售行为涉及的非应税劳务所用购进货物的进项税额,凡符合《增值税暂行条例》规定的,在计算该混合销售行为增值税时,准予从销项税额中抵扣。

《增值税暂行条例实施细则》第六条规定,纳税人的下列混合销售行为,应当分别核算货物的销售额和非增值税应税劳务的营业额,并根据其销售货物的销售额计算缴纳增值税,非增值税应税劳务的营业额不缴纳增值税;未分别核算的,由主管税务机关核定其货物的销售额。

① 销售自产货物并同时提供建筑业劳务的行为。

② 财政部、国家税务总局规定的其他情形。

(3) 兼营非增值税应税劳务行为

纳税人兼营非增值税应税项目的,根据《增值税暂行条例实施细则》的规定,应分别核算货物或者应税劳务的销售额和非增值税应税项目的营业额;未分别核算的,由主管税务机关核定货物或者应税劳务的销售额。

根据《增值税暂行条例实施细则》的规定,一般纳税人兼营免税项目或者非增值税应税劳务而无法划分不得抵扣的进项税额的,按下列公式计算不得抵扣的进项税额:

不得抵扣的进项税额 = 当月无法划分的全部进项税额 × 当月免税项目销售额、非增值税应税劳务营业额合计 ÷ 当月全部销售额、营业额合计

(4) 混业经营

混业经营是纳税人生产或销售不同税率的货物,或者既销售货物又提供应税劳务。纳税人兼有不同税率或者征收率的销售货物、提供加工修理修配劳务,应当分别核算适用不同税率或征收率的销售额,未分别核算销售额的,按照以下方法适用税率或征收率。

① 兼有不同税率的销售货物、提供加工修理修配劳务的,从高适用税率。

② 兼有不同征收率的销售货物、提供加工修理修配劳务的,从高适用征收率。

③ 兼有不同税率和征收率的销售货物、提供加工修理修配劳务的,从高适用税率。

二、增值税的纳税人

(一) 增值税纳税人的一般规定

凡在中华人民共和国境内销售货物或提供加工、修理修配劳务以及进口货物的单位和个人都是增值税的纳税人。其中,单位是指国有企业、集体企业、私人企业、其他企业和行政单位、事业单位、军事单位、社会团体和其他单位,还包括外商投资企业和外国企业;个人包括个体工商户

和其他个人。

企业租赁或承包给他人经营的，以承租人或承包人为纳税人。

（二）一般纳税人和小规模纳税人

在实际经济生活中，为了简化增值税的计算和征收，严格增值税的征收管理，按照生产规模大小和财务会计核算是否健全，将增值税的纳税人划分为一般纳税人和小规模纳税人，并分别采取不同的增值税计税方法。

1. 一般纳税人

一般纳税人是指经营规模达到规定标准、会计核算健全的纳税人，通常为年应征增值税的销售额超过《增值税暂行条例实施细则》规定的小规模纳税人标准的企业和企业性单位。

这些单位或个人不属于一般纳税人：年应税销售额未超过小规模纳税人标准的企业；个人（除个体经营者以外的其他个人）；非企业性单位；不经常发生增值税应税行为的企业。

符合一般纳税人条件的纳税人，须向其所在地主管税务机关申请办理认定手续。由县级以上税务机关审核确认后，在其税务登记证副本"资格认定"栏内加盖"增值税一般纳税人"戳记，作为领购增值税专用发票的证件。"增值税一般纳税人"戳记印色为红色，印模由国家税务总局制定。被认定为一般纳税人的企业，可以使用增值税专用发票。如一般纳税人违反专用发票使用规定，税务机关除按税法规定处罚外，还要在6个月内停止其使用专用发票；对会计核算不健全，不能向税务机关提供准确税务资料的，停止其抵扣进项税额，取消其专用发票使用权。

2. 小规模纳税人

按照我国税法的规定，小规模纳税人是指年销售额在规定标准以下，并且会计核算不健全，不能按规定报送有关税务资料的增值税纳税人。

小规模纳税人的认定标准如下。

① 从事货物生产或提供应税劳务的纳税人，以及以从事货物生产或提供应税劳务为主，并兼营货物批发或零售的纳税人，年应税销售额在50万元以下的。

② 对上述规定以外的纳税人，年应税销售额在80万元以下的。

③ 年应税销售额超过小规模纳税人标准的其他个人按小规模纳税人纳税。

④ 非企业性单位、不经常发生应税行为的企业可选择按小规模纳税人纳税。

小规模纳税人会计核算健全，能够提供准确税务资料的，可以向主管税务机关申请资格认定，不作为小规模纳税人，依照一般纳税人的有关规定计算应纳税额。所称会计核算健全，是指能够按照国家统一的会计制度规定设置账簿，根据合法、有效的凭证核算。

（三）增值税的扣缴义务人

扣缴义务人是依法负有代扣代缴增值税款义务的单位和个人。中华人民共和国境外的单位或者个人在境内提供应税劳务，在境内未设有经营机构的，以其境内代理人为扣缴义务人；在境内没有代理人的，以购买方为扣缴义务人。

三、增值税的税率及征收率

（一）基本税率

增值税一般纳税人销售或者进口货物，提供加工、修理修配劳务，除低税率适用范围和销售个别旧货适用低税率外,一律适用17%的基本税率。

(二) 低税率

增值税一般纳税人销售或者进口下列货物,按13%的低税率计征增值税。

① 粮食、食用植物油、鲜奶。

② 自来水、暖气、冷气、热水、煤气、石油液化气、天然气、沼气、居民用煤炭制品。

③ 图书、报纸、杂志。

④ 饲料、化肥、农药、农机、农膜。

⑤ 国务院及其有关部门规定的其他货物。这主要包括农产品、音像制品、电子出版物和二甲醚等。

(三) 零税率

纳税人出口货物,税率为0,但是国务院另有规定的除外。税率为0不是简单地等同于免税。出口货物和应税服务免税仅指在出口环节不征收增值税,而零税率是指对出口货物和应税服务除了在出口环节不征增值税外,还要对该产品和应税服务在出口前已经缴纳的增值税进行退税,使该出口产品和应税服务在出口时完全不含增值税税款,从而以无税产品和应税服务进入国际市场。

(四) 征收率

在我国,对小规模纳税人适用的税率称为征收率。考虑到小规模纳税人经营规模小,且会计核算不健全,难以按上述两档税率计税和使用增值税专用发票抵扣进项税款,因此实行按销售额与征收率计算应纳税额的简易办法。自2009年1月1日起,小规模纳税人增值税征收率由过去的6%和4%一律调整为3%,不再设置工业和商业两档征收率。

第三节 营业税改增值税相关内容

一、"营改增"概述

"营改增"是对服务业由过去征收营业税改为征收增值税,从制度上解决营业税制下"道道征收,全额征税"的重复征税问题,实现增值税税制下的"环环征收、层层抵扣",税制更科学、更合理、更符合国际惯例。2011年,经国务院批准,财政部、国家税务总局联合下发《营业税改征增值税试点方案》。从2012年1月1日起,在上海交通运输业和部分现代服务业开展营业税改征增值税试点。自2012年8月1日起至年底,国务院将扩大"营改增"试点至10省市。为贯彻落实《财政部国家税务总局关于在全国开展交通运输业和部分现代服务业营业税改征增值税试点税收政策的通知》精神,自2013年8月1日起,"营改增"范围已推广到全国试行。2013年12月4日,国务院总理李克强主持召开国务院常务会议,决定从2014年1月1日起,将铁路运输和邮政服务业纳入营业税改征增值税试点。至此,交通运输业已全部纳入"营改增"范围。

国家税务总局2014年5月14日发布《电信企业增值税征收管理暂行办法》,自2014年6月1日起,将电信业纳入营业税改征增值税试点范围。该办法规定,经各省、自治区、直辖市和计划单列市财政部门和国家税务局批准，中国电信集团公司、中国移动通信集团公司、中国联合网络通信集团有限公司所属提供电信业服务的企业适用“营改增”范围。由于本办法正在试行，具体内容将在本书第四章“营业税”中阐述。

知识链接2-2

党的十八大鲜明提出，要解放思想，改革开放，凝聚力量，攻坚克难；要加快财税体制改革，形成有利于结构优化、社会公平的税收制度。实施“营改增”是党中央、国务院根据经济发展新形势，从深化改革的总体部署出发做出的重要决策。李克强总理指出，“营改增”不是税种的简单转换，而是一项重大制度创新，是牵一发而动全身的改革。实施“营改增”有助于消除长期以来我国对货物和劳务分别征收增值税和营业税产生的重复征税的问题，为深化产业分工、加快现代服务业发展、促进三次产业融合营造良好的税收环境，对推动经济结构战略性调整和加快经济发展方式转变具有重要且深远的意义。

二、“营改增”的征税范围

（一）征税范围的具体规定

1. 交通运输业

交通运输业是使用运输工具将货物或者旅客送达目的地，使其空间位置得到转移的业务活动。它包括陆路运输服务、水路运输服务、航空运输服务和管道运输服务。

（1）陆路运输服务

陆路运输服务是通过陆路（地上或者地下）运送货物或者旅客的运输业务活动，包括铁路运输服务和其他陆路运输服务。

① 铁路运输服务是指通过铁路运送货物或者旅客的运输业务活动。

② 其他陆路运输服务是指铁路运输以外的陆路运输业务活动。它包括公路运输、缆车运输、索道运输、地铁运输、城市轻轨运输等服务。

（2）水路运输服务

水路运输服务是指通过江、河、湖等天然、人工水道或者海洋航道运送货物或者旅客的运输业务活动。

（3）航空运输服务

航空运输服务是指通过空中航线运送货物或者旅客的运输业务活动。

航天运输服务是指利用火箭等载体将卫星、空间探测器等空间飞行器发射到空间轨道的业务活动。它按照航空运输服务征收增值税。

（4）管道运输服务

管道运输服务是指通过管道设施输送气体、液体、固体物质的运输业务活动。

2. 邮政通信业

邮政通信业是指中国邮政集团公司及其所属邮政企业提供邮件寄递、邮政汇兑、机要通信和邮政代理等邮政基本服务的业务活动。它包括邮政普遍服务、邮政特殊服务和其他邮政服务（不包括邮政储蓄业务）。

(1) 邮政普遍服务

邮政普遍服务是指函件、包裹等邮件寄递,以及邮票发行、报刊发行和邮政汇兑等业务活动。

(2) 邮政特殊服务

邮政特殊服务是指义务兵平常信函、机要通信、盲人读物和革命烈士遗物的寄递等业务活动。

(3) 其他邮政服务

其他邮政服务是指邮册等邮品销售、邮政代理等业务活动。

3. 部分现代服务业

部分现代服务业是指围绕制造业、文化产业、现代物流产业等提供技术性、知识性服务的业务活动。它包括研发和技术服务、信息技术服务、文化创意服务、物流辅助服务、有形动产租赁服务、鉴证咨询服务、广播影视服务。

(1) 研发和技术服务

研发和技术服务包括研发服务、技术转让服务、技术咨询服务、合同能源管理服务、工程勘察勘探服务。

① 研发服务是指就新技术、新产品、新工艺或者新材料及其系统进行研究与试验开发的业务活动。

② 技术转让服务是指转让专利或者非专利技术的所有权或者使用权的业务活动。

③ 技术咨询服务是指对特定技术项目提供可行性论证、技术预测、技术测试、技术培训、专题技术调查、分析评价报告和专业知识咨询等业务活动。

④ 合同能源管理服务是指节能服务公司与用能单位以契约形式约定节能目标,节能服务公司提供必要的服务,用能单位以节能效果支付节能服务公司投入及其合理报酬的业务活动。

⑤ 工程勘察勘探服务是指在采矿、工程施工前后,对地形、地质构造、地下资源蕴藏情况进行实地调查的业务活动。

(2) 信息技术服务

信息技术服务是指利用计算机、通信网络等技术对信息进行生产、收集、处理、加工、存储、运输、检索和利用,并提供信息服务的业务活动。它包括软件服务、电路设计及测试服务、信息系统服务和业务流程管理服务。

① 软件服务是指提供软件开发服务、软件咨询服务、软件维护服务、软件测试服务的业务活动。

② 电路设计及测试服务是指提供集成电路和电子电路产品设计、测试及相关技术支持服务的业务活动。

③ 信息系统服务是指提供信息系统集成、网络管理、桌面管理与维护、信息系统应用、基础信息技术管理平台整合、信息技术基础设施管理、数据中心、托管中心、安全服务的业务活动,包括网站对非自有的网络游戏提供的网络运营服务。

④ 业务流程管理服务是指依托计算机信息技术提供人力资源管理、财务经济管理、审计管理、税务管理、金融支付、内部数据分析、内部数据挖掘、内部数据管理、内部数据使用、呼叫中心和电子商务平台等服务的业务活动。

(3) 文化创意服务

文化创意服务包括设计服务、商标和著作权转让服务、知识产权服务、广告服务和会议展览服务。

① 设计服务是指把计划、规划、设想通过视觉、文字等形式传递出来的业务活动。它包括工

业设计、造型设计、服装设计、环境设计、平面设计、包装设计、动漫设计、网游设计、展示设计、网站设计、机械设计、工程设计、广告设计、创意策划、文印晒图等。

② 商标和著作权转让服务是指转让商标、商誉和著作权的业务活动。

③ 知识产权服务是指处理知识产权事务的业务活动。它包括对专利、商标、著作权、软件集成电路布图设计的代理、登记、鉴定、评估、认证、咨询、检索服务。

④ 广告服务是指利用图书、报纸、杂志、广播、电视、电影、幻灯、路牌、招贴、橱窗、霓虹灯、灯箱、互联网等各种形式为客户的商品、经营服务项目、文体节目或者通告、声明等委托事项进行宣传和提供相关服务的业务活动。它包括广告代理和广告的发布、播映、宣传、展示等。

⑤ 会议展览服务是指为商品流通、促销、展示、经贸洽谈、民间交流、企业沟通、国际往来等举办或者组织安排的各类展览和会议的业务活动。

（4）物流辅助服务

物流辅助服务包括航空服务、港口码头服务、货运客运场站服务、打捞救助服务、货物运输代理服务、代理报关服务、仓储服务、装卸搬运服务和收派服务。

① 航空服务包括航空地面服务和通用航空服务。

② 港口码头服务是指港务船舶调度服务、船舶通讯服务、航道管理服务、航道疏浚服务、灯塔管理服务等为船只提供服务的业务活动。

③ 货运客运场站服务是指货运客运场站提供的货物配载服务、运输组织服务、中转换乘服务、车辆调度服务、票务服务、货物打包整理、车辆停放服务等业务活动。

④ 打榜救助服务是指提供船舶人员救助、船舶财产救助、水上救助和沉船物打捞服务的业务活动。

⑤ 货物运输代理服务是指接受货物收货人、发货人、船舶所有人、船舶承租人或船舶经营人的委托，以委托人的名义或者以自己的名义，在不直接提供货物运输服务的情况下，为委托人办理货物运输、船舶进出港口、联系安排引航及靠泊、装卸等货物和船舶代理相关业务手续的业务活动。

⑥ 代理报关服务是指接受进出口货物的收、发货人委托，代为办理报关手续的业务活动。

⑦ 仓储服务是利用仓库、货场或者其他场所代客储放、保管货物的业务活动。

⑧ 装卸搬运服务是指使用装卸搬运工具或人力、畜力将货物在运输工具之间、装卸现场之间或者运输工具与装卸现场之间进行装卸和搬运的业务活动。

⑨ 收派服务是指接受寄件人委托，在承诺的时限内完成函件和包裹的收件、分拣、派送服务的业务活动。

（5）有形动产租赁服务

有形动产租赁服务包括有形动产融资租赁服务和有形动产经营性租赁服务。

① 有形动产融资租赁服务是指具有融资性质和所有权转移特点的有形动产租赁业务活动。

② 有形动产经营性租赁服务是指在约定时间内将物品、设备等有形动产转让给他人使用且租赁物所有权不变更的业务活动。

（6）鉴证咨询服务

鉴证咨询服务包括认证服务、鉴证服务和咨询服务。

① 认证服务是指具有专业资质的单位利用检测、检验、计量等技术，证明产品、服务、管理体系符合相关技术规范的强制性要求或者标准的业务活动。

② 鉴证服务是指具有专业资质的单位为委托方的经济活动及有关资料进行鉴证，发表具有证明力的意见的业务活动。它包括会计鉴证、税务鉴证、法律鉴证、工程造价鉴证、资产评估、环

境评估、房地产土地评估、建筑图纸审核、医疗事故鉴定等。

③ 咨询服务是指提供和策划财务、税收、法律、内部管理、业务运作和流程管理等信息或者建议的业务活动。

(7) 广播影视服务

广播影视服务包括广播影视节目(作品)的制作服务、发行服务和播映(含放映,下同)服务。

① 广播影视节目(作品)制作服务是指进行专题(特别节目)、专栏、综艺、体育、动画片、广播剧、电视剧、电影等广播影视节目和作品制作的业务活动。

② 广播影视节目(作品)发行服务是指以分账、买断、委托、代理等方式,向影院、电台、电视台、网站等单位和个人发行广播影视节目(作品)以及转让体育赛事等活动的报道及播映权的业务活动。

③ 广播影视节目(作品)播映服务是指在影院、剧院、录像厅及其他场所播映广播影视节目(作品),以及通过电台、电视台、卫星通信、互联网、有线电视等无线或有线装置播映广播影视节目(作品)的业务活动。

(二) 征税范围的特殊规定

① 出租车公司向使用本公司自有出租车的出租车司机收取的管理费用,按“陆路运输服务”征收增值税。

② 远洋运输的程租、期租业务,按“水路运输服务”征收增值税。

程租业务是指远洋运输企业为租船人完成某一特定航次的运输任务并收取租赁费的业务。

期租业务是指远洋运输企业将配备有操作人员的船舶承租给他人使用一定期限,承租期内听候承租方调遣,不论是否经营,均按天向承租方收取租赁费,发生的固定费用均由船东负担的业务。

③ 航空运输的湿租业务,按“航空运输服务”征收增值税。

湿租业务是指航空运输企业将配备有机组人员的飞机承租给他人使用一定期限,承租期内听候承租方调遣,不论是否经营,均按一定标准向承租方收取租赁费,发生的固定费用均由承租方承担的业务。

④ 港口设施经营人收取的港口设施保安费,按“港口码头服务”征收增值税。

⑤ 远洋运输的光租业务、航空运输的干租业务,按“有形动产经营性租赁”征收增值税。

光租业务是指远洋运输企业将船舶在约定的时间内出租给他人使用,不配备操作人员,不承担运输过程中发生的各项费用,只收取固定租赁费的业务活动。

干租业务是指航空运输企业将飞机在约定的时间内出租给他人使用,不配备机组人员,不承担运输过程中发生的各项费用,只收取固定租赁费的业务活动。

⑥ 代理记账、翻译服务按“咨询服务”征收增值税。

⑦ 航空运输企业征税范围的确定。

一是航空运输企业提供的旅客利用里程积分兑换的航空运输服务,不征收增值税。

二是航空运输企业已售票但未提供航空运输服务取得的逾期票证收入,不属于增值税应税收入,不征收增值税。

⑧ 邮政储蓄业务按照“金融保险业”税目征收营业税。

⑨ 单位和个体工商户向其他单位或者个人无偿提供交通运输业和部分现代服务业服务,视同销售行为,征收增值税,但以公益活动为目的或者以社会公众为对象的除外。

三、“营改增”的纳税人及税率

（一）“营改增”一般纳税人

“营改增”试点实施前（以下简称试点实施前）应税服务年销售额超过500万元的试点纳税人，应向国税主管税务机关（以下简称主管税务机关）申请办理增值税一般纳税人资格认定手续。试点实施前已取得增值税一般纳税人资格并兼有应税服务的试点纳税人，不需要重新申请认定，由主管税务机关制作、送达税务事项通知书，告知纳税人。

试点实施前应税服务年销售额未超过500万元的试点纳税人，如符合相关的规定条件，也可以向主管税务机关申请增值税一般纳税人资格认定。除国家税务总局另有规定外，一经认定为一般纳税人后，不得转为小规模纳税人。

试点纳税人试点实施前的应税服务年销售额按以下公式换算：

$$应税服务年销售额 = 连续不超过12个月应税服务营业额合计 \times (1 + 3\%)$$

按照“营改增”的有关规定，在确定销售额时可以差额扣除的试点纳税人，其应税服务年销售额按未扣除之前的销售额计算。

兼有销售货物、提供应税劳务以及应税服务的纳税人，应税货物及劳务销售额与应税服务销售额分别计算，分别适用增值税一般纳税人资格认定标准。

（二）“营改增”小规模纳税人

应税服务的年应征增值税销售额（以下简称应税服务年销售额）超过财政部和国家税务总局规定标准的纳税人为一般纳税人，未超过规定标准的纳税人为小规模纳税人。

应税服务年销售额超过规定标准的其他个人不属于一般纳税人。应税服务年销售额超过规定标准但不经常提供应税服务的单位和个体工商户可选择按照小规模纳税人纳税。

兼有销售货物、提供加工修理修配劳务以及应税服务，且不经常发生应税行为的单位和个体工商户可选择按照小规模纳税人纳税。

（三）“营改增”的税率与征收率

① 提供有形动产租赁服务，税率为17%。

② 提供交通运输业服务、邮政业服务，税率为11%。

③ 提供现代服务业服务（有形动产租赁服务除外），税率为6%。

④ 小规模纳税人增值税的征收率为3%。

⑤ 财政部和国家税务总局规定的应税服务，税率为0，但国务院另有规定的除外。

根据“营改增”的规定，应税服务的零税率政策如下。

一是中华人民共和国境内的单位和个人提供的国际运输服务、向境外单位提供的研发服务和设计服务，适用增值税零税率。

国际运输服务是指以下各项。

- 在境内载运旅客或者货物出境。
- 在境外载运旅客或者货物入境。
- 在境外载运旅客或货物。

值得注意的是,航天运输服务参照国际运输服务,适用增值税零税率;向境外单位提供的设计服务,不包括对境内不动产提供的设计服务。

二是境内的单位和个人提供的往返香港、澳门、台湾地区的交通运输服务以及在香港、澳门、台湾地区提供的交通运输服务(以下称港澳台运输服务),适用增值税零税率。

五、增值税的优惠政策

(一) 未达起征点的免征

起征点是指开始征税的起点。为降低个人的税收负担,节约税收成本,《增值税暂行条例》规定了起征点。销售额未达到起征点的,免税;销售额达到起征点的,全额计算纳税。增值税起征点仅适用于个人。其具体的幅度规定如下。

① 销售货物的,为月销售额5 000～20 000元。

② 销售应税劳务的,为月销售额5 000～20 000元。

③ 按次纳税的,为每次(日)销售额300～500元。

④ 应税服务的起征点。

- 按期纳税的,为月销售额5 000～20 000元(含本数)。
- 按次纳税的,为每次(日)销售额300～500元(含本数)。

省、自治区、直辖市财政厅(局)和国家税务局应在规定的幅度内,根据实际情况确定本地区适用的起征点,并报财政部、国家税务总局备案。

(二) 增值税的免税

1. 我国《增值税暂行条例》规定的免税项目

① 农业生产者销售的自产农产品。这类产品是直接从事植物的种植、收割和动物的饲养、捕捞的单位和个人销售的自产农产品,具体范围由财政部、国家税务总局确定。

② 避孕药品和用具。

③ 古旧图书。古旧图书是指向社会收购的古书和旧书。

④ 直接用于科学研究、科学试验和教学的进口仪器、设备。

⑤ 外国政府、国际组织无偿援助的进口物资和设备。

⑥ 由残疾人的组织直接进口供残疾人专用的物品。

⑦ 销售的自己使用过的物品。自己使用过的物品是指其他个人使用过的物品。

2. 资源综合利用及其他产品的增值税政策

(1) 对销售下列自产货物实行免征增值税政策

① 再生水。再生水是指对污水处理厂出水、工业排水(矿井水)、生活污水、垃圾处理厂渗透(滤)液等水源进行回收,经适当处理后达到一定水质标准,并在一定范围内重复利用的水资源。

② 以废旧轮胎为全部生产原料生产的胶粉。

③ 翻新轮胎。

④ 生产原料中掺兑废渣比例不低于30%的特定建材产品。

(2) 对污水处理劳务免征增值税

(3) 对销售自产的综合利用生物柴油实行增值税先征后退政策

综合利用生物柴油是以废弃的动物油和植物油为原料生产的柴油。废弃的动物油和植物油用量占生产原料的比重不低于70%。

3. 免征蔬菜流通环节增值税

经国务院批准,自2012年1月1日起,对从事蔬菜批发、零售的纳税人销售的蔬菜免征增值税。

① 对从事蔬菜批发、零售的纳税人销售的蔬菜免征增值税。

经挑选、清洗、切分、晾晒、包装、脱水、冷藏、冷冻等工序加工的蔬菜,属于本通知所述蔬菜的范围。

各种蔬菜罐头不属于本通知所述蔬菜的范围。蔬菜罐头是指蔬菜经处理、装罐、密封、杀菌或无菌包装而制成的食品。

② 纳税人既销售蔬菜又销售其他增值税应税货物的,应分别核算蔬菜和其他增值税应税货物的销售额;未分别核算的,不得享受蔬菜增值税免税政策。

4. 合同能源管理项目的免税规定

节能服务公司实施符合条件的合同能源管理项目,将项目中的增值税应税货物转让给用能企业,暂免征收增值税

5. 小微企业的免税规定

为进一步扶持小微企业发展,经国务院批准,自2013年8月1日起,对增值税小规模纳税人中月销售额不超过2万元的企业或非企业性单位,暂免征收增值税。

6. 营业税改征增值税试点过渡政策的规定

下列项目免征增值税。

① 个人转让著作权。

② 残疾人提供应税服务。

③ 航空公司提供飞机播洒农药服务。

④ 试点纳税人提供技术转让、技术开发和与之相关的技术咨询、技术服务。

⑤ 符合条件的节能服务公司实施合同能源管理项目中提供的应税服务。

⑥ 试点纳税人提供的国际货物运输代理服务。

⑦ 中国邮政集团公司及其所属邮政企业提供的邮政普遍服务和邮政特殊服务。

7. 其他有关减免税的规定

① 纳税人兼营免税、减税项目的,应当分别核算免税、减税项目的销售额;未分别核算销售额的,不得免税、减税。

② 纳税人销售货物或者提供应税劳务和应税服务适用免税规定的,可以放弃免税,依照《增值税暂行条例》和"营改增"的规定缴纳增值税。放弃免税后,36个月内不得再申请免税。

③ 安置残疾人单位既符合促进残疾人就业增值税优惠政策条件,又符合其他增值税优惠政策条件的,可同时享受多项增值税优惠政策,但年度申请退还增值税总额不得超过本年度内应纳增值税的总额。

第四节　增值税的计算与缴纳

一、一般纳税人应纳税额的计算与缴纳

我国目前对一般纳税人采用的一般计税方法是国际上通行的购进扣税法,即先按当期销售

额和适用税率计算出销项税额(这是对销售全额的征税),然后对当期购进项目向对方支付的税款进行抵扣,从而间接计算出当期增值额部分的应纳税额。

其计算公式为:

当期应纳税额 = 当期销项税额 - 当期进项税额

(一) 当期销项税额的确定

销项税额是指纳税人销售货物或提供应税劳务和应税服务,按照销售额和规定的税率计算并向购买方收取的增值税税额。其计算公式如下:

销项税额 = 销售额(或组成计税价格) × 税率

从以上公式可知,当期销项税额的确定关键在于确定当期销售额。

1. 一般销售方式下销售额的确定

销售额是指纳税人销售货物或者提供应税劳务(服务)向购买方收取的全部价款和价外费用。但需要注意的是,由于增值税采用价外计税方式,用不含税价作为计税依据,因而销售额中不包括向购买方收取的销项税额。

其中,价外费用是指价外向购买方收取的手续费、补贴、基金、集资费、返还利润、奖励费、违约金、滞纳金、延期付款利息、赔偿金、代收款项、代垫款项、包装费、包装物租金、储备费、优质费、运输装卸费以及其他各种性质的价外收费。但是它不包括符合下列条件的项目。

① 受托加工应征消费税的消费品所代收代缴的消费税。

② 同时符合以下条件的代垫运输费用。

一是承运部门的运输费用发票开具给购买方的。

二是纳税人将该项发票转交给购买方的。

③ 同时符合以下条件代为收取的政府性基金或者行政事业性收费。

一是由国务院或者财政部批准设立的政府性基金,由国务院或者省级人民政府及其财政、价格主管部门批准设立的行政事业性收费。

二是收取时开具省级以上财政部门印制的财政票据。

三是所收款项全额上缴财政。

④ 销售货物的同时因代办保险等而向购买方收取的保险费,以及向购买方收取的代购买方缴纳的车辆购置税、车辆牌照费。

实际操作中应当注意的是,根据国家税务总局的规定,对增值税一般纳税人(包括纳税人自己或代其他部门)向购买方收取的价外费用和逾期包装物押金,均应视为含税收入,在征税时换算成不含税收入再并入销售额。一般纳税人销售货物或者应税劳务,采用销售额和销项税额合并计价的,计税时应将含税销售额换算为不含税销售额。其换算公式为:

销售额 = 含税销售额 ÷ (1 + 税率)

销售额以人民币计算。纳税人以人民币以外的货币结算销售额的,应当折合成人民币计算。折合率可以选择销售额发生的当天或者当月1日的人民币汇率中间价。纳税人应当在事先确定采用何种折合率,确定后12个月内不得变更。

2. 特殊销售方式下销售额的确定

在现实经济活动中,纳税人销售货物的方式多种多样,因而会有不同的销售额,所以要对不同的行为进行区分。我国现行增值税法对以下销售方式的计税销售额作了具体规定。

(1) 折扣销售

折扣销售是销售方为了促销或者由于市场价格下降等原因而给予的价格折让(也称为商业折扣)。按照我国税法的规定,纳税人采取折扣方式销售货物,销售额和折扣额同在一张发票上并分别注明的,可按冲减折扣额后的余额征收增值税;将折扣额另开发票的,不论其在财务上如何处理,均不得从销售额中扣减折扣额。

实际操作中,应注意区分折扣销售、销售折扣和销售折让。

① 折扣销售不同于销售折扣。销售折扣也称为现金折扣,是销售方为鼓励买方在一定期限内早日付款而给予的一种折扣优惠(如10天内付款,货款折扣3%;20天内付款,折扣2%;30天内全价付款),属于企业融资行为。计征增值税时,现金折扣不允许从销售额中扣减。

② 销售折让是货物销售后,由于其品种、质量等原因购货方未予以退货,但销货方须给予购货方一定的价格折让。

销售折让与销售折扣相比较,虽然都是在货物销售后发生的,但因为销售折让是由于货物的品种和质量而引起销售额的减少,所以,对销售折让可以按照折让后的货款作为销售额。

③ 折扣销售仅限于价格折扣,如果销货方将货物用于实物折扣(如买一赠一),则不能从销售额中减除,即实物折扣视同销售,要计税。

(2) 以旧换新销售

以旧换新销售是指纳税人在销售自己的货物时,有偿收回旧货物的行为。根据我国税法的规定,采取以旧换新方式销售货物的,应按新货物的同期销售价格确定销售额,不得扣减旧货物的收购价格。

例2-1　某电器商场为一般纳税人,现采取以旧换新方式销售电冰箱。3月5日以旧换新销售电冰箱1台,收取现金3 600元,旧冰箱作价200元。该型号电冰箱零售价为3 800元。试计算其销项税额。

销项税额 $=3\,800\div(1+17\%)\times17\%\approx552$(元)

需要注意的是,金银首饰以旧换新业务,可以按销售方实际收取的不含增值税的全部价款征收增值税。

(3) 还本销售

还本销售是指纳税人在销售货物后,到一定期限由销售方一次或分次退还给购货方全部或部分价款的行为。这种方式实际上是一种筹资,是以货物换取资金的使用价值,到期还本不付息的方法。我国税法规定,采取还本销售方式销售货物的,不得从销售额中减除还本支出。

(4) 以物易物销售

以物易物销售是购销双方不以货币结算,而以同等价款的货物相互结算,实现货物购销的一种方式。对于以物易物销售,税务上要求双方都应做购销处理,以各自发出的货物核算销售额并计算销项税额,以各自收到的货物按规定核算购货额并计算进项税额。

例2-2　某卷烟厂以雪茄烟40箱与汽车制造厂换回小轿车3辆,当期雪茄烟每箱不含税市场零售价为2万元。试计算该卷烟厂的销项税额和当期进项税额(双方均为一般纳税人)。

该卷烟厂的销售额 $=2\times40=80$(万元)

当期销项税额 $=80\times17\%=13.6$(万元)

由当期购进小轿车3辆,购进价款为80万元,可得:

该卷烟厂当期支付的税款 $=80\times17\%=13.6$(万元)

因此,该卷烟厂当期可以抵扣的进项税额为13.6万元。

值得注意的是,在以物易物业务活动中,应分别开具合法的票据,如果收到的货物不能取得相应的增值税专用发票或其他合法票据,则不能抵扣进项税额。

(5) 包装物押金计税问题

根据我国税法的规定,纳税人为销售货物而出租出借包装物收取的押金,单独记账核算的,时间在1年以内,又未过期的,不并入销售额征税;但对因逾期未收回包装物并不再退还的押金,应按所包装货物的适用税率计算销项税额。

其中,逾期是指按合同的约定实际逾期,或以1年为期限,对收取的1年以上的押金,无论是否退还均应并入销售额征税。应当注意的是,在将包装物押金并入销售额征税时,需要先将该押金换算为不含税价,再并入销售额征税。此外,对于个别包装物周转使用期限较长的,报经税务机关确定后,可适当放宽逾期期限。

酒类产品的包装物押金比较特殊,从1995年6月1日起,对销售啤酒、黄酒所收取的押金按照以上规定执行。对销售除啤酒、黄酒外的其他酒类产品所收取的包装物押金,无论是否返还以及会计上如何核算,均应并入当期销售额征税。

例2-3 某酒厂为一般纳税人。该厂本月销售散装白酒30吨,出厂价格为4 200元/吨,取得的销售额为126 000元。同时收取包装物押金5 000元,单独记账核算。

要求:① 计算销售白酒应计销项税额;② 若一年前销售啤酒收取的啤酒包装物押金20 000元本月逾期未返还,计算本月的销项税额。

销售白酒应计销项税额=[126 000+5 000÷(1+17%)]×17%=22 146.5(元)

啤酒包装物押金逾期应计销项税额=20 000÷(1+17%)×17%≈2 905.98(元)

本月销项税额=22 146.5+2 905.98≈25 052.48(元)

需要注意的是,包装物押金不同于包装物租金,包装物租金在销货时作为价外费用并入销售额计算销项税额。

(6) 混合销售行为

纳税人发生混合销售行为,如果依据纳税人的主业判断为属于增值税的混合销售行为,应该缴纳增值税。其销售额为货物的销售额与非增值税应税劳务营业额的合计。计税时应将非增值税应税劳务的营业额换算为不含增值税收入,并入货物销售额。

(7) 核定销售额

我国税法规定,对纳税人销售货物或者应税劳务的价格明显偏低且无正当理由的,以及视同销售征税而无销售额的按下列顺序确定其销售额。

① 按纳税人最近时期同类货物的平均销售价格确定。

② 按其他纳税人最近时期同类货物的平均销售价格确定。

③ 按组成计税价格确定。组成计税价格的公式为:

$$\text{组成计税价格}=\text{成本}\times(1+\text{成本利润率})$$

征收增值税的货物同时又征收消费税的,其组成计税价格中应加上消费税税额。其组成计税价格公式为:

$$\text{组成计税价格}=\text{成本}\times(1+\text{成本利润率})+\text{消费税税额}$$

或:

$$\text{组成计税价格}=\text{成本}\times(1+\text{成本利润率})\div(1-\text{消费税税率})$$

其中,销售自产货物的成本为实际生产成本,销售外购货物的成本为实际采购成本;成本利润率为国家税务总局确定的成本利润率(10%),但属于应从价定率征收消费税的货物,其组成计税价格公式中的成本利润率为《消费税若干具体问题的规定》中确定的成本利润率。

(8) 融资租赁企业

① 经中国人民银行、银监会和商务部批准从事融资租赁业务的试点纳税人,提供有形动产融资性售后回租服务,以收取的全部价款和价外费用,扣除向承租方收取的有形动产价款本金,以及对外支付的借款利息(包括外汇借款和人民币借款利息)、发行债券利息后的余额为销售额。

试点纳税人提供融资性售后回租服务,向承租方收取的有形动产价款本金,不得开具增值税专用发票,可以开具普通发票。

② 经中国人民银行、银监会和商务部批准从事融资租赁业务的纳税人,提供除融资性售后回租以外的有形动产融资租赁服务,以收取的全部价款和价外费用,扣除支付的借款利息(包括外汇借款和人民币借款利息)、发行债券利息、保险费、安装费和车辆购置税后的余额为销售额。

(9) 航空运输企业

航空运输企业的销售额,不包括代收的机场建设费和代售其他航空运输企业客票而代收转付的价款。

(10) 知识产权代理服务、货物运输代理服务和代理报关服务

试点纳税人提供知识产权代理服务、货物运输代理服务和代理报关服务,以其取得的全部价款和价外费用,扣除向委托方收取并代为支付的政府性基金或者行政事业性收费后的余额为销售额。

(11) 国际货物运输代理服务

试点纳税人中的一般纳税人提供国际货物运输代理服务,以其取得的全部价款和价外费用,扣除支付给国际运输企业的国际运输费用后的余额为销售额。

试点纳税人从全部价款和价外费用中扣除价款,应当取得符合法律、行政法规和国家税务总局规定的有效凭证;否则,不得扣除。

(二) 进项税额的确定

进项税额是指纳税人购进货物或者接受应税劳务和应税服务而支付或者负担的增值税税额。

1. 准予从销项税额中抵扣的进项税额

按照我国《增值税暂行条例》的规定,允许从销项税额中抵扣的进项税额如下。

① 从销售方取得的增值税专用发票(含货物运输业增值税专用发票、税控机动车销售统一发票,下同)上注明的增值税税额。

② 从海关取得的海关进口增值税专用缴款书上注明的增值税税额。

纳税人在进行增值税账务处理时,每抵扣一笔进项税额,就要有一份记录该进项税额的法定扣税凭证与之相对应;没有从销售方或海关取得注明增值税税额的法定扣税凭证,就不能抵扣进项税额。

③ 购进农产品,除取得增值税专用发票或者海关进口增值税专用缴款书外,按照农产品收购发票或者销售发票上注明的农产品买价和13%的扣除率计算进项税额。其计算公式为:

$$准予抵扣的进项税额 = 买价 \times 扣除率(13\%)$$

其一,农产品是直接从事植物的种植、收割和动物的饲养、捕捞的单位和个人销售的自产而且免征增值税的农业产品。

其二,购买农业产品的买价,包括纳税人购进农产品在农产品收购发票或者销售发票上注明的价款和按规定缴纳的烟叶税。

其三,对烟叶税纳税人按规定缴纳的烟叶税,准予并入烟叶的买价计算增值税的进项税额,并在计算缴纳增值税时扣除。烟叶收购金额包括纳税人支付给烟叶销售者的烟叶收购价款和价外补贴,价外补贴统一暂按烟叶收购价款的10%计算。其计算公式如下:

$$\text{烟叶收购金额} = \text{烟叶收购价款} \times (1 + 10\%)$$

$$\text{烟叶税应纳税额} = \text{烟叶收购金额} \times \text{税率}(20\%)$$

$$\text{准予抵扣的进项税额} = (\text{烟叶收购金额} + \text{烟叶税应纳税额}) \times \text{扣除率}$$

2. 不得抵扣的进项税额

按照我国《增值税暂行条例》的规定,下列项目的进项税额不得从销项税额中抵扣。

① 用于简易计税方法计税项目、非增值税应税项目、免征增值税项目、集体福利或者个人消费的购进货物或者应税劳务。

这里的非增值税应税项目是指提供非增值应税劳务、转让无形资产、销售不动产和不动产在建工程等。

纳税人新建、改建、扩建、修缮、装饰不动产,均属于不动产在建工程。

② 非正常损失的购进货物及相关的应税劳务。

非正常损失是指因管理不善造成被盗、丢失、霉烂变质的损失。

③ 非正常损失的在产品、产成品所耗用的购进货物或者应税劳务。

④ 一般纳税人兼营免税项目或者非增值税应税劳务而无法划分不得抵扣的进项税额的,按下列公式计算不得抵扣的进项税额:

$$\text{不得抵扣的进项税额} = \text{当月无法划分的全部进项税额} \times \text{当月免税项目销售额、非增值税应税劳务营业额合计} \div \text{当月全部销售额、营业额合计}$$

⑤ 纳税人从海关取得的完税凭证上注明的增值税税额,准予从销项税额中抵扣。纳税人进口货物取得的合法海关完税凭证,是计算增值税进项税额的唯一依据,其进口货物向境外实际支付的货款低于进口报关价格的差额部分,以及从境外供应商取得的退还或返还的资金,不做进项税额转出处理。

⑥ 有下列情形之一的,应当按照销售额和增值税税率计算应纳税额,不得抵扣进项税额,也不得使用增值税专用发票。

- 一般纳税人会计核算不健全,或者不能提供准确税务资料的。
- 应当申请办理一般纳税人资格认定而未申请的。

⑦ 原增值税一般纳税人接受试点纳税人提供的应税服务,下列项目的进项税额不得从销项税额中抵扣。

- 用于简易计税方法计税项目、非增值税应税项目、免征增值税项目、集体福利或者个人消费,其中涉及的专利技术、非专利技术、商誉、商标、著作权、有形动产租赁,仅指专用于上述项目的专利技术、非专利技术、商誉、商标、著作权、有形动产租赁。
- 接受的旅客运输服务。
- 与非正常损失的购进货物相关的交通运输业服务。
- 与非正常损失的在产品、产成品所耗用购进货物相关的交通运输业服务。

知识链接2-3

烟叶税是以纳税人收购烟叶的收购金额为计税依据征收的一种税。烟叶税的纳税对象是晾晒烟叶和烤烟叶。其应纳税额按照纳税人收购烟叶的收购金额和规定的税率计算。烟叶税实行比例税率,税率为20%。烟叶税由地方税务机关征收。征收烟叶税有利于改革烟叶收购价格制度,保障烟农经济利益;有利于进一步改革烟叶生产补贴政策,完善烟叶税的计税依据。

(三)计算应纳税额的其他规定

为了正确计算增值税的应纳税额,在实际操作中还要掌握以下几个重要规定。

1. 计算应纳税额的时间限定

在增值税的征纳过程中,“当期”是个重要的时间限定,具体是税务机关依照税法规定对纳税人确定的纳税期限;只有在纳税期限内实际发生的销项税额、进项税额,才是法定的当期销项税额或当期进项税额。为了防止逃避纳税违法行为的出现,税法对销项税额和进项税额做出了时间性限定。

(1) 计算销项税额的时间限定

我国《增值税暂行条例》及《增值税暂行条例实施细则》规定,采取直接收款方式销售货物的,不论货物是否发出,均为收到销售款或者取得索取销售款凭据的当天;采取托收承付和委托银行收款方式销售货物的,为发出货物并办妥托收手续的当天;纳税人发生视同销售货物行为的,为货物移送的当天等,以保证准时、准确记录和核算当期销项税额。

(2) 防伪税控专用发票进项税额抵扣的时间限定

增值税一般纳税人取得2010年1月1日以后开具的增值税专用发票、公路内河货物运输业统一发票(现为货物运输业增值税专用发票)和机动车销售统一发票,应在开具之日起180日内到税务机关办理认证,并在认证通过的次月申报期内,向主管税务机关申报抵扣进项税额。

(3) 海关完税凭证进项税额抵扣的时间限定

实行海关进口增值税专用缴款书“先比对后抵扣”管理办法的增值税一般纳税人取得2010年1月1日以后开具的海关缴款书,应在开具之日起180日内向主管税务机关报送“海关完税凭证抵扣清单”申请稽核比对。

增值税一般纳税人取得2010年1月1日以后开具的增值税专用发票、公路内河货物运输业统一发票(现为货物运输业增值税专用发票)、机动车销售统一发票以及海关缴款书,未在规定期限内到税务机关办理认证、申报抵扣或者申请稽核比对的,不得作为合法的增值税扣税凭证,不得计算进项税额抵扣。

2. 计算应纳税额时,进项税额不足抵扣的处理

我国税法规定,当期进项税额不足抵扣的部分可以结转下期继续抵扣。

3. 扣减发生期进项税额的规定

如果纳税人发生规定不允许抵扣而已经抵扣进项税额的行为,应将该项购进货物或应税劳务的进项税额从当期发生的进项税额中扣减。无法准确确定该项进项税额的,按当期实际成本计算应扣减的进项税额,也就是按照当期该项购进货物或应税劳务的实际成本,即进价+运费+保险费+其他有关费用,按征税时该项购进货物或应税劳务适用的税率计算应扣减的进项税额。

4. 销货退回或折让的税务处理

鉴于经济生活中,因货物质量、规格等常会发生销货退回或销售折让的情况,《增值税暂行条例》及《增值税暂行条例实施细则》规定,增值税一般纳税人因销售货物退回或者折让而退还给购买方的增值税税额,应从发生销售货物退回或者折让当期的销项税额中扣减;因购进货物退出或者折让而收回的增值税税额,应从发生购进货物退出或者折让当期的进项税额中扣减。

一般纳税人销售货物或者提供应税劳务和应税服务,开具增值税专用发票后,发生销售货物退回或者折让、开票有误等情形,应按国家税务总局的规定开具红字增值税专用发票。未按规定开具红字增值税专用发票的不得扣减销项税额或者销售额。

5. 向供货方取得返还收入的税务处理

我国税法规定,对商业企业向供货方收取的与商品销售量、销售额挂钩的各种返还收入,自2004年7月1日起,均应按照平销返利行为的有关规定冲减当期增值税进项税金。应冲减进项税金的计算公式调整为:

$$\text{当期应冲减进项税金}=\text{当期取得的返还资金}\div(1+\text{所购货物适用增值税税率})\times\text{所购货物适用增值税税率}$$

商业企业向供货方收取的各种返还收入,一律不得开具增值税专用发票。

6. 一般纳税人注销时进项税额的处理

一般纳税人注销或取消辅导期一般纳税人资格,转为小规模纳税人时,其存货不做进项税额转出处理,其留抵税额也不予以退税。

7. 增值税一般纳税人应纳税额计算举例

例2-4 某电器商场为增值税一般纳税人。该商场2014年5月份发生如下经济业务。

① 销售空调取得含税销售收入17.784万元,同时提供安装服务收取安装费1.989万元。

② 销售电视机120台,每台含税零售单价为0.222 3万元。

③ 购进热水器50台,不含税单价为0.08万元,购进DVD播放机100台,不含税单价为0.06万元,两项业务均已支付货款并取得增值税专用发票,另支付运费2万元。

④ 当月该商场其他商品含税销售额为16.38万元。

要求:计算该商场5月份应纳增值税税额。

$$\text{当期销项税额}=(17.784+1.989)\div(1+17\%)\times17\%+120\times0.2223\div(1+17\%)\times17\%+16.38\div(1+17\%)\times17\%=9.129(\text{万元})$$

$$\text{当期进项税额}=50\times0.08\times17\%+100\times0.06\times17\%+2\times11\%=1.92(\text{万元})$$

$$\text{当期应纳税额}=9.129-1.92=7.209(\text{万元})$$

例2-5 某生产企业为增值税一般纳税人。该企业适用的增值税税率为17%。该企业2014年2月份有关生产经营的业务如下。

① 销售A产品给批发公司,开具增值税专用发票,取得不含税销售额100万元,同时提供送货业务,取得销售A产品的送货运输费收入5.85万元。

② 销售B产品,开具普通发票,取得含税销售额29.25万元。

③ 将一批C产品用于本企业职工福利,成本价为50万元,成本利润率为10%。该产品无同类产品市场销售价格。

④ 销售2013年7月份购进作为固定资产使用过的进口摩托车5辆，开具普通发票，每辆取得含税销售额1.17万元，该摩托车原值每辆0.9万元。

⑤ 购进货物并取得增值税专用发票，专用发票上注明支付的货款为60万元、进项税额为10.2万元；另外支付购货的运输费用6万元，取得运输公司开具的货物运输专用增值税专用发票。

⑥ 向农业生产者购进免税农产品一批，支付收购价30万元，支付给运输单位的运费为5万元，取得相关的合法票据。本月下旬将购进的农产品的20%用于本企业职工福利。

以上相关票据均符合税法的规定。

要求：按下列顺序计算该企业8月份应缴纳的增值税税额。

① 计算销售A产品的销项税额。

② 计算销售B产品的销项税额。

③ 计算C产品的销项税额。

④ 计算销售使用过的摩托车的应纳税额。

⑤ 计算外购货物应抵扣的进项税额。

⑥ 计算外购免税农产品应抵扣的进项税额。

⑦ 计算该企业8月份合计应缴纳的增值税税额。

① 销售A产品的销项税额 $=100\times17\%+5.85\div(1+17\%)\times17\%=17.85$（万元）

② 销售B产品的销项税额 $=29.25\div(1+17\%)\times17\%=4.25$（万元）

③ 企业自用C产品的销项税额 $=50\times(1+10\%)\times17\%=9.35$（万元）

④ 销售使用过的摩托车的应纳税额 $=1.17\div(1+17\%)\times17\%\times5=0.85$（万元）

⑤ 外购货物应抵扣的进项税额 $=10.2+6\times11\%=10.86$（万元）

⑥ 外购免税农产品应抵扣的进项税额 $=(30\times13\%+5\times11\%)\times(1-20\%)=3.56$（万元）

⑦ 该企业8月份应缴纳的增值税税额 $=17.85+4.25+9.35+0.85-10.86-3.56=17.88$（万元）

二、小规模纳税人的计税方法与应纳税额的计算

小规模纳税人应纳税额的计算采取销售额乘以征收率的简易办法进行，不得抵扣进项税额。其应纳税额的计算公式如下：

$$应纳税额=销售额\times征收率$$

同增值税一般纳税人类似，小规模纳税人取得的销售额也是销售货物或提供应税劳务向购买方收取的全部价款和价外费用，但是不包括按3%的征收率收取的增值税税额。

小规模纳税人销售货物或者提供应税劳务采用销售额和应纳税额合并定价方法的，按下列公式计算销售额：

$$销售额=含税销售额\div(1+征收率)$$

例2-6　某商店是增值税小规模纳税人。该商店2014年9月份取得零售收入20 600元，当月购进商品价款为16 800元，另支付运费2 000元。试计算该商店9份应纳增值税税额。

小规模纳税人不得抵扣任何进项税额，所以应纳税额计算如下。

应纳税额 $=20\,600\div(1+3\%)\times3\%=600$（元）

例2-7 如上例,假设该商店2013年9月份因对方退货而退还给某高校8月份销货款10 000元。计算该商店9月份的应纳增值税税额。

应纳税额=(20 600-10 000)÷(1+3%)×3%=308.73(元)

应该注意的是,小规模纳税人购置税控收款机,经主管税务机关审核批准后,可凭购进税控收款机取得的增值税专用发票,按照发票上注明的增值税税额,抵免当期应纳增值税税额,或者按照购进税控收款机取得的普通发票上注明的价款计算可抵免税额。其计算公式为:

$$可抵免税额=价款÷(1+17\%)×17\%$$

当期应纳税额不足抵免的,未抵免部分可在下期继续抵免。

三、销售已使用固定资产及旧货的税额计算

这里的固定资产是指纳税人根据财务会计制度规定已经计提折旧的有形动产。

1. 一般纳税人销售已使用固定资产的有关规定及税额计算

自2009年1月1日起,纳税人销售自己使用过的固定资产(以下简称已使用过的固定资产),应区分不同情形征收增值税。

① 一般纳税人销售自己使用过的2009年1月1日以后购进或者自制的固定资产,按照适用税率征收增值税。但是,一般纳税人销售自己使用过的不得抵扣且未抵扣进项税额的应征消费税的摩托车、汽车、游艇,按简易办法依4%征收率减半征收增值税。

② 2008年12月31日以前未纳入扩大增值税抵扣范围试点的纳税人,销售自己使用过的2008年12月31日以前购进或者自制的固定资产,按照4%征收率减半征收增值税。

③ 2008年12月31日以前已纳入扩大增值税抵扣范围试点的纳税人,销售自己使用过的在本地区扩大增值税抵扣范围试点以前购进或者自制的固定资产,按照4%征收率减半征收增值税;销售自己使用过的在本地区扩大增值税抵扣范围试点以后购进或者自制的固定资产,按照适用税率征收增值税。

④ 对于纳税人发生《增值税暂行条例实施细则》第四条规定的固定资产的,视同销售行为,对已使用过的固定资产无法确定销售额的,以固定资产净值为销售额。

以上规定可概括为一般纳税人销售已使用过的并已抵扣进项税额的固定资产,按照适用税率征收增值税;销售已使用过的未抵扣进项税额的固定资产,按照4%的征收率减半征收增值税;对视同销售无法确定销售额的固定资产,以其净值为销售额。

例2-8 某生产企业为一般纳税人。该企业2014年9月因转产出售一台车床,取得销售款23.5万元。该车床是该企业于2013年8月购入的,购入时取得的增值税专用发票上注明的价款为21万元,增值税税额为3.57万元。该企业固定资产账面原值为21万元,企业确定的折旧年限为10年,现已计提折旧2万元。试计算该企业销售该车床的销项税额。

一般纳税人销售自己使用过的2013年1月1日以后购进的固定资产,按照适用税率征收增值税。

销售已使用过的固定资产的销项税额=23.5÷(1+17%)×17%=3.41(万元)

例2-9 某外资企业(一般纳税人)出售已自用1年的一辆小轿车,取得价款170 560元,该辆小轿车是2013年1月购买的,原值(包括增值税和其他税费)169 600元。企业确定的折

旧年限为8年，现已计提折旧10 600元。试计算该企业出售该辆小轿车的应纳增值税税额。

一般纳税人销售已使用的不得抵扣且未抵扣进项税额的应征消费税的摩托车、汽车、游艇，按简易办法以4%征收率减半征收增值税。

$$应纳增值税税额 = 170\,560 \div (1 + 4\%) \times 4\% \div 2 = 3\,280(元)$$

2. 小规模纳税人销售固定资产的税额计算

小规模纳税人(除其他个人外)销售自己使用过的固定资产，减按2%征收率征收增值税。在上开具发票时，只能开具普通发票，不得由税务机关代开增值税专用发票。销售额和应纳税额的计算公式为：

$$销售额 = 含税销售额 \div (1 + 3\%)$$

$$应纳税额 = 销售额 \times 2\%$$

3. 一般纳税人及小规模纳税人销售旧货，按照简易办法依照4%征收率减半征收增值税

所称旧货，是指进入二次流通的具有部分使用价值的货物(含旧汽车、旧摩托车和旧游艇)，但不包括自己使用过的物品。

① 一般纳税人销售自己使用过的除固定资产以外的物品，应当按照适用税率征收增值税。

② 小规模纳税人销售自己使用过的除固定资产以外的物品，应按3%的征收率征收增值税。

四、进口货物应纳税额的计算与缴纳

根据我国税法的规定，申报进入中华人民共和国海关境内的货物，均应该缴纳增值税。即增值税的纳税人为进口货物的收货人或办理报关手续的单位和个人。

进口货物的应纳税额，不管纳税人是一般纳税人还是小规模纳税人，均按进口货物的组成计税价格和规定的税率计算，并且不能抵扣任何进项税额。

如果进口货物不同时缴纳消费税，其组成计税价格的计算公式为：

$$组成计税价格 = 关税完税价格 + 关税$$

如果进口货物同时缴纳消费税，其组成计税价格的计算公式为：

$$组成计税价格 = 关税完税价格 + 关税 + 消费税税额$$

确定进口货物的组成计税价格后，按下式计算进口货物的应纳税额：

$$应纳税额 = 组成计税价格 \times 适用税率$$

例2-10　某进出口公司为一般纳税人。该公司2014年3月报关进口电子游戏机100台(非消费税应税产品)，关税完税价格为30 000元，关税税额为39 000元。已缴纳进口关税和海关代征的增值税，并已取得增值税完税凭证。当月对外售出90台，每台不含税售价为800元。试计算该公司当月进口环节和销售环节的应纳增值税税额。

① 进口环节应纳税额的计算。

组成计税价格 = 30 000 + 39 000 = 69 000(元)

应纳增值税税额 = 69 000 × 17% = 11 730(元)

② 销售环节应纳税额的计算。

销项税额 = 90 × 800 × 17% = 12 240(元)

应纳增值税税额 = 12 240 − 11 730 = 510(元)

第五节 增值税出口退(免)税

为鼓励本国产品出口,使本国产品以不含税价格进入国际市场,增强产品的竞争能力,世界各国都采取了增值税出口退(免)税的政策。

在我国,出口货物退(免)税是在国际贸易业务中,对我国报关出口的货物退还或免征其在国内各生产和流转环节按税法规定缴纳的增值税和消费税,即对增值税出口货物实行零税率,对消费税出口货物免税。

所谓零税率,是指货物在出口时整体税负为0,不但出口环节不必纳税,而且还可以退还以前环节已纳税款。

一、增值税出口退(免)税基本政策

根据出口货物的不同种类和出口企业的不同形式,我国的出口货物税收政策分为出口免税并退税、出口免税不退税、出口不免税也不退税3种。

(一) 出口免税并退税

出口免税是对货物在出口销售环节不征增值税、消费税,这是把货物的出口环节与出口前的销售环节都同样视为一个征税环节;出口退税是对货物在出口前实际承担的税收负担,按规定的退税率计算后予以退还。

(二) 出口免税不退税

出口免税与上述含义相同。出口不退税是适用这个政策的出口货物因在前一道生产、销售环节或进口环节是免税的,因此,出口时该货物的价格中本身就不含税,也无须退税。

(三) 出口不免税也不退税

出口不免税是对国家限制或禁止出口的某些货物的出口环节视同内销环节,照常征税;出口不退税是对这些货物出口不退还出口前其所负担的税款。

知识链接2-4

对融资租赁企业、金融租赁公司及其设立的项目子公司,以融资租赁方式租赁给境外承租人且租赁期限在5年(含)以上,并向海关报关后实际离境的货物,试行增值税出口退税政策,自2014年10月1日起执行。

二、增值税出口退(免)税政策

对下列出口货物和劳务,除适用增值税免税政策和征税政策的出口货物劳务规定的以外,实行免征和退还增值税(以下简称增值税退(免)税)政策。

（一）增值税出口退（免）税的适用范围

1. 出口企业出口货物

出口企业是指依法办理工商登记、税务登记、对外贸易经营者备案登记，自营或委托出口货物的单位或个体工商户，以及依法办理工商登记、税务登记但未办理对外贸易经营者备案登记，委托出口货物的生产企业。

出口货物是指向海关报关后实际离境并销售给境外单位或个人的货物，分为自营出口货物和委托出口货物两类。

生产企业是指具有生产能力（包括加工、修理、修配能力）的单位或个体工商户。

2. 出口企业或其他单位视同出口货物

① 出口企业对外援助、对外承包、境外投资的出口货物。

② 出口企业经海关报关进入国家批准的出口加工区、保税物流园区、保税港区、综合保税区等特殊区域并销售给特殊区域内单位或境外单位、个人的货物。

③ 免税品经营企业销售的货物（国家规定不允许经营和限制出口的货物、卷烟和超出免税品经营企业法人营业执照规定经营范围的货物除外）。

④ 出口企业或其他单位销售给用于国际金融组织或外国政府贷款国际招标建设项目的中标机电产品。

⑤ 生产企业向海上石油天然气开采企业销售的自产的海洋工程结构物。

⑥ 出口企业或其他单位销售给国际运输企业用于国际运输工具上的货物。

⑦ 出口企业或其他单位销售给特殊区域内生产企业生产耗用且不向海关报关而输入特殊区域的水（包括蒸汽）、电力、燃气。

3. 出口企业对外提供加工修理修配劳务

对外提供加工修理修配劳务是指对进境复出口货物或从事国际运输的运输工具进行的加工修理修配。

4. 境内的单位和个人提供适用增值税零税率的应税服务

① 属于适用简易计税方法的，实行免征增值税办法。

② 属于适用增值税一般计税方法的，生产企业实行“免、抵、退”税办法；外贸企业自己开发的研发服务和设计服务出口，视同生产企业连同其出口货物统一实行“免、抵、退”税办法；外贸企业外购研发服务和设计服务出口实行免退税办法。

（二）出口货物退税率

除财政部和国家税务总局根据国务院决定而明确的增值税出口退税率（以下称退税率）外，出口货物的退税率为其适用税率。

适用不同退税率的货物、劳务，应分开报关、核算并申报退（免）税，未分开报关、核算或划分不清的，从低适用退税率。

（三）增值税退（免）税办法

1. 免抵退税办法

生产企业出口自产货物和视同自产货物及对外提供加工修理修配劳务，免征增值税，相应的进项税额抵减应纳增值税税额（不包括适用增值税即征即退、先征后退政策的应纳增值税税额），未抵减完的部分予以退还。

零税率应税服务提供者提供零税率应税服务,属于适用增值税一般计税方法的,免征增值税,相应的进项税额抵减应纳增值税税额(不包括适用增值税即征即退、先征后退政策的应纳增值税税额),未抵减完的部分予以退还。

2. 免退税办法

不具有生产能力的出口企业(以下称外贸企业)或其他单位出口货物劳务,免征增值税,相应的进项税额予以退还。

外贸企业外购研发服务和设计服务免征增值税,其对应的外购应税服务的进项税额予以退还。

(四) 出口货物退税额的计算

1. 生产企业出口货物劳务增值税"免、抵、退"税额计算

实行"免、抵、退"税办法的"免"税是指对生产企业出口的自产货物,在出口时免征本企业生产销售环节的增值税;"抵"税是指生产企业出口自产货物所耗用的原材料、零部件、燃料、动力等所含应予以退还的进项税额,抵顶内销货物的应纳税额;"退"税是指生产企业出口的自产货物在当月内应抵顶的进项税额大于应纳税额时,对未抵顶完的部分予以退税。其具体计算方法如下。

(1) 当期应纳税额的计算

当期应纳税额 = 当期内销货物的销项税额 -(当期进项税额 - 当期免抵退税不得免征和抵扣税额)- 上期留抵税额

当期免抵退税不得免征和抵扣税额 = 出口货物离岸价 × 外汇人民币牌价 ×(出口货物征税率 - 出口货物退税率)- 免抵退税不得免征和抵扣税额抵减额

免抵退税不得免征和抵扣税额抵减额 = 免税购进原材料价格 ×(出口货物征税率 - 出口货物退税率)

(2) 当期免抵退税额的计算

当期免抵退税额 = 当期出口货物离岸价 × 外汇人民币折合率 × 出口货物退税率 - 当期免抵退税额抵减额

当期免抵退税额抵减额 = 当期免税购进原材料价格 × 出口货物退税率

(3) 当期应退税额和免抵税额的计算

① 当期期末留抵税额≤当期免抵退税额,则:

当期应退税额 = 当期期末留抵税额

当期免抵税额 = 当期免抵退税额 - 当期应退税额

② 当期期末留抵税额 > 当期免抵退税额,则:

当期应退税额 = 当期免抵退税额

当期免抵税额 = 0

需要注意的是,当期期末留抵税额为当期"增值税纳税申报表"中的"期末留抵税额"。

例 2-11 某市一自营出口生产企业是增值税一般纳税人,出口货物的征税税率为17%,退税税率为13%。2010 年 8 月的有关经营业务为:购原材料一批,取得的增值税专用发票

上注明的价款为400万元，外购货物准予抵扣进项税额68万元通过认证。当月进料加工免税进口料件的组成计税价格为200万元。上期期末留抵税款为12万元。本月内销货物不含税销售额为200万元。收款234万元存入银行。本月出口货物销售额折合人民币400万元。试计算该企业当期的"免、抵、退"税额。

免抵退税不得免征和抵扣税额抵减额＝免税进口料件的组成计税价格×(出口货物征税税率－出口货物退税税率)＝200×(17%－13%)＝8(万元)

免抵退税不得免征和抵扣税额＝当期出口货物离岸价×外汇人民币牌价×(出口货物征税税率－出口货物退税税率)－免抵退税不得免征和抵扣税额抵减额＝400×(17%－13%)－8＝16－8＝8(万元)

当期应纳税额＝200×17%－(68－8)－12＝34－60－12＝－38(万元)

免抵退税额抵减额＝免税购进原材料×材料出口货物退税税率＝200×13%＝26(万元)

出口货物"免、抵、退"税额＝400×13%－26＝26(万元)

因为当期期末留抵税额≤当期免抵退税额，所以：

该企业当期应退税额＝当期期末留抵税额＝12(万元)

该企业当期免抵税额＝当期免抵退税额－当期应退税额＝26－12＝14(万元)

8月月末留抵结转下期继续抵扣的税额＝38－26＝12(万元)

例2－12　某自营出口的生产企业为增值税一般纳税人，出口货物的征税税率为13%。2014年11月的有关经营业务为：购进原材料一批，取得的增值税专用发票上注明的价款为300万元，外购货物准予抵扣的进项税额为51万元，货已验收入库。上月月末留抵税款为5万元；本月内销货物不含税销售额为100万元，收款117万元存入银行；本月出口货物的销售额折合人民币300万元。试计算该企业当期的"免、抵、退"税额。

当期免抵退税不得免征和抵扣税额＝300×(17%－13%)＝12(万元)

当期应纳税额＝100×17%－(51－12)－5＝－27(万元)

出口货物的免抵退税额＝300×13%＝39(万元)

因为当期期末留抵税额≤当期免抵退税额，所以：

该企业当期应退税额＝当期期末留抵税额＝27(万元)

该企业当期免抵税额＝当期免抵退税额－当期应退税额＝39－27＝12(万元)

例2－13　某自营出口的生产企业为增值税一般纳税人，出口货物的征税税率为17%，退税税率为13%。2014年10月的有关经营业务为：购原材料一批，取得的增值税专用发票上注明的价款为500万元，外购货物准予抵扣的进项税额为78万元，并通过认证。上期期末留抵税款为7万元。本月内销货物不含税销售额为100万元，收款117万元存入银行。本月出口货物的销售额折合人民币300万元。试计算该企业当期的"免、抵、退"税额。

当期免抵退税不得免征和抵扣税额＝300×(17%－13%)＝12(万元)

当期应纳税额＝100×17%－(78－8)－7＝17－70－7＝－60(万元)

出口货物免抵退税额＝300×13%＝39(万元)

因为当期期末留抵税额＞当期免抵退税额，所以：

该企业当期应退税额＝当期免抵退税额＝39(万元)

该企业当期免抵税额＝当期免抵退税额－当期应退税额＝39－39＝0

10月月末留抵结转下期继续抵扣的税额＝60－39＝21(万元)

(4) 零税率应税服务增值税退(免)税的计算

零税率应税服务增值税“免、抵、退”税额依下列公式计算。

① 当期“免、抵、退”税额的计算。

当期零税率应税服务“免、抵、退”税额=当期零税率应税服务“免、抵、退”税计税依据×外汇人民币折合率×零税率应税服务增值税退税率

② 当期应退税额和当期免抵税额的计算。

当期期末留抵税额≤当期“免、抵、退”税额时:

当期应退税额=当期期末留抵税额

当期免抵税额=当期“免、抵、退”税额－当期应退税额

当期期末留抵税额>当期“免、抵、退”税额时:

当期应退税额=当期“免、抵、退”税额

当期免抵税额=0

当期期末留抵税额为当期“增值税纳税申报表”中的“期末留抵税额”。

例2－14　某国际运输公司已登记为一般纳税人,该企业实行“免、抵、退”税管理办法。该企业2014年3月实际发生如下业务。

① 该企业当月承接了3个国际运输业务,取得确认的收入为60万元人民币。

② 企业增值税纳税申报时,期末留抵税额为15万元人民币。

试计算该企业当月的退税额。

当期零税率应税服务“免、抵、退”税额=当期零税率应税服务“免、抵、退”税计税依据×外汇人民币折合率×零税率应税服务增值税退税率=60×11%=6.6(万元)

因为当期期末留抵税额15万元>当期“免、抵、退”税额6.6万元,所以:

该公司当期应退税额=当期“免、抵、退”税额=6.6(万元)

退税申报后,结转下期留抵的税额为8.4万元。

2. 外贸企业出口货物劳务增值税免退税计算

外贸企业出口货物劳务增值税免退税,依下列公式计算。

① 外贸企业出口委托加工修理修配货物以外的货物。

增值税应退税额=增值税退(免)税计税依据×出口货物退税率

例2－15　某进出口公司2014年3月出口美国平纹布2 000米,进货增值税专用发票上列明的单价为20元/平方米,计税金额为40 000元,退税税率为13%。试计算该公司的增值税应退税额。

该公司的增值税应退税额=2 000×20×13%=5 200(元)

② 外贸企业出口委托加工修理修配货物。

出口委托加工修理修配货物的增值税应退税额=委托加工修理修配的增值税退(免)税计税依据×出口货物退税率

例2－16　某进出口公司2014年6月购进牛仔布委托加工成服装出口,取得牛仔布

增值税发票一张，注明计税金额10 000元；取得服装加工费计税金额2 000元，受托方将原材料成本并入加工修理修配费用并开具了增值税专用发票。假设退税税率为17%。试计算该公司的增值税应退税额。

该公司的增值税应退税额＝(10 000＋2 000)×17%＝2 040(元)

③ 外贸企业兼营的零税率应税服务增值税免退税，依下列公式计算：

外贸企业兼营的零税率应税服务的增值税应退税额＝外贸企业兼营的零税率应税服务免退税计税依据×零税率应税服务增值税退税率

3. 企业增值税即征即退、先征后退项目税额计算

出口企业既有适用增值税“免、抵、退”项目，也有增值税即征即退、先征后退项目，增值税即征即退和先征后退项目不参与出口项目“免、抵、退”税计算。出口企业应分别核算增值税“免、抵、退”项目和增值税即征即退、先征后退项目，并分别申请享受增值税即征即退、先征后退和“免、抵、退”税政策。

用于增值税即征即退或者先征后退项目的进项税额无法划分的，按照下列公式计算：

无法划分进项税额中用于增值税即征即退或者先征后退项目的部分＝当月无法划分的全部进项税额×当月增值税即征即退或者先征后退项目销售额÷当月全部销售额、营业额合计

三、增值税出口免税政策

对符合条件的出口货物和劳务，按下列规定实行免征增值税(以下简称增值税免税)政策。

(一) 适用增值税免税政策的范围

1. 出口企业或其他单位出口规定的货物

出口企业或其他单位出口规定的货物具体如下所列。

① 增值税小规模纳税人出口的货物。

② 避孕药品和用具，古旧图书。

③ 国家计划内出口的卷烟。其具体范围如下。

- 有出口经营权的卷烟生产企业按国家批准的免税出口卷烟计划(以下简称出口卷烟计划)自营出口的自产卷烟。
- 卷烟生产企业按出口卷烟计划委托卷烟出口企业出口的自产卷烟。
- 口岸国际隔离区免税店销售的卷烟。
- 卷烟出口企业按出口卷烟计划出口的外购卷烟。

④ 已使用过的设备。其具体范围是指购进时未取得增值税专用发票、海关进口增值税专用缴款书，但其他相关单证齐全的已使用过的设备。

⑤ 非出口企业委托出口的货物。

⑥ 农业生产者自产农产品。

⑦ 出口其他免税货物。

2. 境内的单位和个人提供的应税服务

境内的单位和个人提供的下列应税服务免征增值税，但财政部和国家税务总局规定适用增值税零税率的除外。

① 工程、矿产资源在境外的工程勘察勘探服务。

② 会议展览地点在境外的会议展览服务。

③ 存储地点在境外的仓储服务。

④ 标的物在境外使用的有形动产租赁服务。

⑤ 为出口货物提供的邮政业服务和收派服务。

⑥ 在境外提供的广播影视节目(作品)的发行、播映服务。

⑦ 向境外单位提供的下列应税服务。

- 技术转让服务、技术咨询服务、合同能源管理服务、软件服务、电路设计及测试服务、信息系统服务、业务流程管理服务、商标著作权转让服务、知识产权服务、物流辅助服务(仓储服务、收派服务除外)、认证服务、鉴证服务、咨询服务、广播影视节目(作品)制作服务、期租服务、程租服务、湿租服务。但不包括:合同标的物在境内的合同能源管理服务,对境内货物或不动产的认证服务、鉴证服务和咨询服务。
- 广告投放地在境外的广告服务。

(二) 进项税额的计算

① 适用增值税免税政策的出口货物和劳务,其进项税额不得抵扣和退税,应当转入成本。

② 出口卷烟,依下列公式计算:

不得抵扣的进项税额 = 出口卷烟含消费税金额 + (出口卷烟含消费税金额 + 内销卷烟销售额) × 当期全部进项税额

其一,当生产企业销售的出口卷烟在国内有同类产品销售价格时:

出口卷烟含消费税金额 = 出口销售数量 × 销售价格

其二,当生产企业销售的出口卷烟在国内没有同类产品销售价格时:

出口卷烟含税金额 = (出口销售额 + 出口销售数量 × 消费税定额税率) + (1 − 消费税比例税率)

③ 除出口卷烟外,适用增值税免税政策的其他出口货物和劳务的计算,按照增值税免税政策的统一规定执行。

四、增值税出口退(免)税的管理

(一) 增值税出口退(免)税的认定和申报管理

为减少出口退(免)税申报的差错率和疑点,进一步提高申报和审批效率,加快出口退税进度,国家税务总局决定调整出口退(免)税申报办法,主要内容如下。

① 企业出口货物劳务,在正式申报出口退(免)税之前,应按现行申报办法向主管税务机关进行预申报,在主管税务机关确认申报凭证的内容与对应的管理部门电子信息无误后,方可提供规定的申报退(免)税凭证、资料及正式申报电子数据,向主管税务机关进行正式申报。

② 税务机关受理企业出口退(免)税预申报后,应及时审核并向企业反馈审核结果。如果审核发现申报退(免)税的凭证没有对应的管理部门电子信息或凭证的内容与电子信息不符,企业应按下列方法处理。

一是属于凭证信息录入错误的,应更正后再次进行预申报。

二是属于未在中国电子口岸出口退税子系统中进行出口货物报关单确认操作或未按规定进

行增值税专用发票认证操作的,应进行上述操作后再次进行预申报。

除上述原因外,可填写“出口企业信息查询申请表”。将缺失对应凭证管理部门电子信息或凭证的内容与电子信息不符的数据和原始凭证报送至主管税务机关,由主管税务机关协助查找相关信息。

③ 在退(免)税申报期截止之日前,如果企业出口的货物劳务及服务申报退(免)税的凭证仍没有对应管理部门电子信息或凭证的内容与电子信息比对不符,无法完成预申报,企业应在退(免)税申报期截止之日前,向主管税务机关报送以下资料。

一是出口退(免)税凭证无相关电子信息申报表及其电子数据。

二是退(免)税申报凭证及资料。

经主管税务机关核实,企业报送的退(免)税凭证资料齐全。且“出口退(免)税凭证无相关电子信息申报表”及其电子数据与凭证内容一致的,企业退(免)税正式申报时间不受退(免)税申报期截止之日限制。未按上述规定在退(免)税申报期截止之日前向主管税务机关报送退(免)税凭证资料的,企业在退(免)税申报期限截止之日后不得进行退(免)税申报,应按规定进行免税申报或纳税申报。

(二) 增值税出口退(免)税的日常管理

税务机关对出口货物退(免)税的有关政策、规定应及时予以公告,并加强对出口商的宣传辅导和培训工作。做好出口货物退(免)税计划及其执行情况的分析、上报工作,在国家税务总局下达的出口退(免)税计划内办理退库和调库。

税务机关遇到下述情况,应及时结清出口商出口货物的退(免)税款。

① 出口商发生解散、破产、撤销以及其他依法应终止出口退(免)税事项的,或者注销出口货物退(免)税认定的;

② 出口商违反国家有关政策法规,被停止一定期限出口退税权的。

税务机关应建立出口货物退(免)税评估机制和监控机制,强化出口货物退(免)税管理,防止骗税案件的发生。做好出口货物退(免)税电子数据的接收、使用和管理工作,保证出口货物退(免)税电子化管理系统的安全,定期做好电子数据备份及设备维护工作。建立出口货物退(免)税凭证、资料的档案管理制度。出口货物退(免)税的凭证、资料应当保存10年,但法律、行政法规另有规定的除外。

(三) 增值税出口退(免)税的违章处理

出口企业和其他单位以假报出口或者其他欺骗手段骗取国家出口退税款的,由主管税务机关追缴其骗取的退税款,并处骗取税款1倍以上5倍以下的罚款;构成犯罪的,依法追究刑事责任。

对骗取国家出口退税款的,由省级以上(含本级)税务机关批准,按下列规定停止其出口退(免)税资格。

① 骗取国家出口退税款不满5万元的,可以停止为其办理出口退税半年以上一年以下。

② 骗取国家出口退税款5万元以上不满50万元的,可以停止为其办理出口退税一年以上一年半以下。

③ 骗取国家出口退税款50万元以上不满250万元,或因骗取出口退税行为受过行政处罚、两年内又骗取国家出口退税款数额在30万元以上不满150万元的,停止为其办理出口退税一年半以上两年以下。

④ 骗取国家出口退税款250万元以上,或因骗取出口退税行为受过行政处罚、两年内又骗取国家出口退税款数额在150万元以上的,停止为其办理出口退税两年以上3年以下。

⑤ 停止办理出口退税的时间以省级以上(含本级)税务机关批准后做出的"税务行政处罚决定书"的决定之日为起始日。

第六节 增值税的征收管理

一、纳税义务发生时间

在我国,增值税纳税义务发生时间是指增值税纳税人、扣缴义务人发生应税、扣缴税款行为应承担纳税义务、扣缴义务的起始时间。纳税义务发生时间一经确定,必须按此时间计算应缴税款。纳税义务发生时间按结算方式不同,可分为以下9种情况:采取直接收款方式销售货物的,不论货物是否发出,均为收到销售额或取得索取销售额的凭据并将提货单交到买方的当天;采取托收承付和委托银行收款方式销售货物的,为发出货物并办妥托收手续的当天;采取赊销和分期收款方式销售货物的,为合同约定的收款日期的当天;采取预收货款方式销售货物的,为货物发出的当天;委托其他纳税人代销货物的,为收到代销单位销售的代销清单的当天;销售应税劳务的,为提供劳务同时收讫销售额或取得索取销售额的凭据的当天;纳税人发生视同销售货物行为的,为货物移送的当天;纳税人进口货物的,为报关进口的当天;纳税人发生视同提供应税服务的,其纳税义务发生时间为应税服务完成的当天。

二、纳税期限

按照我国《增值税暂行条例》的规定,增值税的纳税期限为1日、3日、5日、10日、15日或者1个月。纳税人的具体纳税期限由主管税务机关根据纳税人应纳税额的大小分别核定,不能按照固定期限纳税的,可以按次纳税。

纳税人以1个月为一期纳税的,自期满之日起15日内申报纳税;以1日、3日、5日、10日或者15日为一期纳税的,自期满之日起5日内预缴税款,于次月1日起15日内申报纳税并结清上月应纳税款。

纳税人进口货物,应当自海关填发税款缴纳书之日起15日内缴纳税款。

对于纳税人出口适用税率为0的货物,应按月向税务机关申报办理该项出口货物的退税。

三、纳税地点

关于增值税纳税地点的规定,主要有以下几个方面。

① 固定业户应当向其机构所在地的主管税务机关申报纳税。总机构和分支机构不在同一县(市)的,应当分别向各自所在地的主管税务机关申报纳税;经国务院财政、税务主管部门或者其授权的财政、税务机关批准,可以由总机构汇总向总机构所在地的主管税务机关申报纳税。

② 固定业户到外县(市)销售货物或者应税劳务,应当向其机构所在地的主管税务机关申请开具外出经营活动税收管理证明,并向其机构所在地的主管税务机关申报纳税;未开具证明的,

应当向销售地或者劳务发生地的主管税务机关申报纳税;未向销售地或者劳务发生地的主管税务机关申报纳税的,由其机构所在地的主管税务机关补征税款。

③ 非固定业户销售货物或者应税劳务,应当向销售地或者劳务发生地的主管税务机关申报纳税;未向销售地或者劳务发生地的主管税务机关申报纳税的,由其机构所在地或者居住地的主管税务机关补征税款。

④ 纳税人进口货物,应当向报关地海关申报纳税。

⑤ 营业税改征的增值税,由国家税务局负责征收。

四、增值税的纳税申报

纳税人应按《增值税暂行条例》的有关规定及时办理纳税申报,并如实填写“增值税纳税申报表”。

第七节　增值税专用发票管理

一、专用发票概述

增值税专用发票是增值税一般纳税人销售货物或者提供应税劳务开具的发票,是购买方支付增值税税额并可按照增值税的有关规定据以抵扣增值税进项税额的凭证。为适应增值税专用发票管理的需要,规范增值税专用发票的使用,国家税务总局对原《增值税专用发票使用规定》进行了修订,并自 2007 年 1 月 1 日起施行。

二、专用发票管理内容

(一)专用发票的联次

增值税专用发票由基本联次或者基本联次附加其他联次构成,基本联次为 3 联,即记账联、抵扣联和发票联。其中,记账联作为销售方核算销售收入和增值税销项税额的记账凭证;抵扣联作为购买方报送主管税务机关认证和留存备查的凭证;发票联作为购买方核算采购成本和增值税进项税额的记账凭证。其他联次的用途由一般纳税人自行确定。

(二)开票限额的相关规定

在我国,最高开票限额是指单份专用发票开具的销售额合计数不得达到的上限额度。专用发票实行最高开票限额管理制度。

最高开票限额由一般纳税人申请,税务机关依法审批。最高开票限额为 10 万元及以下的,由区县级税务机关审批;最高开票限额为 100 万元的,由地市级税务机关审批;最高开票限额为 1 000 万元及以上的,由省级税务机关审批。防伪税控系统的具体发行工作由区县级税务机关负责。

一般纳税人申请最高开票限额时,须填报最高开票限额申请表。

知识链接2-5

税务机关审批最高开票限额应进行实地核查。批准使用最高开票限额为10万元及以下的,由区县级税务机关派人实地核查;批准使用最高开票限额为100万元的,由地市级税务机关派人实地核查;批准使用最高开票限额为1 000万元及以上的,由地市级税务机关派人实地核查后将核查资料报省级税务机关审核。

(三) 专用发票的领购和使用

1. 专用发票的领购

一般纳税人凭发票领购簿、IC卡或报税盘和经办人身份证明领用专用发票。一般纳税人有下列情形之一的,不得领用开具专用发票。

① 会计核算不健全,不能向税务机关准确提供增值税销项税额、进项税额、应纳税额数据及其他有关增值税税务资料的。

② 有《税收征管法》规定的税收违法行为,拒不接受税务机关处理的。

③ 有下列行为之一,经税务机关责令限期改正而仍未改正的。

- 虚开增值税专用发票。
- 私自印制专用发票。
- 向税务机关以外的单位和个人买取专用发票。
- 借用他人专用发票。
- 未按规定保管专用发票和专用设备。
- 未按规定申请办理防伪税控系统变更发行。
- 未按规定接受税务机关检查。

2. "营改增"后纳税人发票的使用

① 自本地区"营改增"试点实施之日起,增值税纳税人不得开具公路、内河货物运输业统一发票。

增值税一般纳税人(以下简称一般纳税人)提供货物运输服务的,使用货物运输业增值税专用发票(以下简称货运专票)和普通发票;提供货物运输服务之外其他增值税应税项目的,统一使用增值税专用发票(以下简称专用发票)和增值税普通发票。

小规模纳税人提供货物运输服务,服务接受方索取货运专票的,可向主管税务机关申请代开,并填写"代开货物运输业增值税专用发票缴纳税款申报单"。代开货运专票按照代开专用发票的有关规定执行。

② 提供港口码头服务、货运客运场站服务、装卸搬运服务、旅客运输服务的一般纳税人,可以选择使用定额普通发票。

③ 从事国际货物运输代理业务的一般纳税人,应使用6联专用发票或5联增值税普通发票,其中第4联用作购付汇联;从事国际货物运输代理业务的小规模纳税人,应使用普通发票,其中第4联用作购付汇联。

(四) 专用发票的开具范围

① 一般纳税人销售货物或者提供应税劳务和应税服务,应向购买方开具专用发票。

② 商业企业一般纳税人零售的烟、酒、食品、服装、鞋帽（不包括劳保专用部分）、化妆品等消费品不得开具专用发票。

③ 增值税小规模纳税人需要开具专用发票的，可向主管税务机关申请代开。

④ 销售免税货物不得开具专用发票，法律、法规及国家税务总局另有规定的除外。

⑤ 关于货运专用发票开具的问题。

- 一般纳税人提供应税货物运输服务的，使用货运专票；提供其他增值税应税项目、免税项目或非增值税应税项目的，不得使用货运专用发票。
- 税务机关在代开货运专票时，货运专票税控系统在货运专票左上角自动打印“代开”字样；“税率”栏填写小规模纳税人增值税征收率。

⑥ 纳税人提供应税服务的，应当向索取增值税专用发票的接受方开具增值税专用发票，并在增值税专用发票上分别注明销售额和销项税额。属于下列情形之一的，不得开具增值税专用发票。

- 向消费者个人提供应税服务。
- 适用免征增值税规定的应税服务。

（五）专用发票的开具要求

开具增值税专用发票，要达到如下要求。项目齐全，与实际交易相符；字迹清楚，不得压线、错格；发票联和抵扣联加盖财务专用章或者发票专用章；按照增值税纳税义务的发生时间开具。

（六）开具专用发票后发生退货或开票有误的处理

增值税一般纳税人开具增值税专用发票（以下简称专用发票）后，发生销货退回、销售折让以及开票有误等情况需要开具红字专用发票的，视不同情况分别按以下办法处理。

① 专用发票抵扣联、发票联均无法认证的，由购买方填报“开具红字增值税专用发票申请单”，并在申请单上填写具体原因以及相对应蓝字专用发票的信息，主管税务机关审核后出具“开具红字增值税专用发票通知单”。购买方不做进项税额转出处理。

② 购买方所购货物不属于增值税扣税项目范围，取得的专用发票未经认证的，由购买方填报申请单，并在申请单上填写具体原因以及相对应蓝字专用发票的信息，主管税务机关审核后出具通知单。购买方不做进项税额转出处理。

③ 因开票有误购买方拒收专用发票的，销售方须在专用发票认证期限内向主管税务机关填报申请单，并在申请单上填写具体原因以及相对应蓝字专用发票的信息，同时提供由购买方出具的写明拒收理由、错误具体项目以及正确内容的书面材料，主管税务机关审核确认后出具通知单。销售方凭通知单开具红字专用发票。

④ 因开票有误等原因尚未将专用发票交付购买方的，销售方须在开具有误专用发票的次月内向主管税务机关填报申请单，并在申请单上填写具体原因以及相对应蓝字专用发票的信息，同时提供由销售方出具的写明具体理由、具体错误项目以及正确内容的书面材料，主管税务机关审核确认后出具通知单。销售方凭通知单开具红字专用发票。

⑤ 发生销货退回或销售折让的，除按照《通知》的规定进行处理外，销售方还应在开具红字专用发票后将该笔业务的相应记账凭证复印件报送主管税务机关备案。

税务机关为小规模纳税人代开专用发票需要开具红字专用发票的，比照一般纳税人开具红字专用发票的处理办法，通知单第二联交代开税务机关。

提供货物运输服务，开具货运专票后，如发生应税服务中止、折让、开票有误以及发票抵扣联、发票联均无法认证等情形,且不符合发票作废条件,需要开具红字货运专票的,实际受票方或承运人可向主管税务机关填报“开具红字货物运输业增值税专用发票申请单”,经主管税务机关核对并出具“开具红字货物运输业增值税专用发票通知单”。

(七)专用发票与不得抵扣进项税额的规定

① 按照我国税法的规定,有下列情形之一的,不得作为增值税进项税额的抵扣凭证,税务机关退还原件,购买方可要求销售方重新开具专用发票。

- 无法认证。
- 纳税人识别号认证不符。
- 专用发票代码、号码认证不符。

② 我国税法规定,有下列情形的,暂不得作为增值税进项税额的抵扣凭证,税务机关扣留原件,查明原因,分别情况进行处理。

- 重复认证。
- 密文有误。
- 认证不符。
- 列为失控专用发票。

本章小结

增值税是以商品生产、流通或应税劳务、服务各环节的增值额为计税依据而征收的一种流转税。我国现行增值税的征收范围包括在境内销售货物、提供加工修理修配劳务和应税服务以及进口货物。纳税人是从事上述业务的所有单位和个人。一般纳税人销售货物或者应税劳务、应税服务,实行规范化计税办法;小规模纳税人销售货物或者应税劳务、应税服务,实行简易计税办法。计算应纳增值税税额的关键在于确定销项税额和可以抵扣的进项税额。增值税优惠政策包括起征点、免税、减半征税以及出口退(免)税等。一般纳税人的生产企业出口货物,实行“免、抵、退”税办法;外贸企业出口货物,按国内购进货物时取得的增值税专用发票上列明的进价金额和退税率计算退税额。在增值税专用发票的管理上,为适应增值税专用发票管理的需要,规范增值税专用发票的使用,国家税务总局对原《增值税专用发票使用规定》进行了修订,并自2007年1月1日起施行。

快速问答

1. 甲企业销售给乙企业一批货物,乙企业因资金紧张,无法支付货币资金,经双方友好协商,乙企业用自产的产品抵偿货款,则下列表述中正确的是(　　)。

   A. 甲企业收到抵债货物不得抵扣进项税额
   B. 乙企业发出抵债货物不做销售处理,不计算销项税额
   C. 在此业务中,甲、乙双方应当分别按购销处理,但双方因均不涉及增值税问题,所以不得开具增值税专用发票
   D. 甲、乙双方分别做购销处理,乙方可以向甲方开具增值税专用发票,甲方可以正常抵扣进项税额

2. 下列各项中,属于增值税混合销售行为应缴纳增值税的是(　　)。

   A. 建材商店在向甲销售建材的同时为乙提供装饰服务

B. 宾馆为顾客提供住宿服务的同时销售高档毛巾

C. 塑钢门窗商店销售产品并负责为客户提供安装服务

D. 电信局为客户提供电话安装服务的同时销售所安装的电话机

3. 纳税人兼营非增值税应税项目的，应分别核算货物或者应税劳务的销售额和非增值税应税项目的营业额；未分别核算的，(　　)。

A. 全部收入一并计征增值税

B. 全部收入一并计征营业税

C. 由主管税务机关核定货物或者应税劳务的销售额

D. 全部收入从高征税

4. 下列有关“营改增”的规定中，描述不正确的是(　　)。

A. 航空运输企业提供的旅客利用里程积分兑换的航空运输服务，照章征收增值税

B. 航空运输企业根据国家指令无偿提供的航空运输服务，不征收增值税

C. 航空运输企业的应征增值税销售额不包括代收的机场建设费和代售其他航空运输企业客票而代收转付的价款

D. 航空运输企业已售票但未提供航空运输服务取得的逾期票证收入，不属于增值税应税收入，不征收增值税

5. 对于“营改增”企业，下列选项中可以抵扣进项税额的包括(　　)。

A. 用于集体福利或个人消费的进项税　　B. 用于正常损失货物的进项税

C. 用于适用简易计税方法计税项目的进项税　　D. 用于旅客运输服务的进项税

6. 在下列项目中，不应视同销售计算增值税的有(　　)。

A. 将购进的货物无偿赠送他人　　B. 将购进的货物分配给职工

C. 将委托加工收回的货物用于本企业在建工程　　D. 将自制的货物用于对外投资

7. 下列选项中，按简易办法依照4%征收率计算缴纳增值税的有(　　)。

A. 零售商店代销寄售物品　　B. 小规模纳税人销售货物

C. 属于一般纳税人的自来水公司销售自来水　　D. 一般纳税人销售旧货

8. 下列关于烟叶税的说法中，不正确的有(　　)。

A. 在中国境内收购的烟叶单位需要代扣代缴烟叶税

B. 烟叶税的税率为20%

C. 烟叶的应纳税额等于烟叶收购金额乘以税率

D. 烟叶税的纳税义务发生时间为纳税人收购烟叶的当天

9. 下列有关“营改增”中纳税义务发生时间和纳税地点的表述中，错误的是(　　)。

A. 纳税人提供有形动产租赁服务采取预收款方式的，其纳税义务发生时间为收到预收款的当天

B. 纳税人发生视同提供应税服务的，其纳税义务发生时间为应税服务完成的当天

C. 扣缴义务人应当向其机构所在地或者居住地主管税务机关申报缴纳其扣缴的税款

D. 非固定业户应当向其机构所在地或者居住地主管税务机关申报纳税

10. 下列出口货物中，符合增值税免税并退税政策的是(　　)。

A. 加工企业对来料加工后又复出口的货物

B. 对外承包工程公司运出境外用于境外承包项目的货物

C. 属于小规模纳税人的生产性企业自营出口的自产货物

D. 外贸企业从小规模纳税人购进并持有普通发票的出口货物

计算题

1. 某印刷厂为增值税一般纳税人。该厂2014年10月份发生以下业务。

① 接受某杂志社委托为其印刷增刊(有统一刊号),印刷厂自行购买纸张,取得的增值税专用发票上注明的价款为40 000元,向杂志社开具的增值税专用发票上注明为金额为100 000元。

② 为某学校印刷复习资料1 000册,普通发票上注明的印刷费为4 000元。

③ 接受某出版社委托,印刷图书5 000册,纸张由出版社提供,每册书不含税的印刷费为12元,另收运输费1 000元,并按此金额开具了增值税专用发票。

④ 为免税产品印刷说明书收取含税加工费5 000元。

⑤ 向废旧物资回收单位销售过期的报刊、印刷过程中产生的边角废料纸张,共取得收入3 510元。

⑥ 购买一台设备取得的增值税专用发票上注明的税金为17 000元;购进税控收款机取得的增值税专用发票上注明的增值税为1 020元。相关发票已经通过认证。

⑦ 上月购进的成本为30 000元(含运费930元,该金额为一般纳税人开具的增值税专票注明的金额)的纸张因管理不善浸水,无法使用。

要求:

① 计算为杂志社印刷杂志业务的增值税销项税额。

② 计算向废旧物资回收单位销售货物的增值税销项税额。

③ 计算该厂当月应抵扣的进项税额。

④ 计算该厂当月销项税额的合计。

⑤ 计算该厂当月应纳增值税税额。

2. 某县城的一家金属冶炼联合企业(增值税一般纳税人)2014年12月发生下列业务。

① 本月开采铜矿石40 000吨。

② 采用托收承付方式销售铜矿石480吨,每吨不含税售价为350元,货物已发出,本月收到货款。

③ 销售铜矿石精粉60吨,每吨不含税售价为2 000元,款项已收到;把自产同种铜矿石精粉56吨用于等价交换原煤,取得的原煤专用发票上注明的价款为84 000元,该铜矿石原矿与铜矿石精粉的选矿比为1:0.8。

④ 采用分期收款方式向某金属矿石选厂销售铜矿石2 400吨,每吨不含税单价为355元,购销合同规定,本月收取1/2的价款,实际取得不含税价款320 000元。

⑤ 为其他矿山企业提供矿产品的挖掘、切割、破碎劳务,共取得不含税收入23 000元。

⑥ 支付水费并取得增值税专用发票,注明的增值税税额为15 200元,其中有30%用于职工浴室。

⑦ 从小规模纳税人手中购进劳保用品,取得的税务机关代开的增值税专用发票上注明的价款为12 000元。

⑧ 购进两辆货车专门用于运送矿石,取得的增值税专用发票上注明的不含税价款共计560 000元;另外,购进一辆小汽车配备给销售经理用于联系业务,取得的增值税专用发票上注明的价款为120 000元。

⑨ 从某企业(增值税一般纳税人)购进生产用材料,取得的增值税专用发票上注明的税额为14 520元,支付不含税运费共计6 800元,并取得了运输公司开具的增值税专用发票(本期取得的增值税专用发票均通过认证。该铜矿石资源税税额为5.5元/吨)。

要求:

① 分析该金属冶炼联合企业为其他矿山企业提供的劳务应缴纳的流转税,并计算应纳

税额。

② 计算采取分期收款方式销售铜矿石应确认的增值税销项税额。

③ 计算购进货车以及小汽车准予抵扣的进项税额。

④ 计算该金属冶炼联合企业本月增值税销项税额的合计。

⑤ 计算该金属冶炼联合企业本月应纳的增值税税额。

第三章

消费税法

学习目标

本章主要介绍了消费税的基础知识、消费税法的基本内容、消费税的计算与征收、出口应税消费品退(免)税以及消费税的征收管理。通过学习应达到以下要求。

- 准确理解消费税的概念
- 明确消费税的税目和税率
- 掌握销售额和销售数量的确定
- 掌握各环节下消费税应纳税额的计算
- 了解特殊情况下的特殊规定
- 正确计算企业的消费税

第一节　消费税基础知识

一、消费税的概念

从广义上讲,消费税是对消费品或消费行为征收的一种税。我国现行的消费税是对在我国境内从事生产、委托加工和进口应税消费品的单位和个人就其应税消费品征收的一种税。它选择部分消费品征税,因而属于特别消费税。

二、消费税的特点和作用

(一)消费税的特点

1. 征税范围具有选择性

消费税仅选择部分高档消费品、非生活必需品、奢侈品及需要限制消费和具有财政意义的消费品进行征税,起到特殊的调节作用,而不是对所有消费品都征收消费税。我国消费税目前共设置了14个税目,只有消费税税目税率表上列举的应税消费品才征收消费税,没有列举的则不应征收消费税。

2. 征收环节具有单一性

为了加强源泉控制,防止税款流失,消费税的纳税环节主要确定在生产环节或进口环节,即应税消费品在生产环节或进口环节征税之后，除个别消费品的纳税环节为零售环节外，再继续转销该消费品不再征收消费税。对于用外购已税的消费品作为原材料继续生产消费品销售的及委托加工消费品已被扣缴消费税后又继续生产应税消费品销售的，采取扣除已纳税款的办法避免重复课税。

3. 征收方法具有灵活性

现行消费税采取从价定率计征、从量定额计征和复合计征3种方法对不同消费品进行征税。从价定率的计征方法适用于一部分价格变化大，且便于按价格核算的应税消费品；从量定额计征的方法适用于一部分价格变动小，品种、规格比较单一的大宗应税消费品；而对烟酒等特殊消费品则实行复合计征的方法。

4. 适用税率具有差别性

消费税的平均税率水平一般定得比较高，并且不同征税项目的税负差异较大。需要限制或控制消费的消费品，通常税负较重。这主要体现了国家运用税收杠杆对某些消费品进行特殊调节的用意。

5. 税负具有转嫁性

我国消费税直接以应税消费品的生产经营者为纳税人，于生产销售环节、进口环节或零售环节缴纳税款，并作为商品价格的一个组成部分向购买者收取，消费者为税负的最终负担者。因此税负具有转嫁性。

（二）消费税的作用

消费税作为对消费品和消费行为进行特殊调节的一个税种，具有重要的作用。

1. 调节消费结构，引导合理消费

由于消费税负担的轻重关系到消费者的切身利益，是消费者在选择其消费方向和内容时要考虑的重要因素。因此，国家能够通过消费税课征范围的选择和税目、税率的设计，来调节纳税人的经济利益，影响其消费活动的方向和内容，进而调节整个社会消费结构，体现国家的消费政策。同时，由于消费对生产的反作用，消费结构的变化又会影响产业结构和产品结构的调整。

2. 稳定税源，保证财政收入

消费税特殊的计税方法使税额会随着销售额的增加而不断增长，同时只要消费品实现销售，也就产生缴纳消费税的义务。因此，消费税对及时、足额地保证财政收入起着重要的作用。

3. 缓解社会分配不公，缩小贫富差距

个人生活水平的高低很大程度地体现在其支付能力上。因此，通过对某些奢侈品或特殊消费品征收消费税，立足于从调节个人支付能力的角度间接增加某些消费者的税收负担，体现收入多者多缴税的原则，从而在一定程度上有利于配合个人所得税及其他有关税种进行调节，缓解目前社会存在的分配不公的矛盾。

4. 优化资源配置，体现产业政策

消费税对有害人类健康、社会秩序和生态环境的特殊消费品及高耗能、奢侈消费品征税，可以达到“寓禁于征”的目的，进而减少对环境的危害，降低外部成本；对不可再生和替代的能源产品课税，可以保护稀缺资源。消费税通过对消费品课税，以消费拉动供给，使产业、产品结构得到优化，从而实现资源的优化配置，体现国家的产业政策。

知识链接3-1

税务总局发布《关于成品油经销企业开具的增值税发票纳入防伪税控系统汉字防伪版管理的公告》，明确自2014年8月1日起，成品油经销企业应通过增值税防伪税控系统汉字防伪版开具增值税专用发票和增值税普通发票，并要求各级税务机关加强成品油消费税日常监管，有效打击成品油企业利用变换产品名称手段逃避生产环节消费税的违规行为。

第二节 消费税法的基本内容

一、消费税的征税范围

(一) 生产应税消费品

生产应税消费品销售是消费税征收的主要环节。生产应税消费品除了直接对外销售应征收消费税外，纳税人将生产的应税消费品换取生产资料、消费资料或投资入股、偿还债务，以及用于继续生产应税消费品以外的其他方面都应缴纳消费税。

另外，工业企业以外的单位和个人的下列行为视为应税消费品的生产行为，按规定征收消费税。

① 将外购的消费税非应税产品以消费税应税产品对外销售的。

② 将外购的消费税低税率应税产品以高税率应税产品对外销售的。

(二) 委托加工应税消费品

委托加工应税消费品是委托方提供原料和主要材料，受托方只收取加工费和代垫部分辅助材料加工的应税消费品。由受托方提供原材料或其他情形的一律不能视同委托加工应税消费品。

(三) 进口应税消费品

单位和个人进口货物属于消费税征税范围的，在进口环节也要缴纳消费税。为了减少征税成本，进口环节缴纳的消费税由海关代征。

(四) 商业零售金银首饰

经国务院批准，自1995年1月1日起，金银首饰消费税由生产销售环节征收改为零售环节征收。改在零售环节征收消费税的金银首饰仅限于金基、银基合金首饰，以及金、银和金基、银基合金的镶嵌首饰。从2002年1月1日起，钻石及钻石饰品消费税改为零售环节征税。从2003年5月1日起，铂金首饰消费税改为零售环节征税。

(五) 批发销售卷烟

在中华人民共和国境内从事卷烟批发业务的单位和个人，自2009年5月1日起，在卷烟批发环节加征一道从价税。

二、消费税的纳税人

消费税的纳税人是指在中华人民共和国境内生产、委托加工和进口《消费税暂行条例》规定的消费品的单位和个人,以及国务院确定的销售《消费税暂行条例》规定的消费品的其他单位和个人。其中,单位是指企业、行政单位、事业单位、军事单位、社会团体及其他单位;个人是指个体工商户及其他个人;在中华人民共和国境内是指生产、委托加工和进口属于应当缴纳消费税的消费品的起运地或者所在地在境内。

三、消费税的税目和税率

(一)消费税的税目

自2006年3月调整后,按照《消费税暂行条例》的规定,确定征收消费税的有烟、酒、化妆品等14个税目。对种类、规格、等级较为复杂和需要区别对待的税目还进一步划分了若干子目,具体如下。

1. 烟

烟是指以烟叶为原料生产的产品,即凡是以烟叶为原料加工生产的产品,不论使用何种辅料,均属于本税目的征收范围,包括卷烟(进口卷烟、白包卷烟、手工卷烟和未经国务院批准纳入计划的企业及个人生产的卷烟)、雪茄烟和烟丝。

在“烟”税目下分“卷烟”、“雪茄烟”等子目。卷烟又分为甲类卷烟和乙类卷烟。其中,甲类卷烟是指每标准条(200支,下同)调拨价格在70元(不含增值税)以上(含70元)的卷烟;乙类卷烟是指每标准条调拨价格在70元(不含增值税)以下的卷烟。

2. 酒

酒是酒精度在1°以上的各种酒类饮料。酒类包括粮食白酒、薯类白酒、黄酒、啤酒、果酒和其他酒。

啤酒每吨出厂价(含包装物及包装物押金)在3 000元(含3 000元,不含增值税)以上的是甲类啤酒,每吨出厂价(含包装物及包装物押金)在3 000元(不含增值税)以下的是乙类啤酒。

对饮食业、商业、娱乐业举办的啤酒屋(啤酒坊)利用啤酒生产设备生产的啤酒,应当征收消费税。

3. 化妆品

其具体征收范围包括各类美容、修饰类化妆品(包括香水、香水精、香粉、口红、指甲油、胭脂、眉笔、唇笔、蓝眼油、眼睫毛及成套化妆品)、高档护肤类化妆品和成套化妆品。

舞台、戏剧、影视演员化妆用的上妆油、卸装油、油彩不属于本税目的征收范围。

高档护肤类化妆品征收范围另行制定。

4. 贵重首饰及珠宝玉石

贵重首饰及珠宝玉石是指凡以金、银、白金、宝石、珍珠、钻石、翡翠、珊瑚、玛瑙等高贵稀有物质以及其他金属、人造宝石等制作的各种纯金银首饰及镶嵌首饰和经采掘、打磨、加工的各种珠宝玉石。对出国人员免税商店销售的金银首饰征收消费税。

5. 鞭炮、焰火

其包括各种鞭炮、焰火,但体育上用的发令纸、鞭炮药引线,不按本税目征收。

6. 成品油

其包括汽油、柴油、航空煤油、润滑油、石脑油、溶剂油、燃料油7个子目。航空煤油继续暂缓征收。

知识链接3-2

经国务院批准,财政部、国家税务总局发布通知,规定自2013年11月1日至2018年10月31日,对以回收的废矿物油为原料生产的润滑油、基础油、汽油、柴油等工业油料免征消费税。

7. 摩托车

其包括轻便摩托车和摩托车两种。对最大设计车速不超过50千米/小时,发动机汽缸总工作容量不超过50毫升的三轮摩托车不征收消费税。

8. 小汽车

小汽车是由动力装置驱动,具有4个或4个以上车轮的非轨道承载的车辆。其征收范围包括:含驾驶员座位在内最多不超过9个座位(含)的,在设计和技术特性上用于载运乘客和货物的各类乘用车;含驾驶员座位在内的座位数在10~23座(含23座)的,在设计和技术特性上用于载运乘客和货物的各类中轻型商用客车。

用排气量小于1.5升(含)的乘用车底盘(车架)改装、改制的车辆,属于乘用车征收范围;用排气量大于1.5升的乘用车底盘(车架)或用中轻型商用客车底盘(车架)改装、改制的车辆,属于中轻型商用客车征收范围。

电动汽车不属于本税目征收范围。车身长度大于7米(含),并且座位在10~23座(含)以下的商用客车,不属于中轻型商用客车征税范围,不征收消费税。沙滩车、雪地车、卡丁车、高尔夫车不属于消费税征收范围,不征收消费税。

9. 游艇

游艇按照动力不同可以划分为无动力艇、帆艇和机动艇。它是指长度大于8米小于90米,船体由玻璃钢、钢、铝合金、塑料等多种材料制作,可以在水上移动,一般为私人或团体购置,主要用于水上运动和休闲娱乐等非谋利活动的各类机动艇。

10. 高尔夫球及球具

高尔夫球及球具是指从事高尔夫球运动所需的各种专用装备,包括高尔夫球、高尔夫球杆及高尔夫球包(袋)等。

本税目征收范围包括高尔夫球、高尔夫球杆、高尔夫球包(袋)。高尔夫球杆的杆头、杆身和握把属于本税目的征收范围。

11. 高档手表

它是指每只销售价格(不含增值税)在10 000元(含)以上的各类手表。

12. 木制一次性筷子

本税目的征收范围包括各种规格的木制一次性筷子。未经打磨、倒角的木制一次性筷子也属于本税目的征税范围。

13. 实木地板

实木地板是指以木材为原料,经锯割、干燥、刨光、截断、开榫、涂漆等工序加工而成的块状或条状的地面装饰材料。本税目的征收范围包括各类规格的实木地板、实木指接地板、实木复合地板及用于装饰墙壁、天棚的侧端面为榫、槽的实木装饰板。经涂饰的素板也属于本税目的征税范围。

(二) 消费税的税率

消费税采用比例税率和定额税率两种形式。税率形式的选择主要根据课税对象的具体情况来确定。对个别应税消费品则实行复合计税,以适应不同应税消费品的情况。

1. 比例税率

比例税率主要适用于价格差异较大、计量单位不规范的应税消费品,如小汽车、摩托车、化妆品等。

2. 定额税率

定额税率主要用于价格差异不大、计量单位规范的应税消费品。例如,黄酒、啤酒和航空煤油、柴油分别按单位重量或单位体积确定单位税额。

3. 复合税率

复合税率是指一种消费品同时使用比例税率与定额税率的一种特殊形式。复合税率适用于价格和利润差异较大、容易采用转让定价方法来规避纳税的应税消费品。目前,粮食白酒、薯类白酒及卷烟的消费税税率采用复合税率形式。

消费税的税目、税率如表 3-1 所示。

表 3-1 消费税的税目、税率

税 目	税 率
一、烟	
1. 卷烟	
(1) 甲类卷烟	56% 加 0.003 元/支(生产环节)
(2) 乙类卷烟	36% 加 0.003 元/支(生产环节)
(3) 批发环节	5%
2. 雪茄烟	36%
3. 烟丝	30%
二、酒	
1. 白酒	20% 加 0.5 元/500 克(或者 500 毫升)
2. 黄酒	240 元/吨
3. 啤酒	
(1) 甲类啤酒	250 元/吨
(2) 乙类啤酒	220 元/吨
4. 其他酒	10%
三、化妆品	30%
四、贵重首饰及珠宝玉石	
1. 金银首饰、铂金首饰和钻石及钻石饰品	5%
2. 其他贵重首饰和珠宝玉石	10%
五、鞭炮、焰火	15%

(续表)

税　目	税　率
六、成品油	
1. 汽油	1.4元/升
2. 柴油	1.1元/升
3. 航空煤油	1.1元/升
4. 石脑油	1.4元/升
5. 溶剂油	1.4元/升
6. 润滑油	1.4元/升
7. 燃料油	1.1元/升
七、摩托车	
1. 气缸容量(排气量,下同)在250毫升(含250毫升)的	3%
2. 气缸容量在250毫升以上的	10%
八、小汽车	
1. 乘用车	
(1) 气缸容量(排气量,下同)在1.0升(含1.0升)以下的	1%
(2) 气缸容量在1.0升至1.5升(含1.5升)的	3%
(3) 气缸容量在1.5升至2.0升(含2.0升)的	5%
(4) 气缸容量在2.0升至2.5升(含2.5升)的	9%
(5) 气缸容量在2.5升至3.0升(含3.0升)的	12%
(6) 气缸容量在3.0升至4.0升(含4.0升)的	25%
(7) 气缸容量在4.0升以上的	40%
2. 中轻型商用客车	5%
九、高尔夫球及球具	10%
十、高档手表	20%
十一、游艇	10%
十二、木制一次性筷子	5%
十三、实木地板	5%

四、消费税的计税方法

按照现行税法的规定,我国消费税采取从价定率、从量定额和复合计征3种方法计算消费税的应纳税额。

(一) 从价定率法

在从价定率征收情况下,根据不同的应税消费品确定不同的比例税率,以应税消费品的销售额为基数乘以比例税率计算应纳税额。我国消费税实行价内税,应税消费品的销售额含消费税税额。在从价定率征收情况下,消费税税额会随应税消费品的价格上升而增加。这种计征方法主要适用于一些供求矛盾突出、价格差异较大、计量单位不规范的应税消费品。

(二) 从量定额法

从量定额法主要适用于一些供求基本平衡、价格差异不大、计量单位规范的应税消费品,如汽油、柴油等。在从量定额征收情况下,根据不同的应税消费品确定不同的单位税额,以应税消费品的数量为基数乘以单位税额计算应纳税额。

（三）复合计征法

复合计征法主要适用于一些价格和利润差别大、容易采取转让定价方法来规避纳税的应税消费品。采用复合计征法的应税消费品一般较少，如我国目前只对烟和酒采用此方法。

第三节　消费税的计算与缴纳

一、消费税的计税依据

（一）从价定率计征

采用从价定率计征办法的应税消费品，消费税的计税依据是销售额。

应税消费品的销售额是指纳税人销售应税消费品向购买方收取的全部价款和价外费用，但不包括向购货方收取的增值税税款。这里的价外费用是指价外向购买方收取的手续费、补贴、基金、集资费、返还利润、奖励费、违约金、滞纳金、延期付款利息、赔偿金、代收款项、代垫款项、包装费、包装物租金、储备费、优质费、运输装卸费以及其他各种性质的价外收费，但不包括如下费用。

1. 同时符合以下条件的代垫运输费用

① 承运部门的运输费用发票开具给购买方的。

② 纳税人将该项发票转交给购买方的。

2. 同时符合以下条件代为收取的政府性基金或者行政事业性收费

① 由国务院或者财政部批准设立的政府性基金，由国务院或者省级人民政府及其财政、价格主管部门批准设立的行政事业性收费。

② 收取时开具省级以上财政部门印制的财政票据。

③ 所收款项全额上缴财政。

实行从价定率计征办法计算应纳税额的应税消费品连同包装销售的，无论包装是否单独计价，也不论在会计上如何核算，均应并入应税消费品的销售额中征收消费税。

如果包装物不作价随同产品销售，而是收取押金，此项押金则不应并入应税消费品的销售额中征税。但因逾期未收回的包装物不再退还的或者已收取的时间超过 12 个月的押金，应并入应税消费品的销售额，按照应税消费品的适用税率缴纳消费税。

既作价随同应税消费品销售，又另外收取押金的包装物的押金，凡纳税人在规定的期限内没有退还的，均应并入应税消费品的销售额，按照应税消费品的适用税率缴纳消费税。

纳税人销售的应税消费品，以人民币以外的货币结算销售额的，其销售额的人民币折合率可以选择结算的当天或者当月 1 日的国家外汇牌价（原则上为中间价）。纳税人应在事先确定采取何种折合率，确定后 1 年内不得变更。

例 3－1　某烟花厂 2014 年 10 月为国庆活动提供一批烟花，开具的增值税发票上注明的不含税销售额为 100 万元。试计算该烟花厂本月的增值税销项税额、消费税的计税依据及应纳的消费税税额。

增值税销项税额 = 100 × 17% = 17（万元）

消费税的计税依据为100万元。

应纳消费税税额 =100×15% =15(万元)

在上例中,应注意以下几点。

① 在计算消费税时所依据的销售额100万元中,不包括向购货方收取的增值税税款;

② 因消费税是价内税,消费税15万元包含在销售额100万元之中;

③ 在计算消费税时,如果纳税人应税消费品的销售额中未扣除增值税税款或者因不得开具增值税专用发票而发生价款和增值税税款合并收取的,就要换算成不含税销售额。其换算公式为:

应税消费品的销售额 = 含增值税的销售额 ÷(1 + 增值税税率或者征收率)

如果消费税的纳税人同时是增值税一般纳税人,应适用17%的增值税税率;如果消费税的纳税人是增值税小规模纳税人,应适用3%的征收率。

(二) 从量定额计征

采用从量定额计征办法的应税消费品,消费税的计税依据是销售数量。销售数量是指纳税人生产、加工和进口应税消费品的数量。其具体规定如下。

① 销售应税消费品的,为应税消费品的销售数量。

② 自产自用应税消费品的,为应税消费品的移送使用数量。

③ 委托加工应税消费品的,为纳税人收回的应税消费品数量。

④ 进口的应税消费品,为海关核定的应税消费品进口征税数量。

《消费税暂行条例》规定,黄酒、啤酒以吨为税额单位,汽油、柴油以升为税额单位。考虑到在实际销售过程中,一些纳税人会把吨或升这两个计量单位混用,故规范了不同产品的计量单位,以准确计算应纳税额。吨与升两个计量单位的换算标准如表3-2所示。

表3-2 吨、升换算

序 号	名 称	计量单位换算标准
1	黄酒	1吨 =962升
2	啤酒	1吨 =988升
3	汽油	1吨 =1 388升
4	柴油	1吨 =1 176升
5	航空煤油	1吨 =1 246升
6	石脑油	1吨 =1 385升
7	溶剂油	1吨 =1 282升
8	润滑油	1吨 =1 126升
9	燃料油	1吨 =1 015升

(三) 复合计征

采用复合计征办法的应税消费品,消费税的计税依据是销售数量和销售额。在我国现行消费税的征税范围中,采用复合计征方法的只有卷烟、粮食白酒、薯类白酒3类。应纳税额等于应税销售数量乘以定额税率再加上应税销售额乘以比例税率。

其中,生产销售卷烟、粮食白酒、薯类白酒的从量定额计税依据为实际销售数量,进口、委托加工、自产自用卷烟、粮食白酒、薯类白酒的从量定额计税依据分别为海关核定的进口征税数量、委托方收回数量、移送使用数量。

（四）计税依据的特殊规定

1. 纳税人生产的应税消费品用于以下特殊销售方式的计税依据

① 纳税人通过自设非独立核算门市部销售的自产应税消费品，应按照门市部对外销售额或者销售数量计算消费税。

② 纳税人用于换取生产资料和消费资料、投资入股和抵偿债务等方面的应税消费品，应以纳税人同类应税消费品的最高销售价格作为计税依据计算消费税。

③ 纳税人将自产的应税消费品与外购或自产的非应税消费品组成套装销售的，以套装产品的销售额（不含增值税）为计税依据。

④ 白酒生产企业向商业销售单位收取的“品牌使用费”是随着应税白酒的销售而向购货方收取的，属于应税白酒销售价款的组成部分。因此，不论企业采取何种方式或以何种名义收取价款，均应并入白酒的销售额中缴纳消费税。

2. 兼营不同税率应税消费品的税务处理

纳税人兼营不同税率的应税消费品，应当分别核算不同税率应税消费品的销售额、销售数量。未分别核算销售额、销售数量，或者将不同税率的应税消费品组成成套消费品销售的，从高适用税率。

二、生产销售应税消费品应纳税额的计算

（一）直接对外销售应税消费品的计算

1. 从价定率计税

在从价定率计算方法下，应纳消费税税额等于销售额乘以适用税率。其基本计算公式为：

应纳消费税税额 = 应税消费品的销售额 × 比例税率

例 3－2　某公司为增值税一般纳税人。2014 年 3 月，该公司批发自产的摩托车 150 辆，取得不含增值税销售额 90 万元；零售自产摩托车 17 辆，取得含增值税销售额 4.68 万元。摩托车适用的消费税税率为 10%。试计算该公司 3 月份的增值税销项税额及应纳消费税税额。

不含增值税销售额 = 90 + 4.68 ÷ (1 + 17%) = 94（万元）

增值税销项税额 = 94 × 17% = 15.98（万元）

应纳消费税税额 = 94 × 10% = 9.4（万元）

2. 从量定额计税

在从量定额计算方法下，应纳税额等于应税消费品的销售数量乘以单位税额。其基本计算公式为：

应纳税额 = 应税消费品的销售数量 × 定额税率

例 3－3　某啤酒厂 2014 年 4 月销售甲类啤酒 1 000 吨，取得不含增值税销售额 295 万元，增值税税款为 50.15 万元，另收取包装物押金 23.4 万元。试计算 4 月份该啤酒厂应纳的消费

税税额。

销售甲类啤酒,适用定额税率每吨250元。

应纳税额=销售数量×定额税率=1 000×250=250 000(元)

3. 复合计税

现行消费税的征税范围中,只有卷烟、白酒采用复合计税方法。其基本计算公式为:

$$应纳税额=应税消费品的销售数量\times定额税率+应税销售额\times比例税率$$

例3-4 某白酒生产企业为增值税一般纳税人。该企业2014年4月销售白酒50吨,取得不含增值税的销售额200万元。试计算该企业4月份应缴纳的消费税税额。

解:白酒适用的比例税率为20%,定额税率为每500克0.5元。

应纳税额=50×2 000×0.5÷10 000+200×20%=45(万元)

(二) 自产自用应税消费品应纳税额的计算

纳税人将自产的应税消费品用于连续生产应税消费品的,不纳税。也就是说,纳税人将自产的应税消费品作为生产最终应税消费品的直接材料,并构成最终产品实体的,不计算缴纳消费税。

纳税人将自产的应税消费品用于其他方面的,应于移送使用时缴纳消费税。用于其他方面是指用于生产非应税消费品和在建工程、管理部门、非生产机构及提供劳务、馈赠、赞助、集资、广告、样品、职工福利、奖励等方面。

1. 从价定率计税

纳税人将自产的应税消费品用于其他方面的,适用从价定率计算的,按照纳税人生产的同类消费品的销售价格计算纳税;没有同类消费品销售价格的,按照组成计税价格计算纳税。

同类消费品的销售价格是纳税人当月销售的同类消费品的销售价格。如果当月同类消费品各期销售价格高低不同,应按销售数量加权平均计算。但销售的应税消费品有下列情况之一的,不得列入加权平均计算。

① 销售价格明显偏低并且无正当理由的。

② 无销售价格的。

如果当月无销售或者当月未完结,应按照同类消费品上月或者最近月份的销售价格计算纳税。

组成计税价格的计算公式为:

$$组成计税价格=(成本+利润)\div(1-比例税率)$$
$$应纳税额=组成计税价格\times比例税率$$

2. 复合计税

纳税人将自产的应税消费品用于其他方面,适用复合计税的,按照纳税人生产的同类消费品的销售价格计算纳税;没有同类消费品销售价格的,按照组成计税价格计算纳税。

组成计税价格的计算公式为:

$$组成计税价格=(成本+利润+自产自用数量\times定额税率)\div(1-比例税率)$$
$$应纳税额=组成计税价格\times比例税率+自产自用数量\times定额税率$$

式中,成本为应税消费品的产品生产成本;利润为根据应税消费品的全国平均成本利润率计算的利润。

应税消费品全国平均成本利润率由国家税务总局确定。全国平均成本利润率如表3－3所示。

表3－3 全国平均成本利润率

%

货物名称	利润率	货物名称	利润率
1. 甲类卷烟	10	11. 贵重首饰及珠宝玉石	6
2. 乙类卷烟	5	12. 汽车轮胎	5
3. 雪茄烟	5	13. 摩托车	6
4. 烟丝	5	14. 高尔夫球及球具	10
5. 粮食白酒	10	15. 高档手表	20
6. 薯类白酒	5	16. 游艇	10
7. 其他酒	5	17. 木制一次性筷子	5
8. 酒精	5	18. 实木地板	5
9. 化妆品	5	19. 乘用车	8
10. 鞭炮、焰火	5	20. 中轻型商用客车	5

例3－5 某化妆品公司将一批自产的化妆品用作职工福利，化妆品的成本为80 000元，该化妆品无同类产品市场销售价格，但已知其成本利润率为5%，消费税税率为30%。试计算该批化妆品应缴纳的消费税税额。

组成计税价格＝成本×(1＋成本利润率)÷(1－消费税税率)＝80 000×(1＋5%)÷(1－30%)＝84 000÷0.7＝120 000(元)

应纳税额＝120 000×30%＝36 000(元)

3. 从量定额计税

纳税人将自产的应税消费品用于其他方面的，计税依据为应税消费品的移送使用数量。其应纳税额的计算公式为：

应纳税额＝自产自用数量×定额税率

（三）外购应税消费品已纳税额的扣除

为避免重复征税，我国现行消费税规定，用外购应税消费品继续生产应税消费品销售的，可以将前期已缴纳的消费税扣除。

1. 扣除范围

用外购已税消费品连续生产出来的应税消费品，在计算征税时应按当期生产领用数量计算准予扣除外购的应税消费品已纳的消费税税额。其包括以下几个方面。

① 外购已税烟丝生产的卷烟。

② 外购已税化妆品原料生产的化妆品。

③ 外购已税珠宝、玉石原料生产的贵重首饰及珠宝、玉石。

④ 外购已税鞭炮、焰火原料生产的鞭炮、焰火。

⑤ 外购已税汽车轮胎(内胎和外胎)连续生产的汽车轮胎。

⑥ 外购已税摩托车零件生产的摩托车(如用外购两轮摩托车改装三轮摩托车)。

⑦ 外购已税杆头、杆身和握把为原料生产的高尔夫球杆。

⑧ 外购已税木制一次性筷子原料生产的木制一次性筷子。

⑨ 外购已税实木地板原料生产的实木地板。

⑩ 外购已税石脑油、燃料油为原料生产的应税消费品。

⑪ 外购已税润滑油原料生产的润滑油。

⑫ 外购已税汽油、柴油生产的甲醇汽油、生物柴油。

实际操作中,还应该注意以下两点。

① 纳税人用外购的已税珠宝、玉石原料生产的改在零售环节征收消费税的金银首饰(镶嵌首饰),在计税时一律不得扣除外购珠宝、玉石的已纳税额。

② 从商业企业购进应税消费品连续生产应税消费品,符合抵扣条件的,准予扣除外购应税消费品已纳消费税税额。

2. 抵扣税款的计算

(1) 实行从价定率方法

当期准予扣除外购应税消费品已纳消费税税额的计算公式为:

当期准予扣除的外购应税消费品已纳税额 = 当期准予扣除的外购应税消费品买价 × 外购应税消费品适用税率

当期准予扣除的外购应税消费品买价 = 期初库存的外购应税消费品的买价 + 当期购进的应税消费品的买价 - 期末库存的外购应税消费品的买价

(2) 实行从量定额方法

当期准予扣除的外购应税消费品已纳税额 = 当期准予扣除外购应税消费品数量 × 外购应税消费品单位税额

当期准予扣除外购应税消费品数量 = 期初库存外购应税消费品数量 + 当期购进外购应税消费品数量 - 期末库存外购应税消费品数量

例3-6 某化妆品生产企业8月初库存化妆品2万元,当月又从某日化厂购进价值15万元的化妆品,期末库存化妆品5万元,所领化妆品全部用于生产化妆品。已知化妆品的消费税税率为30%,计算该企业8月份准予扣除的外购应税消费品已纳税额。

根据税法的规定,外购已税化妆品连续生产化妆品的,可以按当期生产领用数量计算扣除已纳消费税税额,则:

当期准予扣除的外购应税消费品已纳税额 = (2 + 15 - 5) × 30% = 3.6(万元)

三、委托加工应税消费品应纳税额的计算

(一) 委托加工应税消费品的确定

委托加工的应税消费品是指由委托方提供原料和主要材料,受托方只收取加工费和代垫部分辅助材料加工而成的应税消费品。对于由受托方提供原材料生产的应税消费品,或者受托方先将原材料卖给委托方,然后再接受加工的应税消费品,以及由受托方以委托方名义购进原材料生产的应税消费品,不论在财务上是否做销售处理,都不得作为委托加工应税消费品,而应按照销售自制应税消费品缴纳消费税。

（二）代收代缴税款的规定

纳税人委托加工的应税消费品，除受托方为个人外，由受托方在向委托方交货时代收代缴税款，即委托方是消费税的纳税人，受托方是扣缴义务人。纳税人委托个人加工的应税消费品，由委托方收回后缴纳消费税。

纳税人将委托加工收回的已纳消费税的应税消费品直接出售的，不再缴纳消费税；用于连续生产应税消费品的，所缴纳的消费税税款准予按规定抵扣。

（三）计税依据的确定及应纳税款的计算

1. 从价定率计税

纳税人委托加工的应税消费品，实行从价定率计税的，按照受托方的同类消费品的销售价格计算纳税；没有同类消费品销售价格的，按照组成计税价格计算纳税。

同类消费品的销售价格是指受托方（代收代缴义务人）当月销售的同类消费品的销售价格。如果当月同类消费品各期销售价格高低不同，应按销售数量加权平均计算。但销售的应税消费品有下列情况之一的，不得列入加权平均计算。

① 销售价格明显偏低，并且无正当理由的。

② 无销售价格的。

如果当月无销售或者当月未完结，应按照同类消费品上月或者最近月份的销售价格计算纳税。

组成计税价格的计算公式为：

$$组成计税价格=(材料成本+加工费)\div(1-消费税税率)$$

$$应纳税额=组成计税价格\times比例税率$$

2. 复合计税

纳税人委托加工的应税消费品实行复合计税的，按照受托方的同类消费品的销售价格计算纳税；没有同类消费品销售价格的，按照组成计税价格计算纳税。

组成计税价格的计算公式为：

$$组成计税价格=(材料成本+加工费+委托加工数量\times定额税率)\div(1-比例税率)$$

$$应纳税额=组成计税价格\times比例税率+委托加工数量\times定额税率$$

上述组成计税价格公式中有两个重要的专用名词需要解释。材料成本是指委托方所提供加工材料的实际成本。加工费是指受托方加工应税消费品向委托方所收取的全部费用（包括代垫辅助材料的实际成本），但不包括收取的增值税。

应当注意的是，在委托加工环节，受托方（加工劳务提供方），在计算增值税销项税额或应纳税额时所依据的销售额，与计算代收消费税时所依据的销售额是不同的。计算增值税时所依据的销售额是不含增值税的加工费收入（包括代垫的辅助材料费），而计算代收消费税时所依据的销售额，是受托方的同类应税消费品的销售价格或者组成计税价格。

3. 从量定额计税

纳税人委托加工的应税消费品实行从量定额计税的，计税依据为纳税人收回的应税消费品数量。其应纳税额的计算公式为：

$$应纳税额=委托加工收回数量\times定额税率$$

(四) 委托加工应税消费品已纳税额的扣除

由于委托加工的应税消费品已由受托方代收代缴消费税,因此,委托方收回货物后用于连续生产应税消费品的,其已纳税额准予按照规定从连续生产的应税消费品应纳消费税税额中抵扣。

下列连续生产的应税消费品,在计税时准予按当期生产领用数量计算扣除委托加工收回的应税消费品已纳消费税税额。

① 以委托加工收回的已税烟丝为原料生产的卷烟。
② 以委托加工收回的已税化妆品为原料生产的化妆品。
③ 以委托加工收回的已税珠宝、玉石为原料生产的贵重首饰及珠宝、玉石。
④ 以委托加工收回的已税鞭炮、焰火为原料生产的鞭炮、焰火。
⑤ 以委托加工收回的已税汽车轮胎(内胎和外胎)为原料生产的汽车轮胎。
⑥ 以委托加工收回的已税摩托车为原料生产的摩托车(如用外购两轮摩托车改装三轮摩托车)。
⑦ 以委托加工收回的已税杆头、杆身和握把为原料生产的高尔夫球杆。
⑧ 以委托加工收回的已税木制一次性筷子原料生产的木制一次性筷子。
⑨ 以委托加工收回的已税实木地板原料生产的实木地板。
⑩ 以委托加工收回的已税石脑油、燃料油为原料生产的应税消费品。
⑪ 以委托加工收回的已税润滑油为原料生产的润滑油。
⑫ 以委托加工收回的已税汽油、柴油为原料生产的甲醇汽油、生物柴油。

其计算公式为:

当期准予扣除的委托加工应税消费品已纳税额 = 期初库存的委托加工应税消费品已纳税额 + 当期收回的委托加工应税消费品已纳税额 − 期末库存的委托加工应税消费品已纳税额

例3-7 某轮胎厂月初结存委托加工的车用内胎200套,消费税4 000元;本月收回委托加工的车用内胎1 000套,支付消费税20 000元。当月领用800套车用内胎与自制外胎生产卡车轮胎。试计算当月准予扣除的委托加工收回车用内胎已纳的消费税税额。

当月准予扣除的委托加工收回车用内胎已纳的消费税税额 = (4 000 + 20 000) × 800 ÷ (200 + 1 000) = 16 000(元)

四、进口应税消费品应纳税额的计算

(一) 一般进口应税消费品应纳税额的计算

进口的应税消费品于报关进口时缴纳消费税;进口的应税消费品的消费税由海关代征;进口的应税消费品由进口人或者其代理人向报关地海关申报纳税。纳税人进口应税消费品,按照关税征收管理的相关规定,应当自海关填发“海关进口消费税专用缴款书”之日起15日内缴纳税款。

1. 从价定率计税

纳税人进口应税消费品应按照计税价格和规定税率计算应纳税额。

组成计税价格 = (关税完税价格 + 关税) ÷ (1 − 消费税比例税率)

应纳税额 = 组成计税价格 × 消费税比例税率

例 3-8 上海某进出口公司进口100辆小汽车，每辆车海关核定的关税完税价格为30万元。已知小汽车的关税税率是45%，消费税税率是5%，增值税税率是17%。试计算进口环节应缴纳的消费税税额和增值税税额。

组成计税价格 = 100 × 30 × (1 + 45%) ÷ (1 − 5%) ≈ 4 578.95(万元)

应纳消费税税额 = 4 578.95 × 5% ≈ 228.95(万元)

应纳增值税税额 = 4 578.95 × 17% ≈ 778.42(万元)

2. 复合计税

其计算公式为：

组成计税价格 = (关税完税价格 + 关税 + 进口数量 × 消费税定额税率) ÷ (1 − 消费税税率)

应纳税额 = 组成计税价格 × 消费税税率 + 应税消费品进口数量 × 消费税定额税率

3. 从量定额计税

其计税依据为海关核定的应税消费品的进口数量。其计算公式为：

应纳税额 = 应税消费品数量 × 消费税定额税率

（二）进口卷烟应纳税额的特殊计算

进口卷烟消费税适用比例税率的规定如下。

① 每标准条进口卷烟(200支)确定消费税适用比例税率的价格 = (关税完税价格 + 关税 + 消费税定额税率) ÷ (1 − 消费税税率)。其中，关税完税价格和关税为每标准条的关税完税价格及关税税额；消费税定额税率为每标准条(200支)0.6元(依据现行消费税定额税率折算而成)；消费税税率固定为36%。

② 每标准条进口卷烟(200支)确定消费税适用比例税率的价格 ≥ 70元的，适用比例税率为56%；每标准条进口卷烟(200支)确定消费税适用比例税率的价格 < 70元的，适用比例税率为36%。

进口卷烟消费税组成计税价格 = (关税完税价格 + 关税 + 消费税定额税) ÷ (1 − 进口卷烟消费税适用比例税率)

应纳税额 = 组成计税价格 × 进口卷烟消费税适用比例税率 + 消费税定额税

例 3-9 某进出口外贸公司2014年10月进口卷烟300箱(每箱250条，每条200支)，支付买价1 875 000元，支付到达我国海关前的运输费用150 000元、保险费用60 000元。已知进口卷烟的关税税率为20%。试计算该公司该批卷烟在进口环节应缴纳的消费税税额。

每条进口卷烟消费税适用比例税率的价格 = [(1 875 000 + 150 000 + 60 000) ÷ (300 × 250) × (1 + 20%) + 0.6] ÷ (1 − 36%) = 53.06(元)

因为单条卷烟的价格小于70元，所以适用的消费税税率为36%，则有：

进口卷烟应缴纳的消费税税额 = 300 × 250 × 53.06 × 36% + 300 × 250 × 0.6 = 1 477 620(元)

五、零售金银首饰和钻石及钻石饰品应纳消费税税额的计算

(一)一般规定

纳税人销售金银首饰,其计税依据为不含增值税的销售额。如果纳税人销售金银首饰的销售额中未扣除增值税税额,则在计算消费税时,应按以下公式换算为不含增值税税额的销售额。

金银首饰的销售额 = 含增值税的销售额 ÷ (1 + 增值税税率或征收率)

对既销售金银首饰,又销售非金银首饰的生产、经营单位,应将两类商品划分清楚,分别核算销售额。凡划分不清楚或不能分别核算的,在生产环节销售的,一律从高适用税率征收消费税;在零售环节销售的,一律按金银首饰征收消费税;金银首饰与其他产品组成成套消费品销售的,应按销售额全额征收消费税。

(二)具体规定

按照有关规定,金银首饰的计税依据如下。

① 金银首饰连同包装物销售的,无论包装物是否单独计价,也无论会计上如何核算,均应并入金银首饰的销售额计征消费税。

② 带料加工的金银首饰,应按受托方销售同类金银首饰的销售价格确定计税依据征收消费税。没有同类金银首饰销售价格的,按照组成计税价格计算纳税。其计算公式为:

组成计税价格 = (材料成本 + 加工费) ÷ (1 − 金银首饰消费税税率)

③ 纳税人采用以旧换新(含翻新改制)方式销售的金银首饰,应按实际收取的不含增值税的全部价款确定计税依据征收消费税。

④ 生产、批发、零售单位用于馈赠、赞助、集资、广告、样品、职工福利、奖励等方面的金银首饰,应按纳税人销售同类金银首饰的销售价格确定计税依据征收消费税;没有同类金银首饰销售价格的,按照组成计税价格计算纳税。其计算公式为:

组成计税价格 = 购进原价 × (1 + 利润率) ÷ (1 − 金银首饰消费税税率)

纳税人为生产企业时,式中的"购进原价"为生产成本,"利润率"一律定为6%。

⑤ 金银首饰消费税改变纳税环节后,用已税珠宝、玉石生产的镶嵌首饰,在计税时一律不得扣除已纳的消费税税额。

六、批发销售卷烟应纳税额的计算

在中华人民共和国境内从事卷烟批发业务的单位和个人,批发销售的所有牌号规格的卷烟,按其销售额(不含增值税)征收5%的消费税。

纳税人应将卷烟销售额与其他商品销售额应分开核算。未分开核算的,一并征收消费税。纳税人销售给纳税人以外的单位和个人的卷烟于销售时纳税,纳税人之间销售的卷烟不缴纳消费税。卷烟批发企业的机构所在地,总机构与分支机构不在同一地点的,由总机构申报纳税。卷烟消费税在生产和批发两个环节征收后,批发企业在计算纳税时不得扣除已含的生产环节的消费税税额。

第四节 出口应税消费品退(免)税

纳税人出口应税消费品退(免)税政策的主要规定大体与增值税出口退(免)税相同。本节仅就出口应税消费品退(免)消费税的某些不同于出口货物退(免)增值税的特殊规定做介绍。

在政策上,出口应税消费品退(免)消费税分为以下3种情况。

一、消费税出口退(免)税基本政策

(一) 出口免税并退税

有出口经营权的外贸企业购进应税消费品直接出口,以及外贸企业受其他外贸企业委托代理出口应税消费品的情况适用此政策。外贸企业只有受其他外贸企业委托,代理出口应税消费品才可办理退税;外贸企业受其他企业(主要是非生产性的商贸企业)委托,代理出口应税消费品是不予退(免)税的。

(二) 出口免税但不退税

有出口经营权的生产性企业自营出口或生产企业委托外贸企业代理出口自产的应税消费品,依据其实际出口数量免征消费税,不予办理退还消费税。

(三) 出口不免税也不退税

适用这个政策的是,除生产企业、外贸企业外的其他企业,具体是指一般商贸企业。这类企业委托外贸企业代理出口应税消费品一律不予退(免)税。

二、消费税出口退税额的计算

(一) 出口货物退税率

出口应税消费品适用的退税率,依照《消费税暂行条例》所附"消费税税目税率表"执行,即消费税退税率与税率一致。企业应将不同税率的货物分开核算和申报,凡划分不清适用税率的,一律从低适用税率计算。

(二) 出口货物退税额的计算

直接出口和代理出口应税消费品的外贸企业应退消费税税额,分两种情况处理。

① 从价定率计征的,应依照外贸企业从工厂购进货物时征收消费税的价格计算应退消费税税额。其计算公式为:

应退消费税税额 = 出口货物的工厂销售额 × 税率

上述公式中,"出口货物的工厂销售额"不包含增值税。对含增值税的价格应换算为不含增值税的销售额。

② 从量定额计征的,应依货物购进和报关出口的数量计算应退消费税税额。其计算公式为:

$$\text{应退消费税税额}=\text{出口数量}\times\text{单位税率}$$

③ 属于复合计税的,将从价定率计征消费税与从量定额计征消费税的计算公式合并。

知识链接3-3

对融资租赁企业、金融租赁公司及其设立的项目子公司,以融资租赁方式租赁给境外承租人且租赁期限在5年(含)以上,并向海关报关后实际离境的货物,试行消费税出口退税政策,自2014年10月1日起执行。

第五节 消费税的征收管理

一、纳税义务发生时间

消费税纳税义务发生的时间规定如下。

① 采取赊销和分期收款结算方式的,为书面合同约定的收款日期的当天;书面合同没有约定收款日期或者无书面合同的,为发出应税消费品的当天。

② 采取预收货款结算方式的,为发出应税消费品的当天。

③ 采取托收承付和委托银行收款方式的,为发出应税消费品并办妥托收手续的当天。

④ 纳税人采取其他结算方式的,为收讫销售款或者取得索取销售款凭据的当天。

⑤ 纳税人自产自用的应税消费品,为移送使用的当天。

⑥ 纳税人委托加工的应税消费品,为纳税人提货的当天。

⑦ 纳税人进口的应税消费品,为报关进口的当天。

二、纳税期限

我国《消费税暂行条例》规定,消费税的纳税期限分别为1日、3日、5日、10日、15日、1个月或者一个季度;纳税人的具体纳税期限,由主管税务机关根据纳税人应纳税额的大小分别核定;不能按照固定期限纳税的,可以按次纳税。

纳税人以1个月或一个季度为一期纳税的,自期满之日起15日内申报纳税;以1日、3日、5日、10日或者15日为一期纳税的,自期满之日起5日内预缴税款,于次月1日起至15日内申报纳税,并结清上月应纳税款。

纳税人进口应税消费品,应当自"海关填发海关进口消费税专用缴款书"之日起15日内缴纳税款。

三、纳税地点

消费税具体纳税地点的有关规定如下。

① 纳税人销售的应税消费品,以及自产自用的应税消费品,除国家另有规定的外,应当向纳税人核算地主管税务机关申报纳税。

② 委托个人加工的应税消费品,由委托方向其机构所在地或者居住地主管税务机关申报纳税。除此之外,由受托方向所在地主管税务机关代收代缴消费税税款。

③ 进口的应税消费品,由进口人或者其代理人向报关地海关申报纳税。

④ 纳税人到外县(市)销售或者委托外县(市)代销自产应税消费品的,于应税消费品销售后,向机构所在地或者居住地主管税务机关申报纳税。

⑤ 纳税人的总机构与分支机构不在同一县(市)的,应当分别向各自机构所在地的主管税务机关申报纳税;经财政部、国家税务总局或者其授权的财政、税务机关批准,可以由总机构汇总向总机构所在地的主管税务机关申报纳税。

⑥ 纳税人销售的应税消费品,如因质量等原因由购买者退回,经所在地主管税务机关审核批准后,可退还已征收的消费税税款,但不能自行直接抵减应纳税款。

四、消费税的纳税申报

纳税人无论有无销售额,均应按主管税务机关核定的纳税期限填报纳税申请表,并于次月1日至10日内,向当地国家税务局申报纳税,并结清上月应纳税款。纳税人应按有关规定及时办理纳税申报,并如实填写消费税纳税申报表。

本章小结

消费税属于价内税,只在某一个环节缴税。它有别于增值税:增值税属于价外税,要进行多环节征税。消费税的税目众多,应税消费品在销售、委托加工、进口环节时,按照相应的税率一次性征收消费税。消费税应纳税额的计算分为从价定率、从量定额和复合计征3种方法。在从价定率计算方法中,计税销售额有一般性规定及特殊规定。在从量定额计算方法中,应税消费品销售数量的确定很重要。自产自用应税消费品应纳税额的计算、委托加工应税消费品应纳税额的计算、兼营不同税率应税消费品应纳税额的计算、进口应税消费品应纳税额的计算等,需要分清各自的计税依据和计算方法。应熟悉出口应税消费品退(免)税的相关政策。

快速问答

1. 既征消费税又征增值税的环节是(　　　　)。
   - A. 粮食、白酒的生产和批发环节
   - B. 金银首饰的生产和零售环节
   - C. 金银首饰的进口环节
   - D. 化妆品的生产环节
2. 应当征收消费税的项目是(　　　　)。
   - A. 影视演员用的上妆油
   - B. 体育上用的发令纸
   - C. 价值为8 800元的手表

D. 娱乐业举办的啤酒屋利用啤酒生产设备生产的啤酒

3. 应按当期生产领用数量计算准予扣除已纳消费税税额规定的消费品是(　　)。

A. 委托加工已税高档手表生产的高档手表

B. 委托加工收回的汽油用于连续生产甲醇汽油

C. 委托加工已税小轿车生产的小汽车

D. 委托加工已税珠宝、玉石生产的金银镶嵌首饰

4. 从价定率计算方法下,应纳税额等于应税消费品的销售额乘以适用税率。下列关于销售额的叙述中,错误的有(　　)。

A. 销售额为纳税人销售应税消费品向购买方收取的全部价款和价外费用

B. 实行从价定率办法计算应纳税额的应税消费品连同包装销售的,无论包装是否单独计价,均不并入销售额征收消费税

C. 一般情况下,包装物不作价随同产品销售而是收取押金的,押金应于逾期时并入销售额计征消费税

D. 应税消费品的销售额不包括应向购货方收取的增值税税款

5. 按照消费税的规定,不以纳税人同类应税消费品的最高销售价格作为计税依据计算消费税的应税消费品有(　　)。

A. 用于抵债的应税消费品

B. 用于馈赠的应税消费品

C. 用于换取生产资料的应税消费品

D. 对外投资入股的应税消费品

6. 符合消费税纳税义务发生时间规定的是(　　)。

A. 进口的应税消费品,为取得进口货物的当天

B. 纳税人采取赊销和分期收款结算方式,无书面合同的,为发出应税消费品的当天

C. 委托加工应税消费品的,为支付加工费的当天

D. 采取预收货款结算方式的,为收到预收款的当天

7. 下列关于消费税纳税地点的说法中,符合现行政策规定的是(　　)。

A. 纳税人销售应税消费品向机构所在地或居住地的主管税务机关纳税

B. 纳税人销售应税消费品向核算地的主管税务机关纳税

C. 纳税人销售应税消费品向销售地的主管税务机关纳税

D. 纳税人销售应税消费品向生产地的主管税务机关纳税

8. 应当征收消费税的有(　　)。

A. 用于本企业连续生产的应税消费品

B. 用于奖励代理商销售业绩的应税消费品

C. 用于本企业生产性建筑工程的应税消费品

D. 用于捐助国家指定的慈善机构的应税消费品

9. 消费税不同应税产品的纳税环节包括(　　)。

A. 批发环节　　B. 进口环节　　C. 零售环节　　D. 生产销售环节

计算题

1. 某首饰制造企业(增值税一般纳税人)主要生产加工并零售金银首饰、钻石饰品和其他非金银首饰,2015 年 2 月发生以下业务。

1) 销售玉石首饰取得不含税收入 129. 8 万元,镀金首饰不含税收入 28 万元。

2）采取以旧换新方式向消费者销售金项链一批，旧项链抵顶 12 万元，该批项链取得的差价款（含税）合计 58.5 万元。

3）为某企业定制特定款式的工艺玛瑙首饰和部分金银首饰（共 10 条）作为礼品赠送使用，取得含税收入 117 万元（未能分别核算金银首饰的销售额）。

4）用若干金项链向某工业企业抵偿债务，该批项链账面成本为 39 万元，零售价为 70.2 万元。

5）外购黄金一批，取得的增值税专用发票上注明的价款为 58 万元；外购玉石（原矿）一批，取得的增值税专用发票上注明的价款为 50 万元、增值税为 8.5 万元。

其他相关资料：金银首饰、铂金饰品和钻石及钻石饰品的消费税税率为 5%，其他贵重首饰和珠宝玉石的消费税税率为 10%。

要求：

① 计算销售玉石首饰和镀金首饰应缴纳的消费税。

② 计算以旧换新销售金项链应缴纳的消费税。

③ 计算定制特定款式首饰应缴纳的消费税。

④ 计算用金项链抵偿债务应缴纳的消费税。

⑤ 计算该企业 2 月份应缴纳的增值税。

2. 某城市一家日化公司为增值税一般纳税人，主要生产化妆品，2015 年 8 月发生以下业务。

1）从国外进口一批散装化妆品，关税完税价格为 250 000 元，关税税率为 40%。

2）将进口化妆品的 70% 生产加工为成套化妆品，本月销售 4 000 套，每套不含税价为 500 元。

3）将上月购进的价值 60 000 元的原材料委托县城一家日化厂（小规模纳税人）加工化妆品，支付不含税加工费 6 000 元，加工产品已收回。

4）以自产不含税价格 20 000 元的化妆品，与自产不含税价格 5 000 元的护肤品（分别核算销售额）组成精美礼品盒销售，开具的专用发票上注明的销售额为 30 000 元。

要求：

① 计算该日化公司 8 月份应纳的进口环节税金。

② 计算该日化公司 8 月份应纳的国内消费税（化妆品销售税率为 30%）。

③ 计算该日化公司 8 月份应纳的国内增值税。

④ 计算受托方代收代缴的消费税。

第四章 营业税法

学习目标

本章主要介绍了营业税的基础知识、营业税法的基本内容、营业税的计算与缴纳以及营业税的征收管理。通过学习应达到以下要求。

- 准确理解营业税的概念和特点
- 明确营业税的税目和税率
- 掌握计税依据和应纳税额的计算
- 掌握兼营和混合销售行为的税务处理
- 了解营业税的征收管理规定

第一节 营业税基础知识

一、营业税的概念

我国现行营业税是以在我国境内提供应税劳务、转让无形资产或销售不动产所取得的营业额为课税对象而征收的一种商品劳务税。

为进一步解决货物和劳务税中的重复征税问题,完善税收制度,国务院决定从 2012 年 1 月 1 日起,在交通运输业和部分现代服务业等行业开展营业税改征增值税试点。相关内容见本教材第二章“增值税法”,本章不再赘述。

二、营业税的特点和作用

(一) 营业税的特点

1. 一般以营业额全额为计税依据

营业税属于传统的商品劳务税,计税依据为营业额全额。其税制不受成本、费用高低影响,对于保证财政收入的稳定增长具有十分重要的作用。

2. 分行业设置税目、税率,税负合理

营业税按照行业、类别的不同分别设置税目、税率。同一行业所经营的具体业务性质相近,盈利水平也大体相同,实行同一税负;不同行业实行不同税负。这样有利于调节行业水平和促进行业内部及行业之间的公平竞争。

3. 实行价内税

同消费税一样，营业税也是一种价内税，即纳税人缴纳的税额是包括在劳务收费标准以内的。为了保证全国物价的基本稳定，劳务的收费标准中包括的税金不宜太高，所以营业税的税率较低。

（二）营业税的作用

由于目前增值税的征收范围有限，因此，营业税仍是我国商品劳务税体系中的主体税种之一，也是地方税体系中的主体税种。征收营业税仍然具有重要的财政、经济意义。

1. 及时、广泛地组织财政收入

营业税征收面广，纳税人只要发生应税行为，并取得营业额就要纳税，最适于贯彻一切有经营收入的单位和个人都要纳税的原则；营业税主要以非商品销售额为征税对象，它不受纳税人成本升降的影响，因此收入也比较稳定。随着我国第三产业的不断发展，营业税的收入也将逐步增长。1994 年的税制改革把营业税划为地方税，并作为地方税的主体税种。可以预见，营业税在广泛筹集财政资金，促进地方经济发展等方面将发挥越来越重要的作用。

2. 体现国家产业政策，促进各行业协调发展

营业税按行业设计税率，对一些有利于社会稳定、发展的福利单位和教育、卫生部门，予以免税；对一些关系国计民生的，如交通运输、邮政电信、文化体育等行业适用 3% 的低税率；对营业收入较高的舞厅、高尔夫球场等适用 20% 的高税率。这充分体现了营业税既保证财政收入，又促进与人民生活密切相关行业发展的作用。

3. 促进企业改善经营管理

营业税按行业设计税率，同一行业同一税率。由于同一行业采用税率是相同的，企业取得的营业额中所含的税金比重是一样的，如果企业加强经营管理，降低成本、费用，企业利润就会增加；反之，成本费用上升，企业利润就会下降，因此营业税能起到鼓励先进和鞭策落后的作用。

第二节 营业税法的基本内容

一、营业税的征税范围

（一）一般规定

在中华人民共和国境内提供应税劳务、转让无形资产或销售不动产均应缴纳营业税。

1. “境内”的含义

在中华人民共和国境内是指中华人民共和国税收行政管辖权的区域。具体情况如下。

① 提供或者接受应税劳务的单位或者个人在境内。

② 所转让的无形资产（不含土地使用权）的接受单位或者个人在境内。

③ 所转让或者出租土地使用权的土地在境内。

④ 所销售或者出租的不动产在境内。

境外单位或个人在境外向境内单位或个人提供的完全发生在境外的《营业税暂行条例》规定的劳务，不属于该条例规定的境内提供劳务，不征收营业税。

2. "应税行为"的含义

营业税的应税行为是有偿提供应税劳务、有偿转让无形资产所有权或使用权、有偿转让不动产所有权的行为。所谓"有偿"是取得货币、货物或其他经济利益。同时,单位和个人发生下列情形之一的,视同发生应税行为,计算缴纳营业税:①单位或者个人将不动产或者土地使用权无偿赠送其他单位或者个人;②单位或者个人自建建筑物后销售,其所发生的自建行为;③财政部、国家税务总局规定的其他情形。

(二) 特殊规定

营业税属于流转税的税种,与增值税一样在商品生产、流通过程中发挥作用。但是,在实际经营活动中有些行为还是很难分清的。纳税人可以同时从事多项应税活动。例如,宾馆附设餐厅、娱乐厅、健身房等适用不同税率的应税项目;客运站兼营商店等适用不同税种的经济活动。正确处理不同经营活动的税收问题是维护税法严肃性的需要,也是保护纳税人合法利益的客观要求。

1. 兼营不同税目的应税行为

税法规定,纳税人兼营不同税目应税行为的,应当分别核算不同税目的营业额、转让额、销售额,然后按各自的适用税率计算应纳税额;未分别核算的,将从高适用税率计算应纳税额。

营业额是从事交通运输业、建筑业、金融保险业、邮电通信业、文化体育业、娱乐业和服务业取得的营业收入;转让额是转让无形资产取得的收入;销售额是销售不动产取得的收入。

2. 混合销售行为

一项销售行为如果既涉及应税劳务又涉及货物,为混合销售行为。从事货物的生产、批发或零售的企业、企业性单位及个体工商户的混合销售行为,视为销售货物,不缴纳营业税;其他单位和个人的混合销售行为,视为提供应税劳务,应当缴纳营业税。但是,纳税人的下列混合销售行为,应当分别核算应税劳务的营业额和货物的销售额,其应税劳务的营业额缴纳营业税,货物销售额不缴纳营业税;未分别核算的,由主管税务机关核定其应税劳务的营业额。

① 提供建筑业劳务的同时销售自产货物的行为。

② 财政部、国家税务总局规定的其他情形。

以上所述的货物是有形动产,包括电力、热力、气体。上述从事货物的生产、批发或零售的企业、企业性单位及个体经营者,包括以从事货物的生产、批发或零售为主,并兼营应税劳务的企业、企业性单位及个体工商户。

3. 兼营应税劳务与货物或非应税劳务行为

纳税人兼营应税行为和货物或者非应税劳务的,应当分别核算应税行为的营业额和货物或者非应税劳务的销售额,其应税行为营业额缴纳营业税,货物或者非应税劳务销售额不缴纳营业税;未分别核算的,由主管税务机关核定其应税行为营业额。

纳税人兼营免税、减税项目的,应当单独核算免税、减税项目的营业额;未单独核算营业额的,不得免税、减税。

二、营业税的纳税人和扣缴义务人

(一) 纳税义务人

在中华人民共和国境内提供应税劳务、转让无形资产或者销售不动产的单位和个人为营业税的纳税人。

单位是指企业和行政单位、事业单位、军事单位、社会团体及其他单位。

个人是指个体工商户及其他个人。

注意：单位和个体户的员工、雇工在为本单位或雇主提供劳务时，不是营业税纳税人；依法不需要办理税务登记的内设机构不是营业税的纳税人。

（二）扣缴义务人

为了加强税收的源泉控制，简化征税手续，减少税款损失，《营业税暂行条例》及其实施细则规定了扣缴义务人。这些单位和个人直接负有代扣代缴税款的义务。

境外单位或个人在境内发生应税行为而在境内未设有经营机构的，其应纳税款以代理者为扣缴义务人；没有代理者的，以受让者或购买者为扣缴义务人。

非居民企业在中国境内发生营业税应税行为，在中国境内设立经营机构的，自行申报缴纳营业税。在境内未设立经营机构的，以代理人为扣缴义务人；没有代理人的，以发包方、劳务受让方或购买方为扣缴义务人。

扣缴义务人应当向其机构所在地或者居住地的主管税务机关申报缴纳其扣缴的税款。

三、营业税的税目和税率

（一）营业税的税目

营业税的税目按照行业、类别的不同分别设置，现行营业税共设置了 8 个税目。

1. 建筑业

建筑业是指建筑安装工程作业，包括建筑、安装、修缮、装饰和其他工程作业等内容。

建筑是指新建、改建、扩建各种建筑物、构筑物的工程作业，包括与建筑物相连的各种设备或支柱、操作平台的安装或装设的工程作业，以及各种窑炉和金属结构工程作业。

自建自用建筑物，其自建行为不是建筑业税目的征税范围。出租或投资入股的自建建筑物，也不是建筑业的征税范围。

安装是指生产设备、动力设备、起重设备、运输设备、传动设备、医疗实验设备及其他各种设备的装配、安置工程作业，包括与设备相连的工作台、梯子、栏杆的装设工程作业和被安装设备的绝缘、防腐、保温、油漆等工程作业。

修缮是指对建筑物、构筑物进行修补、加固、养护、改善，使之恢复原来的使用价值或延长其使用期限的工程作业。

装饰是指对建筑物、构筑物进行修饰，使之美观或具有特定用途的工程作业。

其他工程作业是指除建筑、安装、修缮、装饰工程作业以外的各种工程作业，如代办电信工程、水利工程、道路修建、疏浚、钻井（打井）、拆除建筑物、平整土地、搭脚手架、爆破等工程作业。

纳税人提供的矿山爆破、穿孔、表面附着物（包括岩层、土层、沙层等）剥离和清理劳务，以及矿井、巷道构筑劳务，属于营业税应税劳务，应当缴纳营业税。

2. 金融保险业

金融保险业是指经营金融、保险的业务。

金融是指经营货币资金融通活动的业务，包括贷款、金融商品转让、金融经纪、邮政储蓄业务和其他金融业务（注：有形动产融资租赁已纳入“营改增”）。

贷款是指将资金有偿贷与他人使用（包括以贴现、押汇方式）的业务。以货币资金投资但收取固定利润或保底利润的行为,也属于这里所称的贷款业务。按资金来源不同,贷款分为转贷业务和一般贷款业务。

金融商品转让是指转让外汇、有价证券或非货物期货的所有权的行为,包括股票转让、债券转让、外汇转让、其他金融商品转让。

金融经纪业务和其他金融业务是指受托代他人经营金融活动的中间业务,如委托业务、代理业务、咨询业务等。

保险是指将通过契约形式集中起来的资金,用以补偿被保险人的经济利益的活动。

对我国境内外资金融机构从事离岸银行业务,属于在我国境内提供应税劳务的,征收营业税。离岸银行业务是指银行吸收非居民的资金,服务于非居民的金融活动,包括外汇存款、外汇贷款、同业外汇拆借、国际结算、发行大额可转让存款证、外汇担保、咨询、鉴证业务以及国家外汇管理局批准的其他业务。

3. 电信业

电信是指用各种电传设备传输电信号来传递信息的业务,包括电报、电传、电话、电话机安装、电信物品销售及其他电信业务。

电信业务包括基础电信业务和增值电信业务。基础电信业务是指提供公共网络基础设施、公共数据传送和基本语音通信服务的业务,具体包括固定网国内长途及本地电话业务、移动通信业务、卫星通信业务、互联网及其他数据传送业务、网络元素出租出售业务、电信设备及电路的出租业务、网络接入及网络托管业务、国际通信基础设施国际电信业务、无线寻呼业务和转售的基础电信业务。增值电信业务是指利用公共网络基础设施提供的电信与信息服务的业务,具体包括固定电话网增值电信业务、移动电话网增值电信业务、卫星网增值电信业务、互联网增值电信业务、其他数据传送网络增值电信业务等服务。

4. 文化体育业

文化体育业是指经营文化、体育活动的业务,包括文化业和体育业。

文化业是指经营文化活动的业务,包括表演,经营游览场所和各种展览、培训活动,举办文学、艺术、科技讲座、讲演、报告会,图书馆的图书和资料的借阅业务等。

体育业是指举办各种体育比赛和为体育比赛或体育活动提供场所的业务。

5. 娱乐业

娱乐业是指为娱乐活动提供场所和服务的业务,包括经营歌厅、舞厅、卡拉OK歌舞厅、音乐茶座、台球厅、高尔夫球场、保龄球场、网吧、游艺场等娱乐场所,以及娱乐场所为顾客进行娱乐活动提供服务的业务。例如,娱乐场所为顾客提供的饮食服务及其他各种服务也按照娱乐业征税。

6. 服务业

服务业是指利用设备、工具、场所、信息或技能为社会提供服务的业务,包括代理业、旅店业、饮食业、旅游业、租赁业和其他服务业(注:仓储业和广告业及有形动产的经营租赁已纳入“营改增”)。

自2002年1月1日起,福利彩票机构发行销售福利彩票取得的收入不征收营业税。对福利彩票机构以外的代销单位销售福利彩票取得的手续费收入应按规定征收营业税。

对社保基金投资管理人、社保基金托管人从事社保基金管理活动取得的收入,依照税法的规定征收营业税。

单位和个人在旅游景点经营索道取得的收入按“服务业”税目中的“旅游业”项目征收营业税。

交通部门有偿转让高速公路收费权行为,属于营业征收范闱,应按“服务业”税目中的“租赁业”征收营业税。

酒店产权式经营业主在约定的时间内提供房产使用权与酒店进行合作经营,如房产产权并未归属新的经济实体,业主按照约定取得的固定收入和分红收入均应视为租金收入,应按照"服务业——租赁业"征收营业税。

单位和个人受托种植植物、饲养动物的行为,应按照营业税"服务业"税目征收营业税,不征收增值税。上述单位和个人受托种植植物、饲养动物的行为是委托方向受托方提供其拥有的植物或动物,受托方提供种植或饲养服务并最终将植物或动物归还给委托方的行为。

自2012年1月1日起,旅店业和饮食业纳税人销售非现场消费的食品应当缴纳增值税,不缴纳营业税。

7. 转让无形资产

转让无形资产是指转让无形资产的所有权或使用权的行为,包括转让土地使用权、转让自然资源使用权、转让商标权、转让专利权、转让非专利技术、转让著作权和转让商誉(注:转让商标权、转让专利权、转让非专利技术、转让著作权和转让商誉已纳入"营改增")。

自2003年1月1日起,以无形资产投资入股,参与接受投资方的利润分配、共同承担投资风险的行为,不征收营业税;在投资后转让其股权的也不征收营业税。

8. 销售不动产

销售不动产是指有偿转让不动产所有权的行为,包括销售建筑物或构筑物和销售其他土地附着物。在销售不动产时连同不动产所占土地的使用权一并转让的行为,比照销售不动产征收营业税。

自2003年1月1日起,以不动产投资入股,参与接受投资方利润分配、共同承担投资风险的行为,不征收营业税;在投资后转让其股权的也不征收营业税。

单位或者个人将不动产或者土地使用权无偿赠送其他单位或者个人,视同发生应税行为,按规定征收营业税;单位或者个人自己新建(以下简称自建)建筑物后销售,其所发生的自建行为,视同发生应税行为,按规定征收营业税。

(二)营业税的税率

营业税按照行业、类别的不同分别采用不同的比例税率(见表4-1),具体规定如下。

建筑业、电信业、文化体育业,税率为3%。

服务业、销售不动产、转让无形资产,税率为5%。

金融保险业税率为5%。

娱乐业执行5%~20%的幅度税率,具体适用的税率,由各省、自治区、直辖市人民政府根据当地的实际情况在税法规定的幅度内决定。

表4-1 营业税税目、税率 %

税目	税率
一、建筑业	3
二、金融保险业	5
三、电信业	3
四、文化体育业	3
五、娱乐业	5~20
六、服务业	5
七、转让无形资产	5
八、销售不动产	5

四、营业税的税收优惠

(一) 营业税起征点的规定

对于经营营业税应税项目的个人,营业税规定了起征点。营业额达到或超过起征点即全额计算纳税,营业额低于起征点则免予征收营业税。税法规定的起征点如下。

按期纳税的为月营业额 5 000 ~ 20 000 元。

按次纳税的为每次(日)营业额 300 ~ 500 元。

各省、自治区、直辖市人民政府所属地方税务机关可以在规定的幅度内,根据当地实际情况确定本地区适用的起征点,并报财政部、国家税务总局备案。

(二) 减免税优惠

1. 对福利机构及人员的税收优惠

① 托儿所、幼儿园、养老院、残疾人福利机构提供的育养服务、婚姻介绍、殡葬服务。

② 残疾人员个人为社会提供的劳务。

2. 对教育机构的税收优惠

学校和其他教育机构提供的教育劳务,学生勤工俭学提供的劳务。学校和其他教育机构是指普通学校以及经地、市级以上人民政府或者同级政府的教育行政部门批准成立,国家承认其学员学历的各类学校。

3. 对农业生产服务的税收优惠

① 农业机耕、排灌、病虫害防治、植保、农牧保险以及相关技术培训业务,家禽、牲畜、水生动物的配种和疾病防治。

② 将土地使用权转让给农业生产者用于农业生产,免征营业税。

4. 文化活动和文化企业的税收优惠

纪念馆、博物馆、文化馆、美术馆、展览馆、书画院、图书馆、文物保护单位举办文化活动的门票收入,宗教场所举办文化、宗教活动的门票收入。

5. 对金融的税收优惠

① 人民银行对金融机构的贷款业务,不征收营业税。人民银行对企业贷款或委托金融机构贷款的业务应当征收营业税。

② 金融机构往来业务暂不征收营业税。

③ 对金融机构的出纳长款收入,不征收营业税。

④ 企业集团或集团内的核心企业(以下简称企业集团)委托企业集团所属财务公司代理统借统还贷款业务,从财务公司取得的用于归还金融机构的利息不征收营业税;财务公司承担此项统借统还委托贷款业务,从贷款企业收取贷款利息不代扣代缴营业税。

⑤ 对地方商业银行转贷用于清偿农村合作基金会债务的专项贷款利息收入免征营业税。

⑥ 对 QFII(合格的境外机构投资者)委托境内公司在我国从事证券买卖业务取得的差价收入,免征营业税。

⑦ 对信达、华融、长城和东方资产管理公司接受相关国有银行的不良债权,免征销售转让不动产、无形资产以及利用不动产从事融资租赁业务应缴的营业税。对资产公司接受相关国有银行的不良债权取得的利息收入免征营业税。

⑧ 按照现行营业税政策的有关规定，公司从事金融资产处置业务时，出售、转让股权不征收营业税，出售、转让债权或将其持有的债权转为股权不征收营业税。

⑨ 对个人(包括个体工商户及其他个人，下同)从事外汇、有价证券、非货物期货和其他金融商品买卖业务取得的收入暂免征营业税。

6. 对保险业务的税收优惠

① 保险公司开展的1年期以上返还性人身保险业务的保费收入免征营业税。

② 保险企业取得的追偿款不征收营业税。

③ 保险公司的摊回分保费用不征收营业税。

④ 对社保基金理事会、社保基金投资管理人运用社保基金买卖证券投资基金、股票、债券的差价收入，暂免征营业税。

⑤ 境内保险机构为出口货物提供的保险产品。

7. 对住房的税收优惠

① 对按政府规定价格出租的公有住房和廉租住房暂免征营业税；对个人按市场价格出租的居民住房，以3%的税率为基数减半征收营业税。

② 对住房公积金管理中心用住房公积金在指定的委托银行发放个人住房贷款取得的收入，免征营业税。

③ 自2004年8月1日起，对军队空余房产租赁收入暂免征营业税、房产税；此前已征税款不予退还，未征税款不再补征。

④ 对房地产主管部门或其指定机构、公积金管理中心、开发企业以及物业管理单位代收的住房专项维修基金，不计征营业税。

⑤ 自2011年1月1日起，对个人销售自建自用住房，免征营业税；对企业、行政事业单位按房改成本价、标准价出售住房的收入，免征营业税。

⑥ 对经营公租房所取得的租金收入，免征营业税。公租房租金收入与其他住房经营收入应单独核算，未单独核算的，不得享受免征营业税优惠政策。

8. 对医疗机构的税收优惠

医院、诊所和其他医疗机构提供的医疗服务免征营业税。

9. 对担保业务的税收优惠

对符合条件的中小企业信用担保、再担保机构，对其从事担保业务的收入，3年内免征营业税。

10. 对政府机关和社会团体的税收优惠

① 凡经中央及省级财政部门批准纳入预算管理或财政专户管理的行政事业性收费、基金，无论是行政单位收取的还是由事业单位收取的，均不征收营业税。

② 社会团体按财政部门或民政部门规定标准收取的会费，不征收营业税。

③ 在京外国商会按财政部门或民政部门规定标准收取的会费，不征收营业税。对其会费以外各种名目的收入，凡属于营业税应税范围的，一律照章征收营业税。

11. 其他税收优惠

① 单位和个人提供的垃圾处置劳务不属于营业税应税劳务，对其处置垃圾取得的垃圾处置费，不征收营业税。

② 个人向他人无偿赠予不动产，包括继承、遗产处分及其他无偿赠予不动产等3种情况可以免征营业税。

③ 转让企业产权的行为不属于营业税征收范围，不应征收营业税。

④ 融资性售后回租业务中承租方出售资产的行为,不属于营业税征收范围,不征营业税。

知识链接4-1

国家税务总局公布的最新数据显示:2014 年第一季度,全国因实施"营改增"减税达到 375 亿元。其中,试点纳税人因税制转换减税 161 亿元;非试点纳税人因增加抵扣减税 214 亿元。自 2012 年 1 月 1 日实行"营改增"试点以来,全国已累计减税 2 203 亿元。数据显示,新纳入试点的铁路运输和邮政业,首季减税 24.5 亿元。特别是邮政、快递行业中上门收取包裹的收派服务业减负更为明显,1.35 万户收派服务试点企业,"营改增"首季平均税负下降了 23.73%。

第三节 营业税的计算与缴纳

一、计税依据

(一) 一般规定

营业额是营业税的计税依据,它是纳税人提供应税劳务、转让无形资产或者销售不动产向对方收取的全部价款和价外费用。价外费用包括收取的手续费、补贴、基金、集资费、返还利润、奖励费、违约金、滞纳金、延期付款利息、赔偿金、代收款项、代垫款项、罚息及其他各种性质的价外收费。

价外费用不包括同时符合以下条件代为收取的政府性基金或者行政事业性收费。

① 由国务院或者财政部批准设立的政府性基金,由国务院或者省级人民政府及其财政、价格主管部门批准设立的行政事业性收费。

② 收取时开具省级以上财政部门印制的财政票据。

③ 所收款项全额上缴财政。

(二) 具体规定

1. 建筑业

① 建筑业的总承包人将工程分包给他人,以工程的全部承包额减去付给分包人的价款后的余额为营业额。

② 纳税人提供建筑业劳务(不含装饰劳务)的,其营业额应当包括工程所用原材料、设备及其他物资和动力价款,但不包括建设方提供的设备的价款。

从事安装工程作业,安装设备价值作为安装工程产值的,营业额包括设备的价款。如果设备由发包方提供,承包方只是提供安装劳务,营业额不应包括设备的价款;如果设备由承包方提供,与安装劳务一并收款,营业额应包括设备的价款。

③ 自建行为和单位或个人将不动产无偿赠予他人,由主管税务机关按照本节"计税依据具体规定"的第 7 条规定顺序核定营业额。

自建行为是指纳税人自己建造房屋的行为。纳税人自建行为不缴纳营业税；如纳税人将自建的房屋对外销售，应按建筑业缴纳营业税。

④ 纳税人受托进行建筑物拆除、平整土地并代委托方向原土地使用权人支付拆迁补偿费的过程中，其提供建筑物拆除、平整土地劳务取得的收入应按照“建筑业”税目缴纳营业税；其代委托方向原土地使用权人支付拆迁补偿费的行为属于“服务业——代理业”行为，应以提供代理劳务取得的全部收入减去其代委托方支付的拆迁补偿费后的余额为营业额计算营业税。

⑤ 通信线路工程和输送管道工程所使用的电缆、光缆和构成管道工程主体的防腐管段、管件（弯头、三通、冷弯管、绝缘接头）、清管器、收发球筒、机泵、加热炉、金属容器等物品均属于设备，其价值不包含在工程的计税营业额中。

2. 金融保险业

① 一般贷款业务的营业额为贷款利息收入（包括各种加息、罚息等）。

② 外汇、有价证券、期货等金融商品买卖业务，以卖出价减去买入价后的余额为营业额，即营业额 = 卖出价 - 买入价。

卖出价是指卖出原价，不得扣除卖出过程中支付的各种费用和税金。买入价是指购进原价，不包括购进过程中支付的各种费用和税金，但买入价应依照财务会计制度规定，以股票、债券的购入价减去股票、债券持有期间取得的股票、债券红利收入。

外汇、有价证券、期货等金融商品买卖业务，是指纳税人从事的外汇、有价证券、非货物期货和其他金融商品买卖业务。货物期货不缴纳营业税。

自 2013 年 12 月 1 日起，纳税人从事金融商品转让业务，不再按股票、债券、外汇、其他四大类来划分，统一归为“金融商品”，不同品种金融商品买卖出现的正负差，在同一个纳税期内可以相抵，以盈亏相抵后的余额为营业额计算缴纳营业税。相抵后仍出现负差的，可结转下一个纳税期相抵，但在年末时仍出现负差的，不得转入下一个会计年度。

③ 金融经纪业务和其他金融业务（中间业务）营业额为手续费（佣金）类的全部收入。

金融企业从事受托收款业务，如代收电话费、水电煤气费、信息费、学杂费、寻呼费、社保统筹费、交通违章罚款、税款等，以全部收入减去支付给委托方价款后的余额为营业额。

④ 办理初保业务的营业额为纳税人经营保险业务向对方收取的全部价款，即向被保险人收取的全部保险费。

⑤ 保险企业开展无赔偿奖励业务的，以向投保人实际收取的保费为营业额。

3. 电信业

电信部门以集中受理方式为集团客户提供跨省的出租电路业务，由受理地区的电信部门按取得的全部价款减去分割给参与提供跨省电信业务的电信部门的价款后的差额为营业额计征营业税；对参与提供跨省电信业务的电信部门，按各自取得的全部价款为营业额计征营业税。

4. 娱乐业

娱乐业的营业额为经营娱乐业收取的全部价款和价外费用，包括门票收费、台位费、点歌费、烟酒、饮料、茶水、鲜花、小吃等收费及经营娱乐业的其他各项收费。

5. 服务业

① 代理业以纳税人从事代理业务向委托方实际收取的报酬为营业额。

② 电脑福利彩票投注点代销福利彩票取得的任何形式的手续费收入，应照章征收营业税。

③ 对拍卖行向委托方收取的手续费应征收营业税。

④ 纳税人从事旅游业务的，以其取得的全部价款和价外费用扣除替旅游者支付给其他单位或者个人的住宿费、餐费、交通费、旅游景点门票和支付给其他接团旅游企业的旅游费后的余额

为营业额。

⑤ 对单位和个人在旅游景区经营旅游游船、观光电梯、观光电车、景区环保客运车所取得的收入应按“服务业——旅游业”征收营业税。

⑥ 单位和个人在旅游景区兼有不同税目应税行为并采取“一票制”收费方式的，应当分别核算不同税目的营业额；未分别核算或核算不清的，从高适用税率。

⑦ 从事物业管理的单位，以与物业管理有关的全部收入减去代业主支付的水、电、燃气以及代承租者支付的水、电、燃气、房屋租金的价款后的余额为营业额。

6. 销售不动产或受让土地使用权

① 单位和个人销售或转让其购置的不动产或受让的土地使用权，以全部收入减去不动产或土地使用权的购置或受让原价后的余额为营业额。

② 单位和个人销售或转让抵债所得的不动产、土地使用权的，以全部收入减去抵债时该项不动产或土地使用权作价后的余额为营业额。

③ 自 2015 年 3 月 31 日起，个人将购买不足 2 年的住房对外销售的，全额征收营业税；个人将购买超过 2 年以上(含 2 年)的非普通住房对外销售的，按照其销售收入减去购买房屋的价款后的差额征收营业税；个人将购买 2 年以上(含 2 年)的普通住房对外销售的，免征营业税。

7. 其他规定

① 纳税人提供劳务、转让无形资产或销售不动产价格明显偏低而无正当理由的，或视同发生应税行为而无营业额的，税务机关按下列顺序核定其营业额。

- 按纳税人最近时期发生的同类应税行为的平均价格核定。
- 按其他纳税人最近时期发生的同类应税行为的平均价格核定。
- 其核定的公式为：

营业额 = 营业成本或工程成本 × (1 + 成本利润率) ÷ (1 - 营业税税率)

成本利润率由省、自治区、直辖市税务机关确定。

② 纳税人发生应税行为，将价款与折扣额在同一张发票上注明的，以折扣后的价款为营业额；将折扣额另开发票的，不论其在财务上如何处理，均不得从营业额中扣除。

③ 单位和个人提供应税劳务、转让无形资产和销售不动产时，因受让方违约而从受让方取得的赔偿金收入，应并入营业额中征收营业税。

④ 自 2004 年 12 月 1 日起，营业税纳税人购置税控收款机，经主管税务机关审核批准后，可凭购进税控收款机取得的增值税专用发票，按照发票上注明的增值税税额，抵免当期应纳营业税税额，或者按照购进税控收款机取得的普通发票上注明的价款，依下列公式计算可抵免税额：

可抵免税额 = 价款 ÷ (1 + 17%) × 17%

当期应纳税额不足抵免的，未抵免部分可在下期继续抵免。

二、营业税应纳税额的计算

营业税税额的计算比较简单。纳税人提供应税劳务、转让无形资产或者销售不动产，按照营业额和规定的适用税率计算应纳税额。计算公式为：

应纳税额 = 营业额 × 税率

例 4-1 A 建筑公司自建同一规格和标准的楼房两栋，建筑安装成本为 6 000 万元，成本利润率20%,A公司将其中一栋自用,另一栋对外销售,取得收入3 600万元,计算该公司应缴营业税。

自建自用行为不征营业税,自建销售则按建筑业和销售不动产行为各征一次营业税。建筑业营业税需要用组成计税价格计算。

6 000 ÷2 ×(1 +20%) ÷(1 −3%) ×3%≈111.34(万元)

销售不动产营业税 =3 600 ×5% =180(万元)

共缴纳营业税 =111.34 +180 =291.34(万元)

例4-2 某歌舞厅9月取得门票收入为80万元,台位费收入40万元,相关的烟酒和饮料费收入20万元,鲜花和小吃收入5万元,当地适用的税率为20%。试计算该歌舞厅9月份应缴纳的营业税税额。

应纳税额 = 营业额 × 适用税率 =(80 +40 +20 +5) ×20% =29(万元)

第四节 营业税的征收管理

一、纳税义务发生时间

营业税的纳税义务发生时间为纳税人收讫营业收入款项或者取得索取营业收入款项凭据的当天;未签订书面合同或者书面合同未确定付款日期的,为应税行为完成的当天。具体规定如下。

① 转让土地使用权或者销售不动产,采用预收款方式的,其纳税义务发生日收到预收款的当天;纳税人提供建筑业或者租赁业劳务,采取预收款方式的,其纳税义务发生时间为收到预收款的当天。

② 单位或者个人自己新建建筑物后销售,其自建行为的纳税义务发生时间,为其销售自建建筑物并收讫营业额或者取得索取营业额凭据的当天。

③ 纳税人将不动产或者土地使用权无偿赠送其他单位或者个人的,其纳税义务发生时间为不动产所有权、土地使用权转移的当天。

④ 金融经纪业务和其他金融业务的纳税义务发生时间为取得营业收入或取得索取营业收入价款凭据的当天。

⑤ 保险业务的纳税义务发生时间为取得保费收入或取得索取保费收入价款凭据的当天。

⑥ 电信部门销售有价电话卡的纳税义务发生时间,为售出电话卡并取得售卡收入或取得索取售卡收入凭据的当天。

二、纳税期限

营业税的纳税期限分别为5日、10日、15日、1个月或者1个季度。纳税人的具体纳税期限,由主管税务机关根据纳税人应纳税额的大小分别核定;不能按照固定期限纳税的,可以按次纳税。银行、财务公司、信托投资公司、信用社、外国企业常驻代表机构的纳税期限为1个季度。

纳税人以1个月或者1个季度为一个纳税期的,自期满之日起15日内申报纳税;以5日、10

日或者15日为一个纳税期的,自期满之日起5日内预缴税款,于次月1日起15日内申报纳税并结清上月应纳税款。

扣缴义务人解缴税款的期限,依照上述规定执行。

三、纳税地点

我国营业税的纳税人在经营行为发生地缴纳应纳税款,即采取属地征收的方法。具体规定如下。

① 纳税人提供应税劳务,应当向机构所在地/居住地的主管税务机关申报纳税。

② 纳税人转让土地使用权,应向土地所在地税务机关申报纳税。纳税人转让其他无形资产,应当向其机构所在地或居住地的主管税务机关申报纳税。

③ 纳税人销售不动产,应当向不动产所在地主管税务机关申报纳税。

④ 在中华人民共和国境内的电信单位提供电信业务的营业税纳税地点为电信单位机构所在地。

⑤ 在中华人民共和国境内的单位提供设计(包括在开展设计时进行的勘探、测量等业务,下同)、工程监理、调试和咨询等应税劳务的,其营业税纳税地点为单位机构所在地。

⑥ 在中华人民共和国境内的单位通过网络为其他单位和个人提供培训、信息和远程调试、检测等服务的,其营业税纳税地点为单位机构所在地。

四、营业税的纳税申报

纳税人应按《营业税暂行条例》有关规定及时办理纳税申报,并如实填写"营业税纳税申报表"。

本章小结

我国现行营业税的征税对象是在境内有偿提供应税劳务、转让无形资产和销售不动产所有权的行为。纳税人是发生上述应税行为的所有单位和个人。营业税的税目分别规定了具体的征税范围和适用税率。营业税以营业额为计税依据,计算方法简单。优惠政策较多,涉及面较广。税收优惠的形式主要有起征点、减免税等。营业税的税目税率以及营业额的确定是本章的重点。

快速问答

1. 属于营业税纳税人的经营者是(　　)。

   A. 从事汽车修配业的个人　　B. 发生销售货物并负责运输所售货物的商场

   C. 从事缝纫业务的个体工商户　　D. 将不动产无偿赠送他人的单位

2. 属于建筑业应税劳务需要按照"建筑业"税目征收营业税的是(　　)。

   A. 自建建筑物用于抵押　　B. 出租自建建筑物

   C. 投资入股的自建建筑物　　D. 自建建筑物后销售

3. 营业税的税率形式是(　　)。

   A. 单一比例税率　　B. 行业差别比例税率

   C. 地区差别比例税率　　D. 幅度比例税率

4. 不属于营业税征税行为的是(　　　　)。

A. 纳税人提供矿井、巷道构筑劳务

B. 保险公司在境内提供保险劳务

C. 旅游公司在境内组织旅客出境旅游

D. 自 2012 年 1 月 1 日起,旅店业和饮食业纳税人销售非现场消费的食品

5. 纳税人提供应税劳务、转让无形资产或销售不动产价格明显偏低而无正当理由的,主管税务机关可以按顺序核定营业额,其中组成计税价格公式为(　　　　)。

A. 营业成本或者工程成本 ×(1 + 成本利润率) ÷(1 − 营业税税率)

B. 营业成本或者工程成本 ×(1 + 成本利润率) ÷(1 + 营业税税率)

C. 营业成本或者工程成本 ×(1 + 成本利润率)

D. 营业成本或者工程成本 ÷(1 − 营业税税率)

6. 征收营业税的金融保险业务是(　　　　)。

A. 人民银行对金融机构的贷款业务

B. 人民银行委托金融机构贷款的业务

C. 中国进出口银行办理的出口信用保险业务

D. 出纳长款

7. 属于营业税混合销售的行为是(　　　　)。

A. 空调专卖店销售空调并负责安装

B. 机场提供运输劳务并附设商场销售货物

C. 建材商店销售建材并从事装修、装饰业务

D. 餐馆在提供餐饮服务的同时销售烟、酒

8. 社会团体取得的下列收入,不须征收营业税的有(　　　　)。

A. 开展培训业务取得的服务费　　B. 开展代理业务取得的服务费

C. 按照财政部门规定收取的会费　　D. 出租房屋取得的租金收入

9. 不符合现行营业税法规定的说法有(　　　　)。

A. 单位和个人在旅游景区兼有不同税目应税行为并采取"一票制"收费方式的,无论是否分别核算,均从高适用营业税

B. 利用学生公寓向社会人员提供住宿服务而取得的租金收入,按规定征收营业税

C. 营业税纳税人发生退款的,可以抵税,也可以退税

D. 一般贷款业务的营业额为贷款利息收入(包括各种加息、罚息等)

10. 营业额确定不符合营业税规定的经营项目有(　　　　)。

A. 从事安装工程作业所安装的设备价值作为安装工程价值的,其营业额应包括设备价款

B. 娱乐业的营业额应包括门票收费、台位费、点歌费、烟酒和饮料收费及其他各项收费

C. 单位转让抵债所得的土地使用权,以全部收入减去抵债时该项土地使用权作价后的余额为营业额

D. 从事物业管理的单位以与物业管理有关的全部收入为营业额

计算题

1. 位于县城的某建筑安装公司2015年8月发生以下业务。

1) 与机械厂签订建筑工程合同一份,为其承建厂房一栋,签订合同时预收工程价款1 000万元。

2) 与开发区签订安装工程合同一份,为其铺设通信线路,工程价款共计300万元,其中包含由开发区提供的设备价值80万元及材料20万元,月末线路铺设完工,收回全部价款。

3) 与地质勘探队签订合同一份,按照合同约定为其钻井作业提供泥浆工程劳务,取得劳务收入40万元。

4) 为客户提供装饰劳务,共收取人工费35万元、管理费5万元、辅助材料费10万元,客户自行采购的装饰材料价款为80万元。

5) 将自建的一栋宅楼销售给职工,取得销售收入1 000万元、煤气管道初装费5万元,代收住房专项维修基金50万元(开具财政收据并上缴财政);该住宅楼的建筑成本780万元,当地省级税务机关确定的建筑业的成本利润率为15%。

要求:

① 计算公司8月份铺设通信线路工程应缴纳的营业税。

② 计算公司8月份承建厂房工程应缴纳的营业税。

③ 计算公司8月份提供泥浆工程作业应缴纳的营业税。

④ 计算公司8月份为客户提供装饰劳务应缴纳的营业税。

⑤ 计算公司8月份将自建住宅楼销售给职工应缴纳的营业税。

2. 甲公司为一家房地产公司,2014年11月发生以下业务。

1) 将闲置的商铺租赁给某单位使用,合同约定租赁期为6个月,当月取得前4个月的收入40万元。

2) 境外乙公司向甲公司出租位于境内的一处房产,本月向乙公司支付租金10万元。

3) 甲公司以不动产投资入股,双方同意该处不动产以75万元的价值作价入股,参与利润分配,承担投资风险。

4) 转让一宗土地的使用权,取得转让收入600万元。该宗土地系于2011年11月份接受丙公司抵债时取得,抵债时该宗土地作价500万元,2014年11月其账面余值为490万元。

5) 本月1日起将承租后空置的一层办公楼转租给丁公司,收取转租租金12万元。甲公司承租此层办公楼的月租金为10万元。

要求:

① 计算甲公司出租闲置商铺应缴纳的营业税。

② 计算甲公司租赁乙公司的境内房产应代扣代缴的营业税。

③ 计算甲公司以不动产投资入股应缴纳的营业税。

④ 计算甲公司转让抵债所得的土地使用权应缴纳的营业税。

⑤ 计算甲公司转租办公楼本月应缴纳的营业税。

第五章

城市维护建设税法

学习目标

本章主要包括城市维护建设税的基础知识、城市维护建设税法的基本内容、城市维护建设税应纳税额的计算以及城市维护建设税的征收管理。通过学习应达到以下要求。

- 掌握城市维护建设税的概念、特点和作用
- 明确城市维护建设税的纳税人及其适用税率
- 掌握城市维护建设税的计税依据与应纳税额的计算
- 了解城市维护建设税的征收管理规定

第一节　城市维护建设税基础知识

一、城建税的概念

城市维护建设税简称城建税，是对从事工商经营，缴纳增值税、消费税、营业税的单位和个人征收的一种税。

我国现行城市维护建设税的基本规范，是1985年2月8日国务院发布并于同年1月1日实施的《中华人民共和国城市维护建设税暂行条例》，它是国家制定的用以调整城市维护建设税征收与缴纳权利及义务关系的法律规范。

二、城建税的特点和作用

（一）城建税的特点

1. 具有附加税性质

城建税本身没有特定的课税对象，它以纳税人实际缴纳的增值税、消费税、营业税税额为计税依据，随"三税"同时征收，其征管方法也完全比照"三税"的有关规定办理。因此它是一种附加税。

2. 税款具有特定的用途

城建税不同于一般的税种，所征税款要求保证用于城市公用事业和公共设施的维护和建设，即做到专款专用。

3. 根据城镇规模设计不同的比例税率

城建税的负担水平，不是依据纳税人获取的利润水平或经营特点而定，而是根据纳税人所在

城镇的规模及其资金需要设计。城镇规模大的,税率高一些;反之,就低一些。

4. 征收范围广泛

增值税、消费税、营业税作为我国的主体税种,征税范围基本上包括了我国境内所有有经营行为的单位和个人。而城建税以增值税、消费税、营业税税额作为税基,从这个意义上看,城建税几乎是对所有纳税人征税。因此,它的征税范围比其他任何税种的征税范围都要广。

(二) 城建税的作用

1. 扩大城乡建设资金来源,补充城市维护建设资金不足

城建税的全部收入专项用于城乡公用事业和公共设施的维护建设,同时还可以随着工农业生产和市场经济的不断发展而逐步增长,从而使城市维护建设有了一个比较稳定和可靠的资金来源。

2. 调动了地方政府进行城市维护和建设的积极性

按照《城市维护建设税暂行条例》第六条的规定,城建税应当保证用于城市的公用事业和公共设施的维护建设,具体安排由地方人民政府确定,从而明确了城建税作为地方税并专款用于地方城市维护和建设的作用。将其税收收入与当地的城乡建设直接挂钩,促使地方各级政府更多地关心城建税的征收管理,实现更多的税收收入用于城市建设。

3. 充实和完善地方税体系,完善地方税制

城建税作为一个地方税种,也充实和完善了地方税体系,扩大了地方政府的财政收入规模,为整体税制的进一步完善起到了积极的作用。

4. 限制了对企业乱摊派的行为,有利于企业的发展

为保证企业的正常生产经营和发展,减轻企业负担,《城市维护建设税暂行条例》第八条明确规定:开征城建税后,任何地区和部门,都不得再向纳税人摊派资金或物资;遇到摊派情况,纳税人有权拒绝执行。这为限制对企业的乱摊派行为提供了法律保证。

第二节 城市维护建设税法的基本内容

一、纳税义务人

城建税的纳税义务人,是指负有缴纳增值税、消费税和营业税“三税”义务的单位和个人,包括国有企业、集体企业、私营企业、股份制企业、其他企业和行政单位、事业单位、军事单位、社会团体、其他单位,以及个体工商户及其他个人。

自2010年12月1日起,对外商投资企业、外国企业及外籍个人(以下简称外资企业)征收城建税。

知识链接5-1

2011年是外资企业申报缴纳城建税和教育费附加的第一个完整年度。来自国家税务总局的统计显示,去年全国城建税和教育费附加大幅增长。其中,城建税同比增长47.2%,教育费附加同比增长45.5%。由于政策调整,城建税和教育费附加全年因此增收达840亿元。

二、城建税的税率与计税依据

（一）税率

城建税税率是纳税人应缴纳的城建税税额与纳税人实际缴纳的“三税”税额之间的比率。按纳税人所在地的不同，设置了 3 档差别比例税率。具体规定如下。

① 纳税人所在地为市区的，税率为 7%。

② 纳税人所在地为县城、建制镇的，税率为 5%。

③ 纳税人所在地不在市区、县城或者建制镇的，税率为 1%。

在实际执行中，对下列两种情况，可以按缴纳“三税”所在地的适用税率就地缴纳城建税。

① 由受托方代扣代缴、代收代缴“三税”的单位和个人，其代扣代缴、代收代缴的城建税按受托方所在地适用税率执行。

② 流动经营等无固定纳税地点的单位和个人，在经营地缴纳“三税”的，其城建税的缴纳按经营地适用税率执行。

（二）计税依据

城建税的计税依据是纳税人实际缴纳的“三税”税额。纳税人违反“三税”有关规定而加收的滞纳金和罚款，是税务机关对纳税人违法行为的经济制裁，不作为城建税的计税依据。但纳税人在被查补“三税”和被处以罚款时，应同时对其偷漏的城建税进行补税、征收滞纳金和罚款。

城建税以“三税”税额为计税依据并同时征收，如果要免征或者减征“三税”，也就要同时免征或者减征城建税。

但对出口产品退还增值税、消费税的，不退还已缴纳的城建税。

三、城建税的税收优惠

由于城建税具有附加税的性质，当主税发生减免时，城建税相应发生税收减免。但原则上不单独减免。城建税的减免有以下几种情况。

① 城建税按减免后实际缴纳的“三税”税额计征，即随“三税”的减免而减免。

② 对于因减免税而须进行“三税”退库的，城建税也可同时退库。

③ 海关对进口产品代征的增值税、消费税，不征收城建税。

④ 对“三税”实行先征后返、先征后退、即征即退办法的，除另有规定外，对随“三税”附征的城建税和教育费附加，一律不予退（返）还。

⑤ 为支持国家重大水利工程建设，对国家重大水利工程建设基金免征城建税。

知识链接5-2

教育费附加和地方教育费附加是对缴纳增值税、消费税和营业税的单位和个人，就其实际缴纳的税额为计算依据征收的一种附加税。按照1994年2月7日《国务院关于教育费附加征收问题的紧急通知》的规定，现行教育费附加征收比率为3%；地方教育附加征收率统一为2%。在实际操作中，对海关进口的产品征收的增值税、消费税，不征收教育费附加。对由于减免增值税、消费税和营业税而发生退税的，可同时退还已征收的教育费附加。但对出口产品退还增值税、消费税的，不退还已征的教育费附加。对国家重大水利工程建设基金免征教育费附加。

第三节　城市维护建设税应纳税额的计算

城建税纳税人的应纳税额大小是由纳税人实际缴纳的"三税"税额决定的，其计算公式为：

应纳税额＝纳税人实际缴纳的增值税、消费税、营业税税额×适用税率

例5－1　A市区一家企业2014年8月份实际缴纳增值税200万元，缴纳消费税300万元，缴纳营业税100万元。计算该企业应纳的城建税税额。

① 纳税人所在地为市区的，所适用的税率应为7%。

② 应纳城建税税额＝(实纳增值税＋实纳消费税＋实纳营业税)×适用税率＝(200＋300＋100)×7%＝600×7%＝42(万元)

例5－2　城镇某化妆品生产企业2014年6月缴纳消费税5万元，增值税4万元，被查补消费税2万元、增值税0.5万元，并被处以罚款0.8万元，加收滞纳金0.06万元，试计算该化妆品生产企业应缴纳的城建税。

① 城建税以实际缴纳及查补的"三税"税额为计税依据，不包括违反"三税"规定加收的滞纳金和罚款。该企业适用城建税税率为5%。

② 应纳城建税＝(5＋4＋2＋0.5)×5%＝0.575(万元)

注意：由于城建税法实行纳税人所在地差别比例税率，因此在计算应纳税额时，应根据纳税人所在地来确定适用税率。

第四节　城市维护建设税征收管理

一、纳税期限

根据增值税法和消费税法规定，增值税、消费税的纳税期限均分别为1日、3日、5日、10日、15日或者1个月；根据营业税法规定，营业税的纳税期限分别为5日、10日、15日或者1个月。

由于城建税是由纳税人在缴纳“三税”时同时缴纳的，因此其纳税期限分别与“三税”的纳税期限一致。增值税、消费税、营业税的纳税人的具体纳税期限，由主管税务机关根据纳税人应纳税额大小分别核定；不能按照固定期限纳税的，可以按次纳税。

二、纳税地点与纳税环节

（一）纳税地点

一般来说，由于城建税以纳税人实际缴纳的增值税、消费税、营业税税额为计税依据，分别与“三税”同时缴纳。因此，纳税人缴纳“三税”的地点，就是该纳税人缴纳城建税的地点。

但实际操作中，需要注意如下几点。

① 代扣代缴、代收代缴“三税”的单位和个人，同时也是城建税的代扣代缴、代收代缴义务人，其城建税的纳税地点在代扣代收地。

② 跨省开采的油田，下属生产单位与核算单位不在一个省内的，各油井应纳的城建税，应由核算单位计算，随同增值税一并汇拨油井所在地，由油井在缴纳增值税的同时，一并缴纳城建税。

③ 对管道局输油部分的收入，由取得收入的各管道局于所在地缴纳营业税。所以，其应纳城建税，也应由取得收入的各管道局于所在地缴纳营业税时一并缴纳。

④ 对流动经营等无固定纳税地点的单位和个人，应随同“三税”在经营地按适用税率缴纳。

（二）纳税环节

城建税的纳税环节，实际就是纳税人缴纳“三税”的环节。纳税人只要发生“三税”的纳税义务，就要在同样的环节分别计算缴纳城建税。

三、纳税申报

纳税之前，纳税人需要填写城市维护建设税纳税申报表，办理纳税申报手续。

本章小结

城建税是国家对缴纳增值税、消费税、营业税的单位和个人，以其实际缴纳的“三税”税额为计征依据而计征的一种税。城建税的纳税人是负有缴纳“三税”义务的单位和个人。设置了7%、5%、1% 3档地区差别比例税率。纳税环节、纳税地点、纳税期限与增值税、消费税、营业税相同。

快速问答

1. 流动经营的单位，在经营地缴纳“三税”的，则其教育费附加应在（　　　）缴纳。
   A. 经营地按当地适用税率计算　　B. 机构所在地按当地适用税率计算
   C. 经营地但按机构所在地的适用税率计算　　D. 机构所在地但按经营地的适用税率计算
2. 可以作为城建税的计税依据的有（　　　）。
   A. 个人出租房屋缴纳的营业税　　B. 单位缴纳的印花税
   C. 企业缴纳的企业所得税　　D. 企业缴纳的城镇土地使用税
3. 城建税税率为地区差别比例税率，其地区的确定不可以是（　　　）。

A. 纳税人所在地适用税率

B. 缴纳“三税”所在地适用税率

C. 受托方代征代扣“三税”的,按委托方所在地适用税率

D. 经营地的适用税率

4. 不符合城建税相关规定的说法有(　　)。

A. 城建税的纳税环节实际就是纳税人缴纳“三税”的环节

B. 城建税实行进口不征,出口不退税的政策

C. 流动经营的单位,其城建税的纳税地点为户籍所在地

D. 代扣代缴、代收代缴“三税”的,其城建税的纳税地点为代扣代收地

5. 不符合城建税计税依据规定的项有(　　)。

A. 进口货物缴纳的消费税

B. 出口货物征收的增值税

C. 生产企业免抵退税计算中,期末留抵税额小于免抵退税额的部分

D. 偷逃营业税而被查补的营业税款

6. 关于城建税税率的表述不正确的有(　　)。

A. 某公司在某市东城区城建税税率为7%

B. 某公司在某县城城建税税率为5%

C. 某公司在某镇城建税税率为1%

D. 某公司在农村的某农场城建税税率为1%

7. 关于城建税和教育费附加的减免规定表述正确的是(　　)。

A. 对海关进口的产品征收的增值税、消费税和营业税,征收教育费附加

B. 对“三税”实行先征后返、先征后退、即征即退办法的,除另有规定外,对随同“三税”附征的城建税一律不予退(返)还

C. 对出口产品退还增值税、消费税的,可以同时退还已征的教育费附加

D. 城建税原则上可以单独减免

计算题

根据第二至第四章的课后练习题,在分别计算出的增值税、消费税和营业税的基础上,计算其当期应缴纳的城建税。

第六章 关税法

学习目标

本章主要介绍关税法的有关内容,包括关税法基础知识、关税法基本内容、关税税额的计算与征收、关税征收管理。通过学习应达到以下要求。

- 明确关税的概念及特征
- 掌握关税的纳税人、征税对象、税率、纳税环节
- 理解进出口税则规定
- 掌握关税应纳税额的计算
- 了解关税的征收管理规定

第一节　关税基础知识

一、关税的概念与特征

关税是海关依法对进出境货物、物品征收的一种税。所谓“境”指关境,又称“税境”或“海关境域”,是一国关税领域的界限。一般情况下,一国的关境与国境是一致的,即关境等同于国境;特殊情况下,关境可能大于或小于国境。例如,我国关境是小于国境的,根据《中华人民共和国香港特别行政区基本法》和《中华人民共和国澳门特别行政区基本法》,香港和澳门保持自由港地位,为我国单独的关税地区,即单独关境区。

关税是商品税的一种,属于涉外商品税,与国内商品税相比,具有如下特征。

1. 以进出关境的货物或物品作为征税对象

征税对象的“跨关境”是关税的一个重要特征。这里的“货物”是指贸易性的进出口商品;“物品”是指用于个人消费的非贸易性商品,如入境旅客随身携带的行李物品、个人邮递进境的物品等。

2. 以进出口为纳税环节

关税属于单一环节的商品税,且以进出口为纳税环节,货物或物品在进出口环节履行纳税义务以后,在国内其他流通环节就不需要再缴纳关税。

3. 以流转额为计税依据

流转额可以从价或从量确定。在从价确定的情况下,根据完税价格确定,完税价格是关税法的一个特有概念,关税法对完税价格的审定做了详细的规定。

4. 具有涉外性

关税以进出关境的货物或物品作为征税对象,关税的种类和税率的调整与国际贸易息息相

关,世界贸易组织是各国和地区专门进行关税协调的国际组织,因此,关税具有明显的涉外性。在其他涉外税法由于实行国民待遇原则而逐步与国内税法趋同的情况下,关税的这一特征就显得更有意义。

5. 由海关负责征收

我国的大多数税种都由税务机关负责征收,但关税由海关负责征收。由海关负责关税的征收与关税的性质、海关本身的职能密切相关,这也是世界各国的通行做法。

二、关税政策和关税分类

(一) 关税政策

关税政策反映了一国一定时期内的贸易政策、产业政策以及国民经济发展的基本思路。关税政策的调整一般分为两种方式:一是自主性的调整;二是具有外部约束型的调整。

① 自主性的关税政策调整的局限性在于:关税政策调整的过程可能相对较长,没有外部压力的调整方式可能会因为国内各利益集团的影响而延缓政策目标的实现。

② 具有外部约束的关税政策调整则不然,它强调一旦该国接受了某种协议,承诺要实行贸易自由化,那么该国的关税就必须按照所承诺的内容严格执行有关协议。

加入 WTO 以后,我国关税政策的调整明显地表现出“非自主性”,也就是说,关税政策的制定必须符合 WTO 各项协议的要求。

知识链接6-1

我国于2013年1月1日起部分调整了进出口关税税目。调整后,我国的进出口税目总数由2012年的8 194个增至8 238个。财政部发布:2013年以来,我国继续运用关税手段加强对外贸进出口的调控,一方面,积极扩大进口,对784种商品实施较低的进口暂定税率,平均税率约4.4%,相对于最惠国税率优惠幅度为56.0%;另一方面,严格控制“两高一资”产品出口,对306种能源、资源和高耗能产品征收出口关税,出口税率在2%～40%之间。进出口关税在促进进口、调控出口和优化商品结构等方面发挥了积极作用。

(二) 关税分类

根据一定的标准,可以对关税进行相应的分类。

1. 根据征税对象进行分类,可把关税分为进口关税、出口关税和过境关税

(1) 进口关税

进口关税,简称进口税,是对进入关境的货物或物品所课征的关税。现代各国和地区一般都开征进口关税。

(2) 出口关税

出口关税,简称出口税,是海关对出口货物和物品所征收的关税。出口关税的课征,原来主要是因为财政上的目的,但出口关税的课征会影响出口商品的国际竞争力,因此,各国为了鼓励出口,都先后取消了出口关税,也有部分国家基于限制本国某些产品或自然资源输出等原因,对部分出口货物征收出口关税。

(3) 过境关税

过境关税,简称过境税,是对通过本国关境运输的货物课征的关税。过境关税的课征主要是为了取得财政收入,在重商主义时代比较盛行;但这一关税的课征负面影响较多,因而当今国家一般都不予以课征。

2. 根据税基,即计税依据的不同,可把关税分为从价关税、从量关税、复合关税、选择关税、差额关税、滑准关税、指数关税和季节关税

(1) 从价关税

从价关税,是指以纳税人进口商品的价格为计税依据的关税。其特点是,相对进口商品价格的高低,其税额也相应高或低。目前,我国海关计征关税标准主要是从价税。

(2) 从量关税

从量关税,是指以商品的重量、数量、容量、长度、面积等为标准课征的关税。其特点是,每一种货物的单位应税额固定,不受该货物价格的影响。我国目前对原油、啤酒和胶卷等进口商品征收从量税。

(3) 复合关税

复合关税,是指从价关税、从量关税同时并用的关税制度。复合税既可发挥从量税抑制低价进口货物的特点,又可发挥从价税税负合理、稳定的特点。我国目前仅对录像机、放像机、摄像机、数字照相机和摄录一体机等进口商品征收复合税。

(4) 选择关税

选择关税,是指对同一商品同时制定从价关税和从量关税征收标准,在执行过程中由海关选择其中一种征收的关税制度。实行选择税多根据产品价格高低而定,当物价上涨时,使用从价税,当物价下跌时,使用从量税。

(5) 滑准关税

滑准关税也称滑动关税,是对部分国际市场行情变化剧烈的货物征收的关税。如果进口货物价格低就征收附加关税,如果价格高就实行零税率,这类关税由于在零税区附近有一个随进口货物价格上涨而关税随之减少的滑动区域,从而能起到较好的调节作用。我国目前对棉花实行滑动税

3. 根据征税性质的不同,可把关税分为普通关税、优惠关税和差别关税

(1) 普通关税

普通关税,也称一般关税,是指一国对与本国没有签署贸易协定、经济互助协定等协定的国家和地区按普通税率征收的关税。

(2) 优惠关税

优惠关税,也称特惠关税,是指一国对从其他国家或地区进口的全部或部分商品,给予特别优惠的低关税待遇。一般有特定优惠税制、普遍优惠税制和最惠国待遇制 3 种。特定优惠税制,是指某一国家对另一国家或某些国家的某些方面予以特定优惠关税待遇,而他国不得享有的一种关税制度。普遍优惠税制,是指发达国家对从发展中国家输入的产品,特别是成品和半成品,普遍给予优惠关税待遇,而不应要求发展中国家给予同等的优惠待遇的一种制度,也叫普惠制,是发展中国家经过长期斗争赢得的。最惠国待遇制,是指缔约国双方相互间现在和将来所给予任何第三国的优惠待遇,同样适用于对方。

(3) 差别关税

差别关税,是指一国对同一类进口商品,采用不同税率征收的关税。如反倾销税、反补贴税、报复关税等。

三、关税的作用

关税是贯彻对外经济贸易政策的重要手段。它在调节经济、促进改革开放方面,在正确保护民族企业生产、防止国外经济侵袭、争取关税互惠、促进对外贸易发展、增加国家财政收入方面,都具有重要作用。

(一) 维护国家主权和经济利益

对进出口货物征收关税,表面上看似乎只是一个与对外贸易相联系的税收问题,其实一国采取什么样的关税政策直接关系到国与国之间的主权和经济利益。历史发展到今天,关税已成为各国政府维护本国政治、经济权益,乃至进行国际经济斗争的一个重要武器。我国根据平等互利和对等原则,通过关税复式税则的运用等方式,争取国际的关税互惠并反对他国对我国进行关税歧视,促进对外经济技术交往,扩大对外经济合作。

(二) 保护和促进本国工农业生产的发展

一个国家采取什么样的关税政策,是实行自由贸易,还是采取保护关税政策,是由该国的经济发展水平、产业结构状况、国际贸易收支状况以及参与国际经济竞争的能力等多种因素决定的。国际上许多经济学家认为,自由贸易政策不适合发展中国家的情况。相反,这些国家为了顺利地发展民族经济,实现工业化,必须实行保护关税政策。我国作为发展中国家,一直十分重视利用关税保护本国的“幼稚工业”,促进进口替代工业发展,关税在保护和促进本国工农业生产的发展方面发挥了重要作用。

(三) 调节国民经济和对外贸易

关税是国家的重要经济杠杆,通过税率的高低和关税的减免,可以影响进出口规模,调节国民经济活动。如调节出口产品和出口产品生产企业的利润水平,有意识地引导各类产品的生产,调节进出口商品数量和结构,可促进国内市场商品的供需平衡,保护国内市场的物价稳定等。

(四) 筹集国家财政收入

从世界大多数国家尤其是发达国家的税制结构分析,关税收入在整个财政收入中的比重不大,并呈下降趋势。但是,一些发展中国家,其中主要是那些国内工业不发达、工商税源有限、国民经济主要依赖于某种或某几种初级资源产品出口,以及国内许多消费品主要依赖于进口的国家,征收进出口关税仍然是它们取得财政收入的重要渠道之一。我国关税收入是财政收入的重要组成部分。

知识链接6-2

2013 年 3 月 19 日，商务部举行新闻发布会。商务部发言人沈丹阳表示，在稳定出口的同时商务部会继续采取措施促进进口增长。第一，优化进口关税结构，调整鼓励进口产品目录，利用财政、金融等多种手段促进进口增长。进口增长和宏观政策是有关系的，财政、税收、金融等政策手段要同时并用。第二，加强进口贸易促进体系的建设，支持办好非洲商品展、南亚商品展等展会，组织企业到海外开展进口贸易促进活动。要设法引导企业扩大进口，也需要对方国家采取贸易促进措施。第三，稳步扩大进口贸易促进的创新示范区试点，发挥进口贸易集聚区对周边地区进口的辐射和带动作用。

第二节 关税法的基本内容

一、征税对象

关税的征税对象是准许进出境的货物和物品。货物指贸易性商品；物品指入境旅客随身携带的行李物品、个人邮递物品及各种运输工具上的服务人员携带进口的自用物品、馈赠物品以及其他方式进境的个人物品。

二、纳税义务人

进口货物的收货人、出口货物的发货人、进出境物品的所有人，是关税的纳税义务人。进口货物的收、发货人是依法取得对外贸易经营权，并进口或者出口货物的法人或者其他社会团体。进出境物品的所有人包括该物品的所有人和推定为所有人的人。一般情况下，对于携带进境的物品，推定其携带人为所有人；对分离运输的行李，推定相应的进出境旅客为所有人；对以邮递方式进境的物品，推定其收件人为所有人；以邮递或其他方式出境的物品，推定其寄件人或托运人为所有人。

三、进出口税则概况

进出口税则是一国政府根据国家关税政策和经济政策，通过一定立法程序制定公布实施的进出口货物和物品应税的关税税率表。我国现行税则包括《中华人民共和国关税条例》、《税率适用说明》、《中华人民共和国海关进口税则》、《中华人民共和国海关出口税则》及《进口商品从量税、复合税、滑准税税目税率表》、《进口商品关税配额税目税率表》、《进口商品税则暂定税率表》、《出口商品税则暂定税率表》等附录，其中《中华人民共和国海关进出口税则》是我国海关凭以征收关税的法律依据，也是我国关税政策的具体体现。

① 进出口税则以税率表为主体，通常还包括实施税则的法令、使用税则的有关说明和附录等。税率表作为税则主体，包括税则商品分类目录和税率栏两大部分。

② 我国现行进口税则为四栏税率,出口税则为一栏税率。

四、税则归类

税则归类,就是按照税则的规定,将每项具体进出口商品按其特性在税则中找出其最适合的某一个税号,即“对号入座”,以便确定其适用的税率,计算关税税负。税则归类错误会导致关税的多征或少征,影响关税作用的发挥。因此,税则归类关系到关税政策的正确贯彻。税则归类步骤如下。

① 了解需要归类的具体进出口商品的构成、材料属性、成分组成、特性、用途和功能。

② 查找有关商品在税则中拟归的类、章及税号。对于原材料性质的货品,应首先考虑按其属性归类;对于制成品,应首先考虑按其用途归类。

③ 将考虑采用的有关类、章及税号进行比较,筛选出最为合适的税号。在比较、筛选时,首先看类、章的注释有无具体描述归类对象或其类似品,已具体描述的,按类、章的规定办理;其次是查阅 HS 注释,确切地了解有关类、章及税号范围。

④ 通过以上方法也难以确定的税则归类商品,可运用归类总规则的有关条款来确定其税号。如进口地海关无法解决的税则归类问题,应报海关总署明确。

五、税率及运用

(一)进口关税税率

1. 原产地规定

确定进境货物原产国的主要原因之一,是便于正确运用进口税则的各栏税率,对产自不同国家或地区的进口货物适用不同的关税税率。我国原产地规定基本上采用了“全部产地生产标准”、“实质性加工标准”两种国际上通用的原产地标准。

全部产地生产标准是指进口货物“完全在一个国家内生产或制造”,生产或制造国即为该货物的原产国。完全在一国生产或制造的进口货物包括以下几类。

① 在该国领土或领海内开采的矿产品。

② 在该国领土上收获或采集的植物产品。

③ 在该国领土上出生或由该国饲养的活动物及从其所得产品。

④ 在该国领土上狩猎或捕捞所得的产品。

⑤ 在该国的船只上卸下的海洋捕捞物,以及由该国船只在海上取得的其他产品。

⑥ 在该国加工船加工上述第⑤项所列物品所得的产品。

⑦ 在该国收集的只适用于作再加工制造的废碎料和废旧物品。

⑧ 在该国完全使用上述①至⑦项所列产品加工成的制成品。

实质性加工标准是适用于确定有两个或两个以上国家参与生产的产品的原产国的标准,其基本含义是:经过几个国家加工、制造的进口货物,以最后一个对货物进行经济上可以视为实质性加工的国家作为有关货物的原产国。“实质性加工”是指产品加工后,在进出口税则中4位数税号一级的税则归类已经有了改变,或者加工增值部分所占新产品总值的比例已超过30%及以上的。

其他标准,如对机器、仪器、器材或车辆所用零件、部件、配件、备件及工具,与主件同时进口且数量合理的，其原产地按主件的原产地确定，分别进口的则按各自的原产地确定。

2. 税率设置

自 2002 年 1 月 1 日起，我国进口税则设有最惠国税率、协定税率、特惠税率、普通税率、关税配额税率等税率。对进口货物在一定期限内可以实行暂定税率。

适用最惠国税率、协定税率、特惠税率的国家或者地区名单，由国务院关税税则委员会决定。

3. 税率适用

（1）最惠国税率

适用原产于与我国共同适用最惠国待遇条款的 WTO 成员国或地区的进口货物，或原产于与我国签订有相互给予最惠国待遇条款的双边贸易协定的国家或地区进口的货物，以及原产于我国境内的进口货物。

（2）协定税率

适用原产于我国参加的含有关税优惠条款的区域性贸易协定有关缔约方的进口货物，目前对原产于韩国、斯里兰卡和孟加拉国 3 个曼谷协定成员的 739 个税目进口商品实行协定税率（即曼谷协定税率）。

（3）特惠税率

适用原产于与我国签订有特殊优惠关税协定的国家或地区的进口货物，目前对原产于孟加拉国的 18 个税目进口商品实行特惠税率（即曼谷协定特惠税率）。

（4）普通税率

适用于原产于上述国家或地区以外的其他国家或地区的进口货物。

（5）暂定税率

国家对部分进口原材料、零部件、农药原药和中间体、乐器及生产设备实行暂定税率。现行税则对 700 多个税目进口商品实行了暂定税率。

（6）关税配额税率

国家对部分进口农产品和化肥产品实行关税配额，即一定数量内的上述进口商品适用税率较低的配额内税率，超出该数量的进口商品适用税率较高的配额外税率。对小麦、玉米等 7 种农产品和尿素等 3 种化肥产品实行关税配额管理。

（二）出口关税税率

我国出口税则为一栏税率，即出口税率。国家仅对少数资源性产品及易于竞相杀价、盲目进口、需要规范出口秩序的半制成品征收出口关税。现行税则对 100 余种商品计征出口关税，主要是鳗鱼苗、部分有色金属矿砂及其精矿、生锑、磷、氟钽酸钾、苯、山羊板皮、部分铁合金、钢铁废碎料、铜和铝原料及其制品、镍锭、锌锭、锑锭。但对上述范围内的部分商品实 0～25% 的暂定税率。

（三）特别关税

特别关税包括报复性关税、反倾销税与反补贴税、保障性关税。征收特别关税的货物、适用国别、税率、期限和征收办法，由国务院关税税则委员会决定，海关总署负责实施。

（四）关税税率的运用

我国《进出口关税条例》规定，进出口货物，应当依照税则规定的归类原则归入合适的税号，并按照适用的税率征税。具体如下。

① 进出口货物，应当按照纳税义务人申报进口或者出口之日实施的税率征税。

② 进口货物到达前,经海关核准先行申报的,应当按照装载此货物的运输工具申报进境之日实施的税率征税。

③ 进出口货物的补税和退税,适用该进出口货物原申报进口或者出口之日所实施的税率,但下列情况除外。

- 按照特定减免税办法批准予以减免税的进口货物,后因情况改变经海关批准转让或出售或移作他用须予补税的,适用海关接受纳税人再次填写报关单申报办理纳税及有关手续之日实施的税率征税。
- 加工贸易进口料、件等属于保税性质的进口货物,如经批准转为内销,应按向海关申报转为内销之日实施的税率征税;如未经批准擅自转为内销的,则按海关查获日期所施行的税率征税。
- 暂时进口货物转为正式进口须补税时,应按其申报正式进口之日实施的税率征税。
- 分期支付租金的租赁进口货物,分期付税时,适用海关接受纳税人再次填写报关单申报办理纳税及有关手续之日实施的税率征税。
- 溢卸、误卸货物事后确定须征税时,应按其原运输工具申报进口日期所实施的税率征税。原进口日期无法查明的,可按确定补税当天实施的税率征税。
- 对由于税则归类的改变、完税价格的审定或其他工作差错而须补税的,应按原征税日期实施的税率征税。
- 对经批准缓税进口的货物以后缴税时,不论是分期还是一次交清税款,都应按货物原进口之日实施的税率征税。
- 查获的走私进口货物须补税时,应按查获日期实施的税率征税。

第三节 关税应纳税额的计算

一、进口货物的完税价格

(一) 一般进口货物的完税价格

1. 以成交价格为基础的完税价格

进口货物的完税价格包括货物的货价、货物运抵我国境内输入地点起卸前的运输及其相关费用、保险费。

我国境内输入地为入境海关地,包括内陆河、江口岸,一般为第一口岸。

货物的货价以成交价格为基础。进口货物的成交价格是指买方为购买该货物,并按《完税价格办法》有关规定调整后的实付或应付价格。

(1) 对实付或应付价格进行调整的有关规定

实付或应付价格是指买方为购买进口货物直接或间接支付的总额,即作为卖方销售进口货物的条件,由买方向卖方或为履行卖方义务向第三方已经支付或将要支付的全部款项。

① 如下列费用或者价值未包括在进口货物的实付或者应付价格中,应当计入完税价格。

- 由买方负担的除购货佣金以外的佣金和经纪费。购货佣金是指买方为购买进口货物向自己的采购代理人支付的劳务费用。经纪费是指买方为购买进口货物向代表买卖双方利益的经纪人支付的劳务费用。

- 由买方负担的与该货物视为一体的容器费用。
- 由买方负担的包装材料和包装劳务费用。
- 与该货物的生产和向中华人民共和国境内销售有关的，由买方以免费或者以低于成本的方式提供并可以按适当比例分摊的料件、工具、模具、消耗材料及类似货物的价款，以及在境外开发、设计等相关服务的费用。
- 与该货物有关并作为卖方向我国销售该货物的一项条件，应当由买方直接或间接支付的特许权使用费。“特许权使用费”指买方为获得与进口货物相关的、受著作权保护的作品、专利、商标、专有技术和其他权利的使用许可而支付的费用，但是在估定完税价格时，进口货物在境内的复制权费不得计入该货物的实付或应付价格之中。
- 卖方直接或间接从买方对该货物进口后转售、处置或使用所得中获得的收益。

② 下列费用如能与该货物实付或者应付价格相区分，不得计入完税价格。

- 厂房、机械、设备等货物进口后的基建、安装、装配、维修和技术服务的费用。
- 货物运抵境内输入地点之后的运输费用、保险费和其他相关费用。
- 进口关税及其他国内税收。
- 为在境内复制进口货物而支付的费用。
- 境内外技术培训及境外考察费用。

例 6－1　某进出口公司从美国进口一批化工原料共 500 吨，货物以境外口岸离岸价格成交，单价折合人民币为 20 000 元，买方承担包装费每吨 500 元，另向卖方支付的佣金每吨 1 000 元人民币，另向自己的采购代理人支付佣金 5 000 元人民币，已知该货物运抵中国海关境内输入地起卸前的包装、运输、保险和其他劳务费用为每吨 2 000 元人民币，进口后另发生运输和装卸费用 300 元人民币，计算该批化工原料的关税完税价格。

关税完税价格＝(20 000＋500＋1 000＋2 000)×500＝11 750 000(元)

(2) 对买卖双方之间有特殊关系的规定

有下列情形之一的，应当认定买卖双方有特殊关系：买卖双方为同一家族成员；买卖双方互为商业上的高级职员或董事，一方直接或间接地受另一方控制；买卖双方都直接或间接地受第三方控制；买卖双方共同直接或间接地控制第三方；一方直接或间接地拥有、控制或持有对方 5% 或以上公开发行的有表决权的股票或股份；一方是另一方的雇员、高级职员或董事。买卖双方是同一合伙的成员；买卖双方在经营上相互有联系，一方是另一方的独家代理、经销或受让人。

买卖双方之间有特殊关系的，经海关审定其特殊关系未对成交价格产生影响，或进口货物的收货人能证明其成交价格与同时或大约同时发生的下列任一价格相近，该成交价格海关应当接受。

① 向境内无特殊关系的买方出售的相同或类似货物的成交价格。

② 按照使用倒扣价格有关规定所确定的相同或类似货物的完税价格。

③ 按照使用计算价格有关规定所确定的相同或类似货物的完税价格。

2. 进口货物海关估价方法

进口货物的价格不符合成交价格条件或者成交价格不能确定的，由海关估价确定。

(1) 相同或类似货物成交价格方法

以与被估的进口货物同时或大约同时(在海关接受申报进口之日的前后各 45 天以内)进口的相同或类似货物的成交价格为基础，估定完税价格。

以该方法估定完税价格时,应当首先使用同一生产商生产的相同或类似货物的成交价格,只有在没有这一成交价格的情况下,才可以使用同一生产国或地区生产的相同或类似货物的成交价格。如果有多个相同或类似货物的成交价格,应当以最低的成交价格为基础,估定进口货物的完税价格。

(2) 倒扣价格方法

以被估的进口货物、相同或类似进口货物在境内销售的价格为基础估定完税价格。

按该价格销售的货物应当同时符合5个条件,即在被估货物进口时或大约同时销售;按照进口时的状态销售;在境内第一环节销售;合计的货物销售总量最大;向境内无特殊关系方的销售。

以该方法估定完税价格时,下列各项应当扣除。

① 该货物的同等级或同种类货物,在境内销售时的利润和一般费用及通常支付的佣金。

② 货物运抵境内输入地点之后的运费、保险费、装卸费及其他相关费用。

③ 进口关税、进口环节税和其他与进口或销售上述货物有关的国内税。

(3) 计算价格方法

计算价格方法即按下列各项的总和计算出的价格估定完税价格。有关项如下。

① 生产该货物所使用的原材料价值和进行装配或其他加工的费用。

② 与向境内出口销售同等级或同种类货物的利润、一般费用相符的利润和一般费用。

③ 货物运抵境内输入地点起卸前的运输及相关费用、保险费。

(4) 其他合理方法

使用其他合理方法时,应当根据《完税价格办法》规定的估价原则,以在境内获得的数据资料为基础估定完税价格。但不得使用以下价格。

① 境内生产的货物在境内的销售价格。

② 可供选择的价格中较高的价格。

③ 货物在出口地市场的销售价格。

④ 以计算价格方法规定的有关各项之外的价值或费用计算的价格。

⑤ 出口到第三国或地区的货物的销售价格。

⑥ 最低限价或武断虚构的价格。

(二) 特殊进口货物的完税价格

1. 加工贸易进口料件及其制成品

加工贸易进口料件或者其制成品应当征税的,海关按照以下规定审查确定完税价格。

① 进口时应当征税的进料加工进口料件,以该料件申报进口时的成交价格为基础审查确定完税价格。

② 进料加工进口料件或者其制成品(包括残次品)内销时,海关以料件原进口成交价格为基础审查确定完税价格。料件原进口成交价格不能确定的,海关以接受内销申报的同时或者大约同时进口的与料件相同或者类似的货物的进口成交价格为基础审查确定完税价格。

③ 来料加工进口料件或者其制成品(包括残次品)内销时,海关以接受内销申报的同时或者大约同时进口的与料件相同或者类似的货物的进口成交价格为基础审查确定完税价格。

④ 加工企业内销加工过程中产生的边角料或者副产品,以海关审查确定的内销价格作为完税价格。

2. 保税区、出口加工区货物

① 出口加工区内的加工企业内销的制成品(包括残次品),海关以接受内销申报的同时或者

大约同时进口的相同或者类似货物的进口成交价格为基础审查确定完税价格。

② 保税区内的加工企业内销的进口料件或者其制成品(包括残次品),海关以接受内销申报的同时或者大约同时进口的相同或者类似货物的进口成交价格为基础审查确定完税价格。

3. 运往境外修理的货物

运往境外修理的机械器具、运输工具或者其他货物,出境时已向海关报明,并在海关规定的期限内复运进境的,应当以境外修理费和料件费为基础审查确定完税价格。

4. 运往境外加工的货物

运往境外加工的货物,出境时已向海关报明,并在海关规定期限内复运进境的,应当以境外加工费和料件费以及该货物复运进境的运输及其相关费用、保险费为基础审查确定完税价格。

5. 暂时进境货物

经海关批准的暂时进境货物,应当缴纳税款的,由海关按照《完税价格办法》的相关规定审查确定完税价格。经海关批准留购的暂时进境货物,以海关审查确定的留购价格作为完税价格。

6. 租赁方式进口货物

租赁方式进口的货物,按照下列方法审查确定完税价格。

① 以租金方式对外支付的租赁货物,在租赁期间以海关审查确定的租金作为完税价格,利息应当予以计入。

② 留购的租赁货物以海关审查确定的留购价格作为完税价格。

7. 予以补税的减免税货物

减税或免税进口的货物须予补税时,应当以海关审定的该货物原进口时的价格,扣除折旧部分价值作为完税价格,计算公式为:

$$\text{完税价格}=\text{海关审定的该货物原进口时的价格}\times[1-\text{申请补税时实际已进口的时间(月)}\div(\text{监管年限}\times 12)]$$

例 6-2 2012 年 9 月 1 日某公司由于承担国家重要工程项目,经批准进口了一套电子设备。使用 2 年后项目完工,2014 年 8 月 31 日公司将该设备出售给了国内另一家企业,并向海关办理申报补税手续。该电子设备的到岸价格为 300 万元,2012 年进口时该设备关税税率为 12%,2014 年转售时该设备关税税率为 7%,海关规定的监管年限为 5 年,计算按规定公司应补交多少关税。

应补税额 $=300\times[1-(2\times12)\div(5\times12)]\times7\%=12.6$(万元)

二、出口货物的完税价格

(一) 以成交价格为基础的完税价格

出口货物的完税价格,由海关以该货物向境外销售的成交价格为基础审查确定,并应包括货物运至我国境内输出地点装载前的运输及其相关费用、保险费,但其中包含的出口关税税额应当扣除。

(二) 出口货物海关估价方法

出口货物的成交价格不能确定时,完税价格由海关依次使用下列方法估定。

① 同时或大约同时向同一国家或地区出口的相同货物的成交价格。

② 同时或大约同时向同一国家或地区出口的类似货物的成交价格。

③ 根据境内生产相同或类似货物的成本、利润和一般费用,境内发生的运输及其相关费用、保险费计算所得的价格。

④ 按照合理方法估定的价格。

三、进出口货物完税价格中的运输及相关费用、保险费的计算

(一) 以一般陆运、空运、海运方式进口的货物

在进口货物的运输及相关费用、保险费计算中,海运进口货物,计算至该货物运抵境内的卸货口岸;如果该货物的卸货口岸是内河(江)口岸,则应当计算至内河(江)口岸。陆运进口货物,计算至该货物运抵境内的第一口岸;如果运输及其相关费用、保险费支付至目的地口岸,则计算至目的地口岸。空运进口货物,计算至该货物运抵境内的第一口岸;如果该货物的目的地为境内的第一口岸外的其他口岸,则计算至目的地口岸。

陆运、空运和海运进口货物的运费和保险费,应当按照实际支付的费用计算。如果进口货物的运费无法确定或未实际发生,海关应当按照该货物进口同期运输行业公布的运费率(额)计算运费,按照“货价加运费”两者总额的3‰计算保险费。

例6-3 某企业海运进口一批货物,海关审定货价折合人民币5 000万元,运费折合人民币20万元,该批货物进口关税税率为5%,则应纳关税(　　)。

A. 250万元　　B. 251万元　　C. 251.75万元　　D. 260万元

答案:C。按照海关有关法规规定,进口货物保险费无法确定或未实际发生,按“货价加运费”两者总额的3‰计算保险费。完税价格=(5 000+20)×(1+3‰)=5 035.06(万元);关税=5 035.06×5%=251.75(万元)。

(二) 以其他方式进口的货物

邮运的进口货物,应当以邮费金额作为运输及其相关费用、保险费金额;以境外边境口岸价格条件成交的铁路或公路运输进口货物,海关应当按照货价的1%计算运输及其相关费用、保险费;作为进口货物的自驾进口的运输工具,海关在审定完税价格时,可以不另行计入运费。

(三) 出口货物

出口货物的销售价格包括离境口岸至境外口岸之间的运输、保险费的,该运费、保险费应当扣除

四、应纳税额的计算

(一) 从价税应纳税额的计算

关税税额=应税进(出)口货物数量×单位完税价格×税率

（二）从量税应纳税额的计算

关税税额＝应税进(出)口货物数量×单位货物税额

（三）复合税应纳税额的计算

我国目前实行的复合税都是先计征从量税,再计征从价税,其公式为:

关税税额＝应税进(出)口货物数量×单位货物税额＋应税进(出)口货物数量×单位完税价格×税率

（四）滑准税应纳税额的计算

关税税额＝应税进(出)口货物数量×单位完税价格×滑准税税率

例 6－4　上海某进出口公司从美国进口货物一批,货物以离岸价格成交,成交价折合人民币为1 410万元(包括单独计价并经海关审查属实的向境外采购代理人支付的买方佣金10万元,但不包括使用该货物而向境外支付的软件费50万元、向卖方支付的佣金15万元),另支付货物运抵我国上海港的运费、保险费等35万元。假设该货物适用关税税率为20%,增值税税率为17%,消费税税率为10%。请分别计算该公司应纳关税、消费税和增值税。

首先判断进口货物完税价格为离岸价＋软件费＋卖方佣金－买方佣金＋运保费,这是此题的核心问题。

关税完税价格＝1 410＋50＋15－10＋35＝1 500(万元)

进口环节关税＝1 500×20%＝300(万元)

消费税计算要注意组成计税价格的公式。

进口消费税组成计税价格＝(1 500＋300)÷(1－10%)＝2 000(万元)

进口环节海关代征消费税＝2 000万元×10%＝200(万元)

增值税计算注意组成计税价格公式与消费税不同,但计算结果相同。

进口增值税组成计税价格＝1 500＋300＋200＝2 000(万元)

进口环节海关代征增值税＝2 000×17%＝340(万元)

第四节　关税的税收优惠

关税减免是对某些纳税人和征税对象给予鼓励和照顾的一种特殊调节手段,是贯彻国家关税政策的一项重要措施。关税减免分为法定减免税、特定减免税和临时减免税。

一、法定减免税

法定减免税是税法中明确列出的减税或免税。符合税法规定可予减免税的进出口货物,纳税义务人无须提出申请,海关可按规定直接予以减免税。海关对法定减免税货物一般不进行后续管理。

我国《海关法》和《进出口条例》明确规定,下列货物、物品予以减免关税。

① 关税税额在人民币50元以下的一票货物,可免征关税。

② 无商业价值的广告品和货样,可免征关税。

③ 外国政府、国际组织无偿赠送的物资,可免征关税。

④ 进出境运输工具装载的途中必需的燃料、物料和饮食用品,可予免税。

⑤ 经海关核准暂时进境或者暂时出境,并在6个月内复运出境或者复运进境的货样、展览品、施工机械、工程车辆、工程船舶、供安装设备时使用的仪器和工具、电视或者电影摄制器械、盛装货物的容器以及剧团服装道具,在货物收发人向海关缴纳相当于税款的保证金或者提供担保后,可予暂时免税。

⑥ 为境外厂商加工、装配成品和为制造外销产品而进口的原材料、辅料、零件、部件、配套件和包装物料,海关按照实际加工出口的成品数量免征进口关税;或者对进口料、件先征进口关税,再按照实际加工出口的成品数量予以退税。

⑦ 因故退还的中国出口货物,经海关审查属实,可予免征进口关税,但已征收的出口关税不予退还。

⑧ 因故退还的境外进口货物,经海关审查属实,可予免征出口关税,但已征收的进口关税不予退还。

⑨ 进口货物如有以下情形,经海关查明属实,可酌情减免进口关税。

- 在境外运输途中或者在起卸时,遭受损坏或者损失的。
- 起卸后海关放行前,因不可抗力遭受损坏或者损失的。
- 海关查验时已经破漏、损坏或者腐烂,经证明不是保管不慎造成的。

⑩ 无代价抵偿货物,即进口货物在征税放行后,发现货物残损、短少或品质不良,而由国外承运人、发货人或保险公司免费补偿或更换的同类货物,可予免税。但有残损或质量问题的原进口货物如未退运国外,其进口的无代价抵偿货物应照章征税。

⑪ 我国缔结或者参加的国际条约规定减征、免征关税的货物、物品,按照规定予以减免关税。

⑫ 法律规定减征、免征的其他货物。

二、特定减免税

特定减免税也称政策性减免税,它是在法定减免税之外,国家按照国际通行规则和我国的实际情况制定发布的有关进出口货物减免关税的政策。

(一) 科教用品

国务院制定了《科学研究和教学用品免征进口税收暂行规定》,对科学研究机构和学校,不以营利为目的,在合理数量范围内进口国内不能生产的科学研究和教学用品,直接用于科学研究和教学的,免征进口关税和进口环节增值税、消费税。

(二) 残疾人专用品

国务院制定了《残疾人专用品免征进口税收暂行规定》,对规定的残疾人个人专用品,免征进口关税和进口环节增值、消费税;对康复、福利机构及假肢厂和荣誉军人康复医院进口国内不能生产的、该规定明确的残疾人专用品,免征进口关税和进口环节增值税。

（三）扶贫、慈善性捐赠物资

经国务院批准，财政部、国家税务总局、海关总署发布了《扶贫、慈善性捐赠物资免征进口税收的暂行办法》。对境外自然人、法人或者其他组织等境外捐赠人，无偿向经国务院主管部门依法批准成立的，以人道救助和发展扶贫、慈善事业为宗旨的社会团体以及国务院有关部门和各省、自治区、直辖市人民政府捐赠的，直接用于扶贫、慈善事业的物资，免征进口关税和进口环节增值税。

（四）加工贸易产品

1. 加工装配和补偿贸易

加工装配即来料加工、来样加工及来件装配，是由境外客商提供全部或部分原辅料、零配件和包装物料，必要时提供设备，由我方按客商要求进行加工装配，成品交外商销售，我方收取工缴费。客商提供的作价设备价款，我方用工缴费偿还。

补偿贸易是指由境外客商提供或国内单位利用国外出口信贷进口生产技术或设备，由我方生产，以返销产品方式分期偿还对方技术、设备价款或贷款本息的交易方式。

① 进境料件不予征税，准许在境内保税加工为成品后返销出口。

② 进口外商的不作价设备和作价设备，分别比照外商投资项目和国内投资项目的免税规定执行。

③ 剩余料件或增产的产品，经批准转内销时，价值在进口料件总值2%以内，且总价值在3 000元以下的，可予免税。

2. 进料加工

进料加工业务是经批准有权经营进出口业务的企业使用进料加工专项外汇进口料件，并在1年内加工或装配成品外销出口的业务。

① 对专为加工出口商品而进口的料件，海关按实际加工复出口的数量，免征进口税。

② 加工的成品出口，免征出口税，但内销料件及成品照章征税。

③ 对加工过程中产生的副产品、次品、边角料，海关根据其使用价值分析估价征税或者酌情减免税。

④ 剩余料件或增产的产品，经批准转内销时，价值在进口料件总值2%以内，且总价值在5 000元以下的，可予免税。

（五）边境贸易进口物资

边境贸易有边民互市贸易和边境小额贸易两种形式。

边民互市贸易指边境地区边民在边境线20千米以内、经政府批准的开放点或指定的集市上进行的商品交换活动。

边境小额贸易指沿陆地边境线经国家批准对外开放的边境县（旗）、边境城市辖区内经批准有边境小额贸易经营权的企业，通过国家指定的陆地边境口岸，与毗邻国家边境地区的企业或其他贸易机构之间进行的贸易活动。

① 边民通过互市贸易进口的商品，每人每日价值在8 000元以下的，免征进口关税和进口环节增值税。

② 边境小额贸易企业通过指定边境口岸进口原产于毗邻国家的商品，除烟、酒、化妆品以及国家规定必须照章征税的其他商品外，进口关税和进口环节增值税减半征收。

(六) 保税区进出口货物

保税区,即与外界隔离的全封闭方式,在海关监控管理下进行存放和加工保税货物的特定区域。

① 进口供保税区使用的机器、设备、基建物资、生产用车辆,为加工出口产品进口的原材料、零部件、元器件、包装物料,供储存的转口货物以及在保税区内加工运输出境的产品免征进口关税和进口环节税。

② 保税区内企业进口专为生产加工出口产品所需的原材料、零部件、包装物料,以及转口货物予以保税;从保税区运往境外的货物,一般免征出口关税等。

(七) 出口加工区进出口货物

① 从境外进入区内生产性的基础设施建设项目所需的机器、设备和建设生产厂房:仓储设施所需的基建物资,区内企业生产所需的机器、设备、模具及其维修用零配件,区内企业和行政管理机构自用合理数量的办公用品,予以免征进口关税和进口环节税。

② 区内企业为加工出口产品所需的原材料、零部件、元器件、包装物料及消耗性材料,予以保税。

③ 对加工区运往区外的货物,海关按照对进口货物的有关规定办理报关手续,并按照制成品征税;对从区外进入加工区的货物视同出口,可按规定办理出口退税。

(八) 进口设备

国务院决定自 1998 年 1 月 1 日起,对国家鼓励发展的国内投资项目和外商投资项目进口设备,在规定范围内免征进口关税和进口环节增值税。

三、临时减免税

临时减免税是以上法定和特定减免税以外的其他减免税,即由国务院根据《海关法》对某个单位、某类商品、某个项目或某批进出口货物的特殊情况,给予特别照顾,一案一批,专文下达的减免税。一般有单位、品种、期限、金额或数量等限制,不能比照执行。

第五节 关税的征收管理

一、关税缴纳

进口货物自运输工具申报进境之日起 14 日内,出口货物在货物运抵海关监管区后装货的 24 小时以前,应由进出口货物的纳税义务人向货物进(出)境地海关申报,海关根据税则归类和完税价格计算应缴纳的关税和进口环节代征税,并填发税款缴款书。

纳税义务人应当自海关填发税款缴款书之日起 15 日内,向指定银行缴纳税款。如关税缴纳期限的最后 1 日是周末或法定节假日,则关税缴纳期限顺延至周末或法定节假日过后的第 1 个工作日。

关税纳税义务人因不可抗力或者在国家税收政策调整的情形下,不能按期缴纳税款的,经海关总署批准,可以延期缴纳税款,但最长不得超过6个月。

二、关税的强制执行

纳税义务人未在关税缴纳期限内缴纳税款,即构成关税滞纳。强制措施主要有两类。

一是征收关税滞纳金。滞纳金自关税缴纳期限届满滞纳之日起,至纳税义务人缴纳关税之日止,按滞纳税款万分之五的比例按日征收,周末或法定节假日不予扣除。具体计算公式为:

关税滞纳金金额 = 滞纳关税税额 × 滞纳金征收比率 × 滞纳天数

二是强制征收。如纳税义务人自海关填发缴款书之日起3个月仍未缴纳税款,经海关关长批准,海关可以采取强制扣缴、变价抵缴等强制措施。强制扣缴即海关从纳税义务人在开户银行或者其他金融机构的存款中直接扣缴税款。变价抵缴即海关将应税货物依法变卖,以变卖所得抵缴税款。

例6-5 某公司进口货物一批,CIF成交价格为人民币600万元,含单独计价并经海关审核属实的进口后装配调试费用30万元,该货物进口关税税率为10%,海关填发税款缴纳证日期为2015年1月10日,该公司于1月25日缴纳税款。计算其应纳关税及滞纳金。

先判断进口货物完税价格为CIF成交价格-进口后装配调试费

完税价格 = 600 - 30 = 570(万元)

关税税额 = 570 × 10% = 57(万元)

纳税人应当自海关填发税款缴款书之日起15日内完税,该公司应于1月24日前纳税,该公司25日纳税滞纳1天,滞纳金为570 000×0.5‰=285(元)。

三、关税退还

关税退还是关税纳税义务人按海关核定的税额缴纳关税后,因某种原因的出现,海关将实际征收多于应当征收的税额(称为溢征关税)退还给原纳税义务人的一种行政行为。根据《海关法》规定,海关多征的税款,海关发现后应当立即退还。

按规定,有下列情形之一的,进出口货物的纳税义务人可以自缴纳税款之日起1年内,书面声明理由,连同原纳税收据向海关申请退税并加算银行同期活期存款利息,逾期不予受理。

① 因海关误征,多纳税款的。

② 海关核准免验进口的货物,在完税后,发现有短卸情形,经海关审查认可的。

③ 已征出口关税的货物,因故未将其运出口,申报退关,经海关查验属实的。

对已征出口关税的出口货物和已征进口关税的进口货物,因货物品种或规格原因(非其他原因)原状复运进境或出境,经海关查验属实的,也应退还已征关税。海关应当自受理退税申请之日起30日内,做出书面答复并通知退税申请人。本规定强调的是,"因货物品种或规格原因,原状复运进境或出境的"。如果属于其他原因且不能以原状复运进境或出境,不能退税。

四、关税补征和追征

补征和追征是海关在关税纳税义务人按海关核定的税额缴纳关税后,发现实际征收税额少于应当征收的税额(称为短征关税)时,责令纳税义务人补缴所差税款的一种行政行为。

由于纳税人违反海关规定造成短征关税的,称为追征;根据《海关法》规定,进出境货物和物品放行后,海关发现少征或者漏征税款,应当自缴纳税款或者货物、物品放行之日起 1 年内,向纳税义务人补征。

非因纳税人违反海关规定造成短征关税的,称为补征。因纳税义务人违反规定而造成的少征或者漏征的税款,自纳税义务人应缴纳税款之日起 3 年以内可以追征,并从缴纳税款之日起按日加收少征或者漏征税款万分之五的滞纳金。

五、关税纳税争议

为保护纳税人合法权益,我国《海关法》和《关税条例》都规定了纳税义务人对海关确定的进出口货物的征税、减税、补税或者退税等有异议时,有提出申诉的权利。在纳税义务人同海关发生纳税争议时,可以向海关申请复议,但同时应当在规定期限内按海关核定的税额缴纳关税,逾期则构成滞纳,海关有权按规定采取强制执行措施。

纳税争议的内容一般为进出境货物和物品的纳税义务人对海关在原产地认定、税则归类、税率或汇率适用、完税价格确定及关税减征、免征、追征、补征和退还等征税行为是否合法或适当,是否侵害了纳税义务人的合法权益,对海关征收关税的行为表示异议。

纳税争议的申诉过程:纳税义务人自海关填发税款缴款书之日起 30 日内,向原征税海关的上一级海关书面申请复议。逾期申请复议的,海关不予受理。海关应当自收到复议申请之日起 60 日内作出复议决定,并以复议决定书的形式正式答复纳税义务人;纳税义务人对海关复议决定仍然不服的,可以自收到复议决定书之日起 15 日之内,向人民法院提起诉讼。

本章小结

关税是海关依法对进出境货物、物品征收的一种税。关税具有维护国家主权和经济利益、保护和促进本国工农业生产的发展、调节国民经济和对外贸易、筹集国家财政收入的作用。关税的计算首先要根据《海关进出口税则》确定进出口货物的关税税率,然后确定一般与特殊进口、出口货物的完税价格,以此计算应缴纳的关税。关税的税收优惠包括法定减免税和特定减免税。

快速问答

1. 属于进口完税价格组成部分的项目是(　　　)。

A. 进口人向境外自己的采购代理人支付的劳务费

B. 由买方负担的包装材料和包装劳务费

C. 货物运抵境内输入地点起卸之后的保险费

D. 进口关税及其他国内税收

2. 原产于与我国签订有特殊优惠关税协定的国家或地区的进口货物适用的税率是(　　　)。

A. 最惠国税率　　B. 协定税率　　C. 特惠税率　　D. 普通税率

3. 关税是海关依法对进出境货物、物品征收的一种税,关于关税的说法正确的是(　　　)。

A. 出口货物的销售价格包括离境口岸至境外口岸之间的运输、保险费

B. 作为进口货物的自驾进口的运输工具,海关在审定完税价格时,需要另行核定运费
C. 关税税额在人民币100元以下的一票货物可免关税
D. 关税滞纳金按滞纳税款万分之五的比例按日征收

4. 符合关税法定免税规定的是(　　　　)。
A. 保税区进出口的基建物资和生产用车辆
B. 边境贸易进出口的基建物资和生产用车辆
C. 关税税款在人民币50元以下的一票货物
D. 残疾人专用品

5. 依据关税的有关规定,不应计入完税价格的为(　　　　)。
A. 为进口货物而支付的包装劳务费
B. 为进口货物而支付的商标权费用
C. 为进口货物而发生的境外考察费
D. 为进口货物而支付的境外开发、设计等相关费用

6. 如能与该货物实付价格区分,应该列入进口关税完税价格的费用有(　　　　)。
A. 进口关税及其他国内税
B. 货物运抵境内输入地点之后的运输费用
C. 买方为购进货物向代表双方利益的经纪人支付的劳务费
D. 为在境内复制进口货物而支付的费用

7. 进口地海关无法解决的归类问题,应报(　　　　)明确。
A. 国务院　　B. 国家税务总局　　C. 海关总署　　D. 财政部

8. 根据关税法的规定,不属于进境物品的纳税义务人的是(　　　　)。
A. 进境物品的邮寄人　　B. 进境邮递物品的收件人
C. 携带物品进境的入境人员　　D. 以其他方式进口物品的收件人

9. 不属于法定减免关税的进口货物的有(　　　　)。
A. 进口科教用品
B. 外国政府、国际组织无偿赠送的物资
C. 无商业价值的广告品和货样
D. 进出境运输工具装载的途中必需的燃料、物料和饮食用品

计算题

某日化企业(地处市区)为增值税一般纳税人,2014年8月发生如下业务。

1) 进口一批化妆品作原材料,支付货价500万元,国外采购代理人佣金30万元,支付包装劳务费2万元,运抵我国海关前发生的运输费用、保险费用无法确定,经海关查实其他运输公司相同业务的运输费用占货价的比例为2%。关税税率为20%;支付海关监管区至公司仓库运费2万元,其中运输费用1.5万元、装卸费0.3万元、建设基金0.2万元,取得运费发票,本月生产领用进口化妆品的80%。

2) 购进其他商品,取得增值税专用发票,支付价款200万元、增值税34万元,支付运输单位运输费用20万元,待货物验收入库时发现短缺商品金额10万元(占支付金额的5%),经查实应由运输单位赔偿。

3) 将进口化妆品的80%重新加工制作成套装化妆品,当月销售给其他商场并开具增值税专用发票,取得不含税销售额1 000万元;直接销售给消费者个人,开具普通发票,取得含税销售

额70.2万元。

4）受托加工化妆品一批,委托方提供的原材料不含税金额86万元,加工结束向委托方开具普通发票收取加工费和添加辅助材料的含税金额共计46.8万元,该化妆品无同类产品市场价格。

其他资料:关税税率为20%,化妆品消费税税率为30%;当月购销各环节所涉及的票据符合税法规定,并经过税务机关认证。

要求:

① 确定完税价格中的运输费、保险费及完税价格,并计算进口环节的相关税金。

② 计算允许抵扣的进项税额。

③ 说明外购应税消费品已纳税额应如何扣除,并计算相关税金。

④ 说明受托加工业务应如何计征增值税、消费税,并计算相关的税金。

⑤ 计算本期的增值税、消费税、城建税及教育费附加。

第七章 企业所得税法

学习目标

本章主要介绍企业所得税法的有关内容，包括企业所得税的基础知识、企业所得税的基本内容、企业所得税应纳税额的计算以及企业所得税的征收管理等。通过学习应达到以下要求。

- 理解并掌握企业所得税的概念和特点
- 明确企业所得税纳税人、征税对象、税率
- 熟悉资产的税务处理、税收优惠及源泉扣缴
- 掌握应纳税所得额及应纳税额的计算
- 了解企业所得税的征收管理规定

第一节　企业所得税基础知识

一、企业所得税的概念

企业所得税法是国家制定的用以调整企业所得税征收与缴纳之间权利及义务关系的法律规范。它是调整国家与企业之间分配关系的重要法律规范，直接影响到企业的税后利润及其分配，关系到不同企业间的公平竞争及企业有效经营机制的形成，甚至影响整个社会的稳定和发展。因此，企业所得税法历来受到我国政府的高度重视，被视为调节国家经济的重要手段之一。

企业所得税是对我国境内的企业和其他取得收入的组织的生产经营所得和其他所得征收的一种税。企业所得税的纳税人与实际负担人通常是一致的，直接调节纳税人的所得，因此，企业所得税属于直接税。

二、企业所得税的特点和作用

（一）企业所得税的特点

1. 体现税收的公平原则

现行《企业所得税法》规定了“四统一”，即内资、外资企业适用统一的企业所得税法，统一并适当降低了企业所得税税率，统一和规范税前扣除办法和标准，统一税收优惠政策，实行“产业优惠为主、区域优惠为辅”的新税收优惠体系，使得内外资企业税收负担实现公平，享受同等的税收优惠政策和税前扣除标准，调动内外资企业两方面的积极性，促进内外资企业和谐发展。

2. 征税以量能负担为原则

作为直接税的企业所得税,其负担轻重与纳税人所得的多少有着内在联系,凡具有相同纳税能力者应负担相同的税收。企业所得税的计税依据是应纳税所得额,而不是收入额。这是所得税与营业税、增值税的最大区别。而应纳税所得额体现的是纳税人的纯所得,是在扣除了税法允许扣除项目后的余额,所得多者多缴税,所得少者少缴税,无所得者不缴税。

3. 将纳税人分为居民和非居民

按照国际上的通行做法,我国选择了地域管辖权与居民管辖权的双重标准,把企业所得税的纳税人分为居民企业和非居民企业。居民企业和非居民企业身份的确定,能够区别不同类型的纳税人,明确税收管辖权,另外还关系到对本国居民在外国缴纳的所得税能否给予抵免的问题。

4. 区别对待优惠最多

在所有税种中,企业所得税的税收优惠最多,包括三大类型,即行业优惠,如高新技术企业优惠、小型微利企业优惠、农林牧渔企业优惠、公共基础设施项目优惠等;地区优惠,如西部大开发的税收优惠、经济特区和上海浦东新区设立高新技术企业过渡性税收优惠、民族自治地方优惠等;企业的经营活动优惠,如研究开发费的加计扣除、企业安置残疾人员所支付工资的加计扣除等,这些优惠有利于区域发展,有利于产业结构优化,促进国民经济持续健康发展。

(二) 企业所得税的作用

企业所得税在组织财政收入、促进社会经济发展、实施宏观调控等方面具有重要的职能作用。企业所得税调节的是国家与企业之间的利润分配关系,这种分配关系是我国经济分配制度中最重要的一个方面,是处理其他分配关系的前提和基础。

1. 促进企业改善经营管理,提升盈利能力

由于企业所得税只对利润征税,往往采用比例税率。因此,投资能力和盈利能力较强的企业能产生较多的利润,但在适用比例税率的情况下,盈利能力越强,则税负承担能力越强,相对降低了企业的税负水平,也相对增加了企业的税后利润。并且在征税过程中,对企业的收入、成本、费用等进行检查,对企业的经营管理活动和财务管理活动展开监督,促使企业改善经营管理活动,提高盈利能力。

2. 调节产业结构,促进经济发展

所得税的调节作用在于公平税负、量能负担。虽然各国的法人所得税往往采用比例税率,在一定程度上削弱了所得税的调控功能,但在税制设计中,各国往往通过税收优惠政策的实施,发挥其对纳税人投资、产业结构调整、环境治理等方面的调节作用。

3. 构成财政收入的主要来源

税收的首要职能是筹集财政资金,企业所得税是我国第二大主体税种,对组织国家税收收入作用非常重要。随着我国国民经济的快速发展和企业经济效益的不断提高,企业所得税作为税收收入的主体税种之一得到了较快的增长。

第二节 企业所得税法的基本内容

一、纳税义务人

企业所得税的纳税义务人,是在中华人民共和国境内的企业和其他取得收入的组织。除个

人独资企业、合伙企业不适用企业所得税法外，凡在我国境内，企业和其他取得收入的组织（以下统称“企业”）为企业所得税的纳税人，依照本法规定缴纳企业所得税。

企业所得税的纳税人分为居民企业和非居民企业。把企业分为居民企业和非居民企业，是为了更好地保障我国税收管辖权的有效行使。根据国际上的通行做法，我国选择了地域管辖权和居民管辖权的双重管辖权标准，以最大限度地维护我国的税收利益。

（一）居民企业

居民企业，是依法在中国境内成立，或者依照外国（地区）法律成立但实际管理机构在中国境内的企业。企业，包括依照中国法律、行政法规在中国境内成立的企业、事业单位、社会团体，企业包括国有、集体、私营、联营、股份制企业，外商投资企业，外国企业，以及有生产经营所得和其他所得的其他组织等。

（二）非居民企业

非居民企业是依照外国（地区）法律成立且实际管理机构不在中国境内，但在中国境内设立机构、场所，或者在中国境内未设立机构、场所，但有来源于中国境内所得的企业，包括以下各类。

① 管理机构、营业机构、办事机构。

② 工厂、农场、开采自然资源的场所。

③ 提供劳务的场所。

④ 从事建筑、安装、装配、修理、勘探等工程作业的场所。

⑤ 其他从事生产经营活动的机构、场所。

二、征税对象

（一）居民企业的征税对象

居民企业应以来源于中国境内、境外的所得作为征税对象。所得包括销售货物所得、提供劳务所得、转让财产所得、股息红利等权益性投资所得、利息所得、租金所得、特许权使用费所得、接受捐赠所得和其他所得。

（二）非居民企业的征税对象

非居民企业在中国境内设立机构、场所的，应当就其所设机构、场所取得的来源于中国境内的所得，以及发生在中国境外但与其所设机构、场所有实际联系的所得，缴纳企业所得税。

非居民企业在中国境内未设立机构、场所的，或者虽设立机构、场所但所得与其所设机构、场所没有实际联系的，应当就其来源于中国境内的所得缴纳企业所得税。

三、企业所得税税率

企业所得税实行比例税率。比例税率简便易行，透明度高，不会因征税而改变企业间收入分配比例，有利于促进效率的提高。现行规定如下。

（一）基本税率 25%

适用于居民企业和在中国境内设有机构、场所且所得与机构、场所有关联的非居民企业。

(二) 低税率 20%

适用于在中国境内未设立机构、场所,或者虽设立机构、场所但所得与其所设机构、场所没有实际联系的非居民企业。但实际征税时适用 10% 的税率。

(三) 小型微利企业 20%

小型微利企业减按 20% 的税率征收企业所得税。小型微利企业,是指从事国家非限制行业并同时符合以下条件的企业。

① 工业企业。年度应纳税所得额不超过 30 万元,从业人数不超过 100 人,资产总额不超过 3 000 万元。

② 其他企业。年度应纳税所得额不超过 30 万元,从业人数不超过 80 人,资产总额不超过 1 000 万元。

(四) 国家需要重点扶持的高新技术企业 15%

国家需要重点扶持的高新技术企业减按 15% 的税率征收企业所得税。国家重点扶持的高新技术企业,是指拥有核心自主知识产权,并同时符合以下条件的企业。

① 产品(服务)符合《国家重点支持的高新技术领域》范围。

② 研究开发费用占销售收入的比重不低于规定比例。

③ 高新技术产品(服务)收入占企业总收入不低于规定比例。

④ 科技人员占企业职工总数不低于规定比例。

⑤ 高新技术企业认定管理办法规定的其他条件。

知识链接7-1

为了进一步支持小型微利企业发展,经国务院批准,自 2014 年 1 月 1 日至 2016 年 12 月 31 日,对年应纳税所得额低于 10 万元(含 10 万元)的小型微利企业,其所得减按 50% 计入应纳税所得额,按 20% 的税率缴纳企业所得税。

四、企业所得税税收优惠

税收优惠是国家对某一部分特定企业和课税对象给予减轻或免除税收负担的一种措施。税法规定的企业所得税的税收优惠方式包括免税、减税、加计扣除、加速折旧、减计收入、税额抵免等。

(一) 从事特定所得项目的免征、减征优惠

企业的下列所得,可以免征、减征企业所得税。具体减免形式包括免征、减半征收、"三免三减半"、税率优惠等。

1. 从事农、林、牧、渔业项目的所得

企业从事下列项目的所得,免征企业所得税。

①蔬菜、谷物、薯类、油料、豆类、棉花、麻类、糖料、水果、坚果的种植;②农作物新品种的选

育；③中药材的种植；④林木的培育和种植；⑤牲畜、家禽的饲养；⑥林产品的采集；⑦灌溉、农产品初加工、兽医、农技推广、农机作业和维修等农、林、牧、渔服务业项目；⑧远洋捕捞。

2. 从事下列项目的所得

企业从事下列项目的所得，减半征收企业所得税。

① 花卉、茶以及其他饮料作物和香料作物的种植。

② 海水养殖、内陆养殖。

3. 从事国家重点扶持的公共基础设施项目投资经营的所得

国家重点扶持的公共基础设施项目，是指《公共基础设施项目企业所得税优惠目录》规定的港口码头、机场、铁路、公路、城市公共交通、电力、水利等项目。

企业从事规定的国家重点扶持的公共基础设施项目的投资经营的所得，自项目取得第一笔生产经营收入所属纳税年度起，第 1 年至第 3 年免征企业所得税，第 4 年至第 6 年减半征收企业所得税。

企业承包经营、承包建设和内部自建自用前述规定的项目，不得享受本条规定的企业所得税优惠。

知识链接7-2

企业投资经营符合《公共基础设施项目企业所得税优惠目录》规定条件和标准的公共基础设施项目，采用一次核准、分批次（如码头、泊位、航站楼、跑道、路段、发电机组等）建设的，凡同时符合以下条件的，可以每一批次为单位计算所得，并享受企业所得税“三免三减半”优惠：①不同批次在空间上相互独立；②每一批次自身具备取得收入的功能；③以每一批次为单位进行会计核算，单独计算所得，并合理分摊期间费用。

4. 从事符合条件的环境保护、节能节水项目的所得

符合条件的环境保护、节能节水项目，包括公共污水处理、公共垃圾处理、沼气综合开发利用、节能减排技术改造、海水淡化等。项目的具体条件和范围由国务院财政、税务主管部门与国务院有关部门协商制订，报国务院批准后公布施行。

企业从事前款规定的符合条件的环境保护、节能节水项目的所得，自项目取得第一笔生产经营收入所属纳税年度起，第 1 年至第 3 年免征企业所得税，第 4 年至第 6 年减半征收企业所得税。

5. 从事符合条件的技术转让所得

符合条件的技术转让所得免征、减征企业所得税，是指一个纳税年度内，居民企业技术转让所得不超过 500 万元的部分，免征企业所得税；超过 500 万元的部分，减半征收企业所得税。

（二）加计扣除的优惠

1. 研究开发费用

研究开发费用的加计扣除，是企业为开发新技术、新产品、新工艺发生的研究开发费用，未形成无形资产计入当期损益的，在按照规定据实扣除的基础上，按照研究开发费用的 50% 加计扣除；形成无形资产的，按照无形资产成本的 150% 摊销。

① 企业从事《国家重点支持的高新技术领域》和国家发展改革委员会等部门公布的《当前优先发展的高技术产业化重点领域指南（2007 年度）》规定项目的研究开发活动，其在一个纳税

年度中实际发生的下列费用支出,允许在计算应纳税所得额时按照规定实行加计扣除。

- 新产品设计费、新工艺规程制定费以及与研发活动直接相关的技术图书资料费、资料翻译费。
- 从事研发活动直接消耗的材料、燃料和动力费用。
- 在职直接从事研发活动人员的工资、薪金、奖金、津贴、补贴。
- 专门用于研发活动的仪器、设备的折旧费或租赁费。
- 专门用于研发活动的软件、专利权、非专利技术等无形资产的摊销费用。
- 专门用于中间试验和产品试制的模具、工艺装备开发及制造费。
- 勘探开发技术的现场试验费。
- 研发成果的论证、评审、验收费用。

自2013年1月1日起,企业从事研发活动发生的下列费用支出,可纳入税前加计扣除的研究开发费用范围。

- 企业依照国务院有关主管部门或省级人民政府规定的范围和标准为在职直接从事研发活动人员缴纳的基本养老保险费、基本医疗保险费、失业保险费、工伤保险费、生育保险费和住房公积金。
- 专门用于研发活动的仪器、设备的运行维护、调整、检验、维修等费用。
- 不构成固定资产的样品、样机及一般测试手段购置费。
- 新药研制的临床试验费。
- 研发成果的鉴定费用。

② 对企业共同合作开发的项目,凡符合上述条件的,由合作各方就自身承担的研发费用分别按照规定计算加计扣除。

③ 对企业委托给外单位进行开发的研发费用,凡符合上述条件的,由委托方按照规定计算加计扣除,受托方不得再进行加计扣除。

2. 安置残疾人员所支付的工资

企业安置残疾人员所支付的工资的加计扣除,是指企业安置残疾人员的,在按照支付给残疾职工工资据实扣除的基础上,按照支付给残疾职工工资的100%加计扣除。

(三) 创业投资的税收优惠

创业投资企业从事国家需要重点扶持和鼓励的创业投资,可以按照其投资额的一定比例抵扣该创投企业的应纳税所得额。创业投资企业采取股权投资方式投资于未上市中小高新技术企业,投资必须在2年以上,只有70%的投资额可抵扣;开始抵扣的第一年是股权持有满2年的当年;抵扣不完可在以后纳税年度结转抵扣。

(四) 加速折旧的税收优惠

企业的固定资产由于技术进步等原因,确须加速折旧的,可以缩短折旧年限或者采取加速折旧的方法。此类可以采取缩短折旧年限或加速折旧的方法的固定资产,包括以下两项。

① 由于技术进步,产品更新换代较快的固定资产。

② 常年处于强震动、高腐蚀状态的固定资产。

采取缩短折旧年限方法的,最低折旧年限不得低于规定折旧年限的60%;采取加速折旧方法的,可以采取双倍余额递减法或者年数总和法。

知识链接7-3

对生物药品制造业，专用设备制造业，铁路、船舶、航空航天和其他运输设备制造业，计算机、通信和其他电子设备制造业，仪器仪表制造业，信息传输、软件和信息技术服务业等6个行业的企业，自2014年1月1日后新购进的固定资产，可缩短折旧年限或采取加速折旧的方法。

（五）减计收入的税收优惠

企业综合利用资源，生产符合国家产业政策规定的产品所取得的收入，可以在计算应纳税所得额时减计收入。

减计收入，是指企业以《资源综合利用企业所得税优惠目录》规定的资源作为主要原材料，生产国家非限制和禁止并符合国家和行业相关标准的产品取得的收入，减按90%计入收入总额。所称原材料占生产产品材料的比例不得低于《资源综合利用企业所得税优惠目录》规定的标准。

（六）税额抵免的税收优惠

税额抵免，是指企业购置并实际使用《环境保护专用设备企业所得税优惠目录》、《节能节水专用设备企业所得税优惠目录》和《安全生产专用设备企业所得税优惠目录》规定的环境保护、节能节水、安全生产等专用设备的，该专用设备的投资额的10%可以从企业当年的应纳税额中抵免；当年不足抵免的，可以在以后5个纳税年度结转抵免。

享受规定的企业所得税优惠的企业，应当实际购置并自身实际投入使用前款规定的专用设备；企业购置上述专用设备在5年内转让、出租的，应当停止享受企业所得税优惠，并补缴已经抵免的企业所得税税款。

（七）对民族自治地区的税收优惠

民族自治地区的自治机关对本民族自治地区的企业应缴纳的企业所得税中属于地方分享的部分，可以决定减征或者免征。自治州、自治县决定减征或者免征的，须报省、自治区、直辖市人民政府批准。

（八）特殊行业的税收优惠

1. 关于鼓励证券投资基金发展的优惠政策

① 对证券投资基金从证券市场中取得的收入，包括买卖股票、证券的差价收入，股权的股息，红利收入，债券的利息收入及其他收入，暂不征收企业所得税。

② 对投资者从证券投资基金分配中取得的收入，暂不征收企业所得税。

③ 对证券投资基金管理人运用基金买卖股票、债券的差价收入，暂不征收企业所得税。

2. 节能服务公司的优惠政策

自2011年1月1日起，对符合条件的节能服务公司的所得税按以下规定执行。

对符合条件的节能服务公司实施合同能源管理项目，符合企业所得税税法有关规定的，自项目取得第一笔生产经营收入所属纳税年度起，第1年至第3年免征企业所得税，第4年至第6年按照25%的法定税率减半征收企业所得税。

第三节 应纳税所得额的确定

一、应纳税所得额的确定原则和依据

企业应纳税所得额的计算,以权责发生制为原则。应纳税所得额的正确计算直接关系到国家财政收入和企业的税收负担,并且同成本、费用核算关系密切。因此,企业所得税法对应纳税所得额计算作了明确规定。主要内容包括收入总额、扣除范围和标准、资产的税务处理、亏损弥补等。

企业应纳税所得额是企业所得税的计税依据,它是指纳税人每一纳税年度的收入总额减去不征税收入、免税收入、各项扣除以及允许弥补的以前年度亏损后的余额。应纳税所得额的计算公式为:

应纳税所得额=收入总额-不征税收入-免税收入-准予扣除项目金额-允许弥补以前年度亏损额

二、收入总额的确定

企业的收入总额包括以货币形式和非货币形式从各种来源取得的收入,包括:销售货物收入、提供劳务收入、转让财产收入、股息、红利等权益性投资收益、利息收入、租金收入、特许权使用费收入、接受捐赠收入、其他收入。

(一) 一般收入的确认

① 销售货物收入,是企业销售商品、产品、原材料、包装物、低值易耗品以及其他存货取得的收入。

② 提供劳务收入,是企业从事建筑安装、修理修配、交通运输、仓储租赁、金融保险、邮电通信、咨询经纪、文化体育、科学研究、技术服务、教育培训、餐饮住宿、中介代理、卫生保健、社区服务、旅游、娱乐、加工以及其他劳务服务活动取得的收入。

③ 转让财产收入,是企业转让固定资产、生物资产、无形资产、股权、债权等财产取得的收入。

④ 股息、红利等权益性投资收益,是因权益性投资从被投资方取得的收入。股息、红利等权益性投资收益除国务院财政、税务主管部门另有规定外,按照被投资方作出利润分配决定的日期确认收入的实现。

⑤ 利息收入,是将资金提供他人使用但不构成权益性投资,或者因他人占用本企业资金取得的收入。利息收入按照合同约定的债务人应付利息的日期确认收入的实现。

⑥ 租金收入,是纳税人提供固定资产、包装物以及其他有形财产的使用权取得的收入。租金收入按照合同约定的承租人应付租金的日期确认收入的实现。

⑦ 特许权使用费收入,是企业提供专利权、非专利技术、商标权、著作权以及其他特许权的使用权而取得的收入。特许权使用费收入按照合同约定的特许权使用人应付特许权使用费的日

期确认收入的实现。

⑧ 接受捐赠收入,是企业接受的来自其他企业、组织或个人无偿给予的货币性资产和非货币性资产。接受捐赠收入按照实际收到捐赠资产的日期确认收入的实现。

⑨ 其他收入。包括企业资产溢余收入、逾期未退包装物押金收入、确实无法偿付的应付款项、已作坏账损失处理后又收回的应收款项、债务重组收入、补贴收入、违约金收入、汇兑收益等。

(二) 特殊收入的确认

① 以分期收款方式销售货物的,按照合同约定的收款日期确定销售收入的实现。

② 企业受托加工制造大型机械设备、船舶、飞机,以及从事建筑、安装、装配工程业务或者提供其他劳务等,持续时间超过12个月的,按纳税年度内完工进度或者完成的工作量确定收入的实现。

③ 采取产品分成方式取得收入的,按照企业分得产品时产品的公允价值确认收入。

④ 企业发生非货币性资产交换,以及将货物、财产、劳务用于捐赠、偿债、赞助等用途的,应当视同销售货物、转让财产或者提供劳务。

(三) 处置资产收入的确认

① 企业发生下列情形的处置资产,除将资产转移至境外以外,由于资产所有权属在形式和实质上均不发生改变,可作为内部处置资产,不视同销售确认收入,相关资产的计税基础延续计算。

- 将资产用于生产、制造、加工另一产品。
- 改变资产形状、结构或性能。
- 改变资产用途(如自建商品房转为自用或经营)。
- 将资产在总机构及其分支机构之间转移。
- 上述两种或两种以上情形的混合。
- 其他不改变资产所有权属的用途。

② 企业将资产移送他人的下列情形,因资产所有权属已发生改变而不属于内部处置资产,应按规定视同销售确定收入。

- 用于市场推广或销售。
- 用于交际应酬。
- 用于职工奖励或福利。
- 用于股息分配。
- 用于对外捐赠。
- 其他改变资产所有权属的用途。

③ 企业发生②条规定情形时,属于企业自制的资产,应按企业同类资产同期对外销售价格确定销售收入;属于外购的资产,可按购入时的价格确定销售收入。

三、不征税收入和免税收入

国家为了扶持和鼓励某些特殊的纳税人和特定的项目,或者避免因征税影响企业的正常经营,对企业取得的某些收入予以不征税或免税的特殊政策,以减轻企业的负担,促进经济的协调发展。

(一) 不征税收入

① 财政拨款。是指各级人民政府对纳入预算管理的事业单位、社会团体等组织拨付的财政资金,但国务院和国务院财政、税务主管部门另有规定的除外。

② 依法收取并纳入财政管理的行政事业性收费、政府性基金。

行政事业性收费是指依照法律法规等有关规定,按照国务院规定程序批准,在实施社会公共管理,以及在向公民、法人或者其他组织提供特定公共服务过程中,向特定对象收取并纳入财政管理的费用。政府性基金,是指企业依照法律、行政法规等有关规定,代政府收取的具有专项用途的财政资金。

③ 国务院规定的其他不征税收入,是指企业取得的,由国务院财政、税务主管部门规定专项用途并经国务院批准的财政性资金。

财政性资金,是指企业取得的来源于政府及其有关部门的财政补助、补贴、贷款贴息,以及其他各类财政专项资金,包括直接减免的增值税和即征即退、先征后退、先征后返的各种税收,但不包括企业按规定取得的出口退税款。

(二) 免税收入

① 国债利息收入。为鼓励企业积极购买国债,支援国家建设,税法规定,企业因购买国债所得的利息收入,免征企业所得税。

② 符合条件的居民企业之间的股息、红利等权益性收益。是指居民企业直接投资于其他居民企业取得的投资收益。

③ 在中国境内设立机构、场所的非居民企业从居民企业取得与该机构、场所有实际联系的股息、红利等权益性投资收益。

四、准予扣除的项目及其扣除标准的确定

《企业所得税法》规定,企业实际发生的与取得收入有关的、合理的支出,包括成本、费用、税金、损失和其他支出,准予在计算应纳税所得额时扣除。实际业务中,计算应纳税所得额时应注意以下内容:①企业发生的支出应当区分收益性支出和资本性支出。②企业的不征税收入用于支出所形成的费用或者财产,不得扣除或者计算对应的折旧、摊销扣除。③除《企业所得税法》和实施条例另有规定外,企业实际发生的成本、费用、税金、损失和其他支出,不得重复扣除。

(一) 扣除项目的范围

1. 成本

成本,是指企业在生产经营活动中发生的销售成本、销货成本、业务支出以及其他耗费,即企业销售商品(产品、材料、下脚料、废料、废旧物资等)、提供劳务、转让固定资产、无形资产(包括技术转让)的成本。

2. 费用

费用,是指企业每一个纳税年度为生产、经营商品和提供劳务等所发生的销售(经营)费用、管理费用和财务费用。已经计入成本的有关费用除外。

3. 税金

税金,是指企业发生的除企业所得税和允许抵扣的增值税以外的、企业缴纳的各项税金及其

附加，即企业按规定缴纳的消费税、营业税、城建税、关税、资源税、土地增值税、房产税、车船税、土地使用税、印花税、教育费附加等产品销售税金及附加。这些已纳税金准予税前扣除。准许扣除的税金有两种方式：一是在发生当期扣除；二是在发生当期计入相关资产的成本，在以后各期分摊扣除。

4. 损失

损失，是指企业在生产经营活动中发生的固定资产和存货的盘亏、毁损、报废损失，转让财产损失，呆账损失，坏账损失，自然灾害等不可抗力因素造成的损失以及其他损失。

5. 扣除的其他支出

扣除的其他支出，是指除成本、费用、税金、损失外，企业在生产经营活动中发生的与生产经营活动有关的、合理的支出。

（二）准予扣除项目及标准

在计算应纳税所得额时，下列项目可按照实际发生额或规定的标准扣除。

1. 工资、薪金支出

企业发生的合理的工资、薪金支出准予据实扣除。工资、薪金支出是企业每一纳税年度支付给本企业任职或与其有雇佣关系的员工的所有现金或非现金形式的劳动报酬，包括基本工资、资金、津贴、补贴、年终加薪、加班工资，以及与任职或受雇有关的其他支出。

2. 职工福利费、工会经费、职工教育经费

企业发生的职工福利费、工会经费、职工教育经费按标准扣除，未超过标准的按实际数扣除，超过标准的只能按标准扣除。

① 企业发生的职工福利费支出，不超过工资、薪金总额14%的部分准予扣除。

② 企业拨缴的工会经费，不超过工资、薪金总额2%的部分准予扣除。

③ 除国务院财政、税务主管部门另有规定外，企业发生的职工教育经费支出，不超过工资、薪金总额2.5%的部分准予扣除，超过部分准予结转以后纳税年度扣除。

3. 社会保险费

① 企业依照国务院有关主管部门或者省级人民政府规定的范围和标准为职工缴纳的“五险一金”，即基本养老保险费、基本医疗保险费、失业保险费、工伤保险费、生育保险费等基本社会保险费和住房公积金，准予扣除。

② 企业为投资者或者职工支付的补充养老保险费、补充医疗保险费，在国务院财政、税务主管部门规定的范围和标准内，准予扣除。企业依照国家有关规定为特殊工种职工支付的人身安全保险费和符合国务院财政、税务主管部门规定可以扣除的商业保险费准予扣除。

③ 企业参加财产保险，按照规定缴纳的保险费，准予扣除。企业为投资者或者职工支付的商业保险费，不得扣除。

4. 利息费用

企业在生产、经营活动中发生的利息费用，按下列规定扣除。

① 非金融企业向金融企业借款的利息支出、金融企业的各项存款利息支出和同业拆借利息支出、企业经批准发行债券的利息支出可据实扣除。

② 非金融企业向非金融企业借款的利息支出，不超过按照金融企业同期同类贷款利率计算的数额的部分可据实扣除，超过部分不许扣除。

其中，所谓金融机构，是指各类银行、保险公司及经中国人民银行批准从事金融业务的非银行金融机构。包括国家专业银行、区域性银行、股份制银行、外资银行、中外合资银行以及其他综

合性银行;还包括全国性保险企业、区域性保险企业、股份制保险企业、中外合资保险企业以及其他专业性保险企业;城市、农村信用社,各类财务公司以及其他从事信托投资、租赁等业务的专业和综合性非银行金融机构。非金融机构,是指除上述金融机构以外的所有企业、事业单位以及社会团体等企业或组织。

5. 借款费用

① 企业在生产经营活动中发生的合理的不需要资本化的借款费用,准予扣除。

② 企业为购置、建造固定资产、无形资产和经过12个月以上的建造才能达到预定可销售状态的存货发生借款的,在有关资产购置、建造期间发生的合理的借款费用,应予以资本化,作为资本性支出计入有关资产的成本;有关资产交付使用后发生的借款利息,可在发生当期扣除。

③ 企业通过发行债券、取得贷款、吸收保户储金等方式融资而发生的合理的费用支出,符合资本化条件的,应计入相关资产成本;不符合资本化条件的,应作为财务费用,准予在企业所得税前据实扣除。

6. 汇兑损失

企业在货币交易中以及纳税年度终了时,将人民币以外的货币性资产、负债按照期末即期人民币汇率中间价折算为人民币时产生的汇兑损失,除已经计入有关资产成本以及与向所有者进行利润分配相关的部分外,准予扣除。

7. 业务招待费

企业发生的与生产经营活动有关的业务招待费支出,按照发生额60%扣除,但最高不得超过当年销售(营业)收入的5‰。

企业在筹建期间,发生的与筹办活动有关的业务招待费支出,可按实际发生额的60%计入企业筹办费,并按有关规定在税前扣除。

8. 广告费和业务宣传费

企业发生的符合条件的广告费和业务宣传费支出,除国务院财政、税务主管部门另有规定外,不超过当年销售(营业)收入15%的部分,准予扣除;超过部分,准予结转以后纳税年度扣除。

企业在筹建期间,发生的广告费和业务宣传费,可按实际发生额计入企业筹办费,可按上述规定在税前扣除。

企业申报扣除的广告费支出应与赞助支出严格区分。企业申报扣除的广告费支出,必须符合下列条件:广告是通过工商部门批准的专门机构制作的;已实际支付费用,并已取得相应发票;通过一定的媒体传播。

9. 环境保护专项资金

企业依照法律、行政法规有关规定提取的用于环境保护、生态恢复等方面的专项资金,准予扣除。上述专项资金提取后改变用途的,不得扣除。

10. 保险费

企业参加财产保险,按照规定缴纳的保险费,准予扣除。

11. 租赁费

企业根据生产经营活动的需要租入固定资产支付的租赁费,按照以下方法扣除。

① 以经营租赁方式租入固定资产发生的租赁费支出,按照租赁期限均匀扣除。经营性租赁是指所有权不转移的租赁。

② 以融资租赁方式租入固定资产发生的租赁费支出,按照规定构成融资租入固定资产价值的部分应当提取折旧费用,分期扣除。融资租赁是指在实质上转移与一项资产所有权有关的全部风险和报酬的一种租赁。

12. 劳动保护费

企业发生的合理的劳动保护支出,准予扣除。自 2011 年 7 月 1 日起,企业根据其工作性质和特点,由企业统一制作并要求员工工作时统一着装所发生的工作服饰费用,可以作为企业合理的支出给予税前扣除。

13. 公益性捐赠支出

公益性捐赠,是指企业通过公益性社会团体或者县级以上人民政府及其部门,用于《中华人民共和国公益事业捐赠法》规定的公益事业的捐赠。

企业发生的公益性捐赠支出,不超过年度利润总额 12% 的部分,准予扣除。年度利润总额,是指企业依照国家统一会计制度的规定计算的年度会计利润。

14. 有关资产的费用

企业转让各类固定资产发生的费用,允许扣除。企业按规定计算的固定资产折旧费、无形资产和递延资产的摊销费,准予扣除。

15. 总机构分摊的费用

非居民企业在中国境内设立的机构、场所,就其中国境外总机构发生的与该机构、场所生产经营有关的费用,能够提供总机构出具的费用汇集范围、定额、分配依据和方法等证明文件,并合理分摊的,准予扣除。

16. 资产损失

企业当期发生的固定资产和流动资产盘亏、毁损净损失,由其提供清查盘存资料经主管税务机关审核后,准予扣除;企业因存货盘亏、毁损、报废等原因不得从销项税金中抵扣的进项税金,应视同企业财产损失,准予与存货损失一起在所得税前按规定扣除。

17. 依照有关法律、行政法规和国家有关税法规定准予扣除的其他项目

此项目包括会员费、合理的会议费、差旅费、违约金、诉讼费用等。

五、不得扣除的项目

在计算应纳税所得额时,下列支出不得扣除。

① 向投资者支付的股息、红利等权益性投资收益款项。

② 企业所得税税款。

③ 税收滞纳金,是指纳税人违反税收法规,被税务机关处以的滞纳金。

④ 罚金、罚款和被没收财物的损失,是指纳税人违反国家有关法律、法规规定,被有关部门处以的罚款,以及被司法机关处以的罚金和被没收财物。

⑤ 超过规定标准的捐赠支出。

⑥ 赞助支出,是指企业发生的与生产经营活动无关的各种非广告性质支出。

⑦ 未经核定的准备金支出,是指不符合国务院财政、税务主管部门规定的各项资产减值准备、风险准备等准备金支出。

⑧ 企业之间支付的管理费、企业内营业机构之间支付的租金和特许权使用费,以及非银行企业内营业机构之间支付的利息,不得扣除。

⑨ 与取得收入无关的其他支出。

六、应纳税所得额确定的其他规定

(一)亏损弥补

① 税法规定,企业某一纳税年度发生的亏损可以用下一年度的所得弥补,下一年度的所得不足以弥补的,可以逐年延续弥补,但最长不得超过5年。而且,企业在汇总计算缴纳企业所得税时,其境外营业机构的亏损不得抵减境内营业机构的盈利。

② 企业筹办期间不计算为亏损年度,企业自开始生产经营的年度,为开始计算企业损益的年度。企业从事生产经营之前的筹办活动期间发生筹办费用支出,不得计算为当期的亏损,企业可以在开始经营之日的当年一次性扣除,也可以按照新税法有关长期待摊费用的处理规定处理,但一经选定,不得改变。

(二)清算所得

企业依法清算时,以其清算终了后的清算所得为应纳税所得额,按规定缴纳企业所得税。所谓清算所得,是指企业的全部资产可变现价值或者交易价格减除资产净值、清算费用以及相关税费等后的余额。

投资方企业从被清算企业分得的剩余资产,其中相当于从被清算企业累计未分配利润和累计盈余公积中应当分得的部分,应当确认为股息所得;剩余资产减除上述股息所得后的余额,超过或者低于投资成本的部分,应当确认为投资资产转让所得或者损失。

(三)特别纳税调整

特别纳税调整,是指企业与其关联方之间的业务往来不符合独立交易原则,企业实施其他不具有商业目的的安排,减少企业或者其关联方应纳税收入或者所得额的,税务机关有权按照合理方法调整。

1. 关联方

"关联方",是指与企业有下列关联关系之一的企业、其他组织或者个人。

① 在资金、经营、购销等方面存在直接或者间接的控制关系。

② 直接或者间接地同为第三者控制。

③ 在利益上具有相关联的其他关系。

2. 关联方之间关联业务的税务处理

① 企业与其关联方共同开发、受让无形资产,或者共同提供、接受劳务发生的成本,在计算应纳税所得额时应当按照独立交易原则进行分摊。

② 企业与其关联方分摊成本时,应当按照成本与预期收益相配比的原则进行分摊,并在税务机关规定的期限内,按照税务机关的要求报送有关资料。

③ 企业与其关联方分摊成本时违反以上①、②项规定的,其自行分摊的成本不得在计算应纳税所得额时扣除。

④ 企业可以向税务机关提出与其关联方之间业务往来的定价原则和计算方法,税务机关与企业协商、确认后,达成预约定价安排。

⑤ 由居民企业,或者由居民企业和中国居民控制、设立在实际税负明显低于25%的税率水平的国家(地区)的企业,并非由于合理的经营需要而对利润不做分配或者减少分配的,上述利

润中应归属于该居民企业的部分,应当计入该居民企业的当期收入。

⑥ 企业从其关联方接受的债权性投资与权益性投资的比例超过规定标准而发生的利息支出,不得在计算应纳税所得额时扣除。

3. 调整方法

(1) 可比非受控价格法

可比非受控价格法是指对关联企业按照没有关联关系的交易各方进行相同或类似业务往来的价格进行定价的方法。

(2) 再销售价格法

再销售价格法是指按照从关联企业购进商品再销售给独立企业的价格,减去相同或类似业务的销售毛利后,对购进商品进行定价的方法。

(3) 成本加成法

成本加减法是指按照成本加合理的费用和利润进行定价的方法。

(4) 交易净利润法

交易净利润法是指按照没有关联关系的交易各方进行相同或类似业务往来所取得的净利润水平确定利润的方法。

(5) 利润分割法

利润分割法是指按照企业与其关联方的合并利润或亏损在各方之间采用合理标准进行分配的方法。

4. 核定征收

企业不提供与其关联方之间业务往来资料,或者提供虚假、不完整资料,未能真实反映其关联业务往来情况的,税务机关有权依法核定其应纳税所得额。核定方法如下。

① 参照同类或者类似企业的利润率水平核定。

② 按照企业成本加合理的费用和利润的方法核定。

③ 按照关联企业集团整体利润的合理比例核定。

④ 按照其他合理方法核定。

第四节 资产的税务处理

一、固定资产的税务处理

固定资产是指企业为生产产品、提供劳务、出租或者经营管理而持有、使用时间超过12个月的非货币性资产,包括房屋、建筑物、机器、机械、运输工具以及其他与生产经营活动有关的设备、器具、工具等。

(一) 固定资产计税基础

① 外购的固定资产,以购买价款和支付的相关税费以及直接归属于使该资产达到预定用途发生的其他支出为计税基础。

② 自行建造的固定资产,以竣工结算前发生的支出为计税基础。

③ 融资租入的固定资产,以租赁合同约定的付款总额和承租人在签订租赁合同过程中发生

的相关费用为计税基础,租赁合同未约定付款总额的,以该资产的公允价值和承租人在签订租赁合同过程中发生的相关费用为计税基础。

④ 盘盈的固定资产,以同类固定资产的重置完全价值为计税基础。

⑤ 通过捐赠、投资、非货币性资产交换、债务重组等方式取得的固定资产,以该资产的公允价值和支付的相关税费为计税基础。

⑥ 改建的固定资产,除已足额提取折旧的固定资产和租入的固定资产以外的其他固定资产,以改建过程中发生的改建支出增加计税基础。

(二) 固定资产折旧的范围

在计算应纳税所得额时,企业按照规定计算的固定资产折旧,准予扣除。下列固定资产不得计算折旧扣除。

① 房屋、建筑物以外未投入使用的固定资产。

② 以经营租赁方式租入的固定资产。

③ 以融资租赁方式租出的固定资产。

④ 已足额提取折旧仍继续使用的固定资产。

⑤ 与经营活动无关的固定资产。

⑥ 单独估价作为固定资产入账的土地。

⑦ 其他不得计算折旧扣除的固定资产。

(三) 固定资产折旧的计提方法

① 企业应当自固定资产投入使用月份的次月起计算折旧;停止使用的固定资产,应当自停止使用月份的次月起停止计算折旧。

② 企业应当根据固定资产的性质和使用情况,合理确定固定资产的预计净残值。固定资产的预计净残值一经确定,不得变更。

③ 固定资产按照直线法计算的折旧,准予扣除。

(四) 固定资产折旧的计提年限

除国务院财政、税务主管部门另有规定外,固定资产计算折旧的最低年限如下。

① 房屋、建筑物,为 20 年。

② 飞机、火车、轮船、机器、机械和其他生产设备,为 10 年。

③ 与生产经营活动有关的器具、工具、家具等,为 5 年。

④ 飞机、火车、轮船以外的运输工具,为 4 年。

⑤ 电子设备,为 3 年。

(五) 固定资产改扩建的税务处理

自 2011 年 7 月 1 日起,企业对房屋、建筑物固定资产在未足额提取折旧前进行改扩建的,如属于推倒重置的,该资产原值减除提取折旧后的净值,应并入重置后的固定资产计税成本,并在该固定资产投入使用后的次月起,按照税法规定的折旧年限,一并计提折旧;如属于提升功能、增加面积的,该固定资产的改扩建支出并入该固定资产计税基础,并从改扩建完工投入使用后的次月起,重新按税法规定的该固定资产折旧年限计提折旧。该改扩建后的固定资产尚可使用的年限低于税法规定的最低年限的,可以按尚可使用的年限计提折旧。

二、无形资产的税务处理

无形资产，是指企业长期使用、但没有实物形态的资产，包括专利权、商标权、著作权、土地使用权、非专利技术、商誉等。

（一）无形资产的计税基础

① 外购的无形资产，以购买价款和支付的相关税费，以及直接归属于使该资产达到预定用途发生的其他支出为计税基础。

② 自行开发的无形资产，以开发过程中该资产符合资本化条件后至达到预定用途前发生的支出为计税基础。

③ 通过捐赠、投资、非货币性资产交换、债务重组等方式取得的无形资产，以该资产的公允价值和支付的相关税费为计税基础。

（二）无形资产摊销的范围

在计算应纳税所得额时，企业按照规定计算的无形资产摊销费用，准予扣除。

下列无形资产不得计算摊销费用扣除。

① 自行开发的支出已在计算应纳税所得额时扣除的无形资产。

② 自创商誉。

③ 与经营活动无关的无形资产。

④ 其他不得计算摊销费用扣除的无形资产。

（三）无形资产的摊销方法及年限

无形资产的摊销，采取直线法计算。无形资产的摊销年限不得低于10年。作为投资或者受让的无形资产，有关法律规定或者合同约定了使用年限的，可以按照规定或者约定的使用年限分期摊销。外购商誉的支出，在企业整体转让或者清算时，准予扣除。

三、生物资产的税务处理

生物资产是指有生命的动物和植物。生物资产分为消耗性生物资产、生产性生物资产和公益性生物资产。

（一）生物资产的计税基础

生产性生物资产按照以下方法确定计税基础。

① 外购的生产性生物资产，以购买价款和支付的相关税费为计税基础。

② 通过捐赠、投资、非货币性资产交换、债务重组等方式取得的生产性生物资产，以该资产的公允价值和支付的相关税费为计税基础。

（二）生物资产的折旧方法和折旧年限

生产性生物资产按照直线法计算的折旧，准予扣除。企业应当自生产性生物资产投入使用月份的次月起计算折旧；停止使用的生产性生物资产，应当自停止使用月份的次月起停止计算折旧。

企业应当根据生产性生物资产的性质和使用情况,合理确定生产性生物资产的预计净残值。生产性生物资产的预计净残值一经确定,不得变更。

生产性生物资产计算折旧的最低年限如下。

① 林木类生产性生物资产,为10年。

② 畜类生产性生物资产,为3年。

四、长期待摊费用的税务处理

长期待摊费用,是指企业发生的应在一个年度以上或几个年度进行摊销的费用。在计算应纳税所得额时,企业发生的下列支出作为长期待摊费用,按照规定摊销的,准予扣除。

① 已足额提取折旧的固定资产的改建支出。

② 租入固定资产的改建支出。

③ 固定资产的大修理支出。

④ 其他应当作为长期待摊费用的支出。

企业的固定资产修理支出可在发生当期直接扣除。企业的固定资产改良支出,如果有关固定资产尚未提足折旧,可增加固定资产价值;如有关固定资产已提足折旧,可作为长期待摊费用,在规定的期间内平均摊销。

固定资产的改建支出,是指改变房屋或者建筑物结构、延长使用年限等发生的支出。已足额提取折旧的固定资产的改建支出,按照固定资产预计尚可使用年限分期摊销;租入固定资产的改建支出,按照合同约定的剩余租赁期限分期摊销;改建的固定资产延长使用年限的,除已足额提取折旧的固定资产、租入固定资产的改建支出外,其他的固定资产发生改建支出,应当适当延长折旧年限。

大修理支出,按照固定资产尚可使用年限分期摊销。

税法的固定资产的大修理支出,是同时符合下列条件的支出。

① 修理支出达到取得固定资产时的计税基础50%以上。

② 修理后固定资产的使用年限延长2年以上。

其他应当作为长期待摊费用的支出,自支出发生月份的次月起,分期摊销,摊销年限不得低于3年。

五、存货的税务处理

存货是指企业持有以备出售的产品或者商品、处在生产过程中的在产品、在生产或者提供劳务过程中耗用的材料和物料等。

(一) 存货的计税基础

存货按照以下方法确定成本。

① 通过支付现金方式取得的存货,以购买价款和支付的相关税费为成本。

② 通过支付现金以外的方式取得的存货,以该存货的公允价值和支付的相关税费为成本。

③ 生产性生物资产收获的农产品,以产出或者采收过程中发生的材料费、人工费和分摊的间接费用等必要支出为成本。

（二）存货的成本计算方法

企业使用或者销售的存货的成本计算方法，可以在先进先出法、加权平均法、个别计价法中选用一种。计价方法一经选用，不得随意变更。

企业转让以上资产，在计算应纳税所得额时，资产的净值允许扣除。其中，资产的净值是指有关资产、财产的计税基础减除已经按照规定扣除的折旧、折耗、摊销、准备金等后的余额。

六、投资资产的税务处理

投资资产是指企业对外进行权益性投资和债权性投资而形成的资产。

（一）投资资产的成本

投资资产按以下方法确定投资成本。

① 通过支付现金方式取得的投资资产，以购买价款为成本。

② 通过支付现金以外的方式取得的投资资产，以该资产的公允价值和支付的相关税费为成本。

（二）投资资产成本的扣除方法

企业对外投资期间，投资资产的成本在计算应纳税所得额时不得扣除，企业在转让或者处置投资资产时，投资资产的成本准予扣除。

第五节　企业所得税应纳税额的计算

一、居民企业应纳税额的计算

（一）查账征收应纳税额的计算

居民企业应缴纳所得税税额等于应纳税所得额乘以适用税率，基本计算公式为：

$$应纳税额 = 应纳税所得额 \times 适用税率 - 减免税额 - 抵免税额$$

根据计算公式可以看出，应纳税额的多少，取决于应纳税所得额和适用税率两个因素。在实际过程中，应纳税所得额的计算一般有两种方法。

1. 直接计算法

在直接计算法下，企业每一纳税年度的收入总额减除不征税收入、免税收入、各项扣除以及允许弥补的以前年度亏损后的余额为应纳税所得额。计算公式为：

$$应纳税所得额 = 收入总额 - 不征税收入 - 免税收入 - 各项扣除金额 - 弥补亏损$$

2. 间接计算法

在间接计算法下，在会计利润总额的基础上加或减按照税法规定调整的项目金额后，即为应

纳税所得额。计算公式为:

应纳税所得额 = 会计利润总额 ± 纳税调整项目金额

纳税调整项目金额包括两方面的内容:一是企业的财务会计处理和税收规定不一致应予以调整的金额;二是企业按税法规定准予扣除的税收金额。

例 7-1 某企业为居民企业,2014 年发生经营业务如下。

1) 取得产品销售收入 4 000 万元。

2) 发生产品销售成本 2 600 万元。

3) 发生销售费用 770 万元(其中广告费 650 万元),管理费用 480 万元(其中业务招待费 25 万元),财务费用 60 万元。

4) 销售税金 160 万元(含增值税 120 万元)。

5) 营业外收入 80 万元,营业外支出 50 万元(含通过公益性社会团体向贫困山区捐款 30 万元,支付税收滞纳金 6 万元)。

6) 计入成本,费用中的实发工资总额 200 万元、拨缴职工工会经费 5 万元。发生职工福利费 31 万元,发生职工教育经费 7 万元。计算该企业 2014 年度实际应纳的企业所得税。

1) 会计利润总额 = 4 000 + 80 − 2 600 − 770 − 480 − 60 − 40 − 50 = 80(万元)

2) 广告费和业务宣传费调增所得额 = 650 − 4 000 × 15% = 650 − 600 = 50(万元)

3) 业务招待费调增所得额 = 25 − 25 × 60% = 25 − 15 = 10(万元)

4 000 × 5‰ = 20(万元) > 25 × 60% = 15(万元)

4) 捐赠支出应调增所得额 = 30 − 80 × 12% = 20.4(万元)

5) 工会经费应调增所得额 = 5 − 200 × 2% = 1(万元)

6) 职工福利费应调增所得额 = 31 − 200 × 14% = 3(万元)

7) 职工教育经费应调增所得额 = 7 − 200 × 2.5% = 2(万元)

8) 应纳税所得额 = 80 + 50 + 10 + 20.4 + 6 + 1 + 3 + 2 = 172.4(万元)

9) 2014 年应纳企业所得税 = 172.4 × 25% = 43.1(万元)

例 7-2 某企业为居民企业,2014 年度发生经营业务如下。

全年取得产品销售收入 5 600 万元,发生产品销售成本 4 000 万元;其他业务收入 800 万元,其他业务成本 694 万元:取得购买国债的利息收入 40 万元;缴纳非增值税销售税金及附加 300 万元;发生的管理费用 760 万元,其中新技术的研究开发费用 60 万元,业务招待费用 70 万元;发生财务费用 200 万元;取得直接投资其他居民企业的权益性收益 34 万元(已在投资方所在地按 15% 的税率缴纳了所得税);取得营业外收入 100 万元,发生营业外支出 250 万元(其中含公益捐赠 38 万元)。计算该企业 2014 年应纳的企业所得税。

1) 利润总额 = 5 600 + 800 + 40 + 34 + 100 − 4 000 − 694 − 300 − 760 − 200 − 250 = 370(万元)

2) 国债利息收入免征企业所得税,应调减所得额 40 万元。

3) 技术开发费调减所得额 = 60 × 50% = 30(万元)

4) 按实际发生业务招待费的 60% 计算 = 70 × 60% = 42(万元)

5) 业务招待费按销售(营业)收入的 5‰ 计算 = (5 600 + 800) × 5‰ = 32(万元)

6) 按照规定税前扣除限额应为 32 万元,实际应调增应纳税所得额 = 70 − 32 = 38(万元)

7）取得直接投资其他居民企业的权益性收益属于免税收入，应调减应纳税所得额34万元

8）捐赠扣除标准＝370×12%＝44.4（万元）

9）实际捐赠额38万元小于扣除标准44.4万元。可按实捐数扣除，不做纳税调整。

10）应纳税所得额＝370－40－30＋38－34＝304（万元）

11）该企业2014年应缴纳企业所得税＝304×25%＝76（万元）

（二）核定应纳税额的计算

1. 核定征收企业所得税的范围

居民企业纳税人具有下列情形之一的，核定征收企业所得税。

① 依照法律、行政法规的规定可以不设置账簿的。

② 依照法律、行政法规的规定应当设置但未设置账簿的。

③ 擅自销毁账簿或者拒不提供纳税资料的。

④ 虽设置账簿，但账目混乱或者成本资料、收入凭证、费用凭证残缺不全，难以查账的。

⑤ 发生纳税义务，未按照规定的期限办理纳税申报，经税务机关责令限期申报，逾期仍不申报的。

⑥ 申报的计税依据明显偏低，又无正当理由的。

特殊行业、特殊类型的纳税人和一定规模以上的纳税人不适用上述办法，具体办法由国家税务总局另行明确。

2. 核定征收的办法

税务机关应根据纳税人的具体情况，对核定征收企业所得税的纳税人，核定应税所得率或者核定应纳所得税额。

具有下列情形之一的，核定其应税所得率。

① 能正确核算（查实）收入总额，但不能正确核算（查实）成本费用总额的。

② 能正确核算（查实）成本费用总额，但不能正确核算（查实）收入总额的。

③ 通过合理方法，能计算和推定纳税人收入总额或成本费用总额的。

纳税人不属于以上情形的，核定其应纳所得税额。

税务机关采用下列方法核定征收企业所得税。

① 参照当地同类行业或者类似行业中经营规模和收入水平相近的纳税人的税负水平核定。

② 按照应税收入额或成本费用支出额定率核定。

③ 按照耗用的原材料、燃料、动力等推算或测算核定。

④ 按照其他合理方法核定。

采用前款所列一种方法不足以正确核定应纳税所得额或应纳税额的，可以同时采用两种以上的方法核定。采用两种以上方法测算的应纳税额不一致时，可按测算的应纳税额从高核定。

采用应税所得率方式核定征收企业所得税的，应纳所得税额计算公式如下。

$$\text{应纳所得税税额} = \text{应纳税所得额} \times \text{适用税率}$$

或

$$\text{应纳税所得额} = \text{应税收入额} \times \text{应税所得率}$$

$$\text{应纳税所得额} = \text{成本（费用）支出额} \div (1 - \text{应税所得率}) \times \text{应税所得率}$$

实行应税所得率方式核定征收企业所得税的纳税人经营多业的，无论其经营项目是否单独核算，均由税务机关根据其主营项目确定适用的应税所得率。

二、境外所得抵扣税额的计算

企业取得的下列所得已在境外缴纳的所得税税额,可以从其当期应纳税额中抵免,抵免限额为该项所得依照税法规定计算的应纳税额;超过抵免限额的部分,可以在以后5个年度内,用每年度抵免限额抵免当年应抵税额后的余额进行抵补。

① 居民企业来源于中国境外的应税所得。

② 非居民企业在中国境内设立机构、场所,取得发生在中国境外但与该机构、场所有实际联系的应税所得。

抵免限额,是企业来源于中国境外的所得,依照《企业所得税法》和实施条例的规定计算的应纳税额。除国务院财政、税务主管部门另有规定外,该抵免限额应当分国(地区)不分项计算,计算公式为:

抵免限额 = 中国境内、境外所得依照企业所得税法和条例规定计算的应纳税总额 ×
来源于某国(地区)的应纳税所得额 ÷ 中国境内、境外应纳税所得总额

前述5个年度,是从企业取得的来源于中国境外的所得,已经在中国境外缴纳的企业所得税性质的税额超过抵免限额的当年的次年起连续5个纳税年度。

例 7-3 某企业2013年境内所得500万元人民币,来自甲国经营所得折合人民币26万元(税后)、特许权使用费所得折合人民币10万元(税前)。甲国政府对其经营所得征税折合人民币14万元,对其特许权征税折合人民币2万元。该企业2014年境内所得400万元,来自甲国特许权所得折合人民币40万元(税后),甲国政府对其使用20%税率征税。

2013年境内外所得总额 = 500 + 26 + 14 + 10 = 550(万元)

2013年境内外所得应纳税总额 = 550 × 25% = 137.5(万元)

2013年境外已纳税款扣除限额 = 137.5 × (26 + 14 + 10) ÷ 550 = 12.5(万元)

2013年在我国汇总缴纳所得税 = 137.5 − 12.5 = 125(万元)

实际已缴16万元,超过扣除限额3.5万元,可以结转下年抵免。

2014年境内外所得总额 = 400 + 40 ÷ (1 − 20%) = 450(万元)

2014年境外已纳税款扣除限额 = 450 × 25% × 40 ÷ (1 − 20%) ÷ 450 = 12.5(万元)

实际已缴 40 ÷ (1 − 20%) × 20% = 10(万元)

应扣除10万元,低于扣除限额12.5万元,差额部分可扣除上年超限额的部分,合计扣除12.5万元。2012年超限额的部分剩余 3.5 − 2.5 = 1(万元),可结转到2010年再抵免。

2014年在我国汇总缴纳所得税 = 450 × 25% − 12.5 = 100(万元)

三、非居民企业应纳税额的计算

对于在中国境内未设立机构、场所的,或者虽设立机构、场所但取得的所得与其所设机构、场所没有实际联系的非居民企业的所得,按照下列方法计算应纳税所得额。

① 股息、红利等权益性投资收益和利息、租金、特许权使用费所得,以收入全额为应纳税所得额。

② 转让财产所得,以收入全额减除财产净值后的余额为应纳税所得额。

③ 其他所得，参照前两项规定的方法计算应纳税所得额。

财产净值是指财产的计税基础减除已经按照规定扣除的折旧、折耗、摊销、准备金等之后的余额。

第六节　企业所得税的征收管理

一、纳税地点

（一）居民企业的纳税地点

① 除税收法律、行政法规另有规定外，居民企业以企业登记注册地为纳税地点；但登记注册地在境外的，以实际管理机构所在地为纳税地点。企业登记注册地，是指企业依照国家有关规定登记注册的住所地。

② 居民企业在中国境内设立不具有法人资格的营业机构的，应当汇总计算并缴纳企业所得税。企业汇总计算并缴纳企业所得税时，应当统一核算应纳税所得额，具体办法由国务院财政、税务主管部门另行制定。

（二）非居民企业的纳税地点

① 非居民企业从中国境内的机构、场所取得的来源于中国境内的所得，以及发生在中国境外但与其所设机构、场所有实际联系的所得，以机构、场所所在地为纳税地点。

② 非居民企业在中国境内设立两个或者两个以上机构、场所的，经税务机关审核批准，可以选择由其主要机构、场所汇总缴纳企业所得税。

③ 非居民企业在中国境内未设立机构、场所，或者虽设立机构、场所但取得的所得与其所设机构、场所没有实际联系的所得，应当就其来源于中国境内的所得缴纳企业所得税，以扣缴义务人所在地为纳税地点。

二、纳税期限

企业所得税按纳税年度计征，分月或者分季预缴，年终汇算清缴，多退少补。

企业所得税的纳税年度，自公历 1 月 1 日起至 12 月 31 日止。企业在一个纳税年度中间开业，或者由于合并、关闭等原因终止经营活动，使该纳税年度的实际经营期不足 12 个月的，应当以其实际经营期为一个纳税年度。企业依法清算时，应当以清算期间作为一个纳税年度。

企业应当自年度终了之日起 5 个月内，向税务机关报送年度企业所得税纳税申报表，并汇算清缴，结清应缴应退税款。

企业在年度中间终止经营活动的，应当自实际经营终止之日起 60 日内，向税务机关办理当期企业所得税汇算清缴。

三、纳税申报

按月或者按季预缴的，企业应当自月份或者季度终了之日起 15 日内，向税务机关报送预缴企业所得税纳税申报表,预缴税款。

企业在报送企业所得税纳税申报表时,应当按照规定附送财务会计报告和其他相关纳税资料。

企业应当在办理注销登记前,就其清算所得向税务机关申报并依法缴纳企业所得税。

四、源泉扣缴

(一)扣缴义务人

① 对非居民企业在中国境内未设立机构、场所,或者虽设立机构、场所但取得的所得与其所设机构、场所没有实际联系的所得应缴纳的所得税,实行源泉扣缴,以支付人为扣缴义务人。

税款由扣缴义务人在每次支付或者到期应支付时,从支付或者到期应支付的款项中扣缴。

② 对非居民企业在中国境内取得工程作业和劳务所得应缴纳的所得税,税务机关可以指定工程价款或者劳务费的支付人为扣缴义务人。

(二)扣缴方法

① 扣缴义务人扣缴税款时,按前述第五节非居民企业计算方法计算税款。

② 应当扣缴的所得税,扣缴义务人未依法扣缴或者无法履行扣缴义务的,由企业在所得发生地缴纳。企业未依法缴纳的,税务机关可以从该企业在中国境内其他收入项目的支付人应付的款项中,追缴该企业的应纳税款。

③ 税务机关在追缴该企业应纳税款时,应当将追缴理由、追缴数额、缴纳期限和缴纳方式等告知该企业。

④ 扣缴义务人每次代扣的税款,应当自代扣之日起 7 日内缴入国库,并向所在地的税务机关报送扣缴企业所得税报告表。

本章小结

企业所得税是指对在中华人民共和国境内企业生产、经营所得和其他所得依法征收的一种税。其征税对象是企业的生产经营所得和其他所得。企业所得税的纳税义务人是指在中华人民共和国境内的企业和其他取得收入的组织。企业所得税的纳税义务人分为居民企业和非居民企业。居民企业就其来源于中国境内、境外的所得纳税;非居民企业就其来源于中国境内的所得缴纳企业所得税。企业应纳税所得额是企业所得税的计税依据,是指纳税人每一纳税年度的收入总额减去不征税收入、免税收入、各项扣除以及允许弥补的以前年度亏损之后的余额。企业所得税实行比例税率,其税率为25%,低税率为15%、20%。预提所得税税率为20%。国家运用税收经济杠杆,为鼓励和扶持企业或某些特定地区、行业的发展而给予减征和免征优惠照顾和鼓励措施。企业所得税应纳税额的计算包括居民企业应纳税额的计算、非居民企业应纳税额的计算和境外所得抵扣税额的计算。企业所得税按纳税年度计征,分月或者分季预缴,年终汇算清缴,多退少补。

快速问答

1. 关于企业所得税适用税率的表述不正确的是(　　)。
   A. 在中国境内未设立机构、场所的非居民企业,应当就其来源于中国境内的所得按 10% 的税率缴纳企业所得税
   B. 国家需要重点扶持的高新技术企业减按 15% 的税率征收企业所得税
   C. 在中国境内设立机构、场所,且取得的所得与该机构、场所有实际联系的非居民企业,按 10% 的税率缴纳企业所得税
   D. 小型微利企业减按 20% 的税率征收企业所得税
2. 根据企业所得税法的有关规定,属于来源于中国境内的所得的是(　　)。
   A. 境内企业在中国境外提供劳务取得的所得
   B. 境内企业将位于境外的房产转让给另一境内企业取得的所得
   C. 境外企业将设备出租给境内企业取得的租金所得
   D. 境内企业向境外企业提供专利权的使用权取得的特许权使用费所得
3. 根据企业所得税法的规定,在税前扣除的固定资产可以计提折旧的是(　　)。
   A. 以融资租赁方式租入的固定资产　　B. 房屋、建筑物以外未投入使用的固定资产
   C. 以经营租赁方式租入的固定资产　　D. 单独估价作为固定资产入账的土地

4. 根据企业所得税法的规定,在计算应纳税所得额时,准予从收入总额中直接扣除的企业的支出是(　　)。
   A. 手续费支出
   B. 烟草企业的广告费
   C. 软件生产企业的职工培训费用
   D. 向投资者支付的股息、红利等权益性投资收益款项

5. 根据企业所得税法的有关规定,在发生当期计入相关资产的成本,在以后各期分摊扣除的税金是(　　)。
   A. 购置车辆自用缴纳的车辆购置税
   B. 生产企业销售化妆品缴纳的消费税
   C. 房地产开发企业转让新建商品房缴纳的土地增值税
   D. 签订应税合同缴纳的印花税
6. 在计算企业所得税应纳税所得额时准予扣除的企业发生的支出是(　　)。
   A. 缴纳的企业所得税税款　　B. 向投资者支付的股息
   C. 被工商机关处以的罚款　　D. 支付给银行的罚息
7. 根据企业所得税法的有关规定,关于资产税务处理的表述不正确的是(　　)。
   A. 固定资产的预计净残值一经确定,不得变更
   B. 已足额提取折旧的固定资产的改建支出,按照固定资产预计尚可使用年限分期摊销在企业所得税前扣除
   C. 外购商誉的支出,不得在企业所得税前扣除
   D. 企业在转让或者处置投资资产时,投资资产的成本准予在企业所得税前扣除

8. 根据企业所得税法的有关规定,企业将外购货物用于下列情形的,不应当视同销售确认收入的有(　　)。
   A. 不动产在建工程　　B. 奖励职工

C. 移送至境外分公司　　　　　　　　　D. 抵偿债务

9. 根据企业所得税法的有关规定,表述不正确的有(　　　)。

A. 未投入使用的房屋、建筑物,不得计算折旧费用在企业所得税前扣除

B. 由于技术进步,产品更新换代较快的固定资产,可以缩短折旧年限或者采取加速折旧的方法计提折旧在企业所得税前扣除

C. 无形资产的摊销年限不得低于10年

D. 租入固定资产的改建支出作为长期待摊费用,按照规定摊销的,准予在企业所得税前扣除

计算题

1. 某市一中外合资企业为增值税一般纳税人,主要业务为生产化妆品,2014年有关生产经营情况如下。

1) 本期外购原材料取得增值税专用发票,支付价款2 400元,增值税税额408万元,发票已通过认证。

2) 批发销售自产成套化妆品25万件,开具增值税专用发票,取得不含税销售收入6 000万元。

3) 7月份转让商标权的使用权,取得不含税收入100万元。

4) 产品销售成本2 000万元,销售费用1 020万元(其中广告费用700万元、业务宣传费用150万元),财务费用270万元,管理费用940万元。

5) 8月份因管理不善损失的外购原材料30万元(不含增值税),10月份取得保险公司赔款5万元。

6) 向另一居民企业投资取得投资收益32.3万元。

不考虑地方教育费附加。

要求:

① 计算该企业2014年应缴纳的增值税。

② 计算该企业2014年所得税前准予扣除的税金及附加。

③ 计算该企业2014年所得税前准予扣除的广告费以及业务宣传费。

④ 计算该企业2014年应纳税所得额。

⑤ 计算该企业2014年应缴纳的企业所得税。

2. 某居民企业系增值税一般纳税人,2014年取得商品销售收入5 500万元,转让固定资产的净收益50万元,投资收益80万元;发生商品销售成本2 200万元,营业税金及附加120万元,发生销售费用1 900万元,管理费用960万元,财务费用180万元,营业外支出100万元,实现利润总额170万元,企业自行计算缴纳企业所得税 = 170 × 25% = 42.5(万元)。经注册会计师审核,发现2014年该企业存在如下问题。

1) 销售费用中含广告费800万元,业务宣传费300万元;12月购进一台符合《安全生产专用设备企业所得税优惠目录》规定的安全生产专用设备,取得增值税专用发票上注明价款30万元、增值税5.1万元,当月投入使用,企业将该设备购买价款30万元一次性在销售费用中列支。

2) 管理费用中含业务招待费80万元,支付给其他企业租金30万元。

3) 财务费用中含支付给银行的借款利息60万元、逾期罚息10万元。

4) 营业外支出中含通过公益性社会团体向灾区捐款65万元,因违反合同约定支付给其他企业违约金30万元,因违反工商管理规定被工商局处以罚款5万元。

5）投资收益中含国债利息收入10万元；从境外A国子公司分回税后收益45万元，A国政府规定的所得税率为30%；从境外B国子公司分回税后投资收益25万元，B国政府规定的所得税率为20%。

6）已计入成本、费用中的全年实发合理的工资总额为400万元，实际拨缴的工会经费6万元，发生职工福利费60万元、职工教育经费15万元。

要求：

① 计算该居民企业准予在企业所得税前扣除的广告费和业务宣传费金额。

② 计算该居民企业准予在企业所得税前扣除的管理费用金额。

③ 计算该居民企业准予在企业所得税前扣除的营业外支出金额。

④ 计算该居民企业应纳税所得额时，工资总额、工会经费、职工福利费和职工教育经费应调整应纳税所得额的金额。

⑤ 计算该居民企业2014年度境内应纳税所得额。

⑥ 计算该居民企业境外所得应在我国补缴的企业所得税。

⑦ 计算该居民企业应补（退）企业所得税税额。

第八章 个人所得税法

学习目标

本章主要介绍了个人所得税基础知识、个人所得税法的基本内容、个人所得税应纳税额的计算以及个人所得税的征收管理。通过学习应达到以下要求。

- 理解并掌握个人所得税的概念、特点
- 明确个人所得税的纳税人、征税对象、税率
- 理解居民纳税人与非居民纳税人的划分标准及纳税义务
- 掌握个人所得税的计算
- 理解个人所得税的征收管理规定,掌握税收优惠政策

第一节 个人所得税基础知识

一、个人所得税的概念

个人所得税是以自然人取得的各类应税所得为征税对象而征收的一种所得税,是政府利用税收对个人收入进行调节的一种手段。个人所得税是世界各国普遍开征的一个税种,最早产生于18世纪的英国。很多国家个人所得税在全部税收收入总额中所占比重超过了其他税种,我国个人所得税在整个税制体系中的作用也越来越大,目前已经成为我国的主要税种。

从世界范围看,个人所得税的税制模式有3种:分类征收制、综合征收制和混合征收制。目前,我国个人所得税的征收采用的是分类征收制。这种模式是将纳税人不同来源、性质的所得项目,分别规定不同的税率征税,其优点是对纳税人全部所得区分性质进行区别征税,能够体现国家的政治、经济与社会政策;缺点是对纳税人整体所得把握得不一定全面,容易导致实际税负的不公平,这样就不可能完全达到对收入进行公平调节的目的。因而对我国现行个人所得税制模式进行改革是一个方向,我国也初步确定把个人所得税制由分类征收制向分类与综合相结合的模式转变。

二、个人所得税的特点和作用

(一) 个人所得税的特点

个人所得税是世界各国普遍征收的一个税。我国个人所得税制主要有以下特点。

1. 超额累进税率与比例税率并用

分类所得税制一般采用比例税率,综合所得税制通常采用超额累进税率。比例税率计算简便,便于实行源泉扣缴;超额累进税率可以合理调节收入分配、体现公平。我国根据各类个人所得的不同性质和特点将这两种形式的税率综合运用于个人所得税制。其中,对工资、薪金所得,个体工商户的生产、经营所得,企事业单位的承包经营、承租经营所得,采用超额累进税率,实现量能负担;对劳务报酬、稿酬等其他所得,采用比例税率,实行等比负担。

2. 费用扣除额较宽

各国的个人所得税制均有费用扣除的规定,只是扣除的方法及额度不尽相同。我国本着费用扣除从宽、从简的原则,采用费用定额扣除和定率扣除两种方法。对工资、薪金所得,适用的减除费用标准为每月 3 500 元;对劳务报酬等所得,每次收入不超过 4 000 元的减除 800 元,每次收入 4 000 元以上的减除 200 元的费用。按照这样的标准减除费用,实际上等于对绝大多数的工资、薪金所得予以免税或只征很少的税款,也使得提供一般劳务、取得中低劳务报酬所得的个人大多不用负担个人所得税。

3. 计算简便

我国个人所得税的费用扣除采取总额扣除法,免去了对个人实际生活费用支出逐项计算的麻烦,各种所得项目实行分类计算,并且具有明确的费用扣除规定。费用扣除项目及方法易于掌握,计算比较简单,符合税制简便原则。

4. 采取源泉扣缴和个人申报两种征纳方法

我国《个人所得税法》规定,对纳税人的应纳税额分别采取由扣缴义务人源泉扣缴和纳税人自行申报两种方法。对凡是可以在应税所得的支付环节扣缴个人所得税的,均由扣缴义务人履行代扣代缴义务;对于没有扣缴义务人的,个人在两处以上取得工资、薪金所得的,以及个人所得超过国务院规定数额(即年所得 12 万元以上)的,由纳税人自行申报纳税。此外,对其他不便于扣缴税款的,亦规定由纳税人自行申报纳税。

(二) 个人所得税的作用

1. 调节收入分配,体现社会公平

在谋求经济增长和实行市场经济体制的发展中国家,社会收入分配差距在一定时期的扩大是不可避免的。改革开放以来,随着经济的发展,我国人民的生活水平不断提高,一部分人已达到较高的收入水平。因此,有必要对个人收入进行适当的税收调节。在保证人们基本生活不受影响的前提下,本着高收入者多纳税、中等收入者少纳税、低收入者不纳税的原则,通过征收个人所得税来缓解社会收入分配不公的矛盾,有利于在不损害效率的前提下,体现社会公平,保持社会稳定。

2. 扩大聚财渠道,增加财政收入

就我国目前情况看,由于个人总体收入水平不高,个人所得税收入还十分有限,但个人所得税仍不失为一个收入弹性和增长潜力较大的税种,是国家财政收入的一个重要来源。随着社会主义市场经济体制的建立和我国经济的进一步发展,我国个人所得税税源将不断扩大。

知识链接8-1

美国实行的是将纳税人全年各种所得不分性质、来源、形式,统一加总求和再统一扣除的综合所得税制。其基本内容是:①所有形式的收入都必须归入税基,这里的收入或可以用于个人消费,或可以用于个人财富积累;②所有来源的收入都必须归入税基,包括劳动收入、土地出租收入、资本红利收入以及接受遗产等;③综合所得税基本身允许做一定的扣除,以体现公平原则。

第二节　个人所得税法的基本内容

一、征税范围

(一) 工资、薪金所得

工资、薪金所得,是指个人因任职或者受雇而取得的工资、薪金、奖金、年终加薪、劳动分红、津贴、补贴以及与任职或者受雇有关的其他所得。

除工资、薪金以外,奖金、年终加薪、劳动分红、津贴、补贴也被确定为工资、薪金范畴。其中,年终加薪、劳动分红不分种类和取得情况,一律按工资、薪金所得课税;津贴、补贴等则有例外,对于一些不属于工资、薪金性质的补贴、津贴或者不属于纳税人工资、薪金所得项目的收入,不予征税。这些项目包括以下各项。

① 独生子女补贴。

② 执行公务员工资制度未纳入基本工资总额的补贴、津贴差额和家属成员的副食品补贴。

③ 托儿补助费。

④ 差旅费津贴、误餐补助。单位以误餐补助名义发给职工的补助、津贴不包括在内。

公司职工取得的用于购买企业国有股权的劳动分红,按"工资、薪金所得"项目计征个人所得税。

出租汽车经营单位对出租车驾驶员采取单车承包或承租方式运营,出租车驾驶员从事客货营运取得的收入,按"工资、薪金所得"征税。

(二) 个体工商户的生产、经营所得

个体工商户的生产、经营所得是指如下各种。

① 个体工商户从事工业、手工业、建筑业、交通运输业、商业、饮食业、服务业、修理业及其他行业取得的所得。

② 个人经政府有关部门批准,取得执照,从事办学、医疗、咨询以及其他有偿服务活动取得的所得。

③ 个人因从事彩票代销业务而取得的所得,按"个体工商户的生产、经营所得"项目计征个人所得税。

④ 从事个体出租车运营的出租车驾驶员取得的收入，按“个体工商户的生产、经营所得”项目缴纳个人所得税。

出租车属个人所有，但挂靠出租汽车经营单位或企事业单位，驾驶员向挂靠单位缴纳管理费的，或出租汽车经营单位将出租车所有权转移给驾驶员的，出租车驾驶员从事客货运营取得的收入，比照“个体工商户的生产、经营所得”项目征税。

⑤ 个体工商户和从事生产、经营的个人，取得与生产、经营活动无关的其他各项应税所得，应分别按照其他应税项目的有关规定，计算征收个人所得税。

⑥ 个人独资企业、合伙企业的个人投资者以企业资金为本人、家庭成员及其相关人员支付与企业生产经营无关的消费性支出及购买汽车、住房等财产性支出，视为企业对个人投资者利润分配，并入投资者个人的生产经营所得，依照“个体工商户的生产、经营所得”项目计征个人所得税。

（三）对企事业单位的承包经营、承租经营所得

对企事业单位的承包经营、承租经营所得，是指个人承包经营或承租经营以及转包、转租取得的所得。承包项目可分多种，如生产经营、采购、销售、建筑安装等各种承包。转包包括全部转包或部分转包。

（四）劳务报酬所得

劳务报酬所得，是指个人从事设计、装潢、安装、制图、化验、测试、医疗、法律、会计、咨询、讲学、新闻、广播、翻译、审稿、书画、雕刻、影视、录音、录像、演出、表演、广告、展览、技术服务、介绍服务、经纪服务、代办服务以及其他劳务取得的所得。

自 2004 年 1 月 20 日起，对商品营销活动中，企业和单位对其营销业绩突出的非雇员以培训班、研讨会、工作考察等名义组织旅游活动，通过免收差旅费、旅游费对个人实行的营销业绩奖励（包括实物、有价证券等），应根据所发生费用的全额作为该营销人员当期的劳务收入，按照“劳务报酬所得”项目征收个人所得税，并由提供上述费用的企业和单位代扣代缴。

（五）稿酬所得

稿酬所得，是指个人因其作品以图书、报刊形式出版、发表而取得的所得。将稿酬所得独立划归一个征税项目，主要是考虑了出版、发表作品的特殊性。第一，它是一种依靠较高智力创作的精神产品；第二，它具有普遍性；第三，它与社会主义精神文明和物质文明密切相关；第四，它的报酬相对偏低。

（六）特许权使用费所得

特许权使用费所得，是指个人提供专利权、商标权、著作权、非专利技术以及其他特许权的使用权取得的所得。提供著作权的使用权取得的所得，不包括稿酬所得。

（七）利息、股息、红利所得

利息、股息、红利所得，是指个人拥有债权、股权而取得的利息、股息、红利所得。

除个人独资企业、合伙企业以外的其他企业的个人投资者，以企业资金为本人、家庭成员及其相关人员支付与企业生产经营无关的消费性支出及购买汽车、住房等财产性支出，视为企业对个人投资者的红利分配，依照“利息、股息、红利所得”项目计征个人所得税。企业的上述支出不允许在所得税前扣除。

自2008年10月9日起暂免征收储蓄存款利息的个人所得税。

(八) 财产租赁所得

财产租赁所得,是指个人出租建筑物、土地使用权、机器设备、车船以及其他财产取得的所得。个人取得的财产转租收入,属于“财产租赁所得”的征税范围,由财产转租人缴纳个人所得税。

(九) 财产转让所得

财产转让所得,是指个人转让有价证券、股权、建筑物、土地使用权、机器设备、车船以及其他财产取得的所得。

国务院决定,对股票转让所得暂不征收个人所得税。

(十) 偶然所得

偶然所得,是指个人得奖、中奖、中彩以及其他偶然性质的所得。偶然所得应缴纳的个人所得税税款,一律由发奖单位或机构代扣代缴。

(十一) 经国务院财政部门确定征税的其他所得

除上述列举的各项个人应税所得外,其他确有必要征税的个人所得,由国务院财政部门确定。个人取得的所得,难以界定应纳税所得项目的,由主管税务机关确定。

二、所得来源地的确定

下列所得,不论支付地点是否在中国境内,均为来源于中国境内的所得。

① 因任职、受雇、履约等而在中国境内提供劳务取得的所得。

② 将财产出租给承租人在中国境内使用而取得的所得。

③ 转让中国境内的建筑物、土地使用权等财产或者在中国境内转让其他财产取得的所得。

④ 许可各种特许权在中国境内使用而取得的所得。

⑤ 从中国境内的公司、企业以及其他经济组织或者个人取得的利息、股息、红利所得。

三、纳税人及纳税义务

个人所得税的纳税人,是指在中国境内有住所,或者无住所而在境内居住满1年的个人,以及在中国境内无住所又不居住或者无住所而在境内居住不满1年的个人,具体包括居民纳税人和非居民纳税人。中国公民,个体工商户,外籍人员,中国香港、澳门、台湾同胞等,都是我国个人所得税的纳税人。

(一) 居民纳税人

根据《个人所得税法》的规定,居民纳税人是指在中国境内有住所或者无住所而在中国境内居住满1年的个人。现行税法中关于“中国境内”的概念,是指中国大陆地区,目前还不包括香港、澳门和台湾地区。所谓在中国境内有住所的个人,是指因户籍、家庭、经济利益关系,而在中国境内习惯性居住的个人。所谓在境内居住满1年是指一个纳税年度(即公历1月1日起至12月31日止,下同)内,在中国境内居住满365日,在计算居住天数时,对临时离境应视同在华居住，不扣减其在华居住的天数。临时离境是指在一个纳税年度内，一次不超过30日或者多次累计不超过90日的离境。

（二）非居民纳税人

根据《个人所得税法》的规定，非居民纳税人是指在中国境内无住所又不居住或者无住所而在境内居住不满1年的个人。非居民纳税人，实际上只能是在一个纳税年度中，没有在中国境内居住，或者在中国境内居住不满1年的外籍人员、华侨或香港、澳门、台湾同胞。

（三）居民和非居民的纳税义务

居民纳税人负无限纳税义务，就其来源于境内外的所得纳税；非居民纳税人负有限纳税义务，就其来源于境内的所得纳税。

根据国务院关于个人独资企业和合伙企业征收个人所得税的通知规定，从2000年1月1日起，个人独资企业和合伙企业投资者也为个人所得税纳税义务人。个人独资企业以投资者为个人所得税的纳税人，合伙企业以每一合伙人为个人所得税的纳税人。这里所称的个人独资企业和合伙企业是指：依照《中华人民共和国个人独资企业法》和《中华人民共和国合伙企业法》登记的个人独资企业和合伙企业；依照《中华人民共和国私营企业暂行条例》登记成立的独资、合伙性质的私营企业；依照《中华人民共和国律师法》登记成立的合伙制律师事务所；经政府有关部门依照法律法规批准成立的负有无限责任和无限连带责任的其他个人独资、个人合伙性质的机构或组织。

四、税率

我国个人所得税采用分项所得税制，税率按不同征税对象确定，具体分为累进税率和比例税率两大类。

（一）工资、薪金所得适用税率

工资、薪金所得个人所得税税率如表8－1所示。

表8－1 工资、薪金所得个人所得税税率

级 数	全月含税应纳税所得额	全月不含税应纳税所得额	税率/（%）	速算扣除数
1	不超过1 500元的部分	不超过1 455元的部分	3	0
2	超过1 500～4 500元的部分	超过1 455～4 155元的部分	10	105
3	超过4 500～9 000元的部分	超过4 155～7 755元的部分	20	555
4	超过9 000～35 000元的部分	超过7 755～27 255元的部分	25	1 005
5	超过35 000～55 000元的部分	超过27 255～41 255元的部分	30	2 755
6	超过55 000～80 000元的部分	超过41 255～57 505元的部分	35	5 505
7	超过80 000元的部分	超过57 505元的部分	45	13 505

注意：本表所称全月含税应纳税所得额和全月不含税应纳税所得额，是指依照税法的规定，以每月收入额减除费用3 500元后的余额或者再减除附加减除费用后的余额。

（二）个体工商户的生产、经营所得和对企事业单位的承包经营、承租经营所得适用税率

个体工商户的生产、经营所得和对企事业单位的承包经营、承租经营所得适用税率如表8－2所示。

表8－2　个体工商户的生产、经营所得和对企事业单位的承包经营、承租经营所得适用税率

级　数	全年含税应纳税所得额	全年不含税应纳税所得额	税率/（%）	速算扣除数
1	不超过15 000元的部分	不超过14 250元的部分	5	0
2	超过15 000～30 000元的部分	超过14 250～27 750元的部分	10	750
3	超过30 000～60 000元的部分	超过27 750～51 750元的部分	20	3 750
4	超过60 000～100 000元的部分	超过51 750～79 750元的部分	30	9 750
5	超过100 000元的部分	超过79 750元的部分	35	14 750

目前实行承包（租）经营的形式较多，分配方式也不相同，因此，承包、承租人按照承包、承租经营合同（协议）规定取得所得的适用税率也不一致。

① 承包、承租人对企业经营成果不拥有所有权，仅是按合同（协议）规定取得一定所得的，其所得按“工资、薪金”所得项目征税，适用3%～45%的7级超额累进税率。

② 承包、承租人按合同（协议）的规定只向发包、出租方交纳一定费用后，企业经营成果归其所有的，承包、承租人取得的所得，按对企事业单位的承包经营、承租经营所得项目，适用5%～35%的5级超额累进税率征税。

③ 个人独资企业和合伙企业的个人投资者取得的生产经营所得也适用5%～35%的5级超额累进税率。

（三）劳务报酬所得适用税率

劳务报酬所得适用比例税率，税率为20%。对劳务报酬所得一次收入畸高的，可以实行加成征收，具体规定如表8－3所示。

表8－3　劳务报酬所得个人所得税税率

级　数	每次应纳税所得额	税率/（%）	速算扣除数
1	不超过20 000元的部分	20	0
2	超过20 000～50 000元的部分	30	2 000
3	超过50 000元的部分	40	7 000

注意：本表所称每次应纳税所得额，是指每次收入额减除费用800元（每次收入额不超过4 000元或者减除20%的费用（每次收入额超过4 000元时）后的余额。

（四）稿酬所得适用税率

稿酬所得适用比例税率，税率为20%，并按应纳税额减征30%，故其实际税率为14%。

（五）特许权使用费所得，利息、股息、红利所得，财产租赁所得，财产转让所得，偶然所得和其他所得适用税率

特许权使用费所得，利息、股息、红利所得，财产租赁所得，财产转让所得，偶然所得和其他所

得，适用比例税率，税率为20%。从2007年8月15日起，居民储蓄利息税率调为5%。自2008年10月9日起暂免征收储蓄存款利息的个人所得税。对个人出租住房取得的所得减按10%的税率征收个人所得税。但对个人按市场价格出租的居民住房取得的所得，自2001年1月1日起暂减按10%的税率征收个人所得税。

五、个人所得税的税收优惠

（一）免征个人所得税的优惠

① 省级人民政府、国务院部委和中国人民解放军军以上单位，以及外国组织颁发的科学、教育、技术、文化、卫生、体育、环境保护等方面的奖金。

② 国债和国家发行的金融债券利息。

③ 按照国家统一规定发给的补贴、津贴。按照国家统一规定发给的补贴、津贴，是指按照国务院规定发给的政府特殊津贴和国务院规定免纳个人所得税的补贴、津贴。

④ 福利费、抚恤金、救济金。

⑤ 军人的转业费、复员费。

⑥ 按照国家统一规定发给干部、职工的安家费、退职费、退休工资、离休工资、离休生活补助费。

⑦ 依照我国有关法律规定应予免税的各国驻华使馆、领事馆的外交代表、领事官员和其他人员的所得。

⑧ 企业和个人按照省级以上人民政府规定的比例提取并缴付的住房公积金、医疗保险金、基本养老保险金、失业保险金，不计入个人当期的工资、薪金收入，免予征收个人所得税。超过规定的比例缴付的部分计征个人所得税。

⑨ 对个人取得的教育储蓄存款利息所得以及国务院财政部门确定的其他专项储蓄存款或者储蓄性专项基金存款的利息所得，免征个人所得税。

⑩ 个人举报、协查各种违法、犯罪行为而获得的奖金。

⑪ 个人办理代扣代缴税款手续，按规定取得的扣缴手续费。

⑫ 个人转让自用达5年以上并且是唯一的家庭居住用房取得的所得。

⑬ 外籍个人以非现金形式或实报实销形式取得的住房补贴、伙食补贴、搬迁费、洗衣费。

⑭ 外籍个人按合理标准取得的境内、外出差补贴。

⑮ 外籍个人取得的探亲费、语言训练费、子女教育费等，经当地税务机关审核批准为合理的部分。可以享受免征个人所得税优惠的探亲费，仅限于外籍个人在我国的受雇地与其家庭所在地（包括配偶或父母居住地）之间搭乘交通工具，且每年不超过两次的费用。

（二）减征个人所得税的优惠

① 残疾、孤老人员和烈属的所得。

② 因严重自然灾害造成重大损失的。

③ 其他经国务院财政部门批准减税的。

知识链接8-2

为促进我国多层次养老保险体系的发展,根据《个人所得税法》的相关规定,①企业和事业单位(以下统称"单位")根据国家有关政策规定的办法和标准,为在本单位任职或者受雇的全体职工缴付的企业年金或职业年金(以下统称"年金")单位缴费部分,在计入个人账户时,个人暂不缴纳个人所得税;②个人根据国家有关政策规定缴付的年金个人缴费部分,在不超过本人缴费工资计税基数的4%标准内的部分,暂从个人当期的应纳税所得额中扣除。

第三节　个人所得税应纳税额的计算

一、个人所得税应纳税额的计算

由于个人所得税的应税项目不同,并且取得某项所得所需费用也不相同,因此,计算个人应纳税所得额及应纳税额,就要按不同应税项目分项计算。

(一) 工资、薪金所得的应纳税额计算

1. 应纳税所得额的确定

① 工资、薪金所得,以每月收入额减除费用3 500元后的余额为应纳税所得额。

按照税法的规定,对在中国境内无住所而在中国境内取得工资、薪金所得的纳税义务人和在中国境内有住所而在中国境外取得工资、薪金所得的纳税义务人,可以根据其平均收入水平、生活水平以及汇率变化情况确定附加减除费用,附加减除费用适用的范围和标准由国务院规定。

国务院在发布的《个人所得税法实施条例》中,对附加减除费用适用的范围和标准作了具体规定,具体包括以下各项。

- 在中国境内的外商投资企业和外国企业中工作取得工资、薪金所得的外籍人员。
- 应聘在中国境内的企事业单位、社会团体、国家机关中工作取得工资、薪金所得的外籍专家。
- 在中国境内有住所而在中国境外任职或者受雇取得工资、薪金所得的个人。
- 财政部确定的取得工资、薪金所得的其他人员。

② 附加减除费用标准。

从2011年9月1日起,在每月减除3 500元费用的基础上,再附加减除1 300元。

③ 华侨和香港、澳门、台湾同胞参照上述附加减除费用标准执行。

④ 工资、薪金所得按月计征个人所得税。

2. 应纳税额的计算

工资、薪金所得应纳税额的计算公式为:

应纳税额 = 应纳税所得额 × 适用税率 − 速算扣除数 = (每月收入额 − 3 500元或4 800元) × 适用税率 − 速算扣除数

例 8-1　假定某纳税人 2015 年 1 月含税工资收入 4 200 元，该纳税人不适用附加减除费用的规定。计算其当月应纳个人所得税税额。

应纳税所得额 =4 200 -3 500 =700(元)

应纳税额 =700 ×3% -0 =21(元)

（二）个体工商户生产、经营所得的应纳税额计算

1. 应纳税所得额的确定

个体工商户的生产、经营所得，以每一纳税年度的收入总额减除成本、费用以及损失后的余额，为应纳税所得额。

(1) 准予扣除项目

成本、费用，是指纳税义务人从事生产、经营所发生的各项直接支出和分配计入成本的间接费用以及销售费用、管理费用、财务费用；损失，是指纳税义务人在生产、经营过程中发生的各项营业外支出。

① 个体工商户在生产经营中的借款利息支出，未超过中国人民银行规定的同类、同期贷款利率计算的数额部分，准予扣除。

② 个体工商户发生的与生产经营有关的财产保险、运输保险以及从业人员的养老、医疗保险及其他保险费用的支出，按国家规定标准计算扣除。

③ 个体工商户按规定缴纳的工商管理费、个体劳动者协会会费、摊位费，按实际发生数扣除。

④ 个体工商户研究开发新产品、新技术、新工艺所发生的开发费用及研究开发新产品、新技术、新工艺而购置的单台价值在 5 万元以下的测试仪器和试验性装置的购置费，准予扣除。超出上述标准和范围的，按固定资产管理，不得在当期扣除。

⑤ 个体工商户向其从业人员实际支付的合理的工资、薪金支出，允许在税前据实扣除。

个体工商户拨缴的工会经费，发生的职工福利费、职工教育经费支出分别在工资、薪金总额 2%、14%、2. 5% 的标准内据实扣除。

⑥ 个体工商户每一纳税年度发生的广告费和业务宣传费用不超过当年销售收入 15% 的部分可据实扣除，超过部分准予在以后纳税年度结转扣除。

⑦ 个体工商户每一纳税年度发生的与其生产经营业务直接相关的业务招待费支出，按照发生额的 60% 扣除，但最高不得超过当年销售(营业)收入的 5‰。

⑧ 个体工商户将其所得通过中国境内的社会团体、国家机关向教育和其他社会公益事业以及遭受严重自然灾害地区、贫困地区的捐赠，捐赠额不超过其应纳税所得额 30% 的部分可以据实扣除(另有规定的除外)。纳税人直接给受益人的捐赠不得扣除。

⑨ 个体工商户在生产经营过程中发生的与家庭生活混用的费用，由主管税务机关核定分摊比例，据此计算确定的属于生产经营过程中发生的费用，准予扣除。

⑩ 个体工商户的年度经营亏损，经申报主管税务机关审核后，允许用下一年度的经营所得弥补。下一年度所得不足弥补的，允许逐年延续弥补，但最长不得超过 5 年。

(2) 不得在所得税前列支的项目

① 资本性支出，包括为购置、建造固定资产、无形资产以及其他资产的支出及对外投资的支出。

② 被没收的财物、支付的罚款。

③ 缴纳的个人所得税、税收滞纳金、罚金和罚款。

④ 各种赞助支出。

⑤ 自然灾害或者意外事故损失有赔偿的部分。

⑥ 分配给投资者的股利。

⑦ 用于个人及家庭的支出。

⑧ 个体工商户业主的工资支出。

⑨ 与生产经营无关的其他支出。

⑩ 国家税务总局规定不准扣除的其他支出。

(3) 费用减除标准

个体工商户2011年9月1日(含)以后的生产经营所得,应适用税法修改后的费用减除标准,即每月3 500元。

个体工商户生产、经营所得按年计征个人所得税。

2. 应纳税额的计算

个体工商户的生产、经营所得应纳税额的计算公式为:

应纳税额=应纳税所得额×适用税率-速算扣除数=(年收入总额-成本、费用、损失及税-规定的费用减除标准)×税率-速算扣除数

例8-2 某市大华酒家系个体经营户,账证比较健全,2014年12月取得营业额为120 000元,购进菜、肉、面粉、大米等原料费为60 000元,缴纳电费、水费、房租、煤气费等15 000元,缴纳其他税费合计为6 600元。当月支付给4名雇员工资共4 800元,业主个人费用扣除标准为3 500元。1—11月累计应纳税所得额为55 600元,1—11月累计已预缴个人所得税为14 397.5元。计算该个体业户12月份应缴纳的个人所得税。

① 12月份应纳税所得额=120 000-60 000-15 000-6 600-4 800-3 500=30 100(元)

② 全年累计应纳税所得额=55 600+30 100=85 700(元)

③ 12月份应纳个人所得税=85 700×30%-9 750-14 397.5=1 562.5(元)

知识链接8-3

个体工商户、个人独资企业和合伙企业因在纳税年度中间开业、合并、注销及其他原因,导致该纳税年度的实际经营期不足1年的,对个体工商户业主、个人独资企业投资者和合伙企业自然人合伙人的生产经营所得计算个人所得税时,以其实际经营期为1个纳税年度。投资者本人的费用扣除标准,应按照其实际经营月份数,以每月3 500元的减除标准确定。计算公式如下:

应纳税所得额=该年度收入总额-成本、费用及损失-当年投资者本人的费用扣除额

当年投资者本人的费用扣除额=月减除费用(3 500元/月)×当年实际经营月份数

应纳税额=应纳税所得额×税率-速算扣除数

（三）企事业单位承包、承租经营所得的应纳税额计算

1. 应纳税所得额的确定

对企事业单位的承包经营、承租经营所得，以每一纳税年度的收入总额减除必要费用后的余额，为应纳税所得额。每一纳税年度的收入总额是指纳税义务人按照承包经营、承租经营合同规定分得的经营利润和工资、薪金性质的所得；减除必要费用，是指按月减除3 500元。

企事业单位承包、承租经营所得按年计征个人所得税。

2. 应纳税额的计算

企事业单位承包、承租经营所得的应纳税额计算公式为：

$$应纳税额=(年收入总额-必要费用)\times适用税率-速算扣除数=(年收入总额-3\,500\times实际经营期间)\times适用税率-速算扣除数$$

（四）劳务报酬所得的应纳税额计算

1. 应纳税所得额的确定

劳务报酬所得，每次收入不超过4 000元的，减除费用800元；4 000元以上的，减除20%的费用，其余额为应纳税所得额。

劳务报酬所得，根据不同劳务项目的特点，分别规定如下。

① 只有一次性收入的，以取得该项收入为一次。例如，从事设计、安装、装潢、制图、化验、测试等劳务，往往是接受客户的委托，按照客户的要求，完成一次劳务后取得收入。

② 属于同一事项连续取得收入的，以1个月内取得的收入为一次。例如，某歌手与一家卡拉OK厅签约，在1年内每天到卡拉OK厅演唱一次，每次演出后付酬50元。在计算其劳务报酬所得时，应视为同一事项的连续性收入，以其1个月内取得的收入为一次计征个人所得税。

劳务报酬所得按次计征个人所得税。

2. 应纳税额的计算

（1）每次收入不超过4 000元的

$$应纳税额=(每次收入额-800)\times20\%$$

（2）每次收入在4 000元以上的

① 应纳税所得额在20 000元以下的：

$$应纳税额=每次收入\times(1-20\%)\times20\%$$

② 应纳税所得额超过20 000元不到50 000元的：

$$应纳税额=每次收入\times(1-20\%)\times30\%-2\,000$$

③ 应纳税所得额超过50 000元的：

$$应纳税额=每次收入\times(1-20\%)\times40\%-7\,000$$

（五）稿酬所得的应纳税额计算

1. 应纳税所得额的确定

稿酬所得，每次收入不超过4 000元的，减除费用800元；4 000元以上的，减除20%的费用，

其余额为应纳税所得额。

稿酬所得,以每次出版、发表取得的收入为一次。具体又可细分如下。

① 同一作品再版取得的所得,应视作另一次稿酬所得计征个人所得税。

② 同一作品先在报刊上连载然后再出版,或先出版再在报刊上连载的,应视为两次稿酬所得征税,即连载作为一次,出版作为另一次。

③ 同一作品在报刊上连载取得收入的,以连载完成后取得的所有收入合并为一次,计征个人所得税。

④ 同一作品在出版和发表时,以预付稿酬或分次支付稿酬等形式取得的稿酬收入,应合并计算为一次。

⑤ 同一作品出版、发表后,因添加印数而追加稿酬的,应与以前出版、发表时取得的稿酬合并计算为一次,计征个人所得税。

稿酬所得按次计征个人所得税。

2. 应纳税额的计算

① 每次收入不超过4 000元的:

$$应纳税额=(每次收入额-800)\times20\%\times(1-30\%)$$

② 每次收入在4 000元以上的:

$$应纳税额=每次收入额\times(1-20\%)\times20\%\times(1-30\%)$$

例8-3 某工程师2015年2月因其编著的教材出版获得稿酬9 000元,2015年6月因教材加印又得到稿酬4 000元。计算该工程师所得稿酬应缴纳的个人所得税。

应纳税额=(9 000+4 000)×(1-20%)×20%×(130%)=1 456(元)

(六) 特许权使用费的应纳税额计算

1. 应纳税所得额的确定

特许权使用费所得,每次收入不超过4 000元的,减除费用800元;4 000元以上的,减除20%的费用,其余额为应纳税所得额。

特许权使用费所得,以一项特许权的一次许可使用所取得的收入为一次。如果该次转让取得的收入是分笔支付的,则应将各笔收入相加为一次的收入计征个人所得税。

特许权使用费所得按次计征个人所得税。

2. 应纳税额的计算

① 每次收入不超过4 000元的:

$$应纳税额=(每次收入额-800)\times20\%$$

② 每次收入在4 000元以上的:

$$应纳税额=每次收入额\times(1-20\%)\times20\%$$

(七) 财产租赁的应纳税额计算

1. 应纳税所得额的确定

财产租赁所得,每次收入不超过4 000元的,减除费用800元;4 000元以上的,减除20%的费用，其余额为应纳税所得额。财产租赁所得以1个月内取得的收入为一次。

个人出租财产取得的财产租赁收入，在计算缴纳个人所得税时，应依次扣除以下费用。

① 财产租赁过程中缴纳的税费。

② 向出租方支付租金。

③ 由纳税人负担的该出租财产实际开支的修缮费用。

④ 税法规定的费用扣除标准。

财产租赁所得按次计征个人所得税。

2. 应纳税额的计算

① 每次收入不超过4 000元的：

应纳税额＝[每次（月）收入额－准予扣除项目－修缮费用(800元为限)－800]×20%

② 每次收入在4 000元以上的：

应纳税额＝[每次（月）收入额－准予扣除项目－修缮费用(800元为限)]×(1－20%)×20%

（八）财产转让的应纳税额计算

1. 应纳税所得额的确定

财产转让所得以个人每次转让财产取得的收入额减除财产原值和相关税费后的余额为应纳税所得额，其中“每次”是以一项财产的所有权一次转让所得的收入为一次。

财产转让所得中的财产原值是指如下内容。

① 有价证券。其原值为买入价以及买入时按规定缴纳的有关费用。

② 建筑物。其原值为建造费用或购进价格及其他有关税费。

③ 土地使用权。其原值为取得土地使用权所支付的金额、开发土地的费用及其他有关税费。

④ 机器设备、车船。其原值为购进价格、运输费、安装费及其他有关费用。

⑤ 其他财产。其原值参照以上方法确定。

财产转让所得按次计征。

2. 应纳税额的计算

应纳税额＝应纳税所得额×适用税率＝（收入总额－财产原值－合理税费）×适用税率

例8－4　刘某于2015年2月将其在某地的两套房中的一套转让给叶某，取得转让收入220 000元。该套住房购进时的原价为180 000元，转让时支付有关税费15 000元。计算刘某转让私房应缴纳的个人所得税。

① 应纳税所得额＝220 000－180 000－15 000＝25 000(元)

② 应纳税额＝25 000×20%＝5 000(元)

（九）利息、股息、红利所得，偶然所得和其他所得的应纳税额算

1. 应纳税所得额的确定

偶然所得和其他所得以个人每次取得的收入额为应纳税所得额，不扣除任何费用。除有特殊规定外，每次收入额就是应纳税所得额，以每次取得该项收入为一次。

2. 应纳税额的计算

应纳税额 = 应纳税所得额(每次收入额) × 适用税率

(十) 境外所得的税额扣除

根据我国《个人所得税法》的规定,纳税义务人从中国境外取得的所得,准予其在应纳税额中扣除已在境外缴纳的个人所得税税额。但扣除额不得超过该纳税义务人境外所得依照本法规定计算的应纳税额。已在境外缴纳的个人所得税税额,是指纳税义务人从中国境外取得的所得,依照该所得来源国家或者地区的法律应当缴纳并且实际已经缴纳的税额。依照税法规定计算的应纳税额,是指纳税义务人从中国境外取得的所得,区别不同国家或者地区和不同所得项目,依照税法规定的费用减除标准和适用税率计算的应纳税额。同一国家或者地区内不同所得项目的应纳税额之和,为该国家或者地区的扣除限额。

纳税义务人在中国境外一个国家或地区实际已经缴纳的个人所得税税额,低于按规定计算出的该国家或地区扣除限额的,应当在中国缴纳差额部分的税款;超过该国家或者地区扣除限额的,其超过部分不得在本纳税年度的应纳税额中扣除,但是可以在以后纳税年度的该国家或地区扣除限额的余额中补扣。补扣期限最长不得超过5年。纳税义务人依法申请扣除已在境外缴纳的个人所得税税额时,应当提供境外税务机关填发的完税凭证原件。

例 8-5 张某是中国的税收居民,2015 年度在 A 国取得特许权使用费收入折合人民币 12 000 元,劳务报酬收入折合人民币 10 000 元,已按该国税法分别缴纳了个人所得税折合人民币 1 500 元和 1 300 元;在 B 国取得稿酬收入折合人民币 5 000 元,已按该国税法缴纳了个人所得税折合人民币 700 元。计算张某境外所得应纳的个人所得税。

① 来源于 A 国所得的税款扣除限额。

特许权使用费所得税款扣除限额 = 12 000 × (1 − 20%) × 20% = 1 920(元)

劳务报酬所得税款扣除限额 = 10 000 × (1 − 20%) × 20% = 1 600(元)

来源于 A 国所得的税款扣除限额 = 1 920 + 1 600 = 3 520(元)

该纳税人在 A 国已纳税款 2 800(1 500 + 1 300)元,低于扣除限额,可以全额抵扣,并须在中国补缴差额部分的税款,共计 720(3 520 − 2 800)元。

② 来源于 B 国所得的税款扣除限额。

稿酬所得税款扣除限额 = 5 000 × (1 − 20%) × 20% × (1 − 30%) = 560(元)

该纳税人在 B 国已纳税款 700 元,超过扣除限额 140 元(700 − 560),这 140 元不得在本纳税年度的应纳税额中扣除,但是可以在以后纳税年度的该国家或者地区扣除限额的余额中补扣。补扣期限最长不得超过 5 年。

三、应纳税额计算中的特殊问题

(一) 个人取得全年一次性奖金计算征收个人所得税的方法

全年一次性奖金是指行政机关、企事业单位等扣缴义务人根据其全年经济效益和对雇员全年工作业绩的综合考核情况,向雇员发放的一次性奖金。一次性奖金也包括年终加薪、实行年薪制和绩效工资办法的单位根据考核情况兑现的年薪和绩效工资。

纳税人取得全年一次性奖金,单独作为 1 个月工资、薪金所得计算纳税,自 2005 年 1 月 1 日起按以下计税办法,由扣缴义务人发放时代扣代缴。

① 先将雇员当月内取得的全年一次性奖金除以 12 个月，按其商数确定适用税率和速算扣除数。

如果在发放年终一次性奖金的当月，雇员当月工资薪金所得低于税法规定的费用扣除额，应将全年一次性奖金减除“雇员当月工资薪金所得与费用扣除额的差额”后的余额，按上述办法确定全年一次性奖金的适用税率和速算扣除数。

② 将雇员个人当月内取得的全年一次性奖金，按上述第①条确定的适用税率和速算扣除数计算征税，计算公式如下。

如果雇员当月工资薪金所得高于(或等于)税法规定的费用扣除额，适用公式为：

应纳税额 = 雇员当月取得全年一次性奖金 × 适用税率 − 速算扣除数

如果雇员当月工资薪金所得低于税法规定的费用扣除额，适用公式为：

应纳税额 = (雇员当月取得全年一次性奖金 − 雇员当月工资薪金所得与费用扣除额的差额) ×
适用税率 − 速算扣除数

③ 在一个纳税年度内，对每一个纳税人，该计税办法只允许采用一次。

④ 实行年薪制和绩效工资的单位，个人取得年终兑现的年薪和绩效工资按上述第②条、第③条规定执行。

⑤ 雇员取得除全年一次性奖金以外的其他各种名目的奖金，如半年奖、季度奖、加班奖、先进奖、考勤奖等，一律与当月工资、薪金收入合并，按税法规定缴纳个人所得税。

例 8－6　假定中国公民李某 2014 年在我国境内 1—12 月每月的工资为 3 000 元，12 月 31 日又一次性领取年终奖金(兑现的绩效工资)18 500 元。请计算李某取得该笔奖金应缴纳的个人所得税(速算扣除数见表 8－1)。

该笔奖金适用的税率和速算扣除数如下。

按 12 个月分摊后，每月的奖金 =［18 500 −(3 500 −3 000)］÷12 =1 500(根据工资、薪金所得 7 级超额累进税率的规定，适用的税率和速算扣除数分别为 3%、0)。

应缴纳个人所得税如下。

应纳税额 =(奖金收入 − 当月工资与费用扣除额 3 500 元的差额) × 适用的税率 − 速算扣除数 =［18 500 −(3 500 −3 000)］×3% =18 000 ×3% =540(元)

（二）特定行业职工取得的工资、薪金

为了照顾采掘业、远洋运输业、远洋捕捞业因季节、产量等因素的影响，职工的工资、薪金收入呈现较大幅度波动的实际情况，对这 3 个特定行业的职工取得的工资、薪金所得，可按月预缴，年度终了后 30 日内，合计其全年工资、薪金所得，再按 12 个月平均并计算实际应纳的税款，多退少补。用公式表示为：

应纳所得税额 =［(全年工资、薪金收入 ÷12 − 费用扣除标准) × 税率 − 速算扣除数］×12

（三）关于个人取得公务交通、通信补贴收入征税问题

个人因公务用车和通信制度改革而取得的公务用车、通信补贴收入，扣除一定标准的公务费用后，按照“工资、薪金所得”项目计征个人所得税。按月发放的，并入当月“工资、薪金所得”计

征个人所得;不按月发放的,分解到所属月份并与该月份“工资、薪金所得”合并后计征个人所得税。

公务费用扣除标准,由省级地方税务局根据纳税人公务交通、通信费用实际发生情况调查测算,报经省级人民政府批准后确定,并报国家税务总局备案。

(四) 关于失业保险(金)征税问题

城镇企业事业单位及其职工个人按照《失业保险条例》规定的比例,实际缴付的失业保险费,均不计入职工个人当期工资、薪金收入,免予征收个人所得税;超过《失业保险条例》规定的比例缴付失业保险费的,应将其超过规定比例缴付的部分计入职工个人当期的工资、薪金收入,依法计征个人所得税。具备《失业保险条例》规定条件的失业人员领取的失业保险金,免予征收个人所得税。

企业为员工支付各项免税之外的保险金,应在企业向保险公司缴付(即该保险落到被保险人的保险账户)时并入员工当期的工资收入,按“工资、薪金所得”项目计征个人所得税,税款由企业负责代扣代缴。

(五) 个人因与用人单位解除劳动关系取得经济补偿金的征税方法

① 企业依照国家有关法律规定宣告破产,企业职工从该破产企业取得的一次性安置费收入,免征个人所得税。

② 个人因与用人单位解除劳动关系而取得的一次性补偿收入(包括用人单位发放的经济补偿金、生活补助费和其他补助费用),其收入在当地上年职工平均工资3倍数额以内的部分,免征个人所得税;超过3倍数额部分的一次性补偿收入,可视为一次取得数月的工资、薪金收入,允许在一定期限内平均计算。

计算方法为:以超过3倍数额部分的一次性补偿收入,除以个人在本企业的工作年限数(超过12年的按12年计算),以其商数作为个人的月工资、薪金收入,按照税法规定计算缴纳个人所得税。

个人在解除劳动合同后又再次任职、受雇的,已纳税的一次性补偿收入不再与再次任职、受雇的工资薪金所得合并计算补缴个人所得税。

③ 个人领取一次性补偿收入时按照国家和地方政府规定的比例实际缴纳的住房公积金、医疗保险费、基本养老保险费、失业保险费,可以在计征其一次性补偿收入的个人所得税时予以扣除。

(六) 个人提前退休取得补贴收入征收个人所得税规定

自2011年1月1日起,个人提前退休取得一次性补贴收入征收个人所得税按以下规定执行。

① 机关、企事业单位对未达到法定退休年龄、正式办理提前退休手续的个人,按照统一标准向提前退休工作人员支付一次性补贴,不属于免税的离退休工资收入,应按照“工资、薪金所得”项目征收个人所得税。

② 个人因办理提前退休手续而取得的一次性补贴收入,应按照办理提前退休手续至法定退休年龄之间所属月份平均分摊计算个人所得税。计税公式为:

应纳税额 = {[(一次性补贴收入 ÷ 办理提前退休手续至法定退休年龄的实际月份数) −

费用扣除标准]×适用税率－速算扣除数}×
提前办理退休手续至法定退休年龄的实际月份数

(七) 个人兼职和退休人员再任职取得收入个人所得税的征税方法

个人兼职取得的收入应按照“劳务报酬所得”应税项目缴纳个人所得税；退休人员再任职取得的收入，在减除按《个人所得税法》规定的费用扣除标准后，按“工资、薪金所得”应税项目缴纳个人所得税。

(八) 个人取得拍卖收入征收个人所得税

自 2007 年 5 月 1 日起，个人通过拍卖市场拍卖个人财产，对其取得所得按以下规定征税。

① 作者将自己的文字作品手稿原件或复印件拍卖取得的所得，应以其转让收入额减除 800 元(转让收入额 4 000 元以下)或者 20%(转让收入额 4 000 元以上)后的余额为应纳税所得额，按照“特许权使用费”所得项目适用 20% 税率缴纳个人所得税。

② 个人拍卖除文字作品原稿及复印件外的其他财产，应以其转让收入额减除财产原值和合理费用后的余额为应纳税所得额，按照“财产转让所得”项目适用 20% 税率缴纳个人所得税。

对个人财产拍卖所得征收个人所得税时，以该项财产最终拍卖成交价格为其转让收入额。

个人财产拍卖所得适用“财产转让所得”项目计算应纳税所得额时，纳税人凭合法有效凭证(税务机关监制的正式发票、相关境外交易单据或海关报关单据、完税证明等)，从其转让收入额中减除相应的财产原值、拍卖财产过程中缴纳的税金及有关合理费用。

① 财产原值，是指售出方个人取得该拍卖品的价格(以合法有效凭证为准)。具体为：通过商店、画廊等途径购买的，为购买该拍卖品时实际支付的价款；通过拍卖行拍得的，为拍得该拍卖品实际支付的价款及缴纳的相关税费；通过祖传收藏的，为其收藏该拍卖品而发生的费用；通过赠送取得的，为其受赠该拍卖品时发生的相关税费；通过其他形式取得的，参照以上原则确定财产原值。

② 拍卖财产过程中缴纳的税金，是指在拍卖财产时纳税人实际缴纳的相关税金及附加。

③ 有关合理费用，是指拍卖财产时纳税人按照规定实际支付的拍卖费(佣金)、鉴定费、评估费、图录费、证书费等费用。

纳税人不能提供合法、完整、准确的财产原值凭证，不能正确计算财产原值的，按转让收入额 3% 征收率计算缴纳个人所得税；拍卖品经文物部门认定是海外回流文物的，按转让收入额的 2% 征收率计算缴纳个人所得税。

纳税人的财产原值凭证内容填写不规范，或者一份财产原值凭证包括多件拍卖品且无法确认每件拍卖品一一对应的原值的，不得将其作为扣除财产原值的计算依据，应视为不能提供合法、完整、准确的财产原值凭证，并按上述规定的征收率计算缴纳个人所得税。

纳税人能够提供合法、完整、准确的财产原值凭证，但不能提供有关税费凭证的，不得按征收率计算纳税，应当就财产原值凭证上注明的金额据实扣除，并按照税法规定计算缴纳个人所得税。

(九) 房屋赠予个人所得税计税方法

以下情形的房屋产权无偿赠予，对当事人双方不征收个人所得税。

① 房屋产权所有人将房屋产权无偿赠予配偶、父母、子女、祖父母、外祖父母、孙子女、外孙子女、兄弟姐妹。

② 房屋产权所有人将房屋产权无偿赠予承担直接抚养或者赡养义务的抚养人或者赡养人。

③ 房屋产权所有人死亡,依法取得房屋产权的法定继承人、遗嘱继承人或者受遗赠人。

除上述情形以外,房屋产权所有人将房屋产权无偿赠予他人的,受赠人因无偿受赠房屋取得的受赠所得,按照"经国务院财政部门确定征税的其他所得"项目缴纳个人所得税,税率为20%。

对受赠人无偿受赠房屋计征个人所得税时,其应纳税所得额为房地产赠予合同上标明的赠予房屋价值减除赠予过程中受赠人支付的相关税费后的余额。赠予合同标明的房屋价值明显低于市场价格或房地产赠予合同未标明赠予房屋价值的,税务机关可依据受赠房屋的市场评估价格或采取其他合理方式确定受赠人的应纳税所得额。

受赠人转让受赠房屋的,以其转让受赠房屋的收入减除原捐赠人取得该房屋的实际购置成本以及赠予和转让过程中受赠人支付的相关税费后的余额为受赠人的应纳税所得额,依法计征个人所得税。受赠人转让受赠房屋价格明显偏低且无正当理由的,税务机关可以依据该房屋的市场评估价格或其他合理方式确定的价格核定其转让收入。

(十) 个人取得有奖发票奖金免征个人所得税

个人取得单张有奖发票奖金所得不超过800元(含800元)的,暂免征收个人所得税;个人取得单张有奖发票奖金所得超过800元的,应全额按照《个人所得税法》规定的"偶然所得"项目征收个人所得税。税务机关或其指定的有奖发票兑奖机构,是有奖发票奖金所得个人所得税的扣缴义务人,应依法认真做好个人所得税代扣代缴工作。

第四节 个人所得税的征收管理

个人所得税的纳税办法有自行申报纳税和代扣代缴两种。

一、自行申报纳税

自行申报纳税,是由纳税人自行在税法规定的纳税期限内,向税务机关申报取得的应税所得项目和数额,如实填写个人所得税纳税申报表,并按照税法规定计算应纳税额,据此缴纳个人所得税的一种方法。

(一) 自行申报的项目

税法规定,凡有下列情形之一的,纳税人必须自行向税务机关申报所得并缴纳税款。

① 年所得12万元以上的。

② 在两处或两处以上取得工资、薪金所得的。

③ 从中国境外取得所得的。

④ 取得应纳税所得,没有扣缴义务人的,如个体工商户从事生产、经营的所得。

⑤ 国务院规定的其他情形。

(二) 自行申报纳税的申报方式

纳税人可以采取数据电文、邮寄等方式申报,也可以直接到主管税务机关申报,或者采取符合主管税务机关规定的其他方式申报。纳税人采取邮寄方式申报的以邮政部门挂号信函收据作为申报凭据,以寄出的邮戳日期为实际申报日期。

(三) 纳税申报期限

年所得12万元以上的纳税人,在纳税年度终了后3个月内向主管税务机关办理纳税申报。

个体工商户和个人独资、合伙企业投资者取得的生产、经营所得应纳的税款,分月预缴的,纳税人在每月终了后15日内办理纳税申报;分季预缴的,纳税人在每个季度终了后15日内办理纳税申报;纳税年度终了后,纳税人在3个月内进行汇算清缴,多退少补。

纳税人年终一次性取得对企事业单位的承包经营、承租经营所得的,于取得所得之日起30日内办理纳税申报;在1个纳税年度内分次取得承包经营、承租经营所得,在每次取得所得后的次月15日内申报预缴;纳税年度终了后3个月内汇算清缴,多退少补。

从中国境外取得所得的纳税人,在纳税年度终了后30日内向中国境内主管税务机关办理纳税申报。

除以上规定的情形外,纳税人取得其他各项所得须申报纳税的,在取得所得的次月15日内向主管税务机关办理纳税申报。

(四) 自行申报纳税的申报地点

在中国境内有任职、受雇单位的,向任职、受雇单位所在地主管税务机关申报。

在中国境内有两处或者两处以上任职、受雇单位的,选择并固定向其中一处单位所在地主管税务机关申报。

在中国境内无任职、受雇单位,年所得项目中有个体工商户的生产、经营所得或者对企事业单位的承包经营、承租经营所得(以下统称“生产、经营所得”)的,向其中一处实际经营所在地主管税务机关申报。

在中国境内无任职、受雇单位,年所得项目中无生产、经营所得的,向户籍所在地主管税务机关申报。在中国境内有户籍,但户籍所在地与中国境内经常居住地不一致的,选择并固定向其中一地主管税务机关申报。在中国境内没有户籍的,向中国境内经常居住地主管税务机关申报。

其他所得的纳税人,纳税申报地点分别如下。

① 从两处或者两处以上取得工资、薪金所得的,选择并固定向其中一处单位所在地主管税务机关申报。

② 从中国境外取得所得的,向中国境内户籍所在地主管税务机关申报。在中国境内有户籍,但户籍所在地与中国境内经常居住地不一致的,选择并固定向其中一地主管税务机关申报。在中国境内没有户籍的,向中国境内经常居住地主管税务机关申报。

③ 个体工商户向实际经营所在地主管税务机关申报。

④ 个人独资、合伙企业投资者兴办两个或两个以上企业的,区分不同情形确定纳税申报地点。

兴办的企业全部是个人独资性质的,分别向各企业的实际经营管理所在地主管税务机关申报;兴办的企业中含有合伙性质的,向经常居住地主管税务机关申报;兴办的企业中含有合伙性质,个人投资者经常居住地与其兴办企业的经营管理所在地不一致的,选择并固定向其参与兴办的某一合伙企业的经营管理所在地主管税务机关申报。除以上情形外,纳税人应当向取得所得所在地主管税务机关申报。

二、代扣代缴

代扣代缴,是指按照税法规定负有扣缴税款义务的单位或者个人,在向个人支付应纳税所得时,应计算应纳税额,从其所得中扣除并缴入国库,同时向税务机关报送扣缴个人所得税报告表。这种方法有利于控制税源,防止漏税和逃税。

(一) 扣缴义务人和代扣代缴的范围

扣缴义务人是指凡支付个人应纳税所得的企业(公司)、事业单位、机关、社团组织、军队、驻华机构、个体户等单位或者个人,为个人所得税的扣缴义务人。

代扣代缴的范围。扣缴义务人向个人支付下列所得,应代扣代缴个人所得税。

①工资、薪金所得;②对企事业单位的承包经营、承租经营所得;③劳务报酬所得;④稿酬所得;⑤特许权使用费所得;⑥利息、股息、红利所得;⑦财产租赁所得;⑧财产转让所得;⑨偶然所得;⑩经国务院财政部门确定征税的其他所得。

(二) 扣缴义务人的义务

扣缴义务人在代扣税款时,必须向纳税人开具税务机关统一印制的代扣代收税款凭证,并详细注明纳税人姓名、工作单位、家庭住址和居民身份证或护照号码(无上述证件的,可用其他能有效证明身份的证件)等个人情况。对工资、奖金所得和利息、股息、红利所得等,因纳税人数众多、不便一一开具代扣代收税款凭证的,经主管税务机关同意,可不开具代扣代收税款凭证,但应通过一定形式告知纳税人已扣缴税款。纳税人为持有完税依据而向扣缴义务人索取代扣代收税款凭证的,扣缴义务人不得拒绝。

扣缴义务人对纳税人的应扣未扣的税款,其应纳税款仍然由纳税人缴纳,扣缴义务人应承担应扣未扣税款50%以上至3倍的罚款。

(三) 代扣代缴期限

扣缴义务人每月所扣的税款,应当在次月15日内缴入国库,并向主管税务机关报送扣缴个人所得税报告表、代扣代收税款凭证和包括每一纳税人姓名、单位、职务、收入、税款等内容的支付个人收入明细表以及税务机关要求报送的其他有关资料。

扣缴义务人违反上述规定不报送或者报送虚假纳税资料的,一经查实,其未在支付个人收入明细表中反映的向个人支付的款项,在计算扣缴义务人应纳税所得额时不得作为成本费用扣除。

扣缴义务人因有特殊困难不能按期报送扣缴个人所得税报告表及其他有关资料的,经县级税务机关批准,可以延期申报。

(四) 代扣代缴税款的手续费

税务机关应根据扣缴义务人所扣缴的税款付给2%的手续费,由扣缴义务人用于代扣代缴费用开支和奖励代扣代缴工作做得较好的办税人员。

本章小结

个人所得税是对我国居民来源于境内外所得和非居民来源于境内的个人所得征收的一种

税。在西方发达国家,个人所得税收入在全部税收收入中占有相当大的比重,成为其主体税种。在我国,随着经济的发展及个人收入水平的提高,个人所得税在整个税制体系中的作用也越来越大,目前已经成为我国的主要税种。我国的个人所得税采取分项定率、分项扣除、分项征收的模式。主要对11类项目征税,包括工资薪金所得、个体工商户的生产经营所得、对企事业单位的承包经营承租经营所得、劳务报酬所得、稿酬所得、特许权使用费所得、利息股息红利所得、财产租赁所得、财产转让所得、偶然所得和其他所得。税率采用累进税率和比例税率两大类。为加强征管,在纳税申报上采用自行申报和代扣代缴两种方法,实行源泉扣缴,防止税款流失。

快速问答

1. 计算个体工商户生产经营所得的应纳税所得额时,不允许扣除的项目是(　　　)。
   A. 以经营租赁方式租入固定资产的费用　　B. 按规定缴纳的工商管理费
   C. 毁损净损失　　D. 非广告性赞助支出
2. 应按“劳务报酬所得”缴纳个人所得税的项目是(　　　)。
   A. 个人提供担保取得的收入
   B. 个人从非雇用单位取得的营销业绩奖励
   C. 出租汽车经营单位将出租车所有权转移给驾驶员的,出租车驾驶员从事客货运营取得的收入
   D. 出租汽车经营单位对出租车驾驶员采取单车承包或承租方式运营,出租车驾驶员从事客货营运取得的收入
3. 关于个人所得税扣缴义务人的说法,不正确的有(　　　)。
   A. 外国驻华机构包括外国驻华使馆也可以是扣缴义务人
   B. 个人所得税的扣缴义务人办理代缴手续取得的手续费免征个人所得税
   C. 纳税人为持有完税凭证而向扣缴义务人索取代扣代缴税款凭证的,扣缴义务人不得拒绝
   D. 扣缴义务人违反有关代扣代缴规定报送虚假纳税资料的,其未在支付个人收入明细表中反映的向个人支付的款项,在计算扣缴义务人应纳税所得额时,不得作为成本费用扣除
4. 不应按“特许权使用费所得”项目征收个人所得税的收入有(　　　)。
   A. 编剧从电视剧的制作单位取得的剧本使用费
   B. 作者将自己的文字作品手稿原件公开拍卖的所得
   C. 作者将自己的文字作品手稿复印件竞价取得的所得
   D. 个人将自己的文字作品出版成图书的所得
5. 关于对企事业单位承包、承租经营所得的说法中,不正确的是(　　　)。
   A. 个人对企事业单位承包、承租经营后,工商登记改变为个体工商户的,应征收企业所得税,再按“个体工商户的生产、经营所得”缴纳个人所得税
   B. 个人对企事业单位承包、承租经营后,工商登记改变为个体工商户的,不再征收企业所得税,仅按“个体工商户的生产、经营所得”缴纳个人所得税
   C. 个人对企事业单位承包、承租经营后,工商登记仍为企业的,承包、承租人对企业经营成果不拥有所有权,仅按合同规定取得固定所得的,承包、承租人取得的所得按工资、薪金所得缴纳个人所得税
   D. 个人对企事业单位承包、承租经营后,工商登记仍为企业的,承包、承租人按合同规定

只向发包方、出租方缴纳一定的费用,缴纳承包、承租费后的企业的经营成果归承包、承租人所有的,其取得的所得,按企事业单位承包、承租经营所得缴纳个人所得税

6. 对"次"表述不正确的有( )。

A. 偶然所得,以每次收入为一次

B. 财产租赁所得,以1个月内取得的收入为一次

C. 特许权使用费所得,以一个月取得的收入为一次

D. 其他所得,以每次收入为一次

7. 根据《个人所得税法》的规定,个人所得税的纳税义务人不包括( )。

A. 个体工商户 B. 个人独资企业

C. 在中国有所得的外籍人员 D. 私营企业

8. 根据《个人所得税法》的有关规定,下列表述不正确的是( )。

A. 外籍个人从外商投资企业取得的股息、红利所得,按照收入全额计征个人所得税

B. 个人举报犯罪行为而获得的奖金免征个人所得税

C. 被拆迁人按照规定标准取得的拆迁补偿款,免征个人所得税

D. 证券经纪人从证券公司取得的佣金收入,应按照劳务报酬所得项目缴纳个人所得税

计算题

1. 李某是一位知名作家,2015年取得以下收入。

1) 3月出版一本小说取得稿费50 000元。

2) 7月将境内一处住房出租,租赁期限1年,月租金4 000元,当月发生修缮费1 200元(不考虑其他税费);

3) 8月应邀出国访问期间,举办明清文学历史讲座,国外主办单位支付酬金2 000美元,境外缴纳个人所得税80美元(外汇牌价7.5)。

4) 9月份将国内上市公司的股票对外转让,取得转让收入50 000元,原购入价45 000元。

提示:流转税除提示要求计算外,上述业务均忽略不计算。

要求:

① 计算李某2015年稿酬所得应缴纳的个人所得税。

② 计算李某2015年7月出租住房应缴纳的个人所得税。

③ 计算李某2015年举办讲座应缴纳的个人所得税。

④ 计算李某2015年股票转让应缴纳的个人所得税。

2. 约翰为在华工作的外籍人士,在中国境内无住所,其所在国与中国签订了税收协定,约翰已经在中国境内居住满5年,2014年是在中国境内居住的第6年且居住满1年,取得收入如下。

1) 每月从中国境内任职企业取得工资收入39 800元,另每月以实报实销方式取得住房补贴2 000元,每月以现金方式取得伙食补贴200元。

2) 2014年7月将境内一处门面房出租,租赁期限1年,月租金4 000元,当月发生修缮费1 200元(不考虑其他税费)。

3) 从境内外资企业取得红利12 000元。

4) 10月份取得境内某公司支付的董事费收入30 000元,通过国家机关向农村义务教育捐款10 000元,约翰不在该公司任职。

要求:

① 判断约翰每月取得的住房补贴和伙食补贴是否应缴纳个人所得税。

② 计算 2014 年约翰取得的租赁所得应缴纳的个人所得税。
③ 计算 2014 年约翰取得的红利所得应缴纳的个人所得税。
④ 计算 2014 年约翰取得的董事费收入应缴纳的个人所得税。
⑤ 计算 2014 年约翰在中国境内合计应缴纳的个人所得税。

第九章 资源税法

学习目标

本章主要介绍了资源税法的有关内容，包括资源税基础知识、资源税法基本内容、资源税应纳税额的计算以及资源税的征收管理。通过学习应达到以下要求。

- 掌握资源税的概念与特点
- 熟悉资源税纳税义务人、税目与课税数量
- 熟悉资源税税收优惠政策
- 掌握资源税应纳税额的计算
- 掌握资源税的征收管理

第一节 资源税基础知识

一、资源税的概念

资源税是对在我国境内开采应税矿产品和生产盐的单位和个人，以其销售额或销售数量为计税依据征收的一种税，是对自然资源占用征收的一种税。

二、资源税的特点与作用

（一）资源税的特点

1. 只对特定资源征税

我国现行资源税的征税对象既不是全部的自然资源，也并非对所有具有商品属性的资源都征税，而主要选择对矿产资源进行征税。

2. 具有收益税性质

资源税的征收是国家政治权力和所有权的统一。它一方面体现了税收强制性、固定性的特征，另一方面又体现了对国有资源的有偿占用性。单位和个人开发国有自然资源，即应当为拥有开发权而付出一定的“代价”；又因享受国有自然资源，有义务支付一定的“费用”。

3. 具有级差收入税的特点

我国资源税通过对同一资源实行高低不同的差别税率，可以直接调节因资源条件不同而产生的级差收入。

（二）资源税的作用

1. 促进企业之间开展平等竞争

我国的资源税属于比较典型的级差资源税，它根据应税产品的品种、质量、存在形式、开采方式以及企业所处地理位置和交通运输条件等客观因素的差异确定差别税率，从而使条件优越者税负较高，反之则税负较低。这种税率设计使资源税能够比较有效地调节由于自然资源条件差异等客观因素给企业带来的级差收入，减少或排除资源条件差异对企业盈利水平的影响，为企业之间开展平等竞争创造有利的外部条件。

2. 促进对自然资源的合理开发利用

通过对开发、利用应税资源的行为课征资源税，体现了国有自然资源有偿占用的原则，从而可以促使纳税人节约、合理地开发和利用自然资源，有利于我国经济可持续发展。

3. 为国家筹集财政资金

随着其课征范围的逐渐扩展，资源税的收入规模及其在税收收入总额中所占的比重都相应增加，其财政意义也日渐明显，在为国家筹集财政资金方面发挥着不可忽视的作用。

第二节 资源税法的基本内容

一、纳税义务人与扣缴义务人

（一）纳税义务人

在中华人民共和国境内开采应税矿产品或者生产盐的单位和个人为资源税纳税义务人。

上述单位是指国有企业、集体企业、私营企业、股份制企业、其他企业和行政单位、事业单位、军事单位、社会团体及外商投资企业、外国企业；个人是指个体经营者和外籍人员等其他个人。

（二）扣缴义务人

为加强对资源税零散税源的控制，节约征、纳成本，保证税款及时、安全入库，现行资源税规定以收购未税矿产品的独立矿山、联合企业以及其他单位作为资源税的扣缴义务人。扣缴义务人主要是对那些税源小、零散、不定期开采，税务机关难以控制，没有缴税的矿产品，在收购其矿产品时负有代扣代缴资源税的法定义务。

二、税目与税率

（一）税目

资源税的税目反映了资源税具体的征税范围，《资源税暂行条例》对税目的确定体现了“普遍征收，调整级差”的原则，共设七大税目，若干个子目。

① 原油。指开采的天然原油，不包括人造石油。

② 天然气。指专门开采或与原油同时开采的天然气，暂不包括煤矿生产的天然气。

③ 煤炭。包括原煤和以未税原煤加工的洗选煤。

④ 其他非金属矿原矿。具体包括宝石、玉石、石墨、大理石、花岗岩、石灰石、石棉等。

⑤ 黑色金属矿原矿。具体包括铁矿石、锰矿石、铬矿石等。

⑥ 有色金属矿原矿。具体包括铜矿石、铅锌矿石、铝土矿石、钨矿石、锡矿石等。

⑦ 盐。包括固体盐和液体盐。液体盐俗称卤水,指氯化钠含量达到一定浓度的溶液,是用于生产碱和其他产品的原料。

未列举名称的其他非金属矿原矿和其他有色金属矿原矿,由各省、自治区、直辖市人民政府决定征收或暂缓征收资源税,并报财政部和国家税务局备案。

(二) 税率

资源税采取从价定率和从量定额的办法计征。资源税应税产品的具体适用税额,按《资源税暂行条例实施细则》所附的资源税税目、税率表(见表9-1)执行。

表9-1 资源税税目、税率

税目		计税单位	税率
原油		销售额	6%~10%
天然气		销售额	6%~10%
煤炭		销售额	2%~10%
其他非金属矿原矿	普通非金属矿原矿	吨或立方米	0.5~20元
	贵重非金属矿原矿	千克或克拉	0.5~20元
黑色金属矿原矿		吨	2~30元
有色金属矿原矿	稀土矿	吨	0.4~60元
	其他有色金属矿原矿	吨	0.4~30元
盐	固体盐	吨	10~60元
	液体盐	吨	2~10元

注意:未列举名称的其他非金属矿原矿和其他有色金属矿原矿,由省、自治区、直辖市人民政府决定征收或暂缓征收资源税,并报财政部和国家税务总局备案。

知识链接9-1

为促进资源节约利用和环境保护,推动转变经济增长方式,规范资源税费制度,经国务院批准,自2014年12月1日起在全国范围内实施煤炭资源税从价计征改革,同时清理相关收费基金。

三、税收优惠

(一) 关于原油、天然气资源税优惠政策

① 对油田范围内运输稠油过程中用于加热的原油、天然气免征资源税。

② 对稠油、高凝油和高含硫天然气资源税减征40%。

稠油，是指地层原油黏度大于或等于50毫帕/秒或原油密度大于或等于0.92克/立方厘米的原油。高凝油，是指凝固点高于40℃的原油。高含硫天然气，是指硫化氢含量大于或等于30克/立方米的天然气。

③ 对三次采油资源税减征30%。

三次采油，是指二次采油后继续以聚合物驱、复合驱、泡沫驱、气水交替驱、二氧化碳驱、微生物驱等方式进行采油。

④ 对低丰度油气田资源税暂减征20%。

陆上低丰度油田，是指每平方公里原油可采储量丰度在25万立方米（不含）以下的油田；陆上低丰度气田，是指每平方公里天然气可采储量丰度在2.5亿立方米（不含）以下的气田。

海上低丰度油田，是指每平方公里原油可采储量丰度在60万立方米（不含）以下的油田；海上低丰度气田，是指每平方公里天然气可采储量丰度在6亿立方米（不含）以下的气田。

⑤ 对深水油气田资源税减征30%。

深水油气田，是指水深超过300米（不含）的油气田。

符合上述减免税规定的原油、天然气划分不清的，一律不予减免资源税；同时符合上述两项及两项以上减税规定的，只能选择其中一项执行，不能叠加适用。

（二）关于煤炭资源税优惠政策

① 对衰竭期煤矿开采的煤炭，资源税减征30%。

衰竭期煤矿，是指剩余可采储量下降到原设计可采储量的20%（含）以下，或者剩余服务年限不超过5年的煤矿。

② 对充填开采置换出来的煤炭，资源税减征50%。

纳税人开采的煤炭，同时符合上述减税情形的，纳税人只能选择其中一项执行，不能叠加适用。

知识链接9-2

自2014年12月1日起，在全国范围统一将煤炭、原油、天然气矿产资源补偿费费率降为零，停止征收煤炭、原油、天然气价格调节基金，取消煤炭可持续发展基金（山西省）、原生矿产品生态补偿费（青海省）、煤炭资源地方经济发展费（新疆维吾尔自治区）。

第三节　资源税应纳税额的计算

一、计税依据的确定

（一）从价定率征收的计税依据

1. 一般规定

实行从价定率征收的以销售额作为计税依据。销售额是指为纳税人销售应税产品向购买方收取的全部价款和价外费用,但不包括收取的增值税销项税额。

价外费用,包括价外向购买方收取的手续费、补贴、基金、集资费、返还利润、奖励费、违约金、滞纳金、延期付款利息、赔偿金、代收款项、代垫款项、包装费、包装物租金、储备费、优质费、运输装卸费以及其他各种性质的价外收费。但下列项目不包括在内。

(1) 同时符合以下条件的代垫运输费用

① 承运部门的运输费用发票开具给购买方的。

② 纳税人将该项发票转交给购买方的。

(2) 同时符合以下条件代为收取的政府性基金或者行政事业性收费

① 由国务院或者财政部批准设立的政府性基金,由国务院或者省级人民政府及其财政、价格主管部门批准设立的行政事业性收费。

② 收取时开具省级以上财政部门印制的财政票据。

③ 所收款项全额上缴财政。

另外,纳税人以人民币以外的货币结算销售额的,应当折合成人民币计算。其销售额的人民币折合率可以选择销售额发生的当天或者当月1日的人民币汇率中间价。纳税人应在事先确定采用何种折合率计算方法,确定后1年内不得变更。

2. 特殊规定

纳税人将其开采的原煤,自用于连续生产洗选煤的,在原煤移送使用环节不缴纳资源税;自用于其他方面的,视同销售原煤,计算缴纳资源税。

纳税人将其开采的原煤加工为洗选煤销售的,以洗选煤销售额乘以折算率作为应税煤炭销售额计算缴纳资源税。

$$煤炭销售额 = 洗选煤销售额 \times 折算率$$

洗选煤销售额包括洗选副产品的销售额,不包括洗选煤从洗选煤厂到车站、码头等的运输费用。

折算率可通过洗选煤销售额扣除洗选环节成本、利润计算,也可通过洗选煤市场价格与其所用同类原煤市场价格的差额及综合回收率计算。折算率由省、自治区、直辖市财税部门或其授权的地市级财税部门确定。

纳税人将其开采的原煤加工为洗选煤自用的,视同销售洗选煤,计算缴纳资源税。

纳税人同时销售(包括视同销售)应税原煤和洗选煤的,应当分别核算原煤和洗选煤的销售额;未分别核算或者不能准确提供原煤和洗选煤销售额的,一并视同销售原煤,计算缴纳资源税。

(二) 从量定额征收的计税依据

实行从量定额征收的以销售数量为计税依据。销售数量的具体规定如下。

① 销售数量,包括纳税人开采或者生产应税产品的实际销售数量和视同销售的自用数量。

② 纳税人不能准确提供应税产品销售数量的,以应税产品的产量或者主管税务机关确定的折算比换算成的数量为计征资源税的销售数量。

③ 纳税人在资源税纳税申报时,除财政部、国家税务总局另有规定外,应当自将其应税和减免税项目分别计算和报送。

④ 金属和非金属矿产品原矿,无法准确掌握纳税人移送使用原矿数量的,可将其精矿按选矿比折算成原矿数量,以此作为课税数量。其计算公式为:

$$选矿比 = 精矿数量 \div 耗用原矿数量$$

⑤ 纳税人以自产的液体盐加工成固体盐，按固体盐税额征税，以加工的固体盐数量为课税数量。纳税人以外购的液体盐加工成固体盐，其加工固体盐所耗用液体盐的已纳税额准予抵扣。

二、应纳税额的计算

资源税的应纳税额，按照从价定率或者从量定额的办法，分别以应税产品的销售额乘以纳税人具体适用的比例税率或者以应税产品的销售数量乘以纳税人具体适用的定额税率计算。

1. 从价定率

在从价定率计算方法下，应纳税额的计算取决于应税矿产品的销售额和适用的税率两个因素。其计算公式为：

应纳税额 = 应税矿产品的销售额 × 比例税率

例 7－3 某油田 2014 年 12 月销售原油 30 万吨，取得不含增值税的销售收入 14 000 万元，资源税税率为 6%，计算该油田当月应纳资源税。

应纳税额 =14 000 ×6% =640(万元)

2. 从量定额

在从量定额计算方法下，应纳税额的计算取决于应税矿产品的应税数量和单位税额两个因素。其计算公式为：

应纳税额 = 应税矿产品的应税数量 × 单位税额

代扣代缴应纳税额 = 收购未税矿产品的数量 × 适用的单位税额

例 7－4 某铜矿山 2015 年 3 月销售铜矿石原矿 30 000 吨，移送入选精矿 4 000 吨，选矿比为 20%，该矿山铜矿属于五等，按规定适用 12 元/吨单位税额。请计算该矿山 3 月应纳资源税税额。

① 外销铜矿石原矿的应纳税额。

应纳税额 = 课税数量 × 单位税额 =30 000 ×12 =360 000(元)

② 因无法准确掌握入选精矿石的原矿数量，按选矿比计算的应纳税额。

应纳税额 = 入选精矿 ÷ 选矿比 × 单位税额 =4 000 +20% ×12 =240 000(元)

③ 应纳税额。

应纳税额 = 原矿应纳税额 + 精矿应纳税额 =360 000 +240 000 =600 000(元)

第四节 资源税的征收管理

一、纳税义务发生时间

纳税人采取分期收款结算方式的，其纳税义务发生时间为销售合同规定的收款日期的当天。

纳税人采取预收货款结算方式的，其纳税义务发生时间为发出应税产品的当天。

纳税人采取其他结算方式的，其纳税义务发生时间为收讫销售款或者取得索取销售款凭据的当天。

纳税人自产自用应税产品的纳税义务发生时间,为移送使用应税产品的当天。

扣缴义务人代扣代缴税款的纳税义务发生时间,为支付首笔货款或者开具应支付货款凭据的当天。

二、纳税期限

纳税期限是纳税人发生纳税义务后缴纳税款的期限。资源税的纳税期限为 1 日、3 日、5 日、10 日、15 日或者 1 个月,纳税人的纳税期限由主管税务机关根据实际情况具体核定。不能按固定期限计算纳税的,可以按次计算纳税。

纳税人以 1 个月为一期纳税的,自期满之日起 10 日内申报纳税;以 1 日、3 日、5 日、10 日或者 15 日为一期纳税的,自期满之日起 5 日内预缴税款,于次月 1 日起 10 日内申报纳税并结清上月税款。

三、纳税地点

凡是缴纳资源税的纳税人,都应当向应税产品的开采或者生产所在地主管税务机关缴纳税款。

如果纳税人在本省、自治区、直辖市范围内开采或者生产应税产品,其纳税地点需要调整的,由所在地省、自治区、直辖市税务机关决定。

如果纳税人应纳的资源税属于跨省开采,其下属生产单位与核算单位不在同一省、自治区、直辖市,其开采的矿产品一律在开采地纳税。其应纳税款由独立核算、自负盈亏的单位,按照开采地的实际销售量(或者自用量)及适用的单位税额计算划拨。

扣缴义务人代扣代缴的资源税,也应当向收购地主管税务机关缴纳。

本章小结

资源税是对在我国境内开采应税矿产品和生产盐的单位和个人,就其销售额或销售数量为计税依据征收的一种税。资源税是古老税种之一,该税种的开征对国家资源的管理有着重要的意义,特别是对部分资源大省的影响日益显现。我国现行的资源税征税范围包括石油、天然气、煤炭、非金属矿、黑色金属矿、有色金属矿、盐等资源。自 2011 年起,计征方法已由原来单一的从量计征改为从价计征、从量计征两种方法并存。

快速问答

1. 根据资源税法律制度的规定,属于资源税纳税人的是(　　　　)。

A. 生产人造石油的股份制企业　　B. 生产盐的国有企业

C. 生产煤炭制品的集体企业　　D. 进口有色金属矿的私营企业

2. 根据现行政策规定,销售天然气的资源税采取(　　　　)。

A. 从量定额征收　　B. 从价定率征收

C. 复合征收　　D. 从量定额和从价定率计算结果从高征收

3. 纳税人以自产的液体盐加工固体盐,则(　　　　)。

A. 按照液体盐的税额征税　　　　B. 按照固体盐的税额征税

C. 液体盐、固体盐征两道税　　　　D. 均不予征税

4. 根据资源税的有关规定，符合资源税纳税地点的有关规定的正确的说法是(　　)。

A. 纳税人应当向单位所在地主管税务机关纳税

B. 纳税地点需要调整的，均由省、自治区、直辖市人民政府决定

C. 扣缴义务人应当向收购地主管税务机关缴纳代扣代缴资源税

D. 跨省开采资源税应税产品，下属生产单位与核算单位不在同一省的，均在核算地纳税

5. 关于资源税课税数量的表述正确的是(　　)。

A. 所称销售数量，指纳税人开采或者生产应税产品的实际销售数量

B. 以自产的液体盐加工固体盐，按固体盐税额征税，以液体盐和固体盐的数量为课税数量

C. 对于连续加工前无法正确计算原煤移送使用量的煤炭，可按加工产品的综合回收率，将加工产品实际销售和自用量折算成原煤数量计税

D. 对于金属矿原矿自用、无法确定移送数量的，可以适用选矿比计算确定；对于非金属矿原矿自用、无法确定移送数量的，应该以开采数量作为课税数量

6. 有关资源税的表述正确的是(　　)。

A. 自产自用应税资源不缴纳资源税

B. 开采应税资源销售的，应以实际销售数量为资源税的课税数量

C. 其他单位收购未税矿产品，按照税务机关核定的应税产品税额标准，依据实际销售数量代扣代缴资源税

D. 独立矿山企业收购未税矿产品，按照税务机关核定的应税产品税额标准代扣代缴资源税

7. 关于资源税的表述正确的是(　　)。

A. 进口矿产品征收增值税和资源税

B. 独立矿山、联合企业和其他收购未税矿产品的单位为资源税的扣缴义务人

C. 专门开采或与原油同时开采的天然气不属于资源税的征税范围

D. 独立矿山、联合企业收购未税矿产品的单位，一律按照收购地应税产品税额标准，依据收购的数量代扣代缴资源税

计算题

甲油田为增值税一般纳税人，主要从事原油的开采和销售，在开采原油过程中，伴采天然气。2015 年 1 月、2 月发生下列业务。

1) 1 月份

① 采用分期收款方式向乙企业(增值税一般纳税人)销售自行开采的原油 1 200 吨，不含税销售额 540 000 元，合同规定，货款分两个月支付，本月支付货款的 70%，其余货款于 2 月 15 日前支付。由于购货方资金紧张，1 月份实际支付给甲油田价税合计金额 315 900 元。

② 采用预收货款方式向丙企业销售原油 1 000 吨，价税合计 526 500 元，根据合同规定，当月已预收货款 526 500 元，甲油田于 2 月 20 日发货并开具增值税专用发票。

③ 销售与原油同时开采的天然气 80 000 立方米，取得不含税销售额 34 400 元。

2) 2 月份

① 2 月 15 日，乙企业向甲油田支付了剩余款项 315 900 元，并按合同约定支付给甲油田延期

付款利息1287元。

② 2月20日,甲油田向丙企业发出原油1 000吨,并开具了增值税专用发票。

③ 当月采取直接收款方式对外零售原油500吨,取得零售收入263 250元;对外零售天然气50 000立方米,取得零售收入25 155元。

其他相关资料:已知原油和天然气适用的资源税税率为6%。

要求:

① 计算2015年1月甲油田应缴纳的资源税。

② 计算2015年2月甲油田应缴纳的资源税。

第十章 土地增值税法

学习目标

本章主要介绍了土地增值税法的有关内容,包括土地增值税基础知识、土地增值税法基本内容、土地增值税应纳税额的计算以及土地增值税的征收管理。通过学习应达到以下要求。

- 掌握土地增值税的概念与特点
- 熟悉土地增值税纳税义务人、征税范围与税率
- 熟悉土地增值税税收优惠政策
- 掌握土地增值税应纳税额的计算
- 掌握土地增值税的征收管理

第一节　土地增值税基础知识

一、土地增值税的概念

土地增值税是对有偿转让国有土地使用权、地上建筑物及其附着物产权并取得增值收入的单位和个人征收的一种税。

对概念的四方面理解:应税行为是有偿行为;土地使用权发生转移;转让的土地使用权是国有的;转让行为产生增值收入。

二、土地增值税的特点与作用

(一) 土地增值税的特点

1. 以转让房地产取得的增值额为征税对象

增值额是纳税人转让房地产的收入减除税法规定准予扣除项目金额后的余额。其中,扣除的项目为与收入额相关的成本、费用、税金及其他项目。

2. 征收面比较广

凡在我国境内转让房地产并取得收入的单位和个人,除税法规定免税的外,均应照税法规定缴纳土地增值税。即凡发生应税行为的单位和个人,不论其经济性质,也不分内、外资企业或中、外籍人员,无论专营还是兼营房地产业务,均有缴纳土地增值税的义务。

3. 采用扣除法和评估法计算增值额

土地增值税在计算方法上考虑我国实际情况,以纳税人转让房地产取得的收入,减除法定扣

除项目金额后的余额作为计税依据。对旧房及建筑物的转让,以及对纳税人转让房地产申报不实、成交价格偏低的,采用评估价格法确定增值额,计征土地增值税。

4. 实行超率累进税率

采用四级超率累进税率,其税率是以转让房地产取得的增值额与扣除项目的比率大小为依据确定的,实行分级计税。增值额与扣除项目金额比率越大,适用的税率越高,缴纳的税款越多,反之,缴纳的税款越少。

5. 实行按次征收

土地增值税发生在房地产转让环节,实行按次征收,每发生一次转让行为,就应根据每次取得的增值额征收一次税。

(二) 土地增值税的作用

1. 增强国家对房地产开发和房地产交易市场的调控

改革开放后,对土地使用管理制度逐步实行了改革,确立了允许转让使用权的政策和制度。新的土地使用政策和管理制度的实施,从根本上促进了我国房地产开发和房地产交易市场的发展。这对于合理配置土地资源,提高土地使用效益,增加政府财政收入,改善城市基础设施和人民生活居住条件,以及带动国民经济相关产业的发展起到了积极的作用。

2. 有利于国家抑制炒买炒卖土地获取暴利的行为

土地资源属国家所有,统一对土地增值收益征税,有利于堵住这方面的漏洞,减少国家土地资源增值收益的流失,遏制投机者牟取暴利的行为,保护房地产正当开发者的合法权益,维护国家整体利益。

3. 增加国家财政收入,为经济建设积累资金

1994 年 1 月 1 日起对土地增值收益征收土地增值税,增加了国家财政收入的新财源。分税制财政体制实施后,土地增值税属于地方政府的财政收入,为地方政府积累经济建设资金起到了积极的作用。

第二节 土地增值税法的基本内容

一、征税范围

(一) 征税范围的一般规定

① 土地增值税只对转让国有土地使用权的行为课税,转让非国有土地和出让国有土地的行为均不征收。

土地增值税只对企业、单位和个人等经济主体转让国有土地使用权的行为课税,对属于集体所有的土地,按现行规定须先由国家征用后才能转让,未经国家征用的集体土地不得转让。

② 土地增值税既对转让土地使用权课税,也对转让地上建筑物和其他附着物的产权征税。

地上建筑物包括地上地下的各种附属设施。如厂房、住宅、地下室、围墙、中央空调、管道等。附着物是指附着于土地上不能移动,一经移动即遭损坏的种植物、养殖物及其他物品。

纳入土地增值税课征范围的增值额,是纳税人转让房地产所取得的全部增值额,而非仅仅是

土地使用权转让的收入。

③ 土地增值税只对有偿转让的房地产征税，对以继承、赠予等方式无偿转让的房地产不予征税。

（二）征收范围其他规定

1. 以房地产进行投资、联营

对于以房地产进行投资、联营的，如果投资、联营的一方以土地（房地产）作价入股进行投资或作为联营条件，暂免征收土地增值税。但对以房地产作价入股，凡所投资、联营的企业从事房地产开发的，或者房地产开发企业以其建造的房地产进行投资和联营的，或投资、联营企业将上述房地产再转让的，则属于征收土地增值税的范围。

2. 合作建房

对于一方出地，一方出资金，双方合作建房，建成后分房自用的，暂免征收土地增值税。

3. 企业兼并转让房地产

在企业兼并中，对被兼并企业将房地产转让到兼并企业中的，暂免征收土地增值税。

4. 交换房地产

交换房地产行为既发生了房产产权、土地使用权的转移，交换双方又取得了实物形态的收入，按照规定属于征收土地增值税的范围。但对个人之间互换自有居住用房地产的，经当地税务机关核实，可以免征土地增值税。

5. 房地产抵押

在抵押期间不征收土地增值税。待抵押期满后，视该房地产是否转移产权来确定是否征收土地增值税。以房地产抵债而发生房地产产权转让的，属于土地增值税的范围。

6. 房地产出租

房地产出租，没有发生产权转让，不属于征收土地增值税的范围。

7. 房地产评估增值

房地产评估增值，没有发生房地产权属的转让，不属于征收土地增值税的范围。

8. 国家收回国有土地使用权、征用地上建筑物及附着物

国家回收或征用，符合征收土地增值税的规定，但按《土地增值税暂行条例》的规定，可免征土地增值税。

9. 土地使用者转让、抵押或置换土地

对于土地使用者转让、抵押或置换土地，无论其是否取得了该土地的使用权属证书，无论其在转让、抵押或置换土地过程中是否与对方当事人办理了土地使用权属证书变更登记手续，只要土地使用者享有占有、使用、收益或处分该土地的权利，且有合同等证据表明其实质转让、抵押或置换了土地并取得了相应的经济利益，土地使用者及对方当事人应当依据税法规定缴纳土地增值税等相关税收。

10. 房地产的代建房行为

这种情况是指房地产开发公司代客户进行房地产的开发，开发完成后向客户收取代建收入的行为。对于房地产开发公司而言，虽然取得了收入，但没有发生房地产权属的转移，其收入属于劳务收入性质，故不属于土地增值税的征税范围。

二、纳税义务人

土地增值税的纳税人是指转让国有土地使用权及地上的一切建筑物及其他附着物产权，并

取得收入的单位和个人。

概括起来,《土地增值税暂行条例》对纳税人的规定主要有以下4个特点。

① 不论法人还是自然人。即不论是企业、事业单位、国家机关、社会团体及其他组织,还是个人,只要有偿转让房地产,都是土地增值税的纳税人。

② 不论经济性质。即不论是全民所有制企业、集体企业、私营企业、个体经营者,还是联营企业、合资企业、合作企业、外商独资企业等,只要有偿转让房地产,都是土地增值税的纳税人。

③ 不论内资还是外资企业、中国公民还是外籍个人。不论是内资企业还是外商投资企业、外国驻华机构,也不论是中国公民、港澳台同胞、海外华侨还是外国公民,只要有偿转让房地产,都是土地增值税的纳税人。

④ 不论部门。即不论是工业、农业、商业还是学校、医院、机关等,只要有偿转让房地产,都是土地增值税的纳税人。

三、税率

土地增值税实行四级超率累进税率。每级"增值额未超过扣除项目金额"的比例,均包括本比例数。超率累进税率见表10-1。

表10-1 土地增值税四级超率累进税率

级 数	增值额与扣除项目金额的比率	税率/(%)	速算扣除系数/(%)
1	不超过50%的部分(含50%)	30	0
2	超过50%～100%的部分(含100%)	40	5
3	超过100%～200%的部分(含200%)	50	15
4	超过200%的部分	60	35

四、税收优惠

① 纳税人建造普通标准住宅出售,增值额未超过扣除项目金额20%的,免征土地增值税。增值额超过扣除项目金额20%的,应就其全部增值额按规定计税。

这里所说的"普通标准住宅",是指按所在地一般民用住宅标准建造的居住用住宅。2005年6月1日起,普通标准住宅应同时满足:住宅小区建筑容积率在1.0以上;单套建筑面积在120平方米以下;实际成交价格低于同级别土地上住房平均交易价格1.2倍以下。各省、自治区、直辖市要根据实际情况,制定本地区享受优惠政策普通住房的具体标准。允许单套建筑面积和价格标准适当浮动,但向上浮动的比例不得超过上述标准的20%。

高级公寓、别墅、小洋楼、度假村及超面积、超标准豪华装修的住宅,均不属于标准住宅。

对于纳税人既建普通标准住宅又搞其他房地产开发的,应分别核算增值额。不分别核算增值额或不能准确核算增值额的,其建造的普通标准住宅不能适用这一免税规定。

企事业单位、社会团体以及其他组织转让旧房作为廉租住房、经济适用住房房源且增值额未超过扣除项目金额20%的,免征土地增值税。

② 因国家建设需要依法征用、收回的房地产,免征土地增值税。

③ 因城市实施规划、国家建设的需要而搬迁,由纳税人自行转让原房地产的,免征土地增值税。

第三节 土地增值税应纳税额的计算

一、应税收入的确定

纳税人转让房地产取得的应税收入，应包括转让房地产的全部价款及有关的经济收益。从收入的形式来看，包括货币收入、实物收入和其他收入。

（一）货币收入

货币收入是指纳税人转让房地产而取得的现金、银行存款、银行支票、银行本票、汇票等各种信用票据和国库券、金融债券、企业债券、股票等有价证券。

对取得的外币收入，应按取得收入当天或当月 1 日国家公布的外汇汇率折合人民币计算应税收入。

（二）实物收入

实物收入是指纳税人转让房地产而取得的各种实物形态的收入，如钢材、水泥等建材，房屋、土地等不动产等。实物收入的价值不太容易确定，一般要对这些实物形态的财产按公允价值进行估价确定。

（三）其他收入

其他收入是指纳税人转让房地产而取得的无形资产收入或具有财产价值的权利，如专利权、商标权、著作权、专有技术使用权、土地使用权、商誉权等。这种类型的收入比较少见，其价值需要进行专门的评估。

二、扣除项目的确定

计算土地增值税应纳税额，并不是直接对转让房地产所取得的收入征税，而是要对收入额减除国家规定的各项扣除项目金额后的余额计算征税（这个余额就是纳税人在转让房地产中获取的增值额）。因此，要计算增值额首先必须确定扣除项目。税法准予纳税人从转让收入额中减除的扣除项目包括如下几项。

（一）取得土地使用权所支付的金额

① 纳税人为取得土地使用权所支付的地价款。如果是以协议、招标、拍卖等出让方式取得土地使用权的，地价款为纳税人所支付的土地出让金；如果是以行政划拨方式取得土地使用权的，地价款为按照国家有关规定补交的土地出让金；如果是以转让方式取得土地使用权的，地价款为向原土地使用权人实际支付的地价款。

② 纳税人在取得土地使用权时按国家统一规定缴纳的有关费用。它指纳税人在取得土地使用权过程中为办理有关手续，按国家统一规定缴纳的有关登记、过户手续费。

(二) 房地产开发成本

房地产开发成本是指纳税人房地产开发项目实际发生的成本,包括土地的征用及拆迁补偿费、前期工程费、建筑安装工程费、基础设施费、公共配套设施费、开发间接费用等。

土地征用及拆迁补偿费,是指为取得土地开发使用权(或开发权)而发生的各项费用,包括土地买价或出让金、大市政配套费、契税、土地征用费、耕地占用税、劳动力安置费及有关地上、地下附着物拆迁补偿的净支出、安置动迁用房支出等。

前期工程费,包括规划、设计、项目可行性研究和水文、地质、勘察、测绘、"三通一平"等支出。

建筑安装工程费,是指以出包方式支付给承包单位的建筑安装工程费,以自营方式发生的建筑安装工程费。

基础设施费,包括开发小区内道路、供水、供电、供气、排污、排洪、通讯、照明、环卫、绿化等工程发生的支出。

公共配套设施费,是包括不能有偿转让的开发小区内公共配套设施发生的支出。

开发间接费用,是指直接组织、管理开发项目发生的费用,包括工资、职工福利费、折旧费、修理费、办公费、水电费、劳动保护费、周转房摊销等。

(三) 房地产开发费用

房地产开发费用是指与房地产开发项目有关的销售费用、管理费用和财务费用。根据现行财务会计制度的规定,这3项费用作为期间费用,直接计入当期损益,不按成本核算对象分摊。具体规定如下。

纳税人能够按转让房地产项目计算分摊利息支出,并能提供金融机构的贷款证明的,允许据实扣除,但最高不能超过按商业银行同类同期贷款利率计算的金额。其计算公式为:

允许扣除的房地产开发费用 = 利息 + (取得土地使用权所支付的金额 + 房地产开发成本) × 5% 以内

纳税人不能按转让房地产项目计算分摊利息支出或不能提供金融机构贷款证明的,其计算公式为:

允许扣除的房地产开发费用 = (取得土地使用权所支付的金额 + 房地产开发成本) × 10% 以内

此外,财政部、国家税务总局还对扣除项目金额中利息支出的计算问题作了两点专门规定:一是利息的上浮幅度按国家的有关规定执行,超过上浮幅度的部分不允许扣除;二是对于超过贷款期限的利息部分和加罚的利息不允许扣除。

(四) 与转让房地产有关的税金

与转让房地产有关的税金是指在转让房地产时缴纳的营业税、城建税、印花税。因转让房地产缴纳的教育费附加,也可视同税金予以扣除。

需要明确的是,房地产开发企业按照《施工、房地产开发企业财务制度》有关规定,其在转让时缴纳的印花税因列入管理费用中,故在此不允许单独再扣除。其他纳税人缴纳的印花税(按产权转移书据所载金额的0.5‰贴花)允许在此扣除。

(五) 其他扣除项目

对从事房地产开发的纳税人可按《土地增值税暂行条例实施细则》第七条(一)、(二)项规定计算的金额之和,加计20%的扣除。在此,应特别指出的是:此条优惠只适用于从事房地产开发的纳税人,除此之外的其他纳税人不适用。这样规定目的是抑制炒买炒卖房地产的投机行为,保护正常开发投资者的积极性。

(六) 旧房及建筑物的评估价格

转让旧房的,应按房屋及建筑物的评估价格、取得土地使用权所支付的地价款和按国家统一规定缴纳的有关费用及在转让环节缴纳的税金作为扣除项目金额计征土地增值税。对取得土地使用权时未支付地价款或不能提供已支付的地价款凭据的,在计征土地增值税时不允许扣除。

旧房及建筑物的评估价格是指在转让已使用的房屋及建筑物时,由政府批准设立的房地产评估机构评定的重置成本价乘以成新度折扣率后的价格。评估价格须经当地税务机关确认。

重置成本价的含义是:对旧房及建筑物,按转让时的建材价格及人工费用计算,建造同样面积、同样层次、同样结构、同样建设标准的新房及建筑物所须花费的成本费用。成新度折扣率的含义是:按旧房的新旧程度作一定比例的折扣。

例如,一幢房屋已使用近 9 年,建造时的造价为 2 000 万元,按转让时的建材及人工费用计算,建同样的新房须花费 6 000 万元,该房有六成新,则该房的评估价格为:6 000 × 60% = 3 600(万元)。

纳税人转让旧房及建筑物,凡不能取得评估价格,但能提供购房发票的,经当地税务部门确认,根据《土地增值税暂行条例》第六条第(一)、(三)项规定的扣除项目的金额(即:取得土地使用权所支付的金额、新建房及配套设施的成本、费用,或者旧房及建筑物的评估价格),可按发票所载金额并从购买年度起至转让年度止每年加计 5% 计算扣除。计算扣除项目时"每年"按购房发票所载日期起至售房发票开具之日止,每满 12 个月计 1 年;超过 1 年,未满 12 个月但超过 6 个月的,可以视同为 1 年。

对纳税人购房时缴纳的契税,凡能提供契税完税凭证的,准予作为"与转让房地产有关的税金"予以扣除,但不作为加计 5% 的基数。

对于转让旧房及建筑物,既没有评估价格,又不能提供购房发票的,地方税务机关可以根据《中华人民共和国税收征收管理法》第三十五条的规定,实行核定征收。

三、增值额的确定

土地增值税纳税人转让房地产所取得的收入减除规定的扣除项目金额后的余额,为增值额。在实际房地产交易活动中,有些纳税人由于不能准确提供房地产转让价格或扣除项目金额,致使增值额不准确,直接影响应纳税额的计算和缴纳。因此,纳税人有下列情形之一的,按照房地产评估价格计算征收。

① 隐瞒、虚报房地产成交价格的,是指纳税人不报或有意低报转让土地使用权、地上建筑物及其附着物价款的行为。

② 提供扣除项目金额不实的,是指纳税人在纳税申报时不据实提供扣除项目金额的行为。

③ 转让房地产的成交价格低于房地产评估价格,又无正当理由的,是指纳税人申报的转让房地产的实际成交价低于房地产评估机构评定的交易价,纳税人又不能提供凭据或无正当理由的行为。

隐瞒、虚报房地产成交价格,应由评估机构参照同类房地产的市场交易价格进行评估。税务机关根据评估价格确定转让房地产的收入。

提供扣除项目金额不实的,应由评估机构按照房屋重置成本价乘以成新度折扣率计算的房屋成本价和取得土地使用权时的基准地价进行评估。税务机关根据评估价格确定扣除项目金额。

转让房地产的成交价格低于房地产评估价格,又无正当理由的,由税务机关参照房地产评估价格确定转让房地产的收入。

四、应纳税额的计算

土地增值税按照纳税人转让房地产所取得的增值额和规定的税率计算征收。土地增值税的计算公式是:

$$\text{应纳税额} = \sum(\text{每级距的增值额} \times \text{适用税率})$$

但在实际工作中,分步计算比较烦琐,一般可以采用速算扣除法计算。即:计算土地增值税税额,可按增值额乘以适用的税率减去扣除项目金额乘以速算扣除系数的简便方法计算,具体公式如下。

① 增值额未超过扣除项目金额50%:

$$\text{土地增值税税额} = \text{增值额} \times 30\%$$

② 增值额超过扣除项目金额50%,未超过100%:

$$\text{土地增值税税额} = \text{增值额} \times 40\% - \text{扣除项目金额} \times 5\%$$

③ 增值额超过扣除项目金额100%,未超过200%:

$$\text{土地增值税税额} = \text{增值额} \times 50\% - \text{扣除项目金额} \times 15\%$$

④ 增值额超过扣除项目金额200%:

$$\text{土地增值税税额} = \text{增值额} \times 60\% - \text{扣除项目金额} \times 35\%$$

公式中的5%、15%、35%分别为二、三、四级的速算扣除系数。

例 10-1 某房地产开发公司转让商品房一栋,取得收入总额为2 000万元,应扣除的项目金额合计为800万元。试计算该房地产开发公司应缴纳的土地增值税。

1) 增值额=2 000-800=1 200(万元)

2) 增值率=1 200÷800×100%=150%

3) 应纳土地增值税税额=1 200×50%-800×15%=480(万元)

五、房地产开发企业土地增值税清算

自2007年2月1日起,各省税务机关可按以下规定对房地产开发企业土地增值税进行清算。各省税务机关可依据以下规定并结合当地实际情况制定具体清算管理办法。

(一) 土地增值税的清算单位

土地增值税以国家有关部门审批的房地产开发项目为单位进行清算,对于分期开发的项目,以分期项目为单位清算。

开发项目中同时包含普通住宅和非普通住宅的，应分别计算增值额。

（二）土地增值税的清算条件

1. 符合下列情形之一的，纳税人应进行土地增值税的清算

① 房地产开发项目全部竣工、完成销售的。

② 整体转让未竣工决算房地产开发项目的。

③ 直接转让土地使用权的。

2. 符合下列情形之一的，主管税务机关可要求纳税人进行土地增值税清算

① 已竣工验收的房地产开发项目，已转让的房地产建筑面积占整个项目可售建筑面积的比例在85%以上，或该比例虽未超过85%，但剩余的可售建筑面积已经出租或自用的。

② 取得销售（预售）许可证满3年仍未销售完毕的。

③ 纳税人申请注销税务登记但未办理土地增值税清算手续的。

④ 省税务机关规定的其他情况。

（三）土地增值税清算报送的资料

纳税人办理土地增值税清算应报送以下资料。

① 房地产开发企业清算土地增值税书面申请、土地增值税纳税申报表。

② 项目竣工决算报表、取得土地使用权所支付的地价款凭证、国有土地使用权出让合同、银行贷款利息结算通知单、项目工程合同结算单、商品房购销合同统计表等与转让房地产的收入、成本和费用有关的证明资料。

③ 主管税务机关要求报送的其他与土地增值税清算有关的证明资料等。

纳税人委托税务中介机构审核鉴证的清算项目，还应报送中介机构出具的土地增值税清算税款鉴证报告。

（四）土地增值税的核定征收

房地产开发企业有下列情形之一的，税务机关可以参照与其开发规模和收入水平相近的当地企业的土地增值税税负情况，按不低于预征率的征收率核定征收土地增值税。

① 依照法律、行政法规的规定应当设置但未设置账簿的。

② 擅自销毁账簿或者拒不提供纳税资料的。

③ 虽设置账簿，但账目混乱或者成本资料、收入凭证、费用凭证残缺不全，难以确定转让收入或扣除项目金额的。

④ 符合土地增值税清算条件，未按照规定的期限办理清算手续，经税务机关责令限期清算，逾期仍不清算的。

⑤ 申报的计税依据明显偏低，又无正当理由的。

知识链接10-1

为了加强土地增值税征收管理,规范土地增值税清算工作,国家税务总局通知,要求各级税务机关加强征管堵漏增收,提高收入增长质量,2014 年土地增值税清算计划已被列入税务机关绩效考核范围。在下一阶段规范税收秩序的重点中,首先提到的就是"加大土地增值税清算力度"。根据国家税务总局的部署,税务机关要建立和完善与同级发展改革、国土、建设规划、房管等部门的信息交换协作机制,充分利用第三方信息,强化土地增值税清算管理。

第四节 土地增值税的征收管理

一、纳税地点

土地增值税的纳税人应向房地产所在地主管税务机关办理纳税申报,并在税务机关核定的期限内缴纳土地增值税。

在实际工作中,纳税地点的确定又可分为以下两种情况。

1. 纳税人是法人的

当转让的房地产坐落地与其机构所在地或经营所在地一致时,则在办理税务登记的原管辖税务机关申报纳税即可;如果转让的房地产坐落地与其机构所在地或经营所在地不一致时,则应在房地产坐落地所管辖的税务机关申报纳税。

2. 纳税人是自然人的

当转让的房地产坐落地与其居住所在地一致时,则在住所所在地税务机关申报纳税;当转让的房地产坐落地与其居住所在地不一致时,在办理过户手续所在地的税务机关申报纳税。

二、纳税申报

土地增值税的纳税人应在转让房地产合同签订后的 7 日内,到房地产所在地主管税务机关办理纳税申报,并向税务机关提交房屋及建筑物产权、土地使用权证书,土地转让、房产买卖合同,房地产评估报告及其他与转让房地产有关的资料。纳税人因经常发生房地产转让而难以在每次转让后申报的,经税务机关审核同意后,可以定期进行纳税申报,具体期限由税务机关根据情况确定。

此外根据《中华人民共和国土地增值税暂行条例实施细则》关于"纳税人在项目全部竣工结算前转让房地产取得的收入,可以预征土地增值税。具体办法由各省、自治区、直辖市地方税务局根据当地情况制定"的规定,对于纳税人预售房地产所取得的收入,凡当地税务机关规定预征土地增值税的,纳税人应当到主管税务机关办理纳税申报,并按规定比例预交,待办理决算后,多退少补;凡当地税务机关规定不预征土地增值税的,也应在取得收入时先到税务机关登记或备案。

本章小结

土地增值税是对转让国有土地使用权、地上建筑物及其附着物并取得收入的情况征收的一种税。对不同的土地经营行为,判断是否征收土地增值税的标准有3点:土地是否为国有、使用权是否发生转移、是否有收入(包括各种形式的收入)。我国土地增值税的税率采用超率累进税率,增值额的计算重要的是确认收入总额,确认并计算扣除项目。土地增值税的优惠主要针对普通标准住宅和个人转让房地产的行为,对国家回收房地产及企业兼并、联营等行为也给予优惠。

快速问答

1. 按照土地增值税有关规定,纳税人提供扣除项目金额不实的,在计算土地增值额时,应按照(　　)。

A. 税务部门估定的价格扣除

B. 税务部门与房地产主管部门协商的价格扣除

C. 由评估机构按照房屋重置成本价乘以成新度折扣率计算的房屋成本价和取得土地使用权时的基准地价进行评估

D. 房地产原值减除30%后的余值扣除

2. 关于计算土地增值税时的扣除项目,错误的说法是(　　)。

A. 土地增值税清算时,已经计入房地产开发成本的利息支出,应调整至财务费用中计算扣除

B. 利息的上浮幅度按国家的有关规定执行,超过上浮幅度的部分不允许扣除

C. 超过贷款期限的利息部分和加罚的利息允许扣除

D. 财务费用中的利息支出,凡能够按转让房地产项目计算分摊并提供金融机构证明的,允许据实扣除,但最高不能超过按商业银行同类同期贷款利率计算的金额

3. 关于增值额的确定的说法不正确的有(　　)。

A. 土地增值税纳税人转让房地产所取得的收入减除规定的扣除项目金额后的余额,为增值额

B. 隐瞒、虚报房地产成交价格,应由评估机构参照同类房地产的市场交易价格进行评估

C. 房地产评估价格是指由政府批准设立的房地产评估机构根据相同地段、同类房地产进行综合评定的价格

D. 提供扣除项目金额不实的,应由评估机构参照同类房地产的市场交易价格进行评估

4. 不需要缴纳土地增值税的行为有(　　)。

A. 甲企业与乙企业之间交换办公楼

B. 房地产企业以自行开发的房地产对外投资

C. 在兼并过程中被兼并企业的房地产转让到兼并企业

D. 因国家收回国有土地使用权而使房地产权属发生转让

5. 以房地产进行投资联营的行为需要缴纳土地增值税的有(　　)。

A. 天启轮胎生产公司以房产作价入股投资到天阳汽车生产公司

B. 李氏房地产开发公司以其建造的商品房进行投资

C. 呼兰蛋糕生产公司以房地产作为联营条件,将房地产转让到联营的白雪冰激凌生产公司

D. 蓝天公司将房产作为联营条件,将房地产转让到联营的王氏房地产开发公司

6. 房地产开发公司支付的相关税费中不可列入加计20%扣除范围的有(　　)。
A. 取得土地使用权支付的土地征用费　　B. 占用耕地缴纳的耕地占用税
C. 销售过程中发生的销售费用　　D. 开发小区内的道路建设费用

计算题

某市兴达房地产开发公司2015年开发一个项目,有关经营情况如下。

1) 购买土地支付价款750万元,并按规定缴纳相关费用及契税共62.5万元,2014年占用该土地面积的80%开发写字楼,写字楼面积共40 000平方米。

2) 开发过程中发生拆迁补偿费500万元,支付工程价款1 260万元,基础设施及公共配套设施费530万元。

3) 发生销售费用100万元,财务费用60万元,管理费用80万元,该房地产不能按转让项目计算分摊利息。

4) 2014年12月该工程完工后即开盘销售,销售写字楼30 000平方米,取得销售收入6 000万元,同月,将剩余写字楼出租。

当地政府规定的开发费用扣除比例为10%。

要求:

① 计算该房地产开发公司2014年计算土地增值税准予扣除的取得土地使用权所支付的价款。

② 计算该房地产开发公司2014年计算土地增值税准予扣除的开发成本。

③ 计算该房地产开发公司2014年计算土地增值税准予扣除的开发费用。

④ 计算该房地产开发公司2014年计算土地增值税准予扣除的税金及附加(不考虑地方教育附加)。

⑤ 计算该房地产开发公司2014年计算土地增值税准予扣除的项目金额合计。

⑥ 计算该房地产开发公司2014年应缴纳的土地增值税。

第十一章

房产税、契税、城镇土地使用税、耕地占用税法

学习目标

本章主要介绍了房产税法、契税法、城镇土地使用税法以及耕地占用税法的有关内容，包括房产税、契税、城镇土地使用税和耕地占用税的基础知识、基本内容、应纳税额的计算以及征收管理。通过学习应达到以下要求。

- 理解房产税、契税、城镇土地使用税及耕地占用税的概念与特点
- 熟悉房产税、契税、城镇土地使用税及耕地占用税的纳税义务人、征税范围与税率
- 熟悉房产税、契税、城镇土地使用税及耕地占用税的税收优惠政策
- 掌握房产税、契税、城镇土地使用税及耕地占用税应纳税额的计算
- 熟悉房产税、契税、城镇土地使用税及耕地占用税的征收管理

第一节　房产税法

一、房产税基础知识

（一）房产税的概念

房产税是以房产为征税对象，以房屋的计税余值或租金收入为计税依据，向房屋产权所有人征收的一种财产税。

对房产征税的目的是运用税收杠杆，加强对房产的管理，提高房产使用效率，控制固定资产投资规模和配合国家房产政策的调整，合理调节房产所有人和经营人的收入。此外，房产税税源稳定，易于控制管理，是地方财政收入的重要来源之一。

（二）房产税的作用

1. 筹集地方财政收入

房产税属于地方税，征收房产税可以为地方财政筹集一部分市政建设资金，解决地方财力不足问题。房产税以房屋为征税对象，税源比较稳定。随着地方经济的发展，城市基础设施改善和工商业的兴旺，房产税收入将成为地方财政收入的一个主要来源。

2. 有利于加强房产管理

一方面，对房屋拥有者征收房产税，可以调节纳税人的收入水平，有利于加强对房屋的管理，

提高房屋的使用效益,控制固定资产的投资规模。另一方面,可以鼓励个人合理改善住房条件,配合和推动城市住房制度改革。

二、房产税法基本内容

(一)纳税义务人

房产税以在征税范围内的房屋产权所有人为纳税人。其中包括以下几种情况。

① 产权属国家所有的、由经营管理单位纳税;产权属集体和个人所有的,由集体单位和个人纳税。

② 产权出典的,由承典人纳税。所谓产权出典,是指产权所有人将房屋、生产资料等的产权,在一定期限内典当给他人使用而取得资金的一种融资业务。这种业务大多发生于出典人急需要用款,但又想保留产权回赎权的情况。承典人向出典人交付一定的典价之后,在质典期内即获抵押物品的支配权,并可转典。产权的典价一般要低于卖价。出典人在规定期间内须归还典价的本金和利息,方可赎回出典房屋等的产权。由于在房屋出典期间,产权所有人已无权支配房屋,因此,税法规定由对房屋具有支配权的承典人为纳税人。

③ 产权所有人、承典人不在房屋所在地的,或产权未确定及租典纠纷未解决的,由房产代管人或者使用人纳税。

所谓租典纠纷,是指产权所有人在房产出典和租赁关系上与承典人、租赁人发生各种争议,特别是权利和义务的争议悬而未决的。此外还有一些产权归属不清的问题,也都属于租典纠纷。对租典纠纷尚未解决的房产,规定以代管人或使用人为纳税人,主要目的在于加强征收管理,保证房产税及时入库。

④ 无租使用其他房产的问题。纳税单位和个人无租使用房产管理部门、免税单位及纳税单位的房产,应由使用人代为缴纳房产税。

⑤ 自2009年1月1日起,外商投资企业、外国企业和组织以及外籍个人,依照《中华人民共和国房产税暂行条例》缴纳房产税。

(二)征税对象与征税范围

房产税的征税对象是房产。所谓房产,是指有屋面和围护结构(有墙或两边有柱),能够遮风避雨,可供人们在其中生产、学习、工作、娱乐、居住或贮藏物资的场所。

房地产开发企业建造的商品房,在出售前,不征收房产税;但对出售前房地产开发企业已使用或出租、出借的商品房应按规定征收房产税。

房产税的征税范围为城市、县城、建制镇和工矿区。具体规定如下。

① 城市是指国务院批准设立的市。

② 县城是指县人民政府所在地的地区。

③ 建制镇是指经省、自治区、直辖市人民政府批准设立的建制镇。

④ 工矿区是指工商业比较发达、人口比较集中、符合国务院规定的建制镇标准但尚未设立建制镇的大中型工矿企业所在地。开征房产税的工矿区须经省、自治区、直辖市人民政府批准。

房产税的征税范围不包括农村。对农村房屋不纳入房产税征税范围,有利于农业发展,繁荣农村经济,促进社会稳定。

（三）税率

我国现行房产税采用的是比例税率。由于房产税的计税依据分为从价计征和从租计征两种形式，因此房产税的税率有两种。

① 按房产原值一次减除10%～30%后的余值计征的，税率为1.2%。

② 按房产出租的租金收入计征的，税率为12%。

从2001年1月1日起，对个人按市场价格出租的居民住房，用于居住的，可暂减按4%的税率征收房产税。

（四）税收优惠

房产税的税收优惠是根据国家政策需要和纳税人的负担能力制定的。目前，房产税的税收优惠政策主要有以下几项。

① 国家机关、人民团体、军队自用的房产免征房产税。

② 由国家财政部门拨付事业经费的单位自用的房产免征房产税。

③ 宗教寺庙、公园、名胜古迹自用的房产免征房产税。

宗教寺庙自用的房产，是指举行宗教仪式等的房屋和宗教人员使用的生活用房屋。

公园、名胜古迹自用的房产，是指供公共参观游览的房屋及其管理单位的办公用房屋。

宗教寺庙、公园、名胜古迹中附设的营业单位，如饮食部、茶社、照相馆等所使用的房产及出租的房产，不属于免税范围，应照章纳税。

④ 个人所有非营业用的房产免征房产税。个人所有的非营业用房，主要是指居民住房，不分面积多少，一律免征房产税。对个人拥有的营业用房或者出租的房产，不属于免税房产，应照章纳税。

⑤ 对行使国家行政管理职能的中国人民银行总行（含国家外汇管理局）所属分支机构自用的房产，免征房产税。

⑥ 经财政部批准免税的其他房产，包括高校后勤实体，向居民供热并向居民收取采暖费的供热企业，老年服务机构自用的房产，非营利性医疗机构，企业办的学校、托儿所、幼儿园，施工期间基建工地的临时性房屋等。

知识链接11-1

为支持农产品流通体系建设，减轻农产品批发市场、农贸市场经营负担，根据国务院常务会议精神，对专门经营农产品的农产品批发市场和农贸市场使用的房产、土地，暂免征收房产税和城镇土地使用税。对同时经营其他产品的农产品批发市场和农贸市场使用的房产、土地，按其他产品与农产品交易场地面积的比例确定征免房产税和城镇土地使用税。自2013年1月1日至2015年12月31日执行。

三、应纳税额的计算

（一）计税依据

房产税的计税依据是房产的计税价值或房产的租金收入。以房产计税价值为计税依据征税的,称为从价计征;按照房产租金收入计征的,称为从租计征。

1. 从价计征

①《房产税暂行条例》规定,房产税依照房产原值一次减除10%～30%后的余值计算缴纳。具体减除幅度,由省、自治区、直辖市人民政府确定。

房产原值是指纳税人按照会计制度规定,在账簿"固定资产"科目中记载的房屋原价。没有记载房屋原价的,参照同类房屋确定房产原值,按规定计征房产税。

② 为了维持和增加房屋的使用功能或使房屋满足设计要求,凡以房屋为载体,不可随意移动的附属设备和配套设施,如给排水、采暖、消防、中央空调、电气及智能化楼宇设备等,无论在会计核算中是否单独记账与核算,都应计入房产原值,计征房产税。

③ 纳税人对原有房屋进行改建、扩建的,要相应增加房屋的原值。

④ 房产余值是房产的原值减除规定比例后的剩余价值。

2. 从租计征

《房产税暂行条例》规定,房产出租的,以房产租金收入为房产税的计税依据。

所谓房产的租金收入,是房屋产权所有人出租房产使用权所得的报酬,包括货币收入和实物收入。

(二) 应纳税额的计算

1. 从价计征的计算

从价计征是按房产的原值减除一定比例后的余值计征,其计算公式为:

$$应纳税额=应税房产原值\times(1-扣除比例)\times1.2\%$$

其中房产原值是"固定资产"科目中记载的房屋原价,减除一定比例是省、自治区、直辖市人民政府规定的10%～30%的减除比例。

例11-1 某企业的经营用房原值为1 000万元,按照当地规定允许减除20%后余值计税,适用税率为1.2%。请计算其应纳房产税税额。

应纳税额=1 000×(1-20%)×1.2%=9.6(万元)

2. 从租计征的计算

从租计征是按房产的租金收入计征,其计算公式为:

$$应纳税额=租金收入\times12\%(或个人为4\%)$$

例11-2 某公司出租房屋5间,年租金收入为50 000元,适用税率为12%。请计算其应纳房产税税额。

应纳税额=50 000×12%=6 000(元)

例11-3 某企业2015年1月1日的房产原值为5 000万元,6月1日将其中原值为2 000万元的临街房出租给某酒店,月租金4万元。当地政府规定允许按房产原值减除20%后的余值计税。计算企业当年应缴纳房产税。

自身经营用房的房产税按房产余值从价计征,临街房6月1日才出租,1至5月仍从价计征。

1) 自身经营用房应纳房产税=(5 000-2 000)×(1-20%)×1.2%+2 000×(1-20%)×1.2%÷12×5=28.8+8=36.8(万元)

2）出租的房产按本年租金从租计征 =4×7(月)×12% =3.36(万元)

3）企业当年应纳房产税 =36.8 +3.36 =40.16(万元)

四、征收管理

（一）纳税义务发生时间

① 纳税人将原有房产用于生产经营,从生产经营之月起缴纳房产税。

② 纳税人自行新建房屋用于生产经营,从建成之次月起缴纳房产税。

③ 纳税人委托施工企业建设的房屋,从办理验收手续之次月起缴纳房产税。

④ 纳税人购置新建商品房,自房屋交付使用之次月起缴纳房产税。

⑤ 纳税人购置存量房,自办理房屋权属转移、变更登记手续,房地产权属登记机关签发房屋权属证书之次月起,缴纳房产税。

⑥ 纳税人出租、出借房产,自交付出租、出借房产之次月起,缴纳房产税。

⑦ 房地产开发企业自用、出租、出借本企业建造的商品房,自房屋使用或交付之次月起,缴纳房产税。

⑧ 自 2009 年 1 月 1 日起,纳税人因房产的实物或权利状态发生变化而依法终止房产税纳税义务的,其应纳税款的计算应截止到房产的实物或权利状态发生变化的当月末。

（二）纳税期限

房产税实行按年计算、分期缴纳的征收方法,具体纳税期限由省、自治区、直辖市人民政府确定。

（三）纳税地点

房产税在房产所在地缴纳。房产不在同一地方的纳税人,应按房产的坐落地点分别向房产所在地的税务机关纳税。

第二节 契税法

一、契税基础知识

（一）契税的概念

契税是指在中华人民共和国境内转移土地、房屋权属向产权承受人征收的一种财产税。

契税是一个古老的税种,最早起源于东晋的“古税”,至今已有 1 600 多年的历史。新中国成立以后颁布的第一个税收法规就是《契税暂行条例》。1997 年 7 月 7 日,国务院重新颁布了《中华人民共和国契税暂行条例》,并于 1997 年 10 月 1 日起施行。

(二) 契税的作用

1. 广辟财源,增加地方财政收入

契税按财产转移价值征税,税源较为充足,它可以弥补其他财产课税的不足,扩大其征税范围,为地方政府增加一部分财政收入。

2. 保护合法产权,避免产权纠纷

不动产所有权和使用权的转移,涉及转让者和承受者双方的利益。由于产权转移形式多种多样,如果产权的合法性得不到确认,事后必然会出现产权纠纷。契税规定对承受人征税,一方面是对承受人财富的调节,另一方面有利于通过法律形式确定产权关系,维护公民的合法利益,避免产权纠纷。

3. 调节财富分配,体现社会公平

土地、房屋交易本身就意味着财富的流动或分配。在土地、房屋的交易环节征收契税,可以适当调节财产的取得者的收入,缓解社会分配不公的矛盾。

二、契税基本内容

(一) 纳税义务人

契税的纳税义务人是指境内转移土地、房屋权属承受的单位和个人。所称的境内是指中华人民共和国实际税收行政管辖范围内。所称的土地、房屋权属是指土地使用权和房屋所有权。单位是指企业单位、事业单位、国家机关、军事单位和社会团体以及其他组织。个人是指个体经营者及其他个人。

(二) 征税对象

契税的征税对象是境内转移的土地、房屋权属。具体包括以下内容。

1. 国有土地使用权出让

国有土地使用权出让是指土地使用者向国家交付土地使用权出让费用,国家将国有土地使用权在一定年限内让与土地使用者的行为。

国有土地使用权出让,受让者应向国家缴纳出让金,以出让金为依据计算缴纳契税。不得因减免土地出让金而减免契税。

2. 土地使用权的转让

土地使用权的转让是指土地使用者以出售、赠予、交换或者其他方式将土地使用权转移给其他单位和个人的行为。土地使用权的转让不包括农村集体土地承包经营权的转移。

3. 房屋买卖

房屋买卖是指房屋所有者将其房屋出售,由承受者交付货币、实物、无形资产或者其他经济利益的行为。以下几种特殊情况,视同买卖房屋。

(1) *以房产抵债或实物交换房屋*

经当地政府和有关部门批准,以房产抵债和实物交换房屋,均视同房屋买卖,应由产权承受人按房屋现值缴纳契税。

(2) *以房产作投资或作股权转让*

这种交易业务属房屋产权转移,应根据国家房地产管理的有关规定,办理房屋产权交易和产权变更登记手续，视同房屋买卖，由产权承受方按契税税率计算缴纳契税。

以自有房产作股投入本人独资经营企业，免纳契税。因为以自有的房地产投入本人独资经营的企业，产权和使用权所有人未发生变化，无须办理房产变更手续，也不办理契税手续。

(3) 买房拆料或翻建新房，应照章征收契税

例如，甲购买乙房产，不论其目的是取得该房产的建筑材料还是翻建新房，实际构成房屋买卖。甲应首先办理房屋产权变更手续，并按买价缴纳契税。

4. 房屋赠予

房屋的赠予是指房屋产权所有人将房屋无偿转让给他人所有。房屋赠予的前提必须是产权无纠纷，赠予人和受赠人双方自愿。房屋的受赠人要按规定缴纳契税。

5. 房屋交换

房屋交换是指房屋所有者之间互相交换房屋的行为。

（三）税率

契税的税率为3%～5%，实行幅度比例税率。各省、自治区、直辖市人民政府可以在3%～5%的幅度比例税率规定的范围内，按照本地区的实际情况确定，并报财政部和国家税务总局备案。

（四）税收优惠

① 国家机关、事业单位、社会团体、军事单位承受土地、房屋用于办公、教学、医疗、科研和军事设施的，免征契税。

② 城镇职工按规定第一次购买公有住房，免征契税。

对个人购买普通住房，且该住房属于家庭（成员范围包括购房人、配偶以及未成年子女，下同）唯一住房的，减半征收契税。对个人购买90平方米及以下普通住房，且该住房属于家庭唯一住房的，减按1%税率征收契税。

③ 因不可抗力灭失住房而重新购买住房的，酌情减免。不可抗力是指自然灾害、战争等不能预见、不可避免，且不能克服的客观情况。

④ 土地、房屋被县级以上人民政府征用、占用后，重新承受土地、房屋权属的，由省级人民政府确定是否减免。

⑤ 承受荒山、荒沟、荒丘、荒滩土地使用权，并用于农、林、牧、渔业生产的，免征契税。

⑥ 对于《中华人民共和国继承法》规定的法定继承人（包括配偶、子女、父母、兄弟姐妹、祖父母、外祖父母）继承土地、房屋权属，不征契税。

按照《中华人民共和国继承法》的规定，非法定继承人根据遗嘱承受死者生前的土地、房屋权属，属于赠予行为，应征收契税。

⑦ 对于承受与房屋相关的附属设施，包括停车位、汽车库、自行车库、顶层阁楼以及储藏室等所有权或土地使用权的行为，按照契税法律、法规的规定征收契税；对于不涉及土地使用权和房屋所有权转移变动的，不征收契税。

知识链接11-2

在婚姻关系存续期间，房屋、土地权属原归夫妻一方所有，变更为夫妻双方共有或另一方所有的，或者房屋、土地权属原归夫妻双方共有，变更为其中一方所有的，或者房屋、土地权属原归夫妻双方共有，双方约定、变更共有份额的，免征契税。

三、应纳税额的计算

(一) 计税依据

契税的计税依据为不动产的价格。由于土地、房屋权属转移方式不同,定价方法不同,因而具体计税依据视不同情况而决定。

① 国有土地使用权出让、土地使用权出售、房屋买卖,以成交价格为计税依据。成交价格是指土地、房屋权属转移合同确定的价格,包括承受者应交付的货币、实物、无形资产或者其他经济利益。

② 土地使用权赠予、房屋赠予,由征收机关参照土地使用权出售、房屋买卖的市场价格核定。

③ 土地使用权交换、房屋交换,为所交换的土地使用权、房屋的价格差额。也就是说,交换价格相等时,免征契税;交换价格不等时,由多交付的货币、实物、无形资产或者其他经济利益的一方缴纳契税。

④ 以划拨方式取得土地使用权,经批准转让房地产时,由房地产转让者补交契税。计税依据为补交的土地使用权出让费用或者土地收益。

⑤ 房屋附属设施征收契税的依据如下。

采取分期付款方式购买房屋附属设施土地使用权、房屋所有权的,应按合同规定的总价款计征契税。

承受的房屋附属设施权属如为单独计价的,按照当地确定的适用税率征收契税;如与房屋统一计价的,适用与房屋相同的契税税率。

⑥ 个人无偿赠予不动产行为(法定继承人除外),应对受赠人全额征收契税。

(二) 应纳税额的计算

契税采用比例税率。当计税依据确定以后,应纳税额的计算比较简单。应纳税额的计算公式为:

$$应纳税额=计税依据\times税率$$

例 11-4 居民甲有两套住房,将一套出售给居民乙,成交价格为200 000元;将另一套两室住房与居民丙交换成两处一室住房,并支付给丙换房差价款60 000元。试计算甲、乙、丙相关行为应缴纳的契税(假定税率为4%)。

1) 甲应缴纳契税 =60 000 ×4% =2 400(元)

2) 乙应缴纳契税 =200 000 ×4% =8 000(元)

3) 丙不缴纳契税。

四、征收管理

(一) 纳税义务发生时间

契税的纳税义务发生时间是纳税人签订土地、房屋权属转移合同的当天,或者纳税人取得其他具有土地、房屋权属转移合同性质凭证的当天。

（二）纳税期限

纳税人应当自纳税义务发生之日起10日内，向土地、房屋所在地的契税征收机关办理纳税申报，并在契税征收机关核定的期限内缴纳税款。

（三）纳税地点

契税在土地、房屋所在地的征收机关缴纳。

（四）征收管理

纳税人办理纳税事宜后，征收机关应向纳税人开具契税完税凭证。纳税人持契税完税凭证和其他规定的文件材料，依法向土地管理部门、房产管理部门办理有关土地、房屋的权属变更登记手续。土地管理部门和房产管理部门应向契税征收机关提供有关资料，并协助税务机关依法征收契税。

第三节　城镇土地使用税法

一、城镇土地使用税基础知识

（一）城镇土地使用税的概念

城镇土地使用税是以城镇土地为征税对象，对拥有土地使用权的单位和个人征收的一种税。

现行城镇土地使用税法的基本规范，是2006年12月31日国务院修改并颁布的《中华人民共和国城镇土地使用税暂行条例》，2013年12月4日国务院第32次常务会议作了部分修改（2013年12月7日起实施）（以下简称《城镇土地使用税暂行条例》）。

（二）城镇土地使用税的作用

1. 有利于促进土地的合理使用

土地是一种宝贵的自然资源，开征城镇土地使用税后，国有土地不再由单位和个人无偿使用，而要按规定向国家纳税，这样就能够促进企业合理配置土地和节约使用土地。

2. 调节土地级差收入

地理位置的好坏是影响企业运输成本、流通费用高低，进而影响企业利润率高低的重要因素之一。开征城镇土地使用税，将土地的级差收入纳入国家财政，不仅有利于理顺国家和土地使用者的分配关系，而且为企业公平竞争创造了条件。

3. 筹集地方财政资金

城镇土地使用税是地方税，它的税收收入归地方政府支配，是地方财政收入的一项稳定来源。

二、城镇土地使用税基本内容

（一）纳税义务人

在城市、县城、建制镇、工矿区范围内使用土地的单位和个人，为城镇土地使用税（以下简称土地使用税)的纳税人。

所称单位,包括国有企业、集体企业、私营企业、股份制企业、外商投资企业、外国企业以及其他企业和事业单位、社会团体、国家机关、军队以及其他单位。所称个人,包括个体工商户以及其他个人。

土地使用税的纳税人通常包括以下几类。

① 拥有土地使用权的单位和个人。

② 拥有土地使用权的单位和个人不在土地所在地的,其土地的实际使用人和代管人为纳税人。

③ 土地使用权未确定或权属纠纷未解决的,其实际使用人为纳税人。

④ 土地使用权共有的,共有各方都是纳税人,由共有各方分别纳税。

几个人或几个单位共同拥有一块土地的使用权,这块土地的城镇土地使用纳税人应是对这块土地拥有使用权的每一个人或每一个单位。他们应以其实际使用的土地面积占总面积的比例,分别计算缴纳土地使用税。

(二) 征税范围

土地使用税的征税范围,包括在城市、县城、建制镇和工矿区内的国家所有和集体所有的土地。

上述城市、县城、建制镇和工矿区分别按以下标准确认。

① 城市是指经国务院批准设立的市。

② 县城是指县人民政府所在地。

③ 建制镇是指经省、自治区、直辖市人民政府批准设立的建制镇。

④ 工矿区是指工商业比较发达,人口比较集中,符合国务院规定的建制镇标准,但尚未设立建制镇的大中型工矿企业所在地,工矿区须经省、自治区、直辖市人民政府批准。

上述城镇土地使用税的征税范围中,城市的土地包括市区和郊区的土地,县城的土地是指县人民政府所在地的城镇的土地,建制镇的土地是指镇人民政府所在地的土地。

建立在城市、县城、建制镇和工矿区以外的工矿企业则无须缴纳土地使用税。

(三) 税率

土地使用税采用定额税率,即采用有幅度的差别税额,按大、中、小城市和县城、建制镇、工矿区分别规定每平方米土地使用税年应纳税额,如表 11－1 所示。

表 11－1 土地使用税税率

级 别	人口/人	每平方米税额/元
大城市	50 万以上	1.5～30
中等城市	20 万～50 万	1.2～24
小城市	20 万以下	0.9～18
县城、建制镇、工矿区		0.6～12

经济落后地区,各省、自治区、直辖市人民政府可根据实际情况,适当降低土地使用税的适用税额标准,但降低额不得超过上述规定最低税额的 30%。经济发达地区的适用税额标准可以适当提高,但须报财政部批准。

土地使用税规定幅度税额主要考虑到我国各地区存在着悬殊的土地级差收益,同一地区内不同地段的市政建设情况和经济繁荣程度也有较大的差别。把土地使用税税额定为幅度税额，拉开档次，而且每个幅度税额的差距规定了20倍。

（四）税收优惠

1. 法定免缴土地使用税的优惠

① 国家机关、人民团体、军队自用的土地。这部分土地是指这些单位本身的办公用地和公务用地，如国家机关、人民团体的办公楼用地，军队的训练场用地等。

② 由国家财政部门拨付事业经费的单位自用的土地。这部分土地是指这些单位本身的业务用地，如学校的教学楼、操场、食堂等占用的土地。

③ 宗教寺庙、公园、名胜古迹自用的土地。宗教寺庙自用的土地，是指举行宗教仪式等的用地和寺庙内的宗教人员生活用地。公园、名胜古迹自用的土地，是指供公共参观游览的用地及其管理单位的办公用地。以上单位的生产、经营用地和其他用地，不属于免税范围，应按规定缴纳土地使用税，如公园、名胜古迹中附设的营业单位如影剧院、饮食部、茶社、照相馆等使用的土地。

④ 市政街道、广场、绿化地带等公共用地。

⑤ 直接用于农、林、牧、渔业的生产用地。这部分土地是指直接从事种植养殖、饲养的专业用地，不包括农副产品加工场地和生活办公用地。

⑥ 经批准开山填海整治的土地和改造的废弃土地，从使用的月份起免缴土地使用税5年至10年。具体免税期限由各省、自治区、直辖市地方税务局在《城镇土地使用税暂行条例》规定的期限内自行确定。

⑦ 对非营利性医疗机构、疾病控制机构和妇幼保健机构等卫生机构自用的土地，免征土地使用税。

⑧ 企业办的学校、医院、托儿所、幼儿园，其用地能与企业其他用地明确区分的，免征土地使用税。

⑨ 免税单位无偿使用纳税单位的土地（如公安、海关等单位使用铁路、民航等单位的土地），免征土地使用税。纳税单位无偿使用免税单位的土地，纳税单位应照章缴纳城镇土地使用税。纳税单位与免税单位共同使用共有使用权土地上的多层建筑，对纳税单位可按其占用的建筑面积占建筑总面积的比例计征土地使用税。

2. 省、自治区、直辖市地方税务局确定减免土地使用税的优惠

① 个人所有的居住房屋及院落用地。

② 房产管理部门在房租调整改革前经租的居民住房用地。

③ 免税单位职工家属的宿舍用地。

④ 集体和个人办的各类学校、医院、托儿所、幼儿园用地。

⑤ 向居民供热并向居民收取采暖费的供热企业暂免征收土地使用税。

知识链接11-3

为提高土地利用效率，促进节约集约用地，对已按规定免征土地使用税的企业范围内荒山、林地、湖泊等占地，自2014年1月1日至2015年12月31日，按应纳税额减半征收土地使用税；自2016年1月1日起，全额征收土地使用税。

三、应纳税额的计算

(一)计税依据

土地使用税以纳税人实际占用的土地面积为计税依据,土地面积计量标准为每平方米,即税务机关根据纳税人实际占用的土地面积,按照规定的税额计算应纳税额,向纳税人征收土地使用税。

纳税人实际占用的土地面积按下列办法确定。

① 由省、自治区、直辖市人民政府确定的单位组织测定土地面积的,以测定的面积为准。

② 尚未组织测地,但纳税人持有政府部门核发的土地使用证书的,以证书确认的土地面积为准。

③ 尚未核发土地使用证书的,应由纳税人申报土地面积,据以纳税,待核发土地使用证以后再作调整。

(二)应纳税额的计算

土地使用税的应纳税额可以通过纳税人实际占用的土地面积乘以该土地所在地段的适用税额求得。其计算公式为:

全年应纳税额 = 实际占用应税土地面积(平方米) × 适用税额

例 11-5 设在某城市的企业使用土地面积为10 000平方米。经税务机关核定,该土地为应税土地,每平方米年税额为4元。请计算其全年应纳的土地使用税税额。

年应纳土地使用税税额 =10 000 ×4 =40 000(元)

四、征收管理

(一)纳税义务发生时间

纳税人购置新建商品房,自房屋交付使用之次月起,缴纳土地使用税。

纳税人购置存量房,自办理房屋权属转移、变更登记手续,房地产权属登记机关签发房屋权属证书之次月起,缴纳土地使用税。

纳税人出租、出借房产,自交付出租、出借房产之次月起,缴纳土地使用税。

以出让或转让方式有偿取得土地使用权的,应由受让方从合同约定交付土地时间的次月起缴纳土地使用税;合同未约定交付时间的,由受让方从合同签订的次月起缴纳土地使用税。

纳税人新征用的耕地,自批准征用之日起满1年时开始缴纳土地使用税。

纳税人新征用的非耕地,自批准征用次月起缴纳土地使用税。

自2009年1月1日起,纳税人因土地权利发生变化而依法终止土地使用税纳税义务的,其应纳税款的计算应截止到土地权利发生变化的当月末。

(二)纳税期限

土地使用税实行按年计算、分期缴纳的征收方法,具体纳税期限由省、自治区、直辖市人民政府确定。

（三）纳税地点

土地使用税在土地所在地缴纳。

纳税人使用的土地不属于同一省、自治区、直辖市管辖的，由纳税人分别向土地所在地的税务机关缴纳土地使用税；在同一省、自治区、直辖市管辖范围内，纳税人跨地区使用的土地，其纳税地点由各省、自治区、直辖市地方税务局确定。

（四）征收管理

土地使用税由土地所在地的地方税务机关征收，其收入纳入地方财政预算管理。

第四节　耕地占用税法

一、耕地占用税基础知识

（一）耕地占用税的概念

耕地占用税是对占用耕地建房或从事其他非农业建设的单位和个人，就其实际占用的耕地面积征收的一种税，它属于对特定土地资源占用课税。

耕地占用税法是指国家制定的调整耕地占用税征收与缴纳权利及义务关系的法律规范。现行耕地占用税法的基本规范，是 2007 年 12 月 1 日国务院重新颁布的《中华人民共和国耕地占用税暂行条例》（以下简称《耕地占用税暂行条例》）。

（二）耕地占用税的特点

耕地占用税作为一个出于特定目的、对特定的土地资源课征的税种，与其他税种相比，具有比较鲜明的特点。

1. 兼具资源税与特定行为税的性质

耕地占用税以占用农用耕地建房或从事其他非农用建设的行为征税，以约束占用耕地的行为、促进土地资源的合理运用为目的，除具有资源占用税的属性外，还具有明显的特定行为税的特点。

2. 采用地区差别税率

耕地占用税采用地区差别税率，根据不同地区的具体情况，分别制定差别税额，以适应我国地域辽阔、各地区之间耕地质量差别较大、人均占有耕地面积相差悬殊的具体情况，具有因地制宜的特点。

3. 在占用耕地环节一次性课征

耕地占用税在纳税人获准占用耕地的环节征收，因而具有一次性征收的特点。

二、耕地占用税基本内容

(一) 纳税义务人

耕地占用税的纳税义务人,是指占用耕地建房或从事非农业建设的单位和个人。

所称单位,包括国有企业、集体企业、私营企业、股份制企业、外商投资企业、外国企业以及其他企业和事业单位、社会团体、国家机关、军队以及其他单位;所称个人,包括个体工商户以及其他个人。

(二) 征税范围

耕地占用税的征税范围包括纳税人为建房或从事其他非农业建设而占用的国家所有和集体所有的耕地。

所谓"耕地"是指种植农业作物的土地,包括菜地、园地。其中,园地包括花圃、苗圃、茶园、果园、桑园和其他种植经济林木的土地。

占用鱼塘及其他农用土地建房或从事其他非农业建设,也视同占用耕地,必须依法征收耕地占用税。占用已开发从事种植、养殖的滩涂、草场、水面和林地等从事非农业建设,由省、自治区、直辖市本着有利于保护土地资源和生态平衡的原则,结合具体情况确定是否征收耕地占用税。

(三) 税率

耕地占用税采用地区差别定额税率。税率规定如下。

① 人均耕地不超过1亩的地区(以县级行政区域为单位,下同),每平方米为10～50元;

② 人均耕地超过1亩但不超过2亩的地区,每平方米8～40元;

③ 人均耕地超过2亩但不超过3亩的地区,每平方米6～30元;

④ 人均耕地3亩以上的地区,每平方米5～25元。

经济特区、经济技术开发区和经济发达、人均耕地特别少的地区,适用税额可以适当提高,但最多不得超过上述规定税额的50%。

(四) 税收优惠

1. 免征耕地占用税

① 军事设施占用耕地。

② 学校、幼儿园、养老院、医院占用耕地。

2. 减征耕地占用税

① 铁路线路、公路线路、飞机场跑道、停机坪、港口、航道占用耕地,减按每平方米2元的税额征收耕地占用税。

根据实际需要,国务院财政、税务主管部门商国务院有关部门并报国务院批准后,可以对前款规定的情形免征或减征耕地占用税。

② 农村居民占用耕地新建住宅,按照当地适用税额减半征收耕地占用税。

农村烈士家属、残疾军人、鳏寡孤独以及革命老根据地、少数民族聚居区和边远贫困山区生活困难的农民,在规定用地标准以内新建住宅缴纳耕地占用税确有困难的,经所在地乡(镇)人们政府审核,报经县级人民政府批准后,可以免征或者减征耕地占用税。

免征或减征耕地占用税后,纳税人改变原占地用途,不再属于免税或者减征耕地占用税情形的,应当按照当地适用税额补缴耕地占用税。

知识链接11-4

用于农业生产并已由相关行政主管部门发放使用权证的草地,以及用于种植芦苇并定期进行人工养护管理的苇田,属于耕地占用税的征税范围。对占用上述草地、苇田建房或从事非农业建设的单位和个人,应照章征收耕地占用税。

三、应纳税额的计算

(一) 计税依据

耕地占用税以纳税人实际占用的耕地面积为计税依据,以每平方米为计量单位。

(二) 应纳税额的计算

耕地占用税计算公式为:

应纳税额＝实际占用耕地面积(平方米)×适用定额税率

例11－6　某企业新占用20 000平方米耕地用于厂房建设,所占耕地适用的定额税率为20元/平方米。计算该企业应纳的耕地占用税。

应纳税额＝20 000×20＝400 000(元)

本章小结

本章共涉及房产税、契税、城镇土地使用税、耕地占用税4个税种。房产税是对纳税人的房产征收的一种税,在计算应纳税额时,要区分是从价计征还是从租计征,掌握房产税的优惠政策,正确理解免税房产的条件。契税是一个特殊的税种,其纳税人是房产的承受者,在计算契税应纳税额时,应明确支付价款人为纳税人。城镇土地使用税的征税对象是国有土地,包括城市、县城、建制镇及工矿区的土地。我国各地区土地存在级差,因此,土地使用税采用差别幅度税额。耕地占用税是对特定土地资源占用课税,无论是涉内企业还是涉外企业及个人占用耕地从事非农行业建设,除免税项目外,都要按实际占用面积定额计算应纳税额。

快速问答

1. 关于房产税的说法正确的是(　　　　)。

   A. 销售房产的,以销售价格计税

   B. 融资租赁房屋的,以房产原值计税

   C. 出租房产,租赁双方签订的租赁合同约定有免收租金期限的,免租期间由产权所有人缴纳房产税

   D. 以房产投资联营,共担风险的,由投资方按照房产余值缴纳房产税

2. 符合房产税纳税义务人规定的是(　　　　)。

A. 产权属于集体的,由承典人缴纳
B. 房屋产权出典的,由出典人缴纳
C. 产权纠纷未解决的,由代管人或使用人缴纳
D. 产权属于国家所有的不缴纳

3. 关于房产税税收优惠的表述正确的是(　　　　)。

A. 个人拥有的营业用房免征房产税
B. 向居民供热并向居民收取采暖费的供热企业暂免征收房产税
C. 房屋大修导致连续停用3个月以上的,在房屋大修期间免征房产税
D. 全额预算管理的事业单位向职工出租单位自有住房,全部暂免征收房产税

4. 关于契税说法不正确的是(　　　　)。

A. 婚姻关系存续期间,房屋、土地权属原归夫妻一方所有,变更为夫妻双方共有的,免征契税
B. 承受国有土地使用权,减免土地出让金相应减免契税
C. 买房拆料或翻建新房,应照章征收契税
D. 对已缴纳契税的购房单位和个人,在未办理房屋权属变更登记前退房的,退还已纳契税

5. 契税的纳税义务发生时间是(　　　　)。

A. 签订土地、房屋权属转移合同或合同性质凭证的当天
B. 签订土地、房屋权属转移合同或合同性质凭证的7日内
C. 签订土地、房屋权属转移合同或合同性质凭证的10日内
D. 签订土地、房屋权属转移合同或合同性质凭证的30日内

6. 免予缴纳契税的情形是(　　　　)。

A. 买房拆料
B. 受赠房产
C. 交换价格相等的房屋
D. 承受国有土地使用权支付土地出让金

7. 不属于城镇土地使用税纳税人的是(　　　　)。

A. 位于市区拥有土地使用权的外商投资企业
B. 位于县城的内资企业
C. 在城市占有土地的企业
D. 城市、县城、建制镇和工矿区外的工矿企业

8. 有关城镇土地使用税的表述正确的是(　　　　)。

A. 城镇土地使用税的征税对象是国有土地和集体土地
B. 城镇土地使用税征税范围中,城市的土地是指市区的土地
C. 公园、名胜古迹内的索道公司经营用地,应缴纳城镇土地使用税
D. 经济落后地区,土地使用税的适用税额标准可适当降低,但降低额不得超过上述规定最低税额的20%

9. 免征收耕地占用税的是(　　　　)。

A. 纳税人临时占用耕地
B. 军事设施占用耕地
C. 铁路线路占用耕地
D. 港口占用耕地

10. 属于耕地占用税征税范围的有(　　　　)。

A. 占用菜地开发花圃
B. 占用农用地建房
C. 占用耕地开发经济林
D. 占用耕地开发茶园

计算题

2015 年甲企业拥有的部分房产的具体情况如下。

1）年初，对一栋原值为 150 万元的 A 厂房进行扩建，3 月底完工并办理验收手续，增加房产原值 50 万元。

2）年初，将一栋原值为 180 万元的 B 房产用于对外投资联营，不承担投资风险，当年取得固定收益 60 万元。

3）5 月 31 日，签订房屋租赁合同，将原值为 120 万元的 C 仓库从 6 月 1 日起对外出租，租期一年，每月租金 3 000 元。

4）一栋 D 房产在 2014 年年底被有关部门鉴定为危险房屋，2015 年年初开始停止使用，房产原值 90 万元。

其他相关资料：当地政府规定计算房产余值的扣除比例为 30%。

要求：

① 计算 A 厂房 2015 年应缴纳的房产税。

② 计算 B 房产 2015 年应缴纳的房产税。

③ 计算 C 仓库 2015 年应缴纳的房产税。

④ 计算 D 房产 2015 年应缴纳的房产税。

第十二章

车船税、车辆购置税、船舶吨税法

学习目标

本章主要介绍了车船税法、车辆购置税法和船舶吨税法的有关内容，包括车船税、车辆购置税和船舶吨税的基础知识、基本内容、应纳税额的计算以及征收管理。通过学习应达到以下要求。

- 理解车船税、车辆购置税及船舶吨税的概念与特点
- 熟悉车船税、车辆购置税及船舶吨税的纳税义务人、征税范围与税率
- 熟悉车船税、车辆购置税及船舶吨税的税收优惠政策
- 掌握车船税、车辆购置税及船舶吨税应纳税额的计算
- 了解车船税、车辆购置税及船舶吨税的征收管理

第一节　车船税法

一、车船税基础知识

（一）车船税的概念

车船税是对中华人民共和国境内规定的车辆、船舶的所有人或者管理人征收的一种税。

车船税法是指国家制定的用以调整车船税征收与缴纳权利及义务关系的法律规范。现行车船税法的基本规范，是2011年2月25日，由中华人民共和国第十一届全国人民代表大会常务委员会第十九次会议通过的《中华人民共和国车船税法》（以下简称《车船税法》）。该法自2012年1月1日起施行。

（二）车船税的作用

1. 为地方政府筹集财政资金

开征车船税，能够将分散在车船人手中的部分资金集中起来，增加地方财源，增加地方政府的财政收入。

2. 有利于车船的管理与合理配置

购置、使用车船越多，应缴纳的车船税越多，促使纳税人加强对自己拥有的车船管理和核算，改善资源配置，合理使用车船。

3. 有利于调节财富差异

车船税是对拥有的财产或财富（如轿车、游艇等）进行调节，缓解财富分配不公。随着我国

经济增长,部分先富起来的个人拥有私人轿车、游艇及其他车船的情况将日益增加,我国征收车船税的财富再分配作用也会更加重要。

二、车船税法基本内容

(一) 纳税义务人

车船税的纳税义务人,是指在中华人民共和国境内,车辆、船舶(以下简称车船)的所有人或者管理人,应当依照《中华人民共和国车船税法》的规定缴纳车船税。

(二) 征税范围

车船税的征税范围是指在中华人民共和国境内属于车船税法所附“车船税税目税额表”规定的车辆、船舶。车辆、船舶是指以下两类。

① 依法应当在车船管理部门登记的机动车辆和船舶。

② 依法不需要在车船管理部门登记、在单位内部场所行驶或者作业的机动车辆和船舶。

车船管理部门,是指公安、交通运输、农业、渔业、军队、武装警察部队等依法具有车船登记管理职能的部门;单位,是指依照中国法律、行政法规规定,在中国境内成立的行政机关、企业、事业单位、社会团体以及其他组织。

(三) 税目与税率

车船税实行定额税率,即对征税的车船规定单位固定税额。车船税确定税额总的原则是:非机动车船的税负轻于机动车船;人力车的税负轻于畜力车;小吨位船舶的税负轻于大船舶。由于车辆与船舶的行驶情况不同,车船税的税额也有所不同。

车辆的具体适用税额由省、自治区、直辖市人民政府依照车船税法所附“车船税税目税额表”规定的税额幅度和国务院的规定确定。

船舶的具体适用税额由国务院在车船税法所附车船税税目税额表(见表12－1)规定的税额幅度内确定。

表12－1　车船税税目、税额

<table>
<tr><th></th><th>目　录</th><th>计税单位</th><th>年基准税额/元</th><th>备　注</th></tr>
<tr><td rowspan="7">乘用车
按发动机
气缸容量
(排气量分档)</td><td>1.0升(含)以下的</td><td rowspan="7">每辆</td><td>60～360</td><td rowspan="7">核定载客人数
9人(含)以下</td></tr>
<tr><td>1.0升以上至1.6升(含)的</td><td>300～540</td></tr>
<tr><td>1.6升以上至2.0升(含)的</td><td>360～660</td></tr>
<tr><td>2.0升以上至2.5升(含)的</td><td>660～1200</td></tr>
<tr><td>2.5升以上至3.0升(含)的</td><td>1 200～2 400</td></tr>
<tr><td>3.0升以上至4.0升(含)的</td><td>2 400～3 600</td></tr>
<tr><td>4.0升以上的</td><td>3 600～5 400</td></tr>
<tr><td rowspan="2">商用车</td><td>客车</td><td>每辆</td><td>480～1 440</td><td>核定载客人数
9人(包括电车)以上</td></tr>
<tr><td>货车</td><td>整备质量每吨</td><td>16～120</td><td>包括半挂牵引车、挂车、客货两用汽车、三轮汽车和低速载货汽车等
挂车按照货车税税额的50%计算</td></tr>
</table>

(续表)

	目 录	计税单位	年基准税额/元	备 注
其他车辆	专用作业车	整备质量每吨	16～120	不包括拖拉机
	轮式专用机械车	整备质量每吨	16－120	
摩托车		每辆	36～180	
船舶	机动船舶	净吨位每吨	3～6	拖船、非机动驳船分别按照机动船舶税税额的50%计算;游艇的税额另行规定
	游艇	艇身长度每米	600～2 000	

1. 机动船舶具体适用税额

净吨位不超过200吨的,每吨3元。

净吨位超过200吨但不超过2 000吨的,每吨4元。

净吨位超过2 000吨但不超过10 000吨的,每吨5元。

净吨位超过10 000吨的,每吨6元。

拖船按照发动机功率每1千瓦折合净吨位0.67吨计算征收车船税。

2. 游艇具体适用税额

艇身长度不超过10米的,每米600元。

艇身长度超过10米但不超过18米的,每米900元。

艇身长度超过18米但不超过30米的,每米1 300元。

艇身长度超过30米的,每米2 000元;辅助动力帆艇,每米600元。

(四)税收优惠

1. 法定减免

① 捕捞、养殖渔船。捕捞、养殖渔船是指在渔业船舶管理部门登记为捕捞船或养殖船的渔业船舶。

② 军队、武警专用的车船。军队、武警专用的车船是指按照规定在军队、武警车船管理部门登记,并领取军用牌照、武警牌照的车船。

③ 警用车船。警用车船,是指公安机关、国家安全机关、监狱、劳动教养管理机关和人民法院、人民检察院领取警用牌照的车辆和执行警务的专用船舶。

④ 节约能源、使用新能源的车船可以免征或者减半征收车船税。对受严重自然灾害影响纳税困难以及有其他特殊原因确须减税、免税的,可以减征或者免征车船税。

⑤ 依照法律规定应当予以免税的外国驻华使馆、领事馆和国际组织驻华机构及其有关人员的车船。

2. 特定减免

① 经批准临时入境的外国车船和香港特别行政区、澳门特别行政区、台湾地区的车船,不征收车船税,

② 按照规定缴纳船舶吨税的机动船舶,自车船税法实施之日起5年内免征车船税。

③ 依法不需要在车船登记管理部门登记的机场、港口、铁路站场内部行驶或作业的车船,自车船税法实施之日起5年内免征车船税。

三、应纳税额的计算

纳税人按照纳税地点所在的省、自治区、直辖市人民政府确定的具体适用税额缴纳车船税。车船税由地方税务机关负责征收。

① 购置的新车船，购置当年的应纳税额自纳税义务发生的当月起按月计算。其计算公式为：

$$应纳税额=(年应纳税额\div 12)\times 应纳税月份数$$

② 在一个纳税年度内，已完税的车船被盗抢、报废、灭失的，纳税人可以凭有关管理机关出具的证明和完税证明，向纳税所在地的主管税务机关申请退还自被盗抢、报废、灭失月份起至该纳税年度终了期间的税款。

③ 已办理退税的被盗抢车船，失而复得的，纳税人应当从公安机关出具相关证明的当月起计算缴纳车船税。

④ 在一个纳税年度内，纳税人在非车辆登记地由保险机构代收代缴机动车车船税，且能够提供合法有效完税证明的，纳税人不再向车辆登记地的地方税务机关缴纳车辆车船税。

⑤ 已缴纳车船税的车船在同一纳税年度内办理转让过户的，不另纳税，也不退税。

例 12-1　某运输公司拥有载货汽车 15 辆（货车整备质量全部为 10 吨），乘人大客车 20 辆，小客车 10 辆。计算该公司应纳车船税。（注：载货汽车每吨年税额 80 元，乘人大客车每辆年税额 800 元，小客车每辆年税额 700 元）

载货汽车应纳税额 $=15\times 10\times 80=12\ 000$（元）

乘人汽车应纳税额 $=20\times 800+10\times 700=23\ 000$（元）

全年应纳车船税税额 $=12\ 000+23\ 000=35\ 000$（元）

四、保险机构代收代缴

① 从事机动车第三者责任强制保险业务的保险机构为机动车车船税的扣缴义务人，应当在收取保险费时依法代收车船税，并出具代收税款凭证。

② 保险机构在代收车船税时，应当在机动车交通事故责任强制保险的保险单以及保费发票上注明已收税款的信息和减免税信息，作为代收税款凭证。

③ 纳税人在应当购买交通事故责任强制保险截止日期以后购买的，或以前年度没有缴纳车辆车船税的，保险机构在代收代缴税款的同时，还应代收代缴欠缴税款的滞纳金。

④ 已完税或者按照《车船税法》第三条第（四）项、第五条规定减税免税的车船，纳税人应当向扣缴义务人提供登记地主管税务机关出具的减免税证明。扣缴义务人凭主管税务机关出具的减免税证明或者完税凭证，依法办理相关手续。

⑤ 不能提供完税凭证或者减免税证明，且拒绝扣缴义务人代收代缴车船税的纳税人，扣缴义务人不得出具保单、保险标志和保费发票等，同时报告主管税务机关处理。

⑥ 扣缴义务人应当及时解缴代收代缴的税款，并向地方税务机关申报。扣缴义务人向税务机关解缴税款时，应当同时报送明细的税款扣缴报告。扣缴义务人解缴税款的具体期限，由各省、自治区、直辖市地方税务机关依照法律、行政法规的规定确定。

五、征收管理

(一) 纳税期限

车船税纳税义务发生时间为取得车船所有权或者管理权的当月,以购买车船的发票或其他证明文件所载日期的当月为准。

(二) 纳税地点

车船税的纳税地点为车船的登记地或者车船税扣缴义务人所在地。依法不需要办理登记的车船,车船税的纳税地点为车船的所有人或者管理人所在地。

扣缴义务人代收代缴车船税的,纳税地点为扣缴义务人所在地。

纳税人自行申报缴纳车船税的,纳税地点为车船登记地的主管税务机关所在地。

依法不需要办理登记的车船,纳税地点为车船所有人或者管理人主管税务机关所在地。

(三) 纳税申报

车船税按年申报,分月计算,一次性缴纳,纳税年度为公历1月1日至12月31日。车船税按年申报缴纳,具体申报纳税期限由省、自治区、直辖市人民政府规定。

第二节　车辆购置税法

一、车辆购置税基础知识

(一) 车辆购置税的概念

车辆购置税是以在中国境内购置规定车辆为课税对象,在特定的环节向车辆购置者征收的一种税。就其性质而言,属于直接税的范畴。车辆购置税是2001年1月1日在我国开征的新税种,是在原交通部门收取的车辆购置附加费的基础上,通过“费改税”方式改革而来的。

(二) 车辆购置税的作用

1. 有利于合理筹集建设资金

国家通过开征车辆购置税参与国民收入的再分配,可以更好地将一部分消费基金转化为财政资金,为国家筹集更多的资金,以满足国家行使职能的需要。

2. 有利于规范政府行为

开征车辆购置税,有利于理顺税费关系,进一步完善财税制度,实现税制结构的不断优化。“费改税”改革,不但能规范政府行为,遏制乱收费,同时对正确处理税费关系、深化和完善财税体制改革能起到积极作用。

3. 有利于调节收入差距

车辆购置税在消费环节对消费应税车辆的使用者征收,可以对过高的消费支出进行调节,即高收入者多负税，低收入者少负税。

4. 有利于配合打击走私和维护国家权益

车辆购置税在车辆上牌使用时征收，具有源泉控制的特点，可以配合有关部门在打击走私、惩治犯罪等方面起到积极的作用。

二、车辆购置税法基本内容

（一）纳税义务人

车辆购置税的纳税人是在我国境内购置应税车辆的单位和个人。其中购置是指购买使用行为、进口使用行为、受赠使用行为、自产自用行为、获奖使用行为以及拍卖、抵债、走私、罚没等方式取得并使用的行为，这些行为都属于车辆购置税的应税行为。

车辆购置税的纳税人具体是指：所称单位，包括国有企业、集体企业、私营企业、股份制企业、外商投资企业、外国企业以及其他企业，事业单位、社会团体、国家机关、部队以及其他单位。所称个人，包括个体工商户及其他个人，既包括中国公民又包括外国公民。

（二）征税范围

车辆购置税以列举的车辆作为征税对象，未列举的车辆不纳税。其征税范围包括汽车、摩托车、电车、挂车、农用运输车，具体规定如下。

① 汽车：包括各种汽车。

② 摩托车：包括轻便摩托车、二轮摩托车、三轮摩托车。

③ 电车：包括无轨电车、有轨电车。

④ 挂车：包括全挂车、半挂车。

⑤ 农用运输车：包括三轮农用运输车、四轮农用运输车。

（三）税率

车辆购置税实行统一比例税率，税率为10%。

（四）税收优惠

1. 车辆购置税减免税规定

我国车辆购置税实行法定减免，具体规定如下。

外国驻华使馆、领事馆和国际组织驻华机构及其外交人员自用车辆免税。

中国人民解放军和中国人民武装警察部队列入军队武器装备订货计划的车辆免税。

设有固定装置的非运输车辆免税。

有国务院规定予以免税或者减税的其他情形的，按照规定免税或减税。

根据现行政策规定，上述其他情形的车辆，目前主要有以下几种。

① 防汛部门和森林消防部门用于指挥、检查、调度、报汛（警）、联络的设有固定装置的指定型号的车辆。

② 回国服务的留学人员用现汇购买1辆自用国产小汽车。

③ 长期来华定居专家进口1辆自用小汽车。

④ 自2004年10月1日起，对农用三轮运输车免征车辆购置税。

知识链接12-1

自卸式垃圾车不属于设有固定装置非运输车辆,纳税人购买自卸式垃圾车应按照规定申报缴纳车辆购置税。

2. 车辆购置税的退税

纳税人已经缴纳车辆购置税但在办理车辆登记手续前,因下列原因需要办理退还车辆购置税的,由纳税人申请,征收机构审查后办理退还车辆购置税手续。

① 公安机关车辆管理机构不予办理车辆登记注册手续的,凭公安机关车辆管理机构出具的证明办理退税手续。

② 因质量等原因发生退回所购车辆的,凭经销商的退货证明办理退税手续。

三、应纳税额的计算

(一) 计税依据

由于应税车辆购置的来源不同,应税行为的发生不同,计税价格的组成也就不一样。车辆购置税的计税依据有以下几种情况。

1. 购买自用应税车辆计税依据的确定

纳税人购买自用的应税车辆的计税依据为纳税人购买应税车辆而支付给销售方的全部价款和价外费用(不含增值税)。

购买的应税自用车辆包括购买自用的国产应税车辆和购买自用的进口应税车辆,如从国内汽车市场、汽车贸易公司购买自用的进口应税车辆。

价外费用是指销售方价外向购买方收取的手续费、基金、违约金、包装费、运输费、保管费、代垫款项、代收款项和其他各种性质的价外收费,但不包括增值税税款。

2. 进口自用应税车辆计税依据的确定

纳税人进口自用的应税车辆以组成计税价格为计税依据,计算公式为:

$$组成计税价格 = 关税完税价格 + 关税 + 消费税$$

进口自用的应税车辆是指纳税人直接从境外进口或委托代理进口自用的应税车辆,即非贸易方式进口自用的应税车辆,而且进口自用的应税车辆的计税依据应根据纳税人提供、经海关审查确认的有关完税证明资料确定。

3. 其他自用应税车辆计税依据的确定

纳税人自产、受赠、获奖和以其他方式取得并自用的应税车辆的计税依据,凡不能或不能准确提供车辆价格的,由主管税务机关依国家税务总局核定的、相应类型的应税车辆的最低计税价格确定。因此,纳税人自产自用、受赠使用、获奖使用和以其他方式取得并自用的应税车辆一般以国家税务总局核定的最低计税价格为计税依据。

4. 最低计税价格作为计税依据的确定

纳税人购买自用或者进口自用应税车辆,申报的计税价格低于同类型应税车辆的最低计税价格,又无正当理由的,按照最低计税价格征收车辆购置税。

实际工作中，通常是当纳税人申报的计税价格等于或高于最低计税价格时，按申报的价格计税；当纳税人申报的计税价格低于最低计税价格时，按最低计税价格计税。

最低计税价格由国家税务总局依据全国市场的平均销售价格制定。根据纳税人购置应税车辆的不同情况，国家税务总局对以下几种特殊情形应税车辆的最低计税价格规定如下。

① 对已缴纳并办理了登记注册手续的车辆，其底盘发生更换，其最低计税价格按同类型新车最低计税价格的70%计算。

② 免税、减税条件消失的车辆，其最低计税价格的确定方法为：

$$最低计税价格=同类型新车最低计税价格\times[1\times(已使用年限\div规定使用年限)]\times100\%$$

其中，规定使用年限为：国产车辆按10年计算；进口车辆按15年计算。超过使用年限的车辆，不再征收车辆购置税。

③ 非贸易渠道进口车辆的最低计税价格，为同类型新车最低计税价格。

自2014年1月1日起，税务总局决定将增值税防伪税控系统有关数据导入机动车合格证电子信息系统，并上传税务总局，税务总局根据应税车辆价格（增值税含税价格）信息，按照车辆购置税最低计税价格核定的规定，实时核定每台应税车辆最低计税价格并下发各地执行。

（二）应纳税额的计算

车辆购置税实行从价定率的方法计算应纳税额，计算公式为：

$$应纳税额=计税依据\times税率$$

1. 购买自用应税车辆应纳税额的计算

在应纳税额的计算当中，应注意以下费用的计税规定。

① 购买者随购买车辆支付的工具件和零部件价款应作为购车价款的一部分，并入计税依据中征收车辆购置税。

② 支付的车辆装饰费应作为价外费用并入计税依据中计税。

③ 代收款项应区别征税。凡使用代收单位（受托方）票据收取的款项，应视作代收单位价外收费，购买者支付的价费款，应并入计税依据中一并征税；凡使用委托方票据收取，受托方只履行代收义务和收取代收手续费的款项，应按其他税收政策规定征税。

④ 销售单位开给购买者的各种发票金额中包含增值税税款，计算车辆购置税时，应换算为不含增值税的计税价格。

⑤ 购买者支付的控购费，是政府部门的行政性收费，不属于销售者的价外费用范围，不应并入计税价格计税。

⑥ 销售单位开展优质销售活动所开票收取的有关费用，应属于经营性收入，企业在代理过程中按规定支付给有关部门的费用，企业已作经营性支出列支核算，其收取的各项费用并在一张发票上难以划分的，应作为价外收入计算征税。

例 12-2　宋某2014年12月，从某汽车有限公司购买一辆小汽车供自己使用，支付了含增值税税款在内的款项234 000元，另支付代收临时牌照费550元、代收保险费1 000元，支付购买工具件和零配件价款3 000元，车辆装饰费1 300元。所支付的款项均由该汽车有限公司开具“机动车销售统一发票”和有关票据。请计算宋某应纳车辆购置税。

计税依据=(234 000+550+1 000+3 000+1 300)÷(1+17%)=205 000(元)

应纳税额=205 000×10%=20 500(元)

2. 进口自用应税车辆应纳税额的计算

纳税人进口自用的应税车辆应纳税额的计算公式为：

应纳税额 =(关税完税价格 + 关税 + 消费税)× 税率

例 12-3 某外贸进出口公司2014年12月，从国外进口10辆宝马公司生产的某型号小轿车。该公司报关进口这批小轿车时，经报关地海关对有关报关资料的审查，确定关税完税价格为每辆185 000元人民币，海关按关税政策规定每辆征收了关税203 500元，并按消费税、增值税有关规定分别代征了每辆小轿车的进口消费税11 655元和增值税66 045元。由于联系业务需要，该公司将一辆小轿车留在本单位使用。根据以上资料，计算该自用车辆的应纳车辆购置税。

计税依据 =185 000 +203 500 +11 655 =400 155(元)

应纳税额 =400 155 ×10% =40 015.5(元)

3. 其他自用应税车辆应纳税额的计算

纳税人自产自用、受赠使用、获奖使用和以其他方式取得并自用应税车辆的，凡不能取得该型车辆的购置价格，或者低于最低计税价格的，以国家税务总局核定的最低计税价格作为计税依据计算征收车辆购置税。计算公式为：

应纳税额 = 最低计税价格 × 税率

例 12-4 某客车制造厂将自产的一辆某型号的客车，用于本厂后勤服务，该厂在办理车辆上牌落籍前，出具该车的发票，注明金额65 000元，并按此金额向主管税务机关申报纳税。经审核，国家税务总局对该车同类型车辆核定的最低计税价格为80 000元。计算该车应纳车辆购置税。

应纳税额 =80 000 ×10% =8 000(元)

4. 特殊情形下自用应税车辆应纳税额的计算

① 减税、免税条件消失车辆应纳税额的计算。

对减税、免税条件消失的车辆，纳税人应按现行规定，在办理车辆过户手续前或者办理变更车辆登记注册手续前向税务机关缴纳车辆购置税。

应纳税额 = 同类型新车最低计税价格 ×[1 -(已使用年限 ÷ 规定使用年限)]×100% × 税率

② 未按规定纳税车辆应补税额的计算。

纳税人未按规定纳税的，应按现行政策规定的计税价格，区分情况分别确定征税。不能提供购车发票和有关购车证明资料的，检查地税务机关应按同类型应税车辆的最低计税价格征税；如果纳税人回落籍地后提供的购车发票金额与支付的价外费用之和高于核定的最低计税价格，落籍地主管税务机关还应对其差额计算补税。计算公式为：

应纳税额 = 最低计税价格 × 税率

四、征收管理

(一) 纳税期限

纳税人购买自用的应税车辆，自购买之日起60日内申报纳税；进口自用的应税车辆，应当自进口之日起60日内申报纳税；自产、受赠、获奖和以其他方式取得并自用的应税车辆，应当自取得之日起60日内申报纳税。

上述的购买之日是指纳税人购车发票上注明的销售日期；进口之日是指纳税人报关进口的当天。

（二）纳税申报

车辆购置税实行一车一申报制度。纳税人在办理纳税申报时应如实填写《车辆购置税纳税申报表》，同时提供车主身份证明、车辆价格证明、车辆合格证明及税务机关要求提供的其他资料的原件和复印件。主管税务机关应对纳税申报资料进行审核，确定计税依据，征收税款，核发完税证明。征税车辆在完税证明征税栏加盖车购税征税专用章，免税车辆在完税证明免税栏加盖车购税征税专用章。完税后，由税务机关保存有关复印件，并对已经办理纳税申报的车辆建立车辆购置税征收管理档案。

（三）纳税环节

车辆购置税的征税环节为使用环节，即最终消费环节。具体而言，纳税人应当在向公安机关等车辆管理机构办理车辆登记注册手续前，缴纳车辆购置税。

（四）纳税地点

纳税人购置应税车辆，应当向车辆登记注册地的主管税务机关申报纳税；购置不须办理车辆登记注册手续的应税车辆，应当向纳税人所在地主管税务机关申报纳税。车辆登记注册地是指车辆的上牌落籍地或落户地。

第三节　船舶吨税法

一、船舶吨税的概念

船舶吨税是海关代表国家交通管理部门在设关口岸对进出中国国境的船舶征收的用于航道设施建设的一种使用税。其征收税款主要用于港口建设维护及海上干线公用航标的建设维护。船舶吨税由海关代交通部征收，海关征收后就地上缴中央国库。

现行船舶吨税的规范是2011年11月23日，国务院第182次常务会议通过并公布的《中华人民共和国船舶吨税暂行条例》，自2012年1月1日起施行。

二、船舶吨税法的基本内容

（一）纳税义务人

对自中国境外港口进入中国境内港口的船舶征收船舶吨税，以应税船舶负责人为纳税人。

（二）征税范围

自中华人民共和国境外港口进入境内港口的船舶（以下简称“应税船舶”）。应当缴纳船舶吨税(以下简称“吨税”)。吨税的税目、税率依照吨税税目、税率表执行。

(三) 税率

吨税设置普通税率和优惠税率。中华人民共和国国籍的应税船舶,船籍国(地区)与中华人民共和国签订含有相互给予船舶税费最惠国待遇条款的条约或者协定的应税船舶,适用优惠税率。其他应税船舶,适用普通税率。吨税税目、税率表(见表12-2)的调整,由国务院决定。

表12-2 船舶吨税税目、税率

税目(按船舶净吨位划分)	税率/(元/净吨)						备注
	普通税率(按执照期限划分)			优惠税率(按执照期限划分)			
	1年	90日	30日	1年	90日	30日	
不超过2 000净吨	12.6	4.2	2.1	9.0	3.0	1.5	拖船和非机动驳船分别按相同净吨位船舶税率的50%计征税款
超过2 000净吨,但不超过10 000净吨	24.0	8.0	4.0	17.4	5.8	2.9	
超过10 000净吨,但不超过50 000净吨	27.6	9.2	4.6	19.8	6.6	3.3	
超过50 000净吨	31.8	10.6	5.3	22.8	7.0	3.8	

三、税收优惠

(一) 直接优惠

下列船舶免征吨税。

① 应纳税额在人民币50元以下的船舶。

② 自境外以购买、受赠、继承等方式取得船舶所有权的初次进口到港的空载船舶。

③ 吨税执照期满后24小时内不上下客货的船舶。

④ 非机动船舶(不包括非机动驳船),是指自身没有动力装置,依靠外力驱动的船舶。

⑤ 捕捞、养殖渔船,是指在中华人民共和国渔业船舶管理部门登记为捕捞船或者养殖船的船舶。

⑥ 避难、防疫隔离、修理、终止运营或者拆解,并不上下客货的船舶。

⑦ 军队、武装警察部队专用或者征用的船舶。

⑧ 依照法律规定应当予以免税的外国驻华使领馆、国际组织驻华代表机构及其有关人员的船舶。

⑨ 国务院规定的其他船舶。

上述⑤~⑧项优惠,应当提供海事、渔业船舶管理或者卫生检疫等部门、机构出具的具有法律效力的证明文件或者使用关系证明文件,申明免税理由。

(二) 延期优惠

在吨税执照期限内,应税船舶发生下列情形之一的,海关按照实际发生的天数批注延长吨税执照期限。

① 避难、防疫隔离、修理,并不上下客货。

② 军队、武装警察部队征用。

③ 应税船舶因不可抗力在未设立海关地点停泊的,船舶负责人应当立即向附近海关报告,并在不可抗力原因消除后,向海关申报纳税。

上述船舶,应当提供海事、渔业船舶管理或者卫生检疫等部门、机构出具的具有法律效力的证明文件或者使用关系证明文件,申明延长吨税执照期限的依据和理由。

四、应纳税额的计算

吨税按照船舶净吨位和吨税执照期限征收,应纳税额按照船舶净吨位乘以适用税率计算。净吨位是指由船籍国(地区)政府授权签发的船舶吨位证明书上标明的净吨位。其计算公式为:

应纳税额 = 船舶净吨位 × 定额税率

应税船舶在进入港口办理入境手续时,应当向海关申报纳税领取吨税执照,或者交验吨税执照。应税船舶负责人在每次申报纳税时,可以按照吨税税目、税率表选择申领一种期限的吨税执照。应税船舶负责人缴纳吨税或者提供担保后,海关按照其申领的执照期限填发吨税执照。

应税船舶在吨税执照期限内,因税目税率调整或船籍改变而导致适用税率变化的,吨税执照继续有效。应税船舶在离开港口办理出境手续时,应当交验吨税执照。

例 12－5 2014 年 6 月 20 日,B 国某运输公司一艘货轮驶入我国某港口,该货轮净吨位为30 000 吨,货轮负责人已向我国该海关领取了吨税执照,在港口停留期限为 30 天,B 国已与我国签订有相互给予船舶税费最惠国待遇条款。请计算该货轮负责人应向我国海关缴纳的船舶吨税。

根据船舶吨税的相关规定,该货轮应享受优惠税率,每净吨位为 3.3 元。

应缴纳船舶吨税 = 30 000 × 3.3 = 99 000(元)

五、征收管理

① 吨税由海关负责征收。海关征收吨税应当制发缴款凭证。

② 吨税纳税义务发生时间为应税船舶进入港口的当日。

③ 应税船舶在吨税执照期满后尚未离开港口的,应当申领新的吨税执照,自上一次执照期满的次日起续缴吨税。

④ 应税船舶负责人应当自海关填发吨税缴款凭证之日起 15 日内向指定银行缴清税款。未按期缴清税款的,自滞纳税款之日起,按日加收滞纳税款 0.5‰ 的滞纳金。

⑤ 海关发现少征或者漏征税款的,应当自应税船舶应当缴纳税款之日起 1 年内补征税款。但因应税船舶违反规定造成少征或者漏征税款的,海关可以自应当缴纳税款之日起 3 年内追征税款,并自应当缴纳税款之日起按日加征少征或者漏征税款 0.5‰ 的滞纳金。

海关发现多征税款的,应当立即通知应税船舶办理退还手续,并加算银行同期活期存款利息。

应税船舶发现多缴税款的,可以自缴纳税款之日起 1 年内以书面形式要求海关退还多缴的税款并加算银行同期活期存款利息;海关应当自受理退税申请之日起 30 日内查实并通知应税船舶办理退还手续。

应税船舶应当自收到退税通知之日起3个月内办理有关退还手续。

⑥ 应税船舶有下列行为之一的,由海关责令限期改正,处2 000元以上3万元以下罚款;不缴或者少缴应纳税款的,处不缴或者少缴税款50%以上5倍以下的罚款,但罚款不得低于2 000元。

- 未按照规定申报纳税、领取吨税执照的。
- 未按照规定交验吨税执照及其他证明文件的。

⑦ 吨税税款、滞纳金、罚款以人民币计算

本章小结

本章共涉及车船税、车辆购置税和船舶吨税3个税种。车船税是对中华人民共和国境内规定的车辆、船舶的所有人或者管理人征收的一种税。是2012年调整的新法规,对不同的税目规定了不同的税额,按年申报缴纳。车辆购置税是一种特定财产税,其计税依据分为购买自用、进口自用及其他自用等几种情况,根据不同计税依据的规定乘以10%的统一税率计算应纳税额。船舶吨税是海关代表国家交通管理部门在设关口岸对进出中国国境的船舶征收的用于航道设施建设的一种使用税。依据《中华人民共和国船舶吨税暂行条例》,2012年1月1日起施行现行的船舶吨税。船舶吨税实行定额税率,有普通税率和优惠税率。

快速问答

1. 根据车船税法的规定,表述错误的是(　　)。

A. 拖船按照发动机功率每1千瓦折合净吨位0.67吨计算征收车船税

B. 在机场、港口以及其他企业内部场所行驶或者作业且依法不须在车船登记管理部门登记的车船不缴纳车船税

C. 车船税按年申报缴纳,具体申报纳税期限由省、自治区、直辖市人民政府规定

D. 按照规定缴纳船舶吨税的机动船舶,自车船税法实施之日起5年内免征车船税

2. 根据现行政策,表述正确的是(　　)。

A. 车辆整备质量尾数在0.5吨以下者免征车船税

B. 拖船、非机动驳船分别按照船舶吨位税税额的70%计算车船税

C. 《车船税法》及其实施条例所涉及的排气量、整备质量、核定载客人数、净吨位、千瓦、艇身长度,以车船管理部门核发的车船登记证书或者行驶证书相应项目所载数据为准

D. 净吨位不超过1吨的船舶,不缴纳车船税

3. 不符合车船税规定的说法是(　　)。

A. 纳税人未按照规定到车船管理部门办理应税车船登记手续的,以车船购置发票所载开具时间的当月作为车船税的纳税义务发生时间

B. 依法不需要办理登记的车船,纳税地点由省、自治区、直辖市人民政府规定

C. 扣缴义务人代收代缴车船税的,纳税地点为扣缴义务人所在地

D. 对未办理车船登记手续且无法提供车船购置发票的,由主管地方税务机关核定纳税义务发生时间

4. 依据车辆购置税的有关规定,可以享受减免税的车辆是(　　)。

A. 国家机关购买的小汽车　　B. 留学人员销售自己使用过的小汽车

C. 有突出贡献专家购买的小汽车　　D. 农用三轮运输车辆

5. 符合车辆购置税计税依据相关规定的说法是(　　)。
   A. 进口自用的应税小汽车的计税价格包括关税完税价格和关税,不包括消费税
   B. 底盘和发动机同时发生更换的车辆,计税依据为最新核发的同类型车辆最低计税价格
   C. 销售汽车的纳税人代收的保险费,不应计入计税依据中征收车辆购置税
   D. 销售单位开展优质销售活动所开票收取的有关费用,应作为价外收入计算征收车购税
6. 不属于车辆购置税应税行为的是(　　)。
   A. 进口使用应税车辆的行为　　B. 购买使用应税车辆的行为
   C. 自产自用应税车辆的行为　　D. 销售应税车辆的行为
7. 根据《船舶吨税暂行条例》的规定,不正确的说法有(　　)。
   A. 自我国境外港口进入境内港口的船舶,应当缴纳船舶吨税
   B. 中华人民共和国籍的应税船舶,船籍国(地区)与中华人民共和国签订含有相互给予船舶税费最惠国待遇条款的条约或者协定的应税船舶,适用优惠税率
   C. 船舶吨税税目、税率的调整,由省、自治区、直辖市税务机关决定
   D. 拖船和非机动驳船分别按相同净吨位船舶税率的50%计征船舶吨税
8. 根据《船舶吨税暂行条例》的规定,征收船舶吨税的船舶有(　　)。
   A. 自境外以继承方式取得船舶所有权的初次进口到港的载货船舶
   B. 吨税执照期满后24小时内不上下客货的船舶
   C. 应纳税额为人民币40元的船舶
   D. 终止运营并不上下客货的船舶

计算题

某机械公司拥有并使用以下车辆:整备质量17吨的载货卡车10辆;整备质量为9.5吨的汽车挂车5辆;中型载客汽车10辆,其中包括两辆电车。当地政府规定,载货汽车的车辆税税额为60元/吨,载客汽车的税额为450元/年。

要求:

① 计算卡车应纳车船税。

② 计算汽车挂车应纳车船税。

③ 计算载客汽车应纳车船税。

第十三章 印花税法

学习目标

本章主要介绍了印花税基础知识、基本内容、应纳税额的计算以及征收管理。通过学习应达到以下要求。

- 掌握印花税的概念
- 明确印花税法的征税范围及纳税人的相关规定
- 掌握印花税法的税率、计税依据及应纳税额的计算
- 熟悉印花税的纳税申报及税收优惠政策

第一节　印花税基础知识

一、印花税的概念

印花税,是对经济活动和经济交往中书立、使用、领受具有法律效力的凭证的单位和个人征收的一种税。印花税是一种具有行为税性质的凭证税。凡发生书立、使用、领受应税凭证的行为,就必须依照印花税法的有关规定履行纳税义务。

二、印花税的特点与作用

(一)印花税的特点

1. 覆盖面广

印花税规定的征税范围广泛,凡税法列举的合同或具有合同性质的凭证、产权转移书据、营业账簿及权利、许可证照等,都必须依法纳税。印花税的应税凭证共有五大类13个税目,涉及经济活动的各个方面。

2. 税率低,税负轻

印花税最高税率为1‰,最低税率为0.05‰;按定额税率征税的,每件5元。

3. 纳税人自行完税

印花税与其他税种不同,实行“三自”的纳税办法。即:纳税人在书立、使用、领受应税凭证、发生纳税义务的同时,先根据凭证所载计税金额和应适用的税目税率,自行计算其应纳税额;再由纳税人自行购买印花税票,并一次足额粘贴在凭证上;最后由纳税人按《印花税暂行条例》的

规定对已粘贴的印花税票自行注销或者划销，纳税人的纳税义务才算履行完毕。而对于其他税种，则一般先由纳税人申报纳税，再由税务机关审核确定其应纳税额，然后由纳税人办理缴纳税款手续。

4. 税轻罚重

印花税税负较轻，但是，纳税人一旦违反税法，将会被处以不缴或少缴税款50%以上5倍以下的罚款，构成犯罪的，依法追究刑事责任。

（二）印花税的作用

1. 有利于增加财政收入

印花税（证券交易印花税除外）属于地方税，其收入归地方政府所有。证券交易印花税属于共享税，当前，其收入的97%归中央，3%归地方所有，这对于完善地方税体系和分税制财政体制也具有重要的作用。

2. 有利于配合和加强经济合同的监督管理

各种合同贴花以后，不论是否兑现，都已负担了税款，可以促使经济往来各方信守合同，减少由于盲目签约而造成的经济损失和纠纷，提高合同的兑现率。

3. 有利于培养公民的纳税意识

印花税实行自行贴花纳税的方法，有助于培养纳税人自觉纳税的意识；同时印花税又具有轻税重罚的特点，有利于增强纳税人的税收法制观念。

4. 有利于配合对其他应纳税种的监督管理。

印花税的应税凭证反映着纳税人的生产、经营活动情况，税务机关对纳税人各种应税凭证的贴花和检查，客观上又可以及时掌握纳税人经济活动中涉及应纳其他各税情况，有利于配合对其他应纳税种的监督管理。

第二节　印花税法的基本内容

一、纳税义务人

印花税的纳税义务人，是指在中国境内书立、使用、领受印花税法所列举的凭证并应依法履行纳税义务的单位和个人。

所称单位和个人，是指国内各类企业、事业、机关、团体、部队以及中外合资企业、合作企业、外资企业、外国公司和其他经济组织及其在华机构等单位和个人。

上述单位和个人，按照书立、使用、领受应税凭证的不同，可以分别确定为立合同人、立据人、立账簿人、领受人和使用人5种。

① 立合同人，是指合同的当事人。所谓当事人，是指对凭证有直接权利义务关系的单位和个人，但不包括合同的担保人、证人、鉴定人。各类合同的纳税人是立合同人。各类合同，包括购销、加工承揽、建设工程承包、财产租赁、货物运输、仓储保管、借款、财产保险、技术合同或者具有合同性质的凭证。

② 立据人。产权转移书据的纳税人是立据人。

③ 立账簿人。营业账簿的纳税人是立账簿人。所谓立账簿人，指设立并使用营业账簿的单

位和个人。例如,企业单位因生产、经营需要,设立了营业账簿,该企业即为纳税人。

④ 领受人。权利、许可证照的纳税人是领受人。领受人,是指领取或接受并持有该项凭证的单位和个人。例如,某人因其发明创造,经申请依法取得国家专利机关颁发的专利证书,该人即为纳税人。

⑤ 使用人。在国外书立、领受,但在国内使用的应税凭证,其纳税人是使用人。

⑥ 各类电子应税凭证的签订人,即以电子形式签订的各类应税凭证的当事人。

值得注意的是,对应税凭证,凡由两方或两方以上当事人共同书立的,其当事人各方都是印花税的纳税人,应各就其所持凭证的计税金额履行纳税义务。

二、税目与税率

(一) 税目

印花税的税目,是指印花税法明确规定的应当纳税的项目。它具体划定了印花税的征税范围。一般地说,列入税目的就要征税,未列入税目的就不征税。印花税共有13个税目,如下所列。

1. 购销合同

购销合同包括供应、预购、采购、购销结合及协作、调剂、补偿、贸易等合同。此外,还包括出版单位与发行单位之间订立的图书、报纸、期刊和音像制品的应税凭证,例如订购单、订数单等。

还包括发电厂与电网之间、电网与电网之间(国家电网公司系统、南方电网公司系统内部各级电网互供电量除外)签订的购售电合同。但是,电网与用户之间签订的供用电合同不属于印花税列举征税的凭证,不征收印花税。

2. 加工承揽合同

加工承揽合同包括加工、定做、修缮、修理、印刷广告、测绘、测试等合同。

3. 建设工程勘察设计合同

建设工程勘察设计合同包括勘察、设计合同。

4. 建筑安装工程承包合同

建筑安装工程承包合同包括建筑、安装工程承包合同。承包合同,包括总承包合同、分包合同和转包合同。

5. 财产租赁合同

财产租赁合同包括租赁房屋、船舶、飞机、机动车辆、机械、器具、设备等合同,还包括企业、个人出租门店、柜台等签订的合同。

6. 货物运输合同

货物运输合同包括民用航空、铁路运输、海上运输、公路运输和联运合同,以及作为合同使用的单据。

7. 仓储保管合同

仓储保管合同包括仓储、保管合同,以及作为合同使用的仓单、栈单等。

8. 借款合同

借款合同包括银行及其他金融组织与借款人(不包括银行同业拆借)所签订的合同,以及只填开借据并作为合同使用、取得银行借款的借据。银行及其他金融机构经营的融资租赁业务,是一种以融物方式达到融资目的的业务,实际上是分期偿还的固定资金借款,因此融资租赁合同也属于借款合同。

9. 财产保险合同

财产保险合同包括财产、责任、保证、信用保险合同,以及作为合同使用的单据。财产保险合同,分为企业财产保险、机动车辆保险、货物运输保险、家庭财产保险和农牧业保险五大类。"家庭财产两全保险"属于家庭财产保险性质,其合同在财产保险合同之列,应照章纳税。

10. 技术合同

技术合同,包括技术开发、转让、咨询、服务等合同,以及作为合同使用的单据。

技术转让合同,包括专利申请权转让和非专利技术转让。

技术咨询合同,是指当事人就有关项目的分析、论证、预测和调查订立的技术合同。但一般的法律、会计、审计等方面的咨询不属于技术咨询,其所立合同不贴印花。

技术服务合同,是指当事人一方委托另一方就解决有关特定技术问题所订立的技术合同,包括技术服务合同、技术培训合同和技术中介合同。但不包括以常规手段或者为生产经营目的进行一般加工、修理、修缮、广告、印刷、测绘、标准化测试,以及勘察、设计等所书立的合同。

11. 产权转移书据

产权转移书据包括财产所有权和版权、商标专用权、专利权、专有技术使用权等转移书据和专利实施许可合同、土地使用权出让合同、土地使用权转让合同、商品房销售合同等权利转移合同。

12. 营业账簿

营业账簿,是指单位或者个人记载生产经营活动的财务会计核算账簿。营业账簿按其反映内容的不同,可分为记载资金的账簿和其他账簿。

记载资金的账簿,是指反映生产经营单位资本金数额增减变化的账簿。其他账簿,是指除上述账簿以外的有关其他生产经营活动内容的账簿,包括日记账簿和各明细分类账簿。

对金融系统营业账簿,要结合金融系统财务会计核算的实际情况进行具体分析。凡银行用以反映资金存贷经营活动、记载经营资金增减变化、核算经营成果的账簿,如各种日记账、明细账和总账都属于营业账簿,应按照规定缴纳印花税;银行根据业务管理需要设置的各种登记簿,如空白重要凭证登记簿、有价单证登记簿、现金收付登记簿等,其记载的内容与资金活动无关,仅用于内部备查,属于非营业账簿,均不征收印花税。

13. 权利、许可证照

权利、许可证照包括政府部门发给的房屋产权证、工商营业执照、商标注册证、专利证、土地使用证。

（二）税率

印花税的税率有两种形式,即比例税率和定额税率。

1. 比例税率

在印花税的13个税目中,各类合同以及具有合同性质的凭证(含以电子形式签订的各类应税凭证)、产权转移书据、营业账簿中记载资金的账簿,适用比例税率。

印花税的比例税率分为4个档次,分别是0.05‰、0.3‰、0.5‰、1‰。

① 适用0.05‰税率的为借款合同。

② 适用0.3‰税率的为购销合同、建筑安装工程承包合同、技术合同。

③ 适用0.5‰税率的是加工承揽合同、建筑工程勘察设计合同、货物运输合同、产权转移书据、营业账簿中记载资金的账簿。

④ 适用1‰税率的为财产租赁合同、仓储保管合同、财产保险合同。

⑤ 股权转让书据适用1‰税率,包括A股和B股。

2. 定额税率

在印花税的13个税目中,权利、许可证照和营业账簿中的其他账簿,适用定额税率,均为按件贴花,税额为5元。印花税税目、税率如表13-1所示。

表13-1 印花税税目、税率

税 目	范 围	税 率	纳税义务人
购销合同	包括供应、预购、采购、购销结合及协作、调剂、补偿、贸易等合同	按购销金额的0.3‰贴花	立合同人
加工承揽合同	包括加工、定做、修缮、修理、印刷、广告、测绘、测试等合同	按加工或承揽收入0.5‰贴花	立合同人
建设工程设计合同	包括勘察、设计合同	按收取费用的0.5‰贴花	立合同人
建筑安装合同	包括建筑、安装工程承包合同	按承包金额的0.3‰贴花	立合同人
财产租赁合同	包括租赁房屋、船舶、飞机、机动车辆、机械、器具、设备等合同	按租赁金额1‰贴花。税额不足1元,按1元贴花	立合同人
货物运输合同	包括民用航空、铁路运输、海上运输、公路运输和联运合同	按运输费用的0.5‰贴花	立合同人
仓储保管合同	包括仓储、保管合同	按仓储保管费用1‰贴花	立合同人
借款合同	银行及其他金融组织与借款人(不包括银行同业拆借)所签订的合同	按借款金额的0.05‰贴花	立合同人
财产保险合同	包括财产、责任、保证、信用保险合同	按收取的保险费收入1‰贴花	立合同人
技术合同	包括技术开发、转让、咨询、服务等合同	按所记载金额0.3‰贴花	立合同人
财产转移书据	包括财产所有权和版权、商标专用权、专利权、专有技术使用权等转移书据	按所记载金额0.5‰贴花	立据人
营业账簿	生产、经营用账册	记载资金的账簿,按实收资本和资本公积的合计金额0.5‰贴花。其他账簿按件贴花5元	立账簿人
权利许可证照	包括政府部门发给的房屋产权证、工商营业执照、商标注册证、专利证、土地使用证	按件贴花5元	领受人

知识链接13-1

在上海证券交易所、深圳证券交易所、全国中小企业股份转让系统买卖、继承、赠予优先股所书立的股权转让书据,均依书立时实际成交金额,由出让方按1‰的税率计算缴纳证券(股票)交易印花税。本通知自2014年6月1日起执行。

三、税收优惠

(一) 对已缴纳印花税凭证的副本或者抄本免税

凭证的正式签署本已按规定缴纳了印花税,其副本或者抄本对外不发生权利义务关系,只是留存备查。但以副本或者抄本视同正本使用的,则应另贴印花。

（二）对财产所有人将财产赠给政府、社会福利单位、学校所立的书据免税

所谓社会福利单位,是指扶养孤老伤残的社会福利单位。

（三）对国家指定的收购部门与村民委员会、农民个人书立的农副产品收购合同免税

印花税法授权省、自治区、直辖市主管税务机关根据当地实际情况,具体划定本地区“收购部门”和“农副产品”的范围。

（四）对无息、贴息贷款合同免税

无息、贴息贷款合同,是指我国的各专业银行按照国家金融政策发放的无息贷款,以及由各专业银行发放并按有关规定由财政部门或中国人民银行给予贴息的贷款项目所签订的贷款合同。

一般情况下,无息、贴息贷款体现国家政策,满足特定时期的某种需要,其利息全部或者部分是由国家财政负担的,对这类合同征收印花税没有财政意义。

（五）对外国政府或者国际金融组织向我国政府及国家金融机构提供优惠贷款所书立的合同免税

该类合同是就具有援助性质的优惠贷款而成立的政府间协议,对其免税有利于引进和利用外资,以推动我国经济与社会的快速发展。

（六）对房地产管理部门与个人签订的用于生活居住的租赁合同免税

（七）对农牧业保险合同免税

对该类合同免税,是为了支持农村保险事业的发展,减轻农牧业生产的负担。

（八）金融机构与小型、微型企业签订的借款合同免税

自 2014 年 11 月 1 日至 2017 年 12 月 31 日,对金融机构与小型、微型企业签订的借款合同免征印花税。

（九）对特殊货运凭证免税

① 军事物资运输凭证,即附有军事运输命令或使用专用的军事物资运费结算凭证。

② 抢险救灾物资运输凭证,即附有县级以上(含县级)人民政府抢险救灾物资运输证明文件的运费结算凭证。

③ 新建铁路的工程临管线运输凭证,即为新建铁路运输施工所需物料,使用工程临管线专用的运费结算凭证。

（十）对与高校学生签订的高校学生公寓租赁合同免税相关规定

对与高校学生签订的高校学生公寓租赁合同,自 2013 年 1 月 1 日至 2015 年 12 月 31 日,继续免征印花税。

(十一) 对商品储备管理公司及其直属库资金账簿免税相关规定

2013年1月1日至2015年12月31日,对商品储备管理公司及其直属库资金账簿免征印花税;对其承担商品储备业务过程中书立的购销合同免征印花税,对合同其他各方当事人应缴纳的印花税照章征收。

(十二) 对公租房经营管理单位建造公租房免税相关规定

对公租房经营管理单位购买住房作为公租房,免征印花税;对公租房租赁双方签订租赁协议涉及的印花税予以免征。

(十三) 对棚户区改造免税相关规定

为贯彻落实《国务院关于加快棚户区改造工作意见》,对改造安置住房经营管理单位、开发商与改造安置住房相关的印花税以及购买安置住房的个人涉及的印花税自2013年7月4日起予以免征。

第三节 印花税应纳税额的计算

一、计税依据的确定

(一) 计税依据的一般规定

印花税的计税依据为各种应税凭证上所记载的计税金额。具体规定如下。

① 购销合同的计税依据为合同记载的购销金额。

② 加工承揽合同的计税依据是加工或承揽收入的金额。

对于由受托方提供原材料的加工、定做合同,凡在合同中分别记载加工费金额和原材料金额的,应分别按"加工承揽合同"、"购销合同"计税,两项税额相加数,即为合同应贴印花;若合同中未分别记载,则应就全部金额依照加工承揽合同计税贴花。

对于由委托方提供主要材料或原料,受托方只提供辅助材料的加工合同,无论加工费和辅助材料金额是否分别记载,均以辅助材料与加工费的合计数,依照加工承揽合同计税贴花。对委托方提供的主要材料或原料金额不计税贴花。

③ 建设工程勘察设计合同的计税依据为收取的费用。

④ 建筑安装工程承包合同的计税依据为承包金额。

⑤ 财产租赁合同的计税依据为租赁金额,经计算,税额不足1元的按1元贴花。

⑥ 货物运输合同的计税依据为取得的运输费金额(即运费收入),不包括所运货物的金额、装卸费和保险费等。

⑦ 仓储保管合同的计税依据为收取的仓储保管费用。

⑧ 借款合同的计税依据为借款金额。

⑨ 财产保险合同的计税依据为支付(收取)的保险费,不包括所保财产的金额。

⑩ 技术合同的计税依据为合同所载的价款、报酬或使用费。为了鼓励技术研究开发,对技

术开发合同，只就合同所载的报酬金额计税，研究开发经费不作为计税依据。单对合同约定按研究开发经费一定比例作为报酬的，应按一定比例的报酬金额贴花。

⑪ 产权转移书据的计税依据为所载金额。

⑫ 营业账簿税目中记载资金的账簿的计税依据为“实收资本”与“资本公积”两项的合计金额。

⑬ 权利、许可证照的计税依据为应税凭证件数。

（二）计税依据的特殊规定

① 上述凭证以“金额”、“收入”、“费用”作为计税依据的，应当全额计税，不得作任何扣除。

② 同一凭证，载有两个或两个以上经济事项而适用不同税目税率，如分别记载金额的，应分别计算应纳税额，相加后按合计税额贴花；如未分别记载金额的，按税率高的计税贴花。

③ 按金额比例贴花的应税凭证，未标明金额的，应按照凭证所载数量及国家牌价计算金额；没有国家牌价的，按市场价格计算金额，然后按规定税率计算应纳税额。

④ 应税凭证所载金额为外国货币的，应按照凭证书立当日国家外汇管理局公布的外汇牌价折合成人民币，然后计算应纳税额。

⑤ 应纳税额不足 1 角的，免纳印花税；1 角以上的，其税额尾数不满 5 分的不计，满 5 分的按 1 角计算。

⑥ 有些合同，在签订时无法确定计税金额，如技术转让合同中的转让收入，是按销售收入的一定比例收取或按实现利润分成的；财产租赁合同，只是规定了月（天）租金标准而无租赁期限的。对这类合同，可在签订时先按定额 5 元贴花，以后结算时再按实际金额计税，补贴印花。

⑦ 应税合同在签订时纳税义务即已产生，应计算应纳税额并贴花。所以，不论合同是否兑现或是否按期兑现，均应贴花。

⑧ 对已履行并贴花的合同，所载金额与合同履行后实际结算金额不一致的，只要双方未修改合同金额，一般不再办理完税手续。

⑨ 商品购销活动中，采用以货换货方式进行商品交易签订的合同，是反映既购又销双重经济行为的合同。对此，应按合同所载的购、销合计金额计税贴花。合同未列明金额的，应按合同所载购、销数量依照国家牌价或者市场价格计算应纳税额。

⑩ 施工单位将自己承包的建设项目，分包或者转包给其他施工单位所签订的分包合同或者转包合同，应按新的分包合同或转包合同所载金额计算应纳税额。

⑪ 施工单位将自己承包的建设项目，分包或者转包给其他施工单位所签订的分包合同或者转包合同，应按新的分包合同或转包合同所载金额计算应纳税额。

⑫ 从 2008 年 9 月 19 日起，对证券交易印花税只对卖出方（或继承、赠予 A 股、B 股股权的出让方）征收证券（股票）交易印花税，对买入方（受让方）不再征税。税率仍保持 1‰。

⑬ 印花税票为有价证券，其票面金额以人民币为单位，分为 1 角、2 角、5 角、1 元、2 元、5 元、10 元、50 元、100 元 9 种。

二、应纳税额的计算

纳税人的应纳税额，根据应纳税凭证的性质，分别按比例税率或者定额税率计算，其计算公式为：

$$应纳税额 = 应税凭证计税金额（或应税凭证件数）\times 适用税率$$

例 13-1 某企业2014年10月份发生下列业务。

1) 领受工商营业执照、税务登记证、开户许可证、房产证各1份。

2) 增加资本公积400万元,计提盈余公积100万元。

3) 设立其他账簿共12本。

4) 订立借款400万元的借款合同一份,应付利息30万元。

5) 投综合财产保险1份,保额2 000万元,缴纳保险费10万元。

6) 签订加工合同,由乙企业提供货样,本企业为乙企业购买原料和主要材料80万元,并收取加工费2万元。

计算该企业本月应缴纳的印花税。

1) 权利许可证照(工商户营业执照、房产证)应纳印花税 =2×5=10(元)

2) 记载资金账簿应纳印花税 =400万×0.5‰=2 000(元)

3) 设立其他账簿12本应纳印花税 =12×5=60(元)

4) 订立借款合同应纳印花税 =400万×0.05‰=200(元)

5) 保险应缴纳印花税 =10万×1‰=100(元)

该企业本月应缴纳的印花税 =10+2 000+60+200+100=2 370(元)

第四节 印花税的征收管理

一、纳税方法

印花税的纳税根据税额大小、贴花次数以及税收征收管理的需要,分别采用以下3种纳税方法。

(一) 自行贴花办法

这种办法,一般适用于应税凭证较少或者贴花次数较少的纳税人。纳税人书立、领受或者使用印花税法列举的应税凭证的同时,纳税义务即已产生,应当根据应纳税凭证的性质和适用的税目税率自行计算应纳税额,自行购买印花税票,并且纳税人必须自行贴花并注销或划销,这样才算完整地完成了纳税义务。这也就是通常所说的"三自"纳税办法。

(二) 汇贴或汇缴办法

这种办法,一般适用于应纳税额较大或者贴花频繁的纳税人。

一份凭证应纳税额超过500元的,应向当地税务机关申请填写缴款书或者完税证,将其中一联粘贴在凭证上或者由税务机关在凭证上加注完税标记代替贴花。这就是通常所说的"汇贴"办法。

同一种类应纳税凭证,须频繁贴花的,纳税人可以根据实际情况自行决定是否采用按期汇总缴纳印花税的方式,汇总缴纳的期限为1个月。采用按期汇总缴纳方式的纳税人应事先告知主管税务机关。缴纳方式一经选定,1年内不得改变。

（三）委托代征办法

这一办法主要是通过税务机关的委托，经由发放或者办理应纳税凭证的单位代为征收印花税税款。税务机关应与代征单位签订代征委托书。税务机关委托工商行政管理机关代售印花税票，按代售金额5%的比例支付代售手续费。

二、纳税环节

印花税应当在书立或领受时贴花。具体是指在合同签订时、账簿启用时和证照领受时贴花。合同是在国外签订，并且不便在国外贴花的，应在将合同带入境时办理贴花纳税手续。

三、纳税地点

印花税一般实行就地纳税。对于全国性商品物资订货会(包括展销会、交易会等)上所签订合同应纳的印花税，由纳税人回其所在地后及时办理贴花完税手续。

本章小结

印花税是对经济活动和经济交往中书立、使用、领受具有法律效力的凭证的单位和个人征收的一种税，是一种具有行为税性质的凭证税，是一个古老的税种。印花税覆盖面广、税率低、税负轻。在我国，印花税稳定性比较强。印花税应纳税额的计算，重点是掌握印花税的税率和计税依据。同时，印花税的税收优惠，自行购花、贴花、销花的“三自”办法也需要非常熟悉。

快速问答

1. 某中学委托一家服装厂加工校服，合同约定布料由学校提供，价值50万元，学校另支付加工费10万元，各项关于计算印花税的表述正确的是(　　　　)。
   A. 学校应以50万元的计税依据，按销售合同的税率计算印花税
   B. 服装厂应以50万元的计税依据，按销售合同的税率计算印花税
   C. 服装厂应以10万元加工费为计税依据，按加工承揽合同的税率计算印花税
   D. 服装厂和学校均以60万元为计税依据，按照加工承揽合同的税率计算印花税
2. 应纳印花税的合同和凭证是(　　　　)。
   A. 企业因改制签订的产权转移书据
   B. 劳务输出合同
   C. 国际金融组织向我国国家金融机构提供优惠贷款所书立的合同
   D. 企业与银行之间的借款合同
3. 不符合印花税相关规定的项目有(　　　　)。
   A. 加工承揽合同的计税依据为加工货物的同类售价金额
   B. 财产租赁合同的计税依据为租赁金额
   C. 仓储保管合同的计税依据仓储保管的费用
   D. 建设工程勘察设计合同的计税依据为收取的费用

4. 不应按“产权转移书据”税目征收印花税的项目有(　　　　)。
A. 商品房销售合同　　B. 土地使用权转让合同
C. 专利实施许可合同　　D. 专利申请权转让合同
5. 不属于印花税的应税凭证的是(　　　　)。
A. 房屋产权证　　B. 工商营业执照　　C. 专利证　　D. 税务登记证
6. 不符合印花税相关规定的有(　　　　)。
A. 加工承揽合同的计税依据为加工收入的金额
B. 财产租赁合同的计税依据为租赁金额
C. 仓储保管合同的计税依据为所保管货物的金额
D. 建设工程勘察设计合同的计税依据为收取的费用
7. 关于印花税纳税义务人说法不正确的有(　　　　)。
A. 各类合同的纳税人是立合同人
B. 产权转移书据的纳税人是立据人
C. 权利、许可证的纳税人是发放及领受双方
D. 在国外书立、领受,但在国内使用的应税凭证,其纳税人是使用人

计算题

某高新技术企业2014年8月份开业,注册资金为220万元,当年发生经营活动如下。

1) 领受工商营业执照、房屋产权证、土地使用证各一份。

2) 建账时共设8个账簿,其中资金账簿中记载实体资本220万元。

3) 签订购销合同4份,共记载金额280万元。

4) 签订借款合同1份,记载金额50万元,当年取得利息0.8万元。

5) 与广告公司签订广告制作合同1份,分别记载加工费3万元,广告公司提供的原材料7万元。

6) 签订技术服务合同1份,记载金额60万元。

7) 签订租赁合同1份,记载租赁费金额50万元。

8) 签订转让专有技术使用权合同1份,记载金额150万元。

要求:

① 计算领受权利许可证照应缴纳的印花税。

② 计算设置账簿应缴纳的印花税。

③ 计算签订购销合同应缴纳的印花税。

④ 计算签订借款合同应缴纳的印花税。

⑤ 计算签订广告制作合同应缴纳的印花税。

⑥ 计算签订租赁合同应缴纳的印花税。

⑦ 计算签订技术服务合同应缴纳的印花税。

⑧ 计算签订专有技术使用权转让合同应缴纳的印花税。

第十四章

税收征收管理法

学习目标

本章主要介绍了税收征收管理法的概念和适用范围、税务管理、税款征收、违法责任等税收征管内容。通过学习应达到以下要求。

- 明确税收征收管理法的概念和适用范围
- 掌握税务管理知识
- 掌握税款征收的内容
- 了解税务检查的相关内容
- 掌握税收违法责任的规定

第一节　税收征收管理法概述

一、税收征收管理法的概念

税收征收管理法是调整在税收征收及其管理过程中发生的社会关系的相关法律规范的总称。狭义的税收征收管理法是指全国人民代表大会颁布的《中华人民共和国税收征收管理法》（以下简称《征管法》），广义的税收征收管理法则涵盖了包括税收征收管理法及税收征收管理的有关法律、法规和规章等在内的多个规范性法律文件。

二、税收征收管理法的适用范围

我国《征管法》第二条规定："凡依法由税务机关征收的各种税收的征收管理，均适用本法。"

我国的税收征收机关有税务、海关、财政等部门，《征管法》只适用于由税务机关征收的各种税收。

农税征收机关负责征收的耕地占用税、契税、农业税、牧业税征收管理的具体办法，由国务院另行规定；关税及海关代征税收的征收管理，依照法律、行政法规的有关规定执行。

目前还有一部分费由税务机关征收，如教育费附加。这些费不适用《征管法》，不能采取《征管法》规定的措施，其具体管理办法由各种费的条例和规章决定。

三、税收征收管理法的遵守主体

（一）税务行政主体

1. 税务行政主体——税务机关

《征管法》第五条规定:“国务院税务主管部门主管全国税收征收管理工作。各地国家税务局和地方税务局应当按照国务院规定的税收征收管理范围分别进行征收管理。”《征管法》和《中华人民共和国税收征收管理法实施细则》(以下简称《细则》)规定:“税务机关是指各级税务局、税务分局、税务所和省以下税务局的稽查局。稽查局专司偷税、逃避追缴欠税、骗税、抗税案件的查处。国家税务总局应当明确划分税务局和稽查局的职责。避免职责交叉。”上述规定既明确了税收征收的行政主体(执法主体),也明确了《征管法》的遵守主体。

2. 征税主体的权利和义务

(1) 征税主体的权利

① 税收征收权,主要包括税款核定和税款入库两个方面,是征税主体最基本的权利。

② 税收管理权,主要包括税务登记管理权、纳税申报管理权、账簿凭证管理权等。

以上是征税主体两大主要权利,另外还包括税务稽查权、强制执行权、违法处罚权、代位权和撤销权等其他权利。

(2) 征税主体的义务

① 税务机关应当广泛宣传税收法律、行政法规,普及纳税知识,无偿地为纳税人提供纳税咨询服务。

② 税务机关应当加强队伍建设,提高税务人员的政治业务素质。

③ 税务机关、税务人员必须秉公执法,忠于职守,清正廉洁,礼貌待人,文明服务,尊重和保护纳税人、扣缴义务人的权利,依法接受监督。

④ 税务人员不得索贿受贿,徇私舞弊,玩忽职守,不征或者少征应征税款;不得滥用职权多征税款或者故意刁难纳税人和扣缴义务人。

⑤ 各级税务机关应当建立、健全内部制约和监督管理制度。

⑥ 上级税务机关应当对下级税务机关的执法活动依法进行监督。

⑦ 各级税务机关应当对其工作人员执行法律、行政法规和廉洁自律准则的情况进行监督检查。

⑧ 税务机关负责征收、管理、稽查,行政复议人员的职责应当明确,并相互分离、相互制约。

⑨ 税务机关应为检举人保密,并按照规定给予奖励。

⑩ 税务人员在核定应纳税额、调整税收定额、进行税务检查、实施税务行政处罚、办理税务行政复议时,与纳税人、扣缴义务人或者其法定代表人、直接责任人有下列关系之一的,应当回避:夫妻关系;直系血亲关系;三代以内旁系血亲关系;近姻亲关系;可能影响公正执法的其他利益关系。

(二) 税务行政管理相对人

1. 税务行政管理相对人——纳税人、扣缴义务人和其他有关单位

《征管法》第四条规定:“法律、行政法规规定负有纳税义务的单位和个人为纳税人。法律、行政法规规定负有代扣代缴、代收代缴税款义务的单位和个人为扣缴义务人。纳税人、扣缴义务人必须依照法律、行政法规的规定缴纳税款、代扣代缴、代收代缴税款。”根据上述规定,纳税人、扣缴义务人和其他有关单位是税务行政管理相对人,是《征管法》的遵守主体。必须按照《征管法》的有关规定接受税务管理,享受合法权益。

2. 纳税主体的权利和义务

（1）纳税主体的权利

① 纳税人、扣缴义务人有权向税务机关了解国家税收法律、行政法规的规定以及与纳税程序有关的情况，即税收知情权。

② 纳税人、扣缴义务人有权要求税务机关为纳税人、扣缴义务人的情况保密，税务机关应当为纳税人、扣缴义务人的情况保密，即税收保密权。

③ 纳税人依法享有申请减税、免税、退税的权利，即税收优惠权。

④ 税务人员征收税款和查处税收违法案件，与纳税人、扣缴义务人或者税收违法案件有利害关系的，应当回避，即申请回避权。

⑤ 纳税人、扣缴义务人有权控告和检举税务机关、税务人员的违法违纪行为，即检举控告权。

⑥ 税务机关征收税款时，应当给纳税人开具完税凭证，扣缴义务人代扣、代收税款时，纳税人要求扣缴义务人开具代扣、代收税款凭证的，扣缴义务人应当开具，即取得凭证权。

⑦ 纳税人、扣缴义务人对税务机关所做出的决定，享有陈述权、申辩权；依法享有申请行政复议、提起行政诉讼、请求国家赔偿等权利，即税收救济权。

⑧ 纳税人、扣缴义务人可以委托税务代理人代为办理税务事宜，即委托代理权。

（2）纳税主体的义务

① 纳税人、扣缴义务人必须依照法律、行政法规的规定缴纳税款、代扣代缴、代收代缴税款，即依法纳税的义务。

② 纳税人、扣缴义务人和其他有关单位应当按照国家有关规定如实向税务机关提供与纳税和代扣代缴、代收代缴税款有关的信息，即如实提供信息的义务。

③ 纳税人、扣缴义务人和其他有关单位应当接受税务机关依法进行的税务检查，即自觉接受检查的义务。

第二节　税务管理

一、税务登记

税务登记是税务机关对纳税人实施税收管理的首要环节和基础工作，是纳税人与征税机关建立税务联系的基础，也是纳税人必须履行的重要义务。税务登记是税务机关对纳税人的生产、经营活动进行登记并据此对纳税人实施税务管理的一种法定制度。

我国税务登记制度大体包括以下内容。

（一）设立税务登记

1. 设立税务登记的对象

领取营业执照从事生产、经营的纳税人，包括：企业，即从事生产经营的单位或组织，包括国有、集体、私营企业，中外合资合作企业，外商独资企业，以及各种联营、联合、股份制企业等。企业在外地设立的分支机构和从事生产、经营的场所。个体工商户。从事生产、经营的事业单位。

其他纳税人。根据有关法规规定，不从事生产、经营，但依照法律、法规的规定负有纳税义务的单位和个人,除临时取得应税收入或发生应税行为以及只缴纳个人所得税、车船税的外,都应按规定向税务机关办理税务登记。

2. 设立税务登记的期限

从事生产、经营的纳税人,应当自领取营业执照之日起30日内,向生产、经营地或者纳税义务发生地的主管税务机关申报办理税务登记,如实填写税务登记表并按照税务机关的要求提供有关证件、资料。

除上述以外的其他纳税人,除国家机关和个人外,应当自纳税义务发生之日起30日内,持有关证件向所在地主管税务机关申报办理税务登记。

3. 设立税务登记的内容

设立税务登记的内容应当包括:单位名称、法定代表人或业主姓名及其居民身份证、护照或者其他证明身份的合法证件;单位住所、经营地点、登记注册类型及所属主管单位;所采取的核算方式;行业、经营范围、经营方式、注册资金(资本)、投资总额、开户银行及账号;经营期限、从业人数、营业执照号码;财务负责人、办税人员;其他有关事项。

企业在外地的分支机构或者从事生产、经营的场所,还应当登记总机构名称、地址、法人代表、主要业务范围、财务负责人。

4. 设立税务登记程序

(1) 税务登记申请

办理税务登记是为了建立正常的征纳秩序,是纳税人履行纳税义务的第一步。为此,纳税人必须严格按照规定的期限,向当地主管税务机关及时申报办理税务登记手续,实事求是地填报登记项目,并如实回答税务机关提出的问题,纳税人所属的本县(市)以外的非独立经济核算的分支机构,除由总机构申报办理税务登记外,还应当自设立之日起30日内,向分支机构所在地税务机关申报办理注册税务登记,在申报办理税务登记时,纳税人应认真填写税务登记表。

(2) 提供相关证件、资料

所提交的材料应当包括营业执照或其他核准执业证件及工商登记表,或其他核准执业登记表复印件。有关机关、部门批准设立的文件。有关合同、章程、协议书。法定代表人和董事会成员名单。法定代表人(负责人)或业主居民身份证、护照或者其他证明身份的合法证件。组织机构统一代码证书。住所或经营场所证明。委托代理协议书复印件。属于享受税收优惠政策的企业,还应包括需要提供的相应证明、资料,税务机关需要的其他资料、证件。

企业在外地的分支机构或者从事生产、经营的场所,在办理税务登记时,还应当提供由总机构所在地税务机关出具的在外地设立分支机构的证明。

(3) 填写税务登记表

税务登记表分为内资企业税务登记表、分支机构税务登记表、涉外企业税务登记表等。内资企业税务登记表适用于核发税务登记证的国有企业、集体企业、股份合作企业、国有联营企业、集体联营企业、国有与集体联营企业、其他联营企业、国有独资公司、其他有限责任公司、股份有限公司、私营独资企业、私营合作企业、私营有限责任公司、私营股份有限公司、其他企业填用。分支机构税务登记表主要适用于核发注册税务登记证的各种类型企业的非独立核算分支机构填用。个体经营税务登记表主要适用于核发税务登记证的个体工商业户填用。其他单位税务登记表主要适用于除工商行政管理机关外,其他部门批准登记核发税务登记证的纳税人填用。涉外企业税务登记表主要适用于中外合资经营企业、合作经营企业和外国企业填用。

税务机关对申请办理税务登记的单位和个人所提供的申请税务登记报告书,及要求报送的各种附列资料、证件进行查验,对手续完备、符合要求的,方可受理登记,并根据其经济类型发给相应的税务登记表。

然后进行税务登记审核工作,这既是税务机关税务登记工作的开始,也是税务登记管理工作的关键。因此,加强税务登记申请的审核就显得非常必要。通过税务登记申请的审核,可以发现应申报办理税务登记户数、实际办理税务登记户数,进而掌握申报办理税务登记户的行业构成等税务管理信息。

为此,税务机关对纳税人填报的税务登记表、提供的证件和资料,应当在收到之日起 30 日内审核完毕,对符合规定的予以登记;对不符合规定的不予登记,并应在 30 日内予以答复。

(4) *核发税务登记证*

我国《征管法》第十五条规定:“税务机关应当自收到申报之日起 30 日内审核并发给税务登记证件。”因此,税务机关对纳税人填报的税务登记表及附送资料、证件审核无误的,应在 30 日内发给税务登记证件。

(二) 变更税务登记

变更税务登记,是从事生产、经营的纳税人税务登记内容发生重要变化时向税务机关申报办理的税务登记手续。

1. 变更税务登记的情形

纳税人办理税务登记后,如发生下列情形之一,应当办理变更税务登记:发生改变名称、改变法定代表人、改变经济性质或经济类型、改变住所和经营地点(不涉及主管税务机关变动的)、改变生产经营范围或经营方式、增减注册资金(资本)、改变隶属关系、改变生产经营期限、改变或增减银行账号、改变生产经营权属以及改变其他税务登记内容的。

2. 变更税务登记的期限

纳税人税务登记内容发生变化的,应当自工商行政管理机关或者其他机关办理变更登记之日起 30 日内,持有关证件向原税务登记机关申报办理变更税务登记。

纳税人税务登记内容发生变化,不需要到工商行政管理机关或者其他机关办理变更登记的,应当自发生变化之日起 30 日内,持有关证件向原税务登记机关申报办理变更税务登记。

3. 变更税务登记的程序

1) 提出变更税务登记申请。纳税人申请办理变更税务登记时,应向主管税务机关领取税务登记变更表,如实填写变更登记事项、变更登记前后的具体内容。

2) 提供相关证件、资料。

3) 变更税务登记申请受理。税务机关对纳税人填报的表格及提交的附列资料、证件要认真审阅,在符合要求及资料证件提交齐全的情况下,予以受理。

4) 变更税务登记的审核。主管税务机关对纳税人报送的已填登完毕的变更表及相关资料,进行分类审核。

5) 重新发证。对须变更税务登记证内容的,主管税务机关应收回原税务登记证(正、副本),按变更后的内容,重新制发税务登记证(正、副本)。

(三) 注销税务登记

注销税务登记,是指从事生产、经营的纳税人税务登记内容发生了根本性变化,须终止履行纳税义务时向税务机关申报办理的税务登记手续。

1. 注销税务登记适用范围

纳税人因经营期满而自动解散;企业由于改组、分立、合并等原因而被撤销;企业资不抵债而破产;纳税人住所、经营地址迁移而涉及改变原主管税务机关;纳税人被工商行政管理部门吊销营业执照;纳税人依法终止履行纳税义务的其他情形。

2. 注销税务登记的期限

纳税人发生解散、破产、撤销以及其他情形,依法终止纳税义务的,应当在向工商行政管理机关办理注销登记前,持有关证件向原税务登记管理机关申报办理注销税务登记;按照规定不需要在工商管理机关办理注销登记的,应当自有关机关批准或者宣告终止之日起15日内,持有关证件向原税务登记管理机关申报办理注销税务登记。

纳税人因住所、生产经营场所变动而涉及改变主管税务登记机关的,应当在向工商行政管理机关申请办理变更或注销登记前,或者住所、生产经营场所变动前,向原税务登记机关申报办理注销税务登记,并在30日内向迁达地主管税务登记机关申报办理税务登记。

纳税人被工商行政管理机关吊销营业执照的,应当自营业执照被吊销之日起15日内,向原税务登记机关申报办理注销税务登记。

3. 注销税务登记的程序

1) 填写注销税务登记申请审批表。纳税人办理注销税务登记时,应向原税务登记机关领取注销税务登记申请审批表,如实填写注销登记事项内容及原因。

2) 提供有关证件、资料。纳税人如实填写注销税务登记申请审批表,连同注销税务登记申请书,主管部门批文或董事会、职代会的决议及其他有关证明文件,营业执照被吊销的应提交工商机关发放的注销决定,主管税务机关原发放的税务登记证件(税务登记证正、副本及登记表等)及其他有关资料、证件报税务机关。

3) 注销税务登记申请审批表的内容。由纳税人填写的项目主要包括纳税人名称(含分支机构名称)、注销原因、批准机关名称、批准文号及日期。

由税务机关填写的项目主要包括纳税人实际经营期限、纳税人已享受税收优惠、发票缴销情况、税款清缴情况、税务登记证件收回情况。

4) 受理注销税务登记申请。税务机关受理纳税人填写完毕的表格,审阅其填报内容是否符合要求,所附资料是否齐全后,督促纳税人做好下列事宜。

纳税人持注销税务登记申请审批表、未经税务机关查验的发票和发票领购簿到发票管理环节申请办理发票缴销;发票管理环节按规定清票后,在注销税务登记申请审批表上签署发票缴销情况,同时将审批表返还纳税人。

纳税人向征收环节清缴税款;征收环节在纳税人缴纳税款后,在注销税务登记申请审批表上签署意见,同时将审批表返还纳税人。

5) 核实注销税务登记。纳税人持由上述两个环节签署意见后的审批表交登记管理环节;登记管理环节审核确认后,制发税务文书领取通知书给纳税人,同时填制税务文书传递单,并附注销税务登记申请审批表送稽查环节。

若稽查环节确定须对申请注销的纳税人进行实地稽查,应在税务文书传递单上注明批复期限内稽查完毕,在注销税务登记申请审批表上签署税款清算情况,及时将税务文书传递单和注销税务登记申请审批表返还税务登记环节,登记部门在纳税人结清税款(包括滞纳金、罚款)后据以办理注销税务登记手续。

(四) 其他情况下的登记

1. 停业、复业登记

实行定期定额征收方式的纳税人,在营业执照核准的经营期限内需要停业的,应当向税务机关提出停业登记，说明停业的理由、时间、停业前的纳税情况和发票的领、用、存情况，并如实填写申请停业登记表。税务机关经过审核（必要时可实地审查），应当责成申请停业的纳税人结清税款并收回税务登记证件、发票领购簿和发票，办理停业登记。纳税人停业期间发生纳税义务，应当及时向主管税务机关申报，依法补缴应纳税款。

纳税人应当于恢复生产、经营之前，向税务机关提出复业登记申请，经确认后，办理复业登记，领回或启用税务登记证件和发票领购簿及其领购的发票，纳入正常管理。

纳税人停业期满不能及时恢复生产、经营的，应当在停业期满前向税务机关提出延长停业登记。纳税人停业期满未按期复业又不申请延长停业的，税务机关应当视为已恢复营业，实施正常的税收征收管理。

2. 外出经营报验登记

纳税人到外县（市）临时从事生产经营活动的，应当在外出生产经营以前，持税务登记证向主管税务机关申请开具外出经营活动税收管理证明（以下简称外管证）。税务机关按照一地一证的原则，核发外管证；纳税人应当在外管证注明地进行生产经营前向当地税务机关报验登记；纳税人在外管证注明地销售货物的，除提交以上证件、资料外，应如实填写外出经营货物报验单，申报查验货物；纳税人外出经营活动结束，应当向经营地税务机关填报外出经营活动情况申报表，并结清税款、缴销发票；纳税人应当在外管证有效期满后10日内，持外管证回原税务登记地税务机关办理外管证缴销手续。

二、账簿、凭证管理

账簿是纳税人、扣缴义务人连续地记录其各种经济业务的账册或簿籍。由于账簿、凭证所反映出的纳税人的纳税能力会直接影响计税基数的确定，从而影响应纳税额的计算，因此账簿、凭证真实、准确、可靠，所以必须加强对账簿、凭证的管理。

（一）账簿、凭证管理

根据我国《征管法》第十九条和《细则》第二十二条的有关规定，纳税人和扣缴义务人应当按照有关法律、行政法规和国务院财政、税务主管部门的规定设置账簿。并根据合法、有效凭证记账，进行核算。

1. 账簿设置

从事生产、经营的纳税人应当自领取营业执照或者发生纳税义务之日起15日内设置账簿。扣缴义务人应当自税收法律、行政法规规定的扣缴义务发生之日起10日内，按照所代扣、代收的税种，分别设置代扣代缴、代收代缴税款账簿。生产、经营规模小又确无建账能力的纳税人，可以聘请经批准从事会计代理记账业务的专业机构或者经税务机关认可的财会人员代为建账和办理账务；聘请上述机构或者人员有实际困难的，经县以上税务机关批准，可以按照税务机关的规定，建立收支凭证粘贴簿、进货销货登记簿或者使用税控装置。

纳税人建立的会计电算化系统应当符合国家有关规定，并能正确、完整核算其收入或者所得。纳税人使用计算机记账的，应当在使用前将会计电算化系统的会计核算软件、使用说明书及有关资料报送主管税务机关备案。

纳税人、扣缴义务人会计制度健全，能够通过计算机正确、完整计算其收入和所得或者代扣代缴、代收代缴税款情况的，其计算机输出的完整的书面会计记录，可视同会计账簿。纳税人、扣缴义务人会计制度不健全，不能通过计算机正确、完整计算其收入和所得或者代扣代缴、代收代缴税款情况的,应当建立总账及与纳税或者代扣代缴、代收代缴税款有关的其他账簿。

账簿、会计凭证和报表应当使用中文。民族自治地方可以同时使用当地通用的一种民族文字。外商投资企业和外国企业可以同时使用一种外国文字。外商投资企业、外国企业的会计记录不使用中文的,应按照《征管法》第六十三条第二款“未按照规定设置、保管账簿或者保管记账凭证和有关资料”的规定处理。

2. 账务管理

根据我国《征管法》第二十条和《细则》第二十四条的有关规定,凡从事生产、经营的纳税人必须将所采用的财务、会计制度和具体的财务、会计处理办法,按税务机关的规定,自领取税务登记证件之日起15日内,及时报送主管税务机关备案。

当从事生产、经营的纳税人、扣缴义务人所使用的财务会计制度和具体的财务、会计处理办法与国务院和财政部、国家税务总局有关税收方面的规定相抵触时,纳税人、扣缴义务人必须按照国务院制定的税收法规的规定或者财政部、国家税务总局制定的有关税收的规定计缴税款。

3. 账簿、凭证的保管

《征管法》第二十四条规定:“从事生产经营的纳税人、扣缴义务人必须按照国务院财政、税务主管部门规定的保管期限保管账簿、记账凭证、完税凭证及其他有关资料。账簿、记账凭证、报表、完税凭证、发票、出口凭证以及其他有关涉税资料不得伪造、变造或者擅自损毁。”

根据《细则》第二十九条,除另有规定者外,账簿、记账凭证、报表、完税凭证、发票、出口凭证以及其他有关涉税资料应当保存10年。

(二) 发票管理

我国《征管法》第二十一条规定:“税务机关是发票的主管机关,负责发票的印制、领购、开具、取得、保管、缴销的管理和监督。”

1. 发票印制管理机关

增值税专用发票由国务院税务主管部门指定的企业印制;其他发票按照国务院税务主管部门的规定,分别由省、自治区、直辖市国家税务局、地方税务局指定企业印制。

2. 关于发票领购管理

依法办理税务登记的单位和个人,在领取税务登记证后,向主管税务机关申请领购发票。对无固定经营场地或者财务制度不健全的纳税人申请领购发票,主管税务机关有权要求其提供担保人;不能提供担保人的,可以视其情况,要求其提供保证金,并限期缴销发票。对发票保证金应设专户储存,不得挪作他用。纳税人可以根据自己的需要申请领购普通发票。增值税专用发票只限于增值税一般纳税人领购使用。

3. 关于发票开具、使用、取得的管理

根据《征管法》第二十一条的规定:“单位、个人在购销商品、提供或者接受经营服务以及从事其他经营活动中,应当按照规定开具、使用、取得发票。”

4. 关于发票保管管理

发票保管分为税务机关保管和用票单位、个人保管两个方面,都应当建立严格的发票保管制度。其中包括:专人保管制度,专库保管制度,专账登记制度,保管交接制度,定期盘点制度。

5. 关于发票缴销管理

发票缴销包括发票收缴和发票销毁。发票收缴是指用票单位和个人按照规定向税务机关上缴已经使用或者未使用的发票;发票销毁是指由税务机关统一将自己或者他人已使用或者未使用的发票进行销毁。收缴的发票不一定都要销毁,但发票销毁首先必须收缴,然后按照法律法规保存一定时期后销毁。

（三）税控管理

税控管理是指税务机关利用税控装置对纳税人的生产经营情况进行监督和管理，以保障国家税收收入，防止税款流失，提高税收征管工作效率，降低征收成本的各项活动的总称。税控管理是税收征收管理的一个重要组成部分，也是近期提出来的一个崭新的概念。

《征管法》第二十三条规定："国家根据税收征收管理的需要，积极推广使用税控装置。纳税人应当按照规定安装、使用税控装置，不得损毁或者擅自改变税控装置。"同时还在第六十条中增加了一款规定："未按照规定安装、使用税控装置，或者损毁或者擅自改动税控装置的"，"由税务机关责令限期改正，可以处以二千元以下的罚款；情节严重的，处二千元以上一万元以下的罚款。"

三、纳税申报

纳税申报是在纳税义务发生以后，纳税人按照税法规定的期限和内容，向税务机关提交有关纳税事项书面报告的一种法律制度。是税务机关税收管理信息的主要来源和进行税务管理的基础，对于加强税源监控，防止税收流失具有重要的作用。

（一）纳税申报的对象

根据《征管法》第二十五条的规定，纳税申报的对象为纳税人和扣缴义务人。纳税人在纳税期内没有应纳税款的，也应当按照规定办理纳税申报。纳税人享受减税、免税待遇的，在减税、免税期间应当按照规定办理纳税申报。

（二）纳税申报的期限

纳税人和扣缴义务人都必须按照法定的期限办理纳税申报。申报期限有两种：一种是法律、行政法规明确规定的；另一种是税务机关按照法律、行政法规的原则规定，结合纳税人生产经营的实际情况及其所应缴纳的税种等相关问题予以确定的。两种期限具有同等的法律效力。

（三）纳税申报的内容

纳税申报的内容，主要在各税种的纳税申报表和代扣代缴、代收代缴税款报告表中体现，还有的在随纳税申报表附报的财务报表和有关纳税资料中体现。纳税人和扣缴义务人的纳税申报和代扣代缴、代收代缴税款报告的主要内容包括：税种、税目，应纳税项目或者应代扣代缴、代收代缴税款项目，计税依据，扣除项目及标准，适用税率或者单位税额，应退税项目及税额，应减免税项目及税额，应纳税额或者应代扣代缴、代收代缴税额，税款所属期限，延期缴纳税款、欠税、滞纳金等。

（四）纳税申报的材料

纳税人办理纳税申报时，应当如实填写纳税申报表，并根据不同的情况相应报送下列有关证件、资料：财务会计报表及其说明材料；与纳税有关的合同、协议书及凭证；税控装置的电子报税资料；外出经营活动税收管理证明和异地完税凭证；境内或者境外公证机构出具的有关证明文件；税务机关规定应当报送的其他有关证件、资料。扣缴义务人办理代扣代缴、代收代缴税款报告时,应当如实填写代扣代缴、代收代缴税款报告表,并报送代扣代缴、代收代缴税款的合法凭证以及税务机关规定的其他有关证件、资料。

(五)纳税申报的方式

《征管法》第二十六条规定:"纳税人、扣缴义务人可以直接到税务机关办理纳税申报或者报送代扣代缴、代收代缴税款报告表,也可以按照规定采取邮寄、数据电文或者其他方式办理上述申报、报送事项。"目前,纳税申报的形式主要有以下3种。

1. 直接申报

直接申报,即纳税人上门申报。是指纳税人、扣缴义务人在规定的期限内,直接到税务机关办理纳税申报或者报送代扣代缴、代收代缴税款报告表的申报方式。

2. 邮寄申报

邮寄申报,是指经税务机关批准的纳税人使用统一规定的纳税申报特快专递专用信封,通过邮政部门办理交寄手续,并向邮政部门索取收据作为申报凭据的方式。

纳税人采取邮寄方式办理纳税申报的,应当使用统一的纳税申报专用信封,并以邮政部门收据作为申报凭据。邮寄申报以寄出的邮戳日期为实际申报日期。

3. 数据电文

数据电文,是指经税务机关确定的电话语音、电子数据交换和网络传输等电子方式。例如目前纳税人的网上申报,就是数据电文申报的一种形式。

纳税人采取电子方式办理纳税申报的,应当按照税务机关规定的期限和要求保存有关资料,并定期书面报送主管税务机关。纳税人、扣缴义务人采取数据电文方式办理纳税申报的,其申报日期以税务机关计算机网络系统收到该数据电文的时间为准。

此外,纳税人还可以采取先预缴税款后申报,或预储报缴、支票报缴、现金报缴等方式申报。实行定期定额缴纳税款的纳税人,可以实行简易申报、简并征期等申报纳税方式。

第三节 税款征收制度

税款征收是税务机关按照税收相关法律的规定,将纳税人依法应当缴纳的税款组织征收并入库的一系列活动的总称。是税收征收管理工作的中心环节,是实现税收征管工作的关键,在整个税收工作中占据非常重要的地位。

一、税款征收原则

(一)依法征税的原则

《征管法》第二十八条规定:"税务机关依照法律、行政法规的规定征收税款,不得违反法律、行政法规的规定开征、停征、多征、少征、提前征收、延缓征收或者摊派税款。"

在税款征收过程中,税务机关应当按照税收法律、行政法规预先规定的征收标准进行征税。不得擅自增减改变税目、调高或降低税率、加征或减免税款、提前征收或延缓征收税款以及摊派税款。

税务机关执法必须遵守法定权限和法定的程序。例如,税务机关在采取税收保全措施或强制执行措施时，办理减税、免税、退税时，核定应纳税额时，进行纳税调整时，针对纳税人的欠税进行清理、采取各种措施时，都应当严格按照法律或者行政法规规定的审批权限和程序进行操作。

（二）征税主体法定的原则

《征管法》第二十九条规定："除税务机关、税务人员以及经税务机关依照法律、行政法规委托的单位和个人外，任何单位和个人不得进行税款征收活动。"第四十一条同时规定："采取税收保全措施、强制执行措施的权力，不得由法定的税务机关以外的单位和个人行使。"

（三）开具书面文件的原则

《征管法》第三十四条规定："税务机关征收税款时，必须给纳税人开具完税凭证。"第四十七条规定："税务机关扣押商品、货物或者其他财产时，必须开付收据；查封商品、货物或者其他财产时，必须开付清单。"

（四）上缴国库的原则

《征管法》第五十三条规定："国家税务局和地方税务局应当按照国家规定的税收征管范围和税款入库预算级次，将征收的税款缴入国库。"

（五）税款优先的原则

《征管法》第四十五条规定："税务机关征收税款，税收优先于无担保债权，法律另有规定的除外；纳税人欠缴的税款发生在纳税人以其财产设定抵押、质押或者纳税人的财产被留置之前的，税收应当先于抵押权、质权、留置权执行。纳税人欠缴税款，同时又被行政机关决定处以罚款、没收违法所得的，税收优先于罚款、没收违法所得。"

《征管法》的这一规定，首次在我国的税收法律上确定了税款优先的地位，确定了税款征收在纳税人支付各种款项和偿还债务时的顺序。增强了税法在执行中的可操作性。

三、税款征收方式

税款征收方式是指税务机关根据各税种的不同特点、征纳双方的具体条件而确定的计算征收税款的方法和形式。税款征收的主要方式如下。

（一）查账征收

查账征收是指税务机关按照纳税人提供的账表所反映的经营情况，依照适用税率计算缴纳税款的方式。这种方式一般适用于财务会计制度较为健全，能够认真履行纳税义务的纳税单位。

（二）查定征收

查定征收是指税务机关根据纳税人的从业人员、生产设备、采用原材料等因素，对其产制的应税产品查实核定产量、销售额并据以征收税款的方式。这种方式一般适用于账册不够健全，但是能够控制原材料或进销货的纳税单位。

（三）查验征收

查验征收是指税务机关对纳税人应税商品，通过查验数量，按市场一般销售单价计算其销售收入并据以征税的方式。这种方式一般适用于经营品种比较单一,经营地点、时间和商品来源不固定的纳税单位。

(四) 定期定额征收

定期定额征收是指税务机关通过典型调查,逐户确定营业额和所得额并据以征税的方式。这种方式一般适用于无完整考核依据的小型纳税单位。

(五) 委托代征税款

委托代征税款是指税务机关委托代征人以税务机关的名义征收税款,并将税款缴入国库的方式。这种方式一般适用于小额、零散税源的征收。

(六) 邮寄纳税

邮寄纳税是一种新的纳税方式。这种方式主要适用于那些有能力按期纳税,但采用其他方式纳税又不方便的纳税人。

(七) 其他方式

如利用网络申报、用IC卡纳税等方式。

四、税款征收制度

(一) 代扣代缴、代收代缴税款制度

扣缴义务人应当按照法律、行政法规的规定履行代扣、代收税款义务。对法律、行政法规没有规定负有代扣、代收税款义务的单位和个人,税务机关不得要求其履行代扣、代收税款义务。扣缴义务人依法履行代扣、代收税款义务时,纳税人不得拒绝。纳税人拒绝的,扣缴义务人应当在一日之内报告主管税务机关处理。不及时向主管税务机关报告的,扣缴义务人应承担应扣未扣、应收未收税款的责任。

税法规定的扣缴义务人必须依法履行代扣、代收税款义务。如果不履行义务,就要承担法律责任。除按征管法及实施细则的规定给予处罚外,应当责成扣缴义务人限期将应扣未扣、应收未收的税款补扣或补收。

扣缴义务人代扣、代收税款,只限于法律、行政法规规定的范围,并依照法律、行政法规规定的征收标准执行。对法律、法规没有规定代扣、代收的,扣缴义务人不能超越范围代扣、代收税款,扣缴义务人也不得提高或降低标准代扣、代收税款。

税务机关按照规定付给扣缴义务人代扣、代收手续费。代扣、代收税款手续费只能由县(市)以上税务机关统一办理退库手续,不得在征收税款过程中坐支。

(二) 延期缴纳税款制度

《征管法》第三十一条第二款规定:“纳税人因有特殊困难,不能按期缴纳税款的,经省、自治区、直辖市国家税务局、地方税务局批准,可以延期缴纳税款,但最长不得超过3个月。”

同时,纳税人在申请延期缴纳税款时应当注意在规定期限内提出书面申请;延期期限最长不得超过3个月;同一笔税款不得滚动审批。批准延期内免予加收滞纳金;税款的延期缴纳,必须

经省、自治区、直辖市国家税务局、地方税务局批准,方为有效。

税务机关自收到申请延期缴纳税款报告之日起20日内做出批准或者不批准的决定;不予批准的,从缴纳税款期限届满之日起加收滞纳金。

（三）滞纳金征收制度

《征管法》第三十二条规定:"纳税人未按照规定期限缴纳税款的,扣缴义务人未按照规定期限解缴税款的,税务机关除责令限期缴纳外,从滞纳税款之日起,按日加收滞纳税款万分之五的滞纳金。"

加收滞纳金应当遵循法定程序:先由税务机关发出催缴税款通知书,责令限期缴纳或解缴税款,告知纳税人如不按期履行纳税义务,将依法按日加收滞纳税款万分之五的滞纳金。具体是从滞纳之日起加收滞纳金。如果纳税人拒绝缴纳滞纳金,可以按不履行纳税义务采取强制执行措施,强行划拨或者强制征收。

加收滞纳金的起止时间为法律、行政法规规定或者税务机关依照法律、行政法规的规定确定的税款缴纳期限届满次日起至纳税人、扣缴义务人实际缴纳或者解缴税款之日止。

（四）减免税收制度

《征管法》第三十三条规定:"纳税人可以依照法律、行政法规的规定书面申请减税、免税。减税、免税的申请须经法律、行政法规规定的减税、免税审查批准机关审批。地方各级人民政府、各级人民政府主管部门、单位和个人违反法律、行政法规规定,擅自作出的减税、免税决定无效,税务机关不得执行,并向上级税务机关报告。"

《细则》第四十三条规定:"法律、行政法规规定或者经法定的审批机关批准减税、免税的纳税人,应当持有关文件到主管税务机关办理减税、免税手续。减税、免税期满,应当自期满次日起恢复纳税。"

"享受减税、免税优惠的纳税人,减税、免税条件发生变化的,应当自发生变化之日起15日内向税务机关报告;不再符合减税、免税条件的,应当依法履行纳税义务;未依法纳税的,税务机关应当予以追缴。"

纳税人同时从事减免项目和非减免项目的,应分别核算,独立计算减免项目的计税依据以及减免税额度。不能分别核算的,不能享受减免税;核算不清的,由税务机关按合理方法核定。

纳税人已享受减免税的,应纳入正常申报,进行减免税申报。纳税人享受减免税到期的,应自期满次日起恢复纳税。

（五）税额核定和调整制度

1. 核定征收的对象

根据《征管法》第三十五条的规定,纳税人有下列情形之一的,税务机关有权核定其应纳税额:依照法律、行政法规的规定可以不设置账簿的;依照法律、行政法规的规定应当设置但未设置账簿的;擅自销毁账簿或者拒不提供纳税资料的;虽设置账簿,但账目混乱或者成本资料、收入凭证、费用凭证残缺不全,难以查账的;发生纳税义务,未按照规定的期限办理纳税申报,经税务机关责令限期申报,逾期仍不申报的;纳税人申报的计税依据明显偏低,又无正当理由的。

2. 核定征收的方法

纳税人有以上所列情形之一的,税务机关有权采取下列任何一种方法核定其应纳税额:参照当地同类行业或者类似行业中,经营规模和收入水平相近的纳税人的收入额和利润率核定;按照成本加合理费用和利润的方法核定;按照耗用的原材料、燃料、动力等推算或者测算核定;按照其他合理的方法核定。

采用以上一种方法不足以正确核定应纳税额时,可以同时采用两种以上的方法核定。纳税人采用上述所列的一种方法不足以正确核定应纳税额时,可以同时采用两种以上的方法核定。纳税人对税务机关采取上述所列方法核定的应纳税额有异议的,应提供相关证据,经税务机关认定后,调整应纳税额。

3. 关联企业的纳税调整制度

这里所说的税收调整制度,主要指的是关联企业的税收调整制度。所称关联企业,是指有下列关系之一的公司、企业和其他经济组织:①在资金、经营、购销等方面,存在直接或者间接的拥有或者控制关系;②直接或者间接地同为第三者所拥有或者控制;③在利益上具有相关联的其他关系。

《征管法》第三十六条规定:"企业或者外国企业在中国境内设立的从事生产、经营的机构、场所与其关联企业之间的业务往来,应当按照独立企业之间的业务往来收取或者支付价款、费用;不按照独立企业之间的业务往来收取或者支付价款、费用,而减少其应纳税的收入或者所得额的,税务机关有权进行合理调整。"

纳税人与其关联企业之间的业务往来中,发生了购销业务未按照独立企业之间的业务往来作价,融通资金所支付或者收取的利息超过或者低于没有关联关系的企业之间所能同意的数额或者利率超过或者低于同类业务的正常利率,提供劳务未按照独立企业之间的业务往来收取或者支付劳务费用,转让财产、提供财产使用权等业务往来未按照独立企业之间的业务往来作价或者收取、支付费用,未按照独立企业之间业务往来作价的其他情形等情况的,税务机关可以调整其应纳税额。

税务机关可以按照下列方法调整计税收入额或者所得额:按照独立企业之间进行的相同或者类似业务活动的价格;按照再销售给无关联关系的第三者的价格所应取得的收入和利润水平;按照成本加合理的费用和利润;按照其他合理的方法进行调整。

《征管法》第五十六条规定:"纳税人与其关联企业未按照独立企业之间的业务往来支付价款、费用的,税务机关自该业务往来发生的纳税年度起3年内进行调整;有特殊情况的,可以自该业务往来发生的纳税年度起10年内进行调整。"

(六) 未办理税务登记的从事生产、经营的纳税人,以及临时从事经营纳税人的税款征收制度

《征管法》第三十七条规定:"对未按照规定办理税务登记的从事生产、经营的纳税人以及临时从事生产、经营的纳税人,由税务机关核定其应纳税额,责令缴纳;不缴纳的,税务机关可以扣押其价值相当于应纳税款的商品、货物。扣押后缴纳应纳税款的,税务机关必须立即解除扣押,并归还所扣押的商品、货物;扣押后仍不缴纳应纳税款的,经县以上税务局(分局)局长批准,依法拍卖或者变卖所扣押的商品、货物,以拍卖或者变卖所得抵缴税款。"

税务机关核定应纳税额后,应责令纳税人按核定的税额缴纳税款。对经税务机关责令缴纳而不缴纳税款的纳税人,税务机关可以扣押其价值相当于应纳税款的商品、货物。纳税人应当自扣押之日起15日内缴纳税款。对扣押的鲜活、易腐烂变质或者易失效的商品、货物,税务机关根据被扣押物品的保质期,可以缩短前款规定的扣押期限。扣押后缴纳应纳税款的,税务机关必须立即解除扣押,并归还所扣押的商品、货物。税务机关拍卖或者变卖所扣押的商品、货物后,以拍卖或者变卖所得抵缴税款。

（七）税收保全措施

税收保全措施，是指税务机关对可能由于纳税人的行为或者某种客观原因，致使以后税款的征收不能保证或难以保证的情况下，于规定的纳税期限之前采取的限制纳税人处理或转移商品、货物或其他财产的强制性措施。

根据《征管法》第三十八条规定：税务机关有根据认为从事生产、经营的纳税人有逃避纳税义务行为的，可以在规定的纳税期之前，责令限期缴纳税款；在限期内发现纳税人有明显的转移、隐匿其应纳税的商品、货物以及其他财产迹象的，税务机关应责令其提供纳税担保。

1. 实施税收保全措施的方式

如果纳税人不能提供纳税担保，经县以上税务局（分局）局长批准，税务机关可以采取下列税收保全措施：书面通知纳税人开户银行或者其他金融机构冻结纳税人的金额相当于应纳税款的存款；扣押、查封纳税人的价值相当于应纳税款的商品、货物或者其他财产。纳税人在上款规定的限期内缴纳税款的，税务机关必须立即解除税收保全措施；限期期满仍未缴纳税款的，经县以上税务局（分局）局长批准，税务机关可以书面通知纳税人开户银行或者其他金融机构，从其冻结的存款中扣缴税款，或者依法拍卖或者变卖所扣押、查封的商品、货物或者其他财产，以拍卖或者变卖所得抵缴税款。

采取税收保全措施不当，或者纳税人在期限内已缴纳税款，税务机关未立即解除税收保全措施，使纳税人的合法利益遭受损失的，税务机关应当承担赔偿责任。

个人及其所扶养家属维持生活必需的住房和用品，不在税收保全措施的范围之内。个人所扶养家属，是指与纳税人共同居住生活的配偶、直系亲属以及无生活来源并由纳税人扶养的其他亲属。生活必需的住房和用品不包括机动车辆、金银饰品、古玩字画、豪华住宅或者一处以外的住房。税务机关对单价 5 000 元以下的其他生活用品，不采取税收保全措施和强制执行措施。

2. 采取税收保全措施的前提条件

税务机关采取税收保全措施的前提是：从事生产、经营的纳税人有逃避纳税义务行为的。也就是说，税务机关采取税收保全措施的前提是针对逃税的纳税人。因此，采取税收保全措施时，应当具备下列两个条件。

① 纳税人有逃避纳税义务的行为。逃避纳税义务行为的最终目的是不缴或少缴税款，其采取的方法主要是转移、隐匿可以用来缴纳税款的资金或实物。没有逃避纳税义务行为的，不能采取税收保全措施。

② 应当在规定的纳税期之前和责令限期缴纳应纳税款的限期内。如果纳税期和责令缴纳应纳税款的限期届满，纳税人又没有缴纳应纳税款，税务机关可以按规定采取强制执行措施，就谈不上采取税收保全了。

3. 税收保全措施的程序

1）责令纳税人限期纳税在先。税务机关有根据认为从事生产、经营的纳税人有逃避纳税义务行为的，可以在规定的纳税期之前，责令限期缴纳应纳税款。税务机关对有逃税行为的纳税人在规定的纳税期之前，责令限期缴纳税款时，主管税务机关应下达给有逃税行为的纳税人执行。同时主管税务机关填制有纳税人签章的税务文书送达回证。

2）责成纳税人提供纳税担保居中。在限期内，纳税人有明显转移、隐匿应纳税的商品、货物以及其他财产或者应纳税的收入迹象的，税务机关可以责成纳税人提供纳税担保。

① 纳税担保的具体内容。纳税担保是指纳税人为按时足额履行纳税义务而向税务机关做出的保证。纳税担保人，是指在中国境内具有纳税担保能力的公民、法人或其他经济组织。国家

机关不得作为纳税担保人。

② 纳税担保的提供。纳税担保人同意为纳税人提供纳税担保的,填写纳税担保书,写明担保对象、担保范围、担保期限和担保责任以及其他有关事项。担保书须经纳税人、纳税担保人和税务机关签字盖章后方为有效。纳税人以其所拥有的未设置抵押权的财产作为纳税担保的,应当填写作为纳税担保的财产清单,并写明担保财产的价值以及其他有关事项。纳税担保清单须经纳税人和税务机关签字盖章后方为有效。

3) 冻结纳税人的存款或扣押、查封在后。纳税人不能提供纳税担保的,经县以上税务局(分局)局长批准,书面通知纳税人开户银行或者其他金融机构冻结纳税人的金额相当于应纳税款的存款。

如果纳税人在税务机关采取税收保全措施后按照税务机关规定的期限缴纳了税款,税务机关应当自收到税款或银行转回的完税凭证之日起1日内解除税收保全。

实施查封、扣押措施应当注意以下几点。

① 货物或其他财产。纳税人在开户银行或其他金融机构中没有存款,或者税务机关无法掌握其存款情况的,税务机关可以扣押、查封纳税人的价值相当于应纳税款的商品、货物或其他财产。

② 执行人与被执行人。税务机关执行扣押、查封商品、货物或者其他财产时,必须由两名以上税务人员执行,并通知被执行人。被执行人是公民的,应当通知被执行人本人或成年家属到场;被执行人是法人或者其他组织的,应当通知其法定代表人或者主要负责人到场;拒不到场的,不影响执行。

③ 查封、扣押财产的价值。扣押、查封价值相当于应纳税款的商品、货物或者其他财产时,参照同类商品的市场价、出厂价或者评估价估算。税务机关按照前款方法确定应扣押、查封的商品、货物或者其他财产的价值时,还应当包括滞纳金和扣押、查封、保管、拍卖、变卖所发生的费用。

④ 查封、扣押财产的保管。税务机关实施查封、扣押时,对有产权证件的动产或者不动产,税务机关可以责令当事人将产权证交税务机关保管,同时可以向有关机关发出协助执行的通知书,有关机关在扣押、查封期间不再办理该动产或者不动产的过户手续。

税务机关扣押商品、货物或者其他财产时,必须开付收据;查封商品、货物或者其他财产时,必须开付清单。

⑤ 违法责任。税务人员私分所扣押、查封的商品、货物或者其他财产的,必须责令退回并给予行政处分;情节严重、构成犯罪的,移送司法机关依法追究刑事责任。

4. 税收保全措施的终止

税收保全的终止有两种情况:一是纳税人在规定的期限内缴纳了应纳税款的,税务机关必须立即解除税收保全措施;二是纳税人超过规定的期限仍不缴纳税款的,经税务局(分局)局长批准,终止保全措施,转入强制执行措施,即书面通知纳税人开户银行或者其他金融机构从其冻结的存款中扣缴税款,或者拍卖、变卖所扣押、查封的商品、货物或其他财产,以拍卖或者变卖所得抵缴税款。

(八) 税收强制执行措施

税收强制执行措施,是指税务机关对未按照有关规定在一定期限内履行纳税义务、扣缴义务或担保义务的纳税人、扣缴义务人或纳税担保人依法采取的强制性的税款收缴的行为。

《征管法》第四十条规定,从事生产、经营的纳税人、扣缴义务人未按照规定的期限缴纳或者解缴税款，纳税担保人未按照规定的期限缴纳所担保的税款，由税务机关责令限期缴纳，逾期仍未缴纳的，经县以上税务局（分局）局长批准，税务机关可以采取下列强制执行措施：书面通知其开户银行或者其他金融机构从其存款中扣缴税款。扣押、查封、依法拍卖或者变卖其价值相当于应纳税款的商品、货物或者其他财产，以拍卖或者变卖所得抵缴税款。

税务机关采取强制执行措施时，对上款所列纳税人、扣缴义务人、纳税担保人未缴纳的滞纳金同时强制执行。

个人及其所扶养家属维持生活必需的住房和用品，不在强制执行措施的范围之内。

1. 税收强制执行的适用范围

强制执行措施的适用范围仅限于未按照规定的期限缴纳或者解缴税款，经责令限期缴纳，逾期仍未缴纳的从事生产、经营的纳税人。

2. 税收强制执行的原则

税务机关采取税收强制执行措施时，必须先履行告诫义务。即纳税人、扣缴义务人、纳税担保人未按照规定的期限缴纳或者解缴税款的，应当先行告诫，责令限期缴纳。逾期仍未缴纳的，再采取税收强制执行措施。

3. 采取税收强制执行措施的程序

1）责令限期缴纳。纳税人、扣缴义务人、纳税担保人在规定的期限内未缴纳或者解缴税款或者提供担保的，税务机关发出限期缴纳税款通知书，责令限期缴纳。

2）采取强制执行措施。逾期仍未缴纳的，经县以上税务局（分局）局长批准，书面通知其开户银行或者其他金融机构，从其存款中扣缴税款。

在扣缴税款的同时，主管税务机关应按照《征管法》第六十八条的规定，处以不缴或者少缴的税款50%以上5倍以下的罚款。

扣押、查封、拍卖或者变卖，以拍卖或者变卖所得抵缴税款。按照《征管法》第四十条的规定，扣押、查封、拍卖或者变卖等行为具有连续性，即扣押、查封后，不再给纳税人自动履行纳税义务的期间，税务机关可以直接拍卖或者变卖其价值相当于应纳税款的商品、货物或者其他财产，以拍卖或者变卖所得抵缴税款。

4. 滞纳金的强行划拨

采取税收强制执行措施时，对纳税人、扣缴义务人、纳税担保人未缴纳的滞纳金必须同时强制执行。对纳税人已缴纳税款，但拒不缴纳滞纳金的，税务机关可以单独对纳税人应缴未缴的滞纳金采取强制执行措施。

5. 对于扣押、查封的相关规定

① 采取扣押、查封、拍卖或者变卖等强制执行措施时，应当通知被执行人或其成年家属到场，否则不能直接采取扣押和查封措施。但被执行人或其成年家属接到通知后拒不到场的，不影响执行。同时，应当通知有关单位和基层组织，他们是扣押、查封财产的见证人，也是税务机关执行工作的协助人。

② 扣押、查封、拍卖或者变卖被执行人的商品、货物或者其他财产，应当以应纳税额和滞纳金等为限。对于被执行人必要的生产工具，本人及其所供养家属的生活必需品应当予以保留，不得进行扣押、查封、拍卖或者变卖。

③ 对价值超过应纳税额且不可分割的商品、货物或者其他财产，税务机关在纳税人、扣缴义务人或者纳税担保人无其他可供强制执行财产的情况下，可以整体扣押、查封、拍卖，以拍卖所得抵缴税款、滞纳金、罚款以及扣押、查封、保管、拍卖等费用。

④ 实施扣押、查封时，对有产权证件的动产或者不动产，税务机关可以责令当事人将产权证

件交税务机关保管,同时可以向有关机关发出协助执行通知书,有关机关在扣押、查封期间不再办理该动产或者不动产的过户手续。

⑤ 对查封的商品、货物或者其他财产,税务机关可以指令被执行人负责保管,保管责任由被执行人承担。

继续使用被查封的财产不会减少其价值的,税务机关可以允许被执行人继续使用;因被执行人保管或者使用的过错造成的损失,由被执行人承担。

⑥ 税务机关将扣押、查封的商品、货物或者其他财产变价抵缴税款时,应当交由依法成立的拍卖机构拍卖;无法委托拍卖或者不适于拍卖的,可以交由当地商业企业代为销售,也可以责令纳税人限期处理;无法委托商业企业销售,纳税人也无法处理的,可以由税务机关变价处理,具体办法由国家税务总局规定。国家禁止自由买卖的商品,应当交由有关单位按照国家规定的价格收购。

拍卖或者变卖所得抵缴税款、滞纳金、罚款以及扣押、查封、保管、拍卖、变卖等费用后,剩余部分应当在3日内退还被执行人。

(九) 欠税清缴制度

欠税,是指纳税人未按照规定期限缴纳税款,扣缴义务人未按照规定期限解缴税款的行为。为保证国家税款及时足额入库,现行的法律、行政法规明确规定了欠税清缴制度。

① 欠缴税款审批权限的严格控制。根据《征管法》第三十一条的规定,缓缴税款的审批权限集中在省、自治区、直辖市国家税务局、地方税务局。

② 限期缴税时限。从事生产、经营的纳税人、扣缴义务人未按照规定的期限缴纳或者解缴税款的,纳税担保人未按照规定的期限缴纳所担保的税款的,由税务机关发出限期缴纳税款通知书,责令缴纳或者解缴税款的最长期限不得超过15日。

③ 离境清税。《征管法》第四十四条规定:“欠缴税款的纳税人及其法定代表需要出境的,应当在出境前向税务机关结清应纳税款或者提供担保。未结清税款,又不提供担保的,税务机关可以通知出境管理机关阻止其出境。”

离境清税制度适用于依照我国税法规定,负有纳税义务且欠缴税款的所有自然人、法人的法定代表人和其他经济组织的负责人,包括外国人、无国籍人和中国公民。

需要阻止出境的,税务机关应当书面通知出入境管理机关执行。阻止出境是出入境管理机关依法对违反我国法律或者有未了结民事案件,以及其他法律规定不能离境等原因的外国人、中国公民告知不准离境、听候处理的一项法律制度,是国家实施主权管理的重要方面。

④ 税务机关可以对欠缴税款的纳税人行使代位权、撤销权,即对纳税人的到期债权等财产权利,税务机关可以依法向第三者追索以抵缴税款。《征管法》第五十条规定了在哪些情况下税务机关可以依据《中华人民共和国合同法》行使代位权、撤销权。税务机关代表国家,拥有对欠税的债权,即纳税人应该偿还国家的债务。

如果欠税的纳税人怠于行使其到期的债权,怠于收回其到期的资产、款项等,税务机关可以向人民法院请求以自己的名义代为行使债权。

⑤ 合并、分立的清缴制度。《征管法》第四十八条规定:“纳税人有合并、分立情形的,应当向税务机关报告,并依法缴清税款。纳税人合并时未缴清税款的,应当由合并后的纳税人继续履行未履行的纳税义务;纳税人分立时未缴清税款的,分立后的纳税人对未履行的纳税义务应当承担连带责任。”

⑥ 欠税公告与报告制度。根据《征管法》第四十五条和《细则》第七十六条的规定,税务机关应当对纳税人欠缴税款的情况,在办税场所或者广播、电视、报纸、期刊、网络等新闻媒体上定

期予以公告。定期公告是指税务机关定期向社会公告纳税人的欠税情况。同时税务机关还可以根据实际情况和实际需要，制定纳税人的纳税信用等级评比制度。

根据《征管法》第四十九条和《细则》第七十七条的规定，欠缴税款数额在 5 万元以上的纳税人，在处分其不动产或者大额资产之前，应当向税务机关报告。这一规定有利于税务机关及时掌握欠税企业处置不动产和大额资产的动向。税务机关可以根据其是否侵害了国家税收，是否有转移资产、逃避纳税义务的情形，决定是否行使税收优先权，是否采取税收保全措施或者强制执行措施。

（十）税款的退还和追征制度

1. 税款的退还

《征管法》第五十一条规定，纳税人超过应纳税额缴纳的税款，税务机关发现后应当立即退还；纳税人自结算缴纳税款之日起 3 年内发现的——可以向税务机关要求退还多缴的税款并加算银行同期存款利息，税务机关及时查实后应当立即退还；涉及从国库中退库的，依照法律、行政法规中有关国库管理的规定退还。

《细则》第七十八条规定："税务机关发现纳税人多缴税款的，应当自发现之日起 10 日内办理退还手续；纳税人发现多缴税款，要求退还的，税务机关应当自接到纳税人退还申请之日起 30 日内查实并办理退还手续。"

2. 税款的追征

《征管法》第五十二条规定："因税务机关责任，致使纳税人、扣缴义务人未缴或者少缴税款的，税务机关在 3 年内可要求纳税人、扣缴义务人补缴税款，但是不得加收滞纳金。"

"因纳税人、扣缴义务人计算等失误，未缴或者少缴税款的，税务机关在三年内可以追征税款、滞纳金；有特殊情况的追征期可以延长到五年。"

所称特殊情况，是指纳税人或者扣缴义务人因计算错误等失误，未缴或者少缴、未扣或者少扣、未收或者少收税款，累计数额在 10 万元以上的。

"对偷税、抗税、骗税的，税务机关追征其未缴或者少缴的税款、滞纳金或者所骗取的税款，不受前款规定期限的限制。"

第四节　税务检查

一、税务检查概述

（一）税务检查的概念

税务检查是指征税机关根据税法及其他相关法律规定对纳税主体履行纳税义务的情况进行检验、核查的活动，是税务机关重要的工作内容，也是确保税收收入的有力手段。

（二）税务检查的形式

1. 重点检查

重点检查是对公民举报、上级机关交办或有关部门转来的有偷税行为或偷税嫌疑的，纳税申报与实际生产经营情况有明显不符的纳税人及有普遍逃税行为的行业的检查。

2. 分类计划检查

分类计划检查是指根据纳税人历来纳税情况、纳税人的纳税规模及税务检查间隔时间的长短等综合因素,按事先确定的纳税人分类、计划检查时间及检查频率而进行的检查。

3. 集中检查

集中检查是指在一定时间、一定范围内,统一安排、统一组织的税务检查。

4. 专项检查

专项检查是指对某一税种或税收征收管理某一环节进行的检查。比如增值税一般纳税专项检查、漏征漏管户专项检查等。

二、税务检查的基本要求

1. 对纳税人、扣缴义务人的要求

纳税人、扣缴义务人必须接受税务机关依法进行的税务检查,如实反映情况,提供有关资料,不得拒绝、隐瞒。

税务机关依法进行税务检查时,有权向有关单位和个人调查纳税人、扣缴义务人和其他当事人与纳税或者代扣代缴、代收代缴税款有关的情况,有关单位和个人有义务向税务机关如实提供有关资料及证明材料。

2. 对税务机关的要求

税务人员进行税务检查时,应当出示税务检查证和税务检查通知书;无税务检查证和税务检查通知书的,纳税人、扣缴义务人及其他当事人有权拒绝检查。税务机关对集贸市场及集中经营业户进行检查时,可以使用统一的税务检查通知书。

税务机关行使税务检查权时,可以在纳税人、扣缴义务人的业务场所进行;因检查需要时,经县以上税务局(分局)局长批准,可以将纳税人、扣缴义务人以前会计年度的账簿、记账凭证、报表和其他有关资料调回税务机关检查,但是税务机关必须向纳税人、扣缴义务人开付清单,并在3个月内完整退还;有特殊情况的,经设区的市、自治州以上税务局局长批准,税务机关可以将纳税人、扣缴义务人当年的账簿、记账凭证、报表和其他有关资料调回检查,但是税务机关必须在30日内退还。

三、税务检查权的内容

① 税务机关有权进行下列税务检查。

- 资料检查。检查纳税人的账簿、记账凭证、报表和有关资料,检查扣缴义务人代扣代缴、代收代缴税款账簿、记账凭证和有关资料。
- 实地检查。到纳税人的生产、经营场所和货物存放地检查纳税人应纳税的商品、货物或者其他财产,检查扣缴义务人与代扣代缴、代收代缴税款有关的经营情况。
- 单证检查。责成纳税人、扣缴义务人提供与纳税或者代扣代缴、代收代缴税款有关的文件、证明材料和有关资料。到车站、码头、机场、邮政企业及其分支机构检查纳税人托运、邮寄、应税商品、货物或者其他财产的有关单据凭证和资料。
- 存款检查。经县以上税务局(分局)局长批准,凭全国统一格式的检查存款账户许可证明,查询从事生产、经营的纳税人、扣缴义务人在银行或者其他金融机构的存款账户。税务机关在调查税收违法案件时，经设区的市、自治州以上税务局（分局）局长批准，可以查询案件涉嫌人员的储蓄存款。税务机关查询所获得的资料，不得用于税收以外的用途。

税务机关查询的内容，包括纳税人存款账户余额和资金往来情况。查询时应当指定专人负责，凭全国统一格式的检查存款账户许可证明进行，并有责任为被检查人保守秘密。

② 税务机关对纳税人以前纳税期的纳税情况依法进行税务检查时，发现纳税人有逃避纳税义务的行为，并有明显的转移、隐匿其应纳税的商品、货物、其他财产或者应纳税收入的迹象的，可以按照批准权限采取税收保全措施或者强制执行措施。这里的批准权限是指县级以上税务局（分局）局长批准。

税务机关采取税收保全措施的期限一般不得超过6个月；重大案件需要延长的，应当报国家税务总局批准。

③ 税务机关调查税务违法案件时，对与案件有关的情况和资料，可以记录、录音、录像、照相和复制。

④ 税务机关对纳税人、扣缴义务人及其他当事人处以罚款或者没收违法所得时，应当开付罚没凭证；未开付罚没凭证的，纳税人、扣缴义务人以及其他当事人有权拒绝给付。

对采用会计电算化系统的纳税人，税务机关有权对其会计电算化系统进行检查，并可复制与纳税有关的电子数据作为证据。

⑤ 税务机关进入纳税人电算化系统进行检查时，有责任保证纳税人会计电算化系统的安全性，并保守纳税人的商业秘密。

第五节　法律责任

一、法律责任概述

《征管法》规定了征纳双方所应当履行的相关义务，对于这些义务，双方应当依法履行，否则应承担相应的法律责任。我国《征管法》、《细则》及《刑法》等规范性法律文件对于不同主体的不同违法行为，分别规定了不同的制裁手段，因此，使违法主体相应地承担不同的法律责任。

二、违反税收征收管理的法律责任

（一）税务管理方面的法律责任

① 根据《征管法》第六十条和《细则》第九十条规定，纳税人有下列行为之一的，由税务机关责令限期改正，可以处2 000元以下的罚款；情节严重的，处2 000元以上1万元以下的罚款。

- 未按照规定的期限申报办理税务登记、变更或者注销登记的。
- 未按照规定设置、保管账簿或者保管记账凭证和有关资料的。
- 未按照规定将财务、会计制度或者财务、会计处理办法和会计核算软件报送税务机关备查的。
- 未按照规定将其全部银行账号向税务机关报告的。

- 未按照规定安装、使用税控装置,或者损毁或擅自改动税控装置的。
- 纳税人未按照规定办理税务登记证件验证或者换证手续的。

② 纳税人不办理税务登记的,由税务机关责令限期改正;逾期不改正的,由工商行政管理机关吊销其营业执照。

③ 纳税人未按照规定使用税务登记证件,或者转借、涂改、损毁、买卖、伪造税务登记证件的,处2 000元以上1万元以下的罚款;情节严重的,处1万元以上5万元以下的罚款。

④《征管法》第六十一条规定:“扣缴义务人未按照规定设置、保管代扣代缴、代收代缴税款账簿或者保管代扣代缴、代收代缴税款记账凭证及有关资料的,由税务机关责令限期改正,可以处二千元以下的罚款;情节严重的,处二千元以上五千元以下的罚款。”

⑤《征管法》第六十二条规定:“纳税人未按照规定的期限办理纳税申报和报送纳税资料的,或者扣缴义务人未按照规定的期限向税务机关报送代扣代缴、代收代缴税款报告表和有关资料的,由税务机关责令限期改正,可以处二千元以下的罚款;情节严重的,可以处二千元以上一万元以下的罚款。”

⑥《征管法》第七十一条规定:“违反本法第二十二条规定,非法印制发票的,由税务机关销毁非法印制的发票,没收违法所得和作案工具,并处一万元以上五万元以下的罚款;构成犯罪的,依法追究刑事责任。”

非法印制、转借、倒卖、变造或者伪造完税凭证的,由税务机关责令改正,处二千元以上一万元以下的罚款;情节严重的,处一万元以上五万元以下的罚款;构成犯罪的,依法追究刑事责任。

《刑法》第二百零六条规定:“伪造或者出售伪造的增值税专用发票的,处三年以下有期徒刑、拘役或者管制,并处二万元以上二十万元以下罚金;数量较大或者有其他严重情节的,处三年以上十年以下有期徒刑,并处五万元以上五十万元以下罚金;数量巨大或者有其他特别严重情节的,处十年以上有期徒刑或者无期徒刑,并处五万元以上五十万元以下罚金或者没收财产。”

伪造并出售伪造的增值税专用发票,数量特别巨大,情节特别严重,严重破坏经济秩序的,处无期徒刑或者死刑,并处没收财产。

“单位犯本条规定之罪的,对单位判处罚金,并对其直接负责的主管人员和其他直接责任人员,处三年以下有期徒刑、拘役或者管制;数量较大或者有其他严重情节的,处三年以上十年以下有期徒刑;数量巨大或者有其他特别严重情节的,处十年以上有期徒刑或者无期徒刑。”

《刑法》第二百零九条规定:“伪造、擅自制造或者出售伪造、擅自制造的可以用于骗取出口退税、抵扣税款的其他发票的,处三年以下有期徒刑、拘役或者管制,并处二万元以上二十万元以下罚金;数量巨大的,处三年以上七年以下有期徒刑,并处五万元以上五十万元以下罚金;数量特别巨大的,处七年以上有期徒刑,并处五万元以上五十万元以下罚金或者没收财产。

“伪造、擅自制造或者出售伪造、擅自制造的前款规定以外的其他发票的,处二年以下有期徒刑、拘役或者管制,并处或者单处一万元以上五万元以下罚金;情节严重的,处二年以上七年以下有期徒刑,并处五万元以上五十万元以下罚金。”

(二)税款征收方面的法律责任

1. 对偷税的认定及其法律责任

《征管法》第六十三条规定:“纳税人伪造、变造、隐匿、擅自销毁账簿、记账凭证,或者在账簿上多列支出或者不列、少列收入,或者经税务机关通知申报而拒不申报或者进行虚假的纳税申报,不缴或者少缴应纳税款的,是偷税。对纳税人偷税的,由税务机关追缴其不缴或者少缴的税款、滞纳金,并处不缴或者少缴的税款百分之五十以上五倍以下的罚款;构成犯罪的,依法追究刑事责任。

“扣缴义务人采取前款所列手段，不缴或者少缴已扣、已收税款，由税务机关追缴其不缴或者少缴的税款、滞纳金，并处不缴或者少缴的税款百分之五十以上五倍以下的罚款；构成犯罪的，依法追究刑事责任。”

《刑法》第二百零一条规定：“纳税人采取伪造、变造、隐匿、擅自销毁账簿、记账凭证，在账簿上多列支出或者不列、少列收入，经税务机关通知申报而拒不申报或者进行虚假的纳税申报的手段，不缴或者少缴应纳税款，偷税数额占应纳税额的百分之十以上不满百分之三十并且偷税数额在一万元以上不满十万元的，或者因偷税被税务机关给予二次行政处罚又偷税的，处三年以下有期徒刑或者拘役，并处偷税数额一倍以上五倍以下罚金；偷税数额占应纳税额的百分之三十以上并且偷税数额在十万元以上的，处三年以上七年以下有期徒刑，并处偷税数额一倍以上五倍以下罚金。”

2. 对骗税的认定及处罚

以虚报出口或者其他欺骗手段，骗取国家出口退税，由税务机关追缴其骗取的退税款，并处骗取税款一倍以上五倍以下罚款；构成犯罪的，依法追究刑事责任。对骗取国家出口退税款的，税务机关可以在规定期间内停止为其办理出口退税。

以假报出口或者其他欺骗手段，骗取国家出口退税款，数额较大的，处五年以下有期徒刑或者拘役，并处骗取税款一倍以上五倍以下罚金；数额特别巨大或者有其他特别严重情节的，处十年以上有期徒刑或者无期徒刑，并处骗取税款一倍以上五倍以下罚金或者没收财产。

3. 对抗税的认定及处罚

以暴力、威胁方法拒不缴纳税款的，是抗税，除由税务机关追缴其拒缴的税款、滞纳金外，依法追究刑事责任。情节轻微，未构成犯罪的，由税务机关追缴其拒缴的税款、滞纳金，并处拒缴税款一倍以上五倍以下的罚款。

根据我国《刑法》第二百零二条的规定，以暴力、威胁方法拒不缴纳税款的，处三年以下有期徒刑或者拘役，并处拒缴税款一倍以上五倍以下罚金；情节严重的，处三年以上七年以下有期徒刑，并处拒缴税款一倍以上五倍以下罚金。

4. 对逃避追缴欠税的处罚

纳税人欠缴应纳税款，采取转移或者隐匿财产的手段，妨碍税务机关追缴欠缴的税款的，由税务机关追缴欠缴的税款、滞纳金，并处欠缴税款 50% 以上五倍以下的罚款；构成犯罪的，依法追究刑事责任。

纳税人欠缴应纳税款，采取转移或者隐匿财产的手段，致使税务机关无法追缴欠缴的税款，数额在一万元以上不满十万元的，处三年以下有期徒刑或者拘役，并处或者单处欠缴税款一倍以上五倍以下罚金；数额在十万元以上的，处三年以上七年以下有期徒刑，并处欠缴税款一倍以上五倍以下罚金。

5. 违反税务代理的法律责任

税务代理人违反税收法律、行政法规，造成纳税人未缴或者少缴税款的，除由纳税人缴纳或者补缴应纳税款、滞纳金外，对税务代理人处纳税人未缴或者少缴税款 50% 以上三倍以下的罚款。

6. 在规定期限内不缴或者少缴税款的法律责任

《征管法》第六十八条规定：“纳税人、扣缴义务人在规定期限内不缴或者少缴应纳或者应解缴的税款，经税务机关责令限期缴纳，逾期仍未缴纳的，税务机关除依照本法第四十条规定采取强制执行措施追缴其不缴或者少缴的税款外，可以处不缴或者少缴税款 50% 以上五倍以下的罚款。"

7. 扣缴义务人不履行扣缴义务的法律责任

《征管法》第六十九条规定:"扣缴义务人应扣未扣、应收而不收税款的,由税务机关向纳税人追缴税款,对扣缴义务人处应扣未扣、应收未收税款百分之五十以上三倍以下的罚款。"

8. 银行及其他金融机构拒绝配合税务机关依法执行职务的法律责任

《征管法》第七十三条规定:"纳税人、扣缴义务人的开户银行或者其他金融机构拒绝接受税务机关依法检查纳税人、扣缴义务人存款账户,或者拒绝执行税务机关做出的冻结存款或者扣缴税款的决定,或者在接到税务机关的书面通知后帮助纳税人、扣缴义务人转移存款,造成税款流失的,由税务机关处十万元以上五十万元以下的罚款,对直接负责的主管人员和其他直接责任人员处一千元以上一万元以下的罚款。"

银行和其他金融机构未按照《征管法》的规定在从事生产、经营的纳税人的账户中登录税务登记证件号码,或者未按规定在税务登记证件中登录从事生产、经营的纳税人的账户账号的,由税务机关责令其改正,处2 000元以上2万元以下的罚款;情节严重的,处2万元以上5万元以下的罚款。

为纳税人、扣缴义务人非法提供银行账户、发票、证明或者其他方便,导致未缴、少缴税款或者骗取国家出口退税款的,税务机关除没收其违法所得外,可以处未缴、少缴或者骗取的税款1倍以下的罚款。

(三) 不配合税务机关依法检查的法律责任

① 《征管法》第七十条规定:"纳税人、扣缴义务人逃避、拒绝或者以其他方式阻挠税务机关检查的,由税务机关责令改正,可以处一万元以下的罚款;情节严重的,处一万元以上五万元以下的罚款。"

逃避、拒绝或者以其他方式阻挠税务机关检查的情形如下所列。

- 提供虚假资料,不如实反映情况,或者拒绝提供有关资料的。
- 拒绝或者阻止税务机关记录、录音、录像、照相和复制与案件有关的情况和资料的。
- 在检查期间,纳税人、扣缴义务人转移、隐匿、销毁有关资料的。
- 有不依法接受税务检查的其他情形的。

② 税务机关依照《征管法》第五十四条第(五)项的规定,到车站、码头、机场、邮政企业及其分支机构检查纳税人有关情况时,有关单位拒绝的,由税务机关责令改正,可以处1万元以下的罚款;情节严重的,处1万元以上5万元以下的罚款。

(四) 税务机关及其人员的法律责任

1. 税务人员不依法行政的法律责任

《征管法》第八十条规定:"税务人员与纳税人、扣缴义务人勾结,唆使或者协助纳税人、扣缴义务人有本法第六十三条、第六十五条、第六十六条规定的行为,构成犯罪的,依法给予行政处分。"

2. 税务人员不按规定征收税款的法律责任

《征管法》第八十三条规定:"违反法律、行政法规的规定提前征收、延缓征收或者摊派税款的,由其上级机关或者行政监察机关责令改正,对直接负责的主管人员和其他直接责任人员依法给予行政处分。"

《征管法》第八十四条规定:"违反法律、行政法规的规定,擅自做出税收的开征、停征或者减税、免税、退税、补税以及其他同税收法律、行政法规相抵触的决定的，除依照本法规定撤销其擅自作出的决定外，补征应征未征税款，退还不用征收而征收的税款，并由上级机关追究直接负责的主管人员和其他直接责任人员的行政责任；构成犯罪的，依法追究刑事责任。”

此外，《征管法》第七十四条还对行政处罚的权限做出了规定：“罚款额在二千元以下的，可以由税务所决定。”

3. 渎职行为的法律责任

①《征管法》第八十一条规定：“税务人员利用职务上的便利，收受或者索取纳税人、扣缴义务人财物或者谋取其他不正当利益，构成犯罪的，依法追究刑事责任；尚不构成犯罪的，依法给予行政处分。”

②《征管法》第八十二条规定：“税务人员徇私舞弊或者玩忽职守，不征或者少征应征税款，致使国家税收遭受重大损失，构成犯罪的，依法追究刑事责任；尚不构成犯罪的，依法给予行政处分。”

“税务人员滥用职权，故意刁难纳税人、扣缴义务人的，调离税收工作岗位，并依法给予行政处分。”

“税务人员对控告、检举税收违法违纪行为的纳税人、扣缴义务人以及其他检举人进行打击报复，依法给予行政处分；构成犯罪的，依法追究刑事责任。”

③《刑法》第四百零四条规定：“税务机关的工作人员徇私舞弊，不征或者少征应征税款，致使国家税收遭受重大损失的，处五年以下有期徒刑或者拘役；造成特别重大损失的，处五年以上有期徒刑。”

④《刑法》第四百零五条规定：“税务机关的工作人员违反法律、行政法规的规定，在办理发售发票、抵扣税款、出口退税工作中，徇私舞弊，致使国家利益遭受重大损失的，处五年以下有期徒刑或者拘役；致使国家利益遭受特别重大损失的，处五年以上有期徒刑。”

4. 对违反回避和保密制度的处罚

税务人员在征收税款或者查处税收违法案件时，未依法进行回避的，对直接负责的主管人员和其他直接责任人员，依法给予行政处分。

未依法为纳税人、扣缴义务人、检举人保密的，对直接负责的主管人员和其他直接责任人员，由所在单位或者有关单位依法给予行政处分。

5. 不移送的法律责任

《征管法》第七十七条规定：“纳税人、扣缴义务人有本法规定的第六十三条、第六十五条、第六十六条、第六十七条、第七十一条规定的行为涉嫌犯罪的，税务机关应当依法移送司法机关追究刑事责任。

“税务人员徇私舞弊，对依法应当移送司法机关追究刑事责任的不移送，情节严重的，依法追究刑事责任。”

本章小结

税收征管法是调整税收征纳及其管理方面的法律规范，它的立法目的主要是对征纳活动进行有效的管理和规范，保证征纳双方的权利义务，从而保障国家的税收收入。一方面，它以法律的形式确定了税款的征收方式、时间、内容等程序性问题，使得税款征收有法可依；另一方面也同时规定了征纳双方的权利义务。税收征管法的主体，包括各级税务部门、税务行政相对人以及包括地方政府在内的其他有关单位和部门。税收征管法的内容主要是税务管理、税款征收、税务检查和法律责任。

快速问答

1. 不适用《征管法》的有(　　)。

A. 营业税　　B. 关税　　C. 城建税　　D. 房产税

2. 税务机关自纳税人应缴纳税款期满之日起(　　)内有权要求纳税保证人承担保证责任,缴纳税款、滞纳金。

A. 10 日　　B. 15 日　　C. 30 日　　D. 60 日

3. 根据发票管理办法及其实施细则的规定,税务机关在发票检查中享有的职权包括(　　)。

A. 调出发票查验　　B. 调出发票转让

C. 借出发票自用　　D. 查阅、复制与发票有关的凭证、资料

4.《征管法》属于(　　)。

A. 税收实体法　　B. 税收程序法　　C. 税收基本法　　D. 税收普通法

5. 纳税人、扣缴义务人的权利包括(　　)。

A. 对税务机关所做出的决定的陈述、申辩权

B. 依法申请行政复议、提起行政诉讼的权利

C. 依法请求国家赔偿的权利

D. 要求税务机关为纳税人、扣缴义务人的情况保密的权利

思考题

1. 什么是税收征收管理法？其适用范围有哪些？
2. 什么是税务登记？我国的税务登记制度是什么？
3. 纳税申报的对象及申报方式是什么？
4. 税款征收的原则及征收的方式是什么？
5. 税务检查的含义及方式是什么？

第十五章
税务行政法制

学习目标

本章主要介绍了税收行政处罚的概念、特征、原则、种类和程序以及税务行政复议、税务行政诉讼和税务行政赔偿的相关税收行政法律规定。通过学习应达到以下要求。

- 明确税收行政处罚的概念和种类
- 掌握税务行政复议的知识
- 掌握税务行政诉讼的内容
- 了解税务行政赔偿的内容

第一节　税务行政处罚

一、税务行政处罚的概念和特征

税务行政处罚，是指税务机关依照税收法律、行政法规等的法律规定，对于公民、法人或者其他组织违反税收征收管理秩序，依法应当承担行政责任的行为，进行的行政制裁措施。

应当给予行政处罚的行为具有以下特征。

① 税务行政管理相对人实施了违反税收法律规范的行为，根据法律规定，应当承担税务行政责任。

② 税务行政管理相对人的行为有一定的社会危害性，有处罚的必要性，但是一般尚不构成税收犯罪；如果构成了危害税收征管罪，就应当追究其刑事责任。

③ 税务行政管理相对人的行为侵犯的客体是税收征收管理秩序，这是税收行政处罚与其他行政处罚相比所具有的特殊性。

④ 从主观方面来说，只要税务行政管理相对人实施了税务违法行为，并有法定依据给予行政处罚，就要承担行政责任，依法给予税务行政处罚。此处并不区分是主观故意还是过失。

二、税务行政处罚的原则

（一）处罚法定原则

《中华人民共和国行政处罚法》（以下简称《行政处罚法》）第三条规定：“公民、法人或者其他组织违反行政管理秩序的行为，应当给予行政处罚的，依照本法由法律、法规或者规章规定，并由行政机关依照本法规定的程序实施。没有法定依据或者不遵守法定程序的,行政处罚无效。”

具体来说,处罚法定原则包括以下内容。

① 主体法定。即税务行政处罚必须由法定的税务机关实施。

② 职权法定。即税务行政处罚必须由法定的国家机关在其职权范围内设定。

③ 依据法定。对公民和组织实施税务行政处罚必须有法定依据,无明文规定不得处罚。

④ 程序法定。税务机关应当按照法定程序实施税务行政处罚。

(二) 处罚公正、公开原则

《行政处罚法》第四条规定:“行政处罚遵循公正、公开的原则。对违法行为给予行政处罚的规定必须公布;未经公布的,不得作为行政处罚的依据。”

处罚的公正既包括实体的公正,也包括程序上的法定。其中实体的公正要求设定和实施行政处罚必须以事实为依据,与违法行为的事实、性质、情节以及社会危害程度相当。处罚的公开要求给予处罚的规定要公开,实施处罚的程序应当公开。

(三) 处罚与教育相结合原则

《行政处罚法》第五条规定:“实施行政处罚,纠正违法行为,应当坚持处罚与教育相结合,教育公民、法人或者其他组织自觉守法。”税务行政处罚的目的是纠正违法行为,处罚只是手段之一,通过教育使公民自觉守法同样具有重要作用。

(四) 一事不再罚原则

《行政处罚法》第二十四条规定:“对当事人的同一个违法行为,不得给予两次以上罚款的行政处罚。”《行政处罚法》第二十八条规定:“违法行为构成犯罪,人民法院判处拘役或者有期徒刑时,行政机关已经给予当事人行政拘留的,应当依法折抵相应刑期。”“一事不再罚的原则”对于保证税务相对人的合法权益,防止处罚过当具有积极的意义。

(五) 依法取得救济原则

《行政处罚法》第六条规定:“公民、法人或者其他组织对行政机关所给予的行政处罚,享有陈述权、申辩权;对行政处罚不服的,有权依法申请行政复议或者提起行政诉讼。

公民、法人或者其他组织因行政机关违法给予行政处罚受到损害的,有权依法提出赔偿要求。”

三、税务行政处罚的设定和种类

(一) 税务行政处罚的设定

税务行政处罚的设定,是指由有权的国家机关通过颁布规范性法律文件的形式首次独立规定税收行政管理相对人在税收行政管理方面的行为规范及其相关制裁措施。现行我国税收的立法权主要集中在中央。根据设定主体不同,内容如下。

1. 法律可以设定各种税务行政处罚

《行政处罚法》第九条规定:“法律可以设定各种行政处罚。”法律的制定机关是全国人民代表大会及其常务委员会。

2. 行政法规可以设定除限制人身自由以外的税务行政处罚

《行政处罚法》第十条规定："行政法规可以设定除限制人身自由以外的行政处罚。法律对违法行为已经作出行政处罚规定，行政法规需要作出具体规定的，必须在法律规定的给予行政处罚的行为、种类和幅度的范围内规定。国务院可以通过行政法规的形式设定除限制人身自由以外的税务行政处罚。"

3. 规章可以设定警告和罚款

《行政处罚法》第十二条规定："国务院部、委员会制定的规章可以在法律、行政法规规定的给予行政处罚的行为、种类和幅度的范围内作出具体规定。尚未制定法律、行政法规的，前款规定的国务院部、委员会制定的规章对违反行政管理秩序的行为，可以设定警告或者一定数量罚款的行政处罚。罚款的限额由国务院规定。国务院可以授权具有行政处罚权的直属机构依照本条第一款、第二款的规定，规定行政处罚。"

据此规定，国家税务总局可以通过规章的形式设定警告和罚款。税务行政规章对非经营活动中的违法行为设定罚款不得超过1 000元；对经营活动中的违法行为，有违法所得的，设定罚款不得超过违法所得的3倍，且最高不得超过3万元，没有违法所得的，设定罚款不得超过1万元；超过限额的，应当报国务院批准。

另外，省、自治区、直辖市和计划单列市国家税务局、地方税务局及其以下各级税务机关制定的税收法律、法规、规章以外的规范性文件，在税收法律、法规、规章规定给予行政处罚的行为、种类和幅度的范围内做出具体规定，是一种执行税收法律、法规、规章的行为，不是对税务行政处罚的设定。

（二）税务行政处罚的种类

根据我国税法的相关规定，现行的税务行政处罚种类主要包括：罚款、没收财物和违法所得、停止出口退税权、收缴发票和暂停供应发票、提请工商行政机关吊销营业执照，以及税收法律、行政法规和规章规定的其他行政处罚。

四、税务行政处罚的主体和管辖

（一）主体

税务行政处罚的实施主体主要是县以上的税务机关。我国税务机关的组织构成包括国家税务总局，省、自治区、直辖市国家税务局和地方税务局，地（市、州、盟）国家税务局和地方税务局，县（市、旗）国家税务局和地方税务局4级。这些税务机关都具有税务行政处罚主体资格。

各级税务机关的内设机构、派出机构不具有税务行政处罚的主体资格，不能以自己的名义实施税务行政处罚。但是根据我国《征管法》的规定，税务所可以实施罚款额在2 000元以下的税务行政处罚。

（二）管辖

我国的税务行政处罚管辖权主要包括地域管辖和级别管辖两个方面。根据我国《行政处罚法》和《征管法》的规定，管辖权的确定遵从如下原则。

① 从地域管辖上来看，税务行政处罚权遵循行为发生地主义。只有当事人违法行为发生地的税务机关才有权对当事人实施处罚，其他地方的税务机关则无权实施该处罚。

② 从级别管辖来看,实施行政处罚的主体必须是县(市、旗)以上的税务机关。法律另有规定的除外。

五、税务行政处罚的程序

税务行政处罚的程序包括一般程序和简易程序以及听证程序3种。

(一) 税务行政处罚的一般程序

除了适用简易程序的税务违法案件外,对于其他违法案件,税务机关在做出处罚决定之前都要经过立案、调查取证(有的案件还要举行听证)、审查、决定、执行程序。适用一般程序的案件一般是情节比较复杂、处罚比较重的案件。

1. 立案调查

根据《行政处罚法》第十二条的规定,税务机关在调查或者进行检查时,执法人员不得少于2人,同时应当向当事人或者有关人员出示税务行政执法身份证件。当事人或者有关人员应当如实回答询问,并协助调查或者检查,不得阻挠。询问或者检查应当制作笔录。执法人员与当事人有直接利害关系的,应当回避。

对税务违法案件的调查取证由税务机关内部设立的调查机构(如管理、检查机构)负责。调查机构进行调查取证后,对依法应当给予行政处罚的,应及时提出处罚建议,以税务机关的名义制作税务行政处罚事项告知书并送达当事人,告知当事人做出处罚建议的事实、理由和依据,以及当事人依法享有的陈述、申辩和要求听证的权利。调查终结,调查机构应当制作调查报告,并及时将调查报告连同所有案卷材料移交审查机构审查。

2. 审查

对税务违法案件的审查由税务机关内部设立的专门机构负责。审查机构应在自收到调查机构移交案卷之日起10日内审查终结,制作审查报告,并连同案卷材料报送税务机关负责人审批。

审查机构收到调查机构移交的案卷后,应对案卷材料进行登记,填写税务案件审查登记簿。审查机构应对案件下列事项进行审查:调查机构认定的事实、证据和处罚建议适用的处罚种类、依据是否正确;调查取证是否符合法定程序;当事人陈述申辩的事实、证据是否成立;听证人、当事人听证申辩的事实、证据是否成立。

审查机关对调查结果进行审查,根据不同情况,分别做出如下决定:确有应受行政处罚的违法行为的,根据情节轻重及具体情况,做出行政处罚决定;违法行为轻微,依法可以不予行政处罚的,不予行政处罚;违法事实不能成立的,不得给予行政处罚;违法行为已构成犯罪的,移送司法机关。

对情节复杂或者重大违法行为给予较重的行政处罚,行政机关的负责人应当集体讨论决定。

3. 告知

税务机关在做出行政处罚决定之前,应当告知当事人做出行政处罚决定的事实、理由及依据,并告知当事人依法享有的权利。税务机关及其执法人员在做出行政处罚决定之前,不向当事人告知给予行政处罚的事实、理由和依据,或者拒绝听取当事人的陈述、申辩,行政处罚决定不能成立;当事人放弃陈述或者申辩权利的除外。

4. 决定

税务机关对当事人给予行政处罚的,应当制作税务行政处罚决定书。税务行政处罚决定书应当载明罚款代收机构的名称、地址和当事人应当缴纳罚款的数额、期限等,并明确当事人逾期缴纳是否加处罚款并加盖做出处罚决定的税务机关的印章。

审查机构做出审查意见并报送税务机关负责人审批后，应当在收到审批意见之日起3日内，根据不同情况分别制作以下处理决定书再报税务机关负责人签发：有应受行政处罚的违法行为的，根据情节轻重及具体情况予以处罚。违法行为轻微的，依法可以不予行政处罚。违法事实不能成立的，不得予以行政处罚。违法行为已构成犯罪的，移送公安机关。

5. 送达

税务行政处罚决定书应当在宣告后当场交付当事人；当事人不在场的，行政机关应当在7日内依照民事诉讼法的有关规定，将行政处罚决定书送达当事人。

6. 执行

税务行政处罚决定依法做出后，当事人应当在行政处罚决定的期限内予以履行。当事人对税务行政处罚决定不服申请行政复议或者提起行政诉讼的，行政处罚不停止执行，法律另有规定的除外。当事人在法定期限内不申请复议又不起诉，并且在规定期限内又不履行的，税务机关可以依法强制执行或者申请法院强制执行。

税务机关对当事人做出罚款行政处罚决定的，当事人应当在收到行政处罚决定书之日起15日内缴纳罚款，到期不缴纳的，税务机关可以对当事人每日按罚款数额的3%加处罚款。

税务机关对当事人当场做出行政处罚决定，具有依法给予20元以下罚款或者不当场收缴罚款事后难以执行情形的，税务机关行政执法人员可以当场收缴罚款。税务机关行政执法人员当场收缴罚款的，必须向当事人出具合法罚款收据，并应当自收缴罚款之日起2日内将罚款交至税务机关。税务机关应当在2日内将罚款交付指定的银行或者其他金融机构。

做出罚款决定的行政机关应当与收缴罚款的机构分离。除依照法律规定当场收缴的罚款外，做出税务行政处罚决定的行政机关及其执法人员不得自行收缴罚款。当事人应当自收到行政处罚决定书之日起15日内，到指定的银行缴纳罚款。银行应当收受罚款，并将罚款直接上缴国库。

税务机关应当同代收机构签订代收罚款协议。税务机关做出的罚款处罚决定，代收罚款的银行或其他金融机构（代收机构）由国家税务总局与财政部、中国人民银行研究确定。各级地方税务机关的代收机构也可以由各地地方税务局与当地财政部门、中国人民银行分支机构研究确定。

自代收罚款协议签订之日起15日内，税务机关应当将代收罚款协议报上一级税务机关和同级财政部门备案；代收机构应当将代收罚款协议报中国人民银行或当地分支机构备案。

（二）税务行政处罚的简易程序

案情简单、事实清楚、违法后果比较轻微且有法定依据应当给予处罚的违法行为，对公民处以50元以下、对法人或者其他组织处以1 000元以下罚款或者警告的行政处罚的，税务机关及其执法人员可以当场做出行政处罚决定。

符合上述条件，税务行政执法人员当场做出税务行政处罚决定应当按照下列程序进行。

1. 表明身份

税务执法人员应向当事人出示税务行政执法身份证件。

2. 告知义务

在做出行政处罚前，告知当事人受到税务行政处罚的违法事实、依据和陈述申辩权。

3. 听取当事人意见

如果当事人进行陈述、申辩，应当听取当事人陈述申辩意见。

4. 填写具有预定格式、编有号码的税务行政处罚决定书,并当场交付当事人

税务行政处罚决定书应当包括下列事项:税务机关名称、编码,当事人姓名(名称)、住址等,税务违法行为事实、依据,税务行政处罚种类,罚款数额,做出税务行政处罚决定的时间、地点,罚款代收机构名称、地址,缴纳罚款期限,当事人逾期缴纳罚款是否加处罚款,当事人不服税务行政处罚的复议权和起诉权,税务行政执法人员签字或者盖章。

税务行政执法人员当场制作的税务行政处罚决定书,应当报所属税务机关备案。

5. 执行

税务行政机关依法做出行政处罚决定后,当事人应当在行政处罚决定的期限内,予以履行。

税务行政机关及其执法人员当场收缴罚款的,必须向当事人出具省、自治区、直辖市财政部门统一制发的罚款收据;不出具财政部门统一制发的罚款收据的,当事人有权拒绝缴纳罚款。

(三) 税务行政处罚的听证程序

听证的目的是对当事人某些违法行为做出处罚决定之前,听取调查人员和当事人意见,使得决定的作出能够更加公平、公开,保护当事人的合法权益。

根据我国《行政处罚法》规定的,行政机关作出责令停产停业、吊销许可证或者执照、较大数额罚款等行政处罚决定之前,应当告知当事人有要求举行听证的权利;当事人要求听证的,行政机关应当组织听证。当事人不承担行政机关组织听证的费用。税务行政处罚听证的范围是对公民做出2 000元以上,或者对法人或其他组织做出1万元以上罚款的案件。听证应当遵从如下程序。

1. 告知程序

凡属听证范围的案件,在做出处罚决定之前,应当首先向当事人送达税务行政处罚事项告知书,告知当事人已经查明的违法事实、证据,处罚的法律依据和拟给予的处罚,并告知有要求举行听证的权利。

2. 提出程序

要求听证的当事人,应当在收到税务行政处罚事项告知书后3日内向税务机关书面提出听证要求,逾期不提出的,视为放弃听证权利。

3. 通知和公告程序

税务机关应当在当事人提出听证要求后的15日内举行听证,并在举行听证的7日前将税务行政处罚听证通知书送达当事人,通知当事人举行听证的时间、地点、主持人的情况。除涉及国家秘密、商业秘密或者个人隐私不公开听证的以外,对于公开听证的案件,应当先期公告案情和听证的时间、地点并允许公众旁听。

4. 听证开始

听证会开始时,主持人应首先声明并出示税务机关负责人授权主持听证的决定,然后查明当事人或其代理人、调查人员及其他人员是否到场;宣布案由和听证会的组成人员名单;告知当事人有关的权利义务;记录员宣读听证会纪律。

5. 听证进行

先由调查人员就当事人的违法行为进行指控,并出示事实证据材料,提出处罚建议,再由当事人或其代理人就所指控的事实及相关问题进行申辩和质证,然后控辩双方辩论;辩论终结,当事人进行最后陈述。听证的全部活动应当由记录员制作笔录并交当事人审核、签章。

6. 听证结束

完成听证任务或有听证终止情形发生时,主持人宣布终止听证。听证结束后,主持人应当制作听证报告并连同听证笔录附卷移交审查机构审查。

第二节　税务行政救济

为了保护税务行政管理相对人的合法权益，促进税务机关依法行政，产生了税务行政救济制度。税务行政救济制度主要包括税务行政复议、税务行政诉讼、税务行政赔偿 3 个方面。

一、税务行政复议

（一）税务行政复议的概念和特征

税务行政复议是指当事人（纳税人、扣缴义务人、纳税担保人及其他税务当事人）不服税务机关及其工作人员做出的税务具体行政行为，依法向税务行政复议机关提出申请，由税务行政复议机关经审理对原税务机关具体行政行为依法做出维持、变更、撤销等决定的活动。

我国税务行政复议具有以下特征。

① 当事人不服税务机关及其工作人员做出的税务具体行政行为是税务行政复议行为前提。对于抽象行政行为不能提起行政复议，但是根据情况，可以进行附带性审查。

② 税务行政复议案件的审理机关一般由原处理税务机关的上一级税务机关进行。

③ 当事人不服税务行政处罚的，应当主动提出申请，这是启动行政复议程序的必要环节。

④ 某些情形下，税务行政复议成为行政诉讼的前置程序。根据《行政诉讼法》和《行政复议法》的规定，大多数行政案件，当事人都可以选择行政复议或者行政诉讼程序解决，当事人对行政复议决定不服的，还可以向法院提起行政诉讼。但是税务行政案件的适用有其特殊性。根据《征管法》第八十八条的规定，对于因征税问题引起的争议，税务行政复议是税务行政诉讼的必经前置程序，未经复议不能向法院起诉，经复议仍不服的，才能起诉；对于因处罚、保全措施及强制执行引起的争议，当事人可以选择适用复议或诉讼程序，如选择复议程序，对复议决定仍不服的，可以向法院起诉。

（二）税务行政复议的受案范围

根据《征管法》、《行政复议法》和《税务行政复议规则（试行）》的规定，税务行政复议的受案范围仅限于税务机关做出的税务具体行政行为。税务具体行政行为是指税务机关及其工作人员在税务行政管理活动中行使行政职权，针对特定的公民、法人或者其他组织，就特定的具体事项做出的有关该公民、法人或者其他组织权利、义务的单方行为。主要包括以下内容。

① 税务机关做出的征税行为，包括确认纳税主体、征税对象、征税范围，减税、免税及退税，适用税率、计税依据、纳税环节、纳税期限、纳税地点以及税款征收方式等具体行政行为和征收税款、加收滞纳金及扣缴义务人、受税务机关委托征收的单位做出的代扣代缴、代收代缴行为。

② 税务机关做出的税收保全措施，包括书面通知银行或者其他金融机构冻结存款；扣押、查封商品、货物或者其他财产；税务机关未及时解除保全措施，使纳税人及其他当事人合法权益遭受损失的行为。

③ 税务机关做出的强制执行措施，包括书面通知银行或者其他金融机构从其存款中扣缴税款；变卖、拍卖扣押、查封的商品、货物或者其他财产。

④ 税务机关做出的行政处罚行为，包括罚款、没收财物和违法所得、停止出口退税权等。

⑤ 税务机关的不作为,包括不予审批减免税或者出口退税;不予抵扣税款;不予退还税款;不予颁发税务登记证、发售发票;不予开具完税凭证和出具票据;不予认定为增值税一般纳税人;不予核准延期申报、批准延期缴纳税款;税务机关不依法给予举报奖励的行为。

⑥ 税务机关做出的取消增值税一般纳税人资格的行为。

⑦ 收缴发票、停止发售发票。

⑧ 税务机关责令纳税人提供纳税担保或者不依法确认纳税担保有效的行为。

(三) 税收行政复议管辖

对各级税务机关做出的具体行政行为不服的,向其上一级税务机关申请行政复议。对省、自治区、直辖市地方税务局做出的具体行政行为不服的,可以向国家税务总局或者省、自治区、直辖市人民政府申请行政复议。

对国家税务总局做出的具体行政行为不服的,向国家税务总局申请行政复议。对行政复议决定不服,申请人可以向人民法院提起行政诉讼,也可以向国务院申请裁决,国务院的裁决为终局裁决。

对上述规定以外的其他税务机关、组织等做出的具体行政行为不服的,按照下列规定申请行政复议。

① 对计划单列市税务局做出的具体行政行为不服的,向省税务局申请行政复议。

② 对税务所、各级税务局的稽查局做出的具体行政行为不服的,向其主管税务局申请行政复议。

③ 对扣缴义务人做出的扣缴税款行为不服的,向主管该扣缴义务人的税务机关的上一级税务机关申请行政复议;对受税务机关委托的单位做出的代征税款行为不服的,向委托税务机关的上一级税务机关申请行政复议。

④ 国税局(稽查局、税务所)与地税局(稽查局、税务所)、税务机关与其他行政机关联合调查的涉税案件,应当根据各自的法定职权,经协商分别做出具体行政行为,不得共同做出具体行政行为。

对国税局(稽查局、税务所)与地税局(稽查局、税务所)共同做出的具体行政行为不服的,向国家税务总局申请行政复议;对税务机关与其他行政机关共同做出的具体行政行为不服的,向其共同上一级行政机关申请行政复议。

⑤ 对被撤销的税务机关在撤销前所做出的具体行政行为不服的,向继续行使其职权的税务机关的上一级税务机关申请行政复议。

有前述②、③、④、⑤项所列情形之一的,申请人也可以向具体行政行为发生地的县级地方人民政府提出行政复议申请,由接受申请的县级地方人民政府依法进行转送。

(四) 税务行政复议申请

1. 申请的期限

根据《行政复议法》的有关规定:公民、法人或者其他组织认为具体行政行为侵犯其合法权益的,可以自知道该具体行政行为之日起 60 日内提出行政复议申请;但是法律规定的申请期限超过 60 日的除外。

因不可抗力或者其他正当理由耽误法定申请期限的,申请期限自障碍消除之日起继续计算。

2. 申请方式

申请人申请行政复议,可以书面申请,也可以口头申请;口头申请的,复议机关应当当场记录申请人的基本情况、行政复议请求及申请行政复议的主要事实、理由和时间。

3. 申请人

依法提起行政复议的纳税人及其他当事人为税务行政复议申请人，具体是指纳税义务人、扣缴义务人、纳税担保人和其他当事人。

有权申请行政复议的公民死亡的，其近亲属可以申请行政复议；有权申请行政复议的公民为无行为能力人或者限制行为能力人，其法定代理人可以代理申请行政复议。

有权申请行政复议的法人或者其他组织发生合并、分立或终止的，承受其权利义务的法人或者其他组织可以申请行政复议。

与申请行政复议的具体行政行为有利害关系的其他公民、法人或者其他组织，可以作为第三人参加行政复议。

虽非具体行政行为的相对人，但其权利直接被该具体行政行为剥夺、限制或者被赋予义务的第三人，在行政管理相对人没有申请行政复议时，可以单独申请行政复议。

申请人、第三人可以委托代理人代为参加行政复议；被申请人不得委托代理人代为参加行政复议。

4. 被申请人

纳税人及其他当事人对税务机关的具体行政行为不服申请行政复议的，做出具体行政行为的税务机关是被申请人。

5. 复议前置

纳税人、扣缴义务人及纳税担保人对因征税问题引起的争议不服的，应当先向复议机关申请行政复议；对行政复议决定不服，可以再向人民法院提起行政诉讼。

申请人对根据法律规定应当采取行政复议前置以外的其他具体行政行为不服，可以申请行政复议，也可以直接向人民法院提起行政诉讼。

6. 行政复议与行政诉讼

申请人向税务行政复议机关申请行政复议，复议机关已经受理的，在法定行政复议期限内申请人不得再向人民法院提起行政诉讼；申请人向人民法院提起行政诉讼，人民法院已经依法受理的，不得申请行政复议。

（五）税务行政复议受理

① 根据《行政复议法》第十七条的规定："行政复议机关收到行政复议申请后，应当在五日内进行审查，对不符合本法规定的行政复议申请，决定不予受理，并书面告知申请人；对符合本法规定，但是不属于本机关受理的行政复议申请，应当告知申请人向有关行政复议机关提出。

除前款规定外，行政复议申请自行政复议机关负责法制工作的机构收到之日起即为受理。"

② 对符合规定的行政复议申请，自复议机关法制工作机构收到之日起即为受理；受理行政复议申请，应当书面告知申请人。

③ 对应当先向复议机关申请行政复议，对行政复议决定不服再向人民法院提起行政诉讼的具体行政行为，复议机关决定不予受理或者受理后超过复议期限不作答复的，纳税人及其他当事人可以自收到不予受理决定书之日起或者行政复议期满之日起 15 日内，依法向人民法院提起行政诉讼。

④ 纳税人及其他当事人依法提出行政复议申请，复议机关无正当理由而不予受理且申请人没有向人民法院提起行政诉讼的，上级税务机关应当责令其受理；必要时，上级税务机关也可以直接受理。

⑤ 根据《行政复议法》第十七条的规定,行政复议期间具体行政行为不停止执行;但有下列情形之一的,可以停止执行。

- 被申请人认为需要停止执行的。
- 复议机关认为需要停止执行的。
- 申请人申请停止执行,复议机关认为其要求合理,决定停止执行的。
- 法律规定停止执行的。
- 行政复议申请受理后,发现不符合受理条件的。

行政复议终止应当书面告知当事人。

⑥ 税务行政复议的证据包括以下3点。

- 行政复议证据的种类:书证、物证、视听资料、证人证言、当事人的陈述、鉴定结论、勘验笔录、现场笔录。
- 举证责任:在行政复议中,被申请人对其做出的具体行政行为负有举证责任。
- 行政复议机关应当依法全面审查相关证据。行政复议机关审查行政复议案件,应当以证据证明的案件事实为依据。定案证据应当具有合法性、真实性和关联性。

行政复议机关应当根据案件的具体情况,从以下方面审查证据的合法性:证据是否符合法定形式;证据的取得是否符合法律、法规、规章和司法解释的规定;是否有影响证据效力的其他违法情形。

行政复议机关应当根据案件的具体情况,从以下方面审查证据的真实性:证据形成的原因;发现证据时的环境;证据是否为原件、原物,复制件、复制品与原件、原物是否相符;提供证据的人或者证人与行政复议参加人是否具有利害关系;影响证据真实性的其他因素。

行政复议机关应当根据案件的具体情况,从以下方面审查证据的关联性:证据与待证事实是否具有证明关系;证据与待证事实的关联程度;影响证据关联性的其他因素。

下列证据材料不得作为定案依据:违反法定程序收集的证据材料;以偷拍、偷录和窃听等手段获取,侵害他人合法权益的证据材料;以利诱、欺诈、胁迫和暴力等不正当手段获取的证据材料;无正当事由超出举证期限提供的证据材料;无正当理由拒不提供原件、原物,又无其他证据印证,且对方不予认可的证据的复制件、复制品;无法辨明真伪的证据材料;不能正确表达意志的证人提供的证言;不具备合法性、真实性的其他证据材料。

行政复议机构依据本规则第十一条第(二)项规定的职责所取得的有关材料,不得作为支持被申请人具体行政行为的证据。

(六) 税务行政复议决定

根据《行政复议法》第二十二条的有关规定,行政复议原则上采用书面审查的办法,但是申请人提出要求或者法制工作机构认为有必要时,应当听取申请人、被申请人和第三人的意见,并可以向有关组织和人员调查了解情况。

复议机关法制工作机构应当自受理行政复议申请之日起7日内,将行政复议申请书副本或者行政复议申请笔录复印件发送被申请人。被申请人应当自收到申请书副本或者申请笔录复印件之日起10日内,提出书面答复,并提交当初做出具体行政行为的证据、依据和其他有关材料。申请人、第三人可以查阅被申请人提出的书面答复及做出具体行政行为的证据、依据和其他有关材料,除涉及国家秘密、商业秘密或者个人隐私外,行政复议机关不得拒绝。

行政复议机关在对被申请人做出的具体行政行为进行审查时,认为其依据不合法,本机关有权处理的,应当在30日内依法处理;无权处理的,应当在7日内按照法定程序转送有权处理的国家机关依法处理。处理期间，中止对具体行政行为的审查。

行政复议机关负责法制工作的机构应当对被申请人做出的具体行政行为进行审查，提出意见，经行政复议机关的负责人同意或者集体讨论通过后，按照下列规定做出行政复议决定：具体行政行为认定事实清楚，证据确凿，适用依据正确，程序合法，内容适当的，决定维持；被申请人不履行法定职责的，决定其在一定期限内履行；具体行政行为有主要事实不清、证据不足、适用依据错误、违反法定程序、超越或者滥用职权等明显不当的具体行政行为情形之一的，决定撤销、变更或者确认该具体行政行为违法；决定撤销或者确认该具体行政行为违法的，可以责令被申请人在一定期限内重新做出具体行政行为。

行政复议机关责令被申请人重新做出具体行政行为的，被申请人不得以同一事实和理由做出与原具体行政行为相同或者基本相同的具体行政行为。

行政复议机关应当自受理申请之日起 60 日内做出行政复议决定；但是法律规定的行政复议期限少于 60 日的除外。情况复杂，不能在规定期限内做出行政复议决定的，经行政复议机关的负责人批准，可以适当延长，并告知申请人和被申请人；但是延长期限最多不超过 30 日。行政复议机关做出行政复议决定，应当制作行政复议决定书，并加盖印章。行政复议决定书一经送达，即发生法律效力。

被申请人应当履行行政复议决定。被申请人不履行或者无正当理由拖延履行行政复议决定的，行政复议机关或者有关上级行政机关应当责令其限期履行。

申请人逾期不起诉又不履行行政复议决定，或者不履行最终裁决的行政复议决定的，按照下列规定分别处理：维持具体行政行为的行政复议决定，由做出具体行政行为的行政机关依法强制执行，或者申请人民法院强制执行；变更具体行政行为的行政复议决定，由行政复议机关依法强制执行，或者申请人民法院强制执行。

二、税务行政诉讼

（一）税务行政诉讼的概念

税务行政诉讼，是指纳税人及其他当事人对税务机关及其工作人员的具体税务行政行为不服，依法向人民法院提起行政诉讼，由人民法院对具体税务行政行为或者行政复议决定进行审理并做出裁决的司法活动。

人民法院行政审判庭负责审理税务行政诉讼案件。税务行政诉讼是由人民法院进行审理并做出裁决的一种诉讼活动。税务行政复议和税务行政诉讼是解决税务行政争议的两种重要途径。只有由人民法院对税务案件进行审理并做出裁决的活动，才是税务行政诉讼。这是税务行政诉讼与税务行政复议的根本区别。税务行政诉讼对于保护纳税人、扣缴义务人等当事人的合法权益，维护和监督税务机关依法行使行政职权发挥着重要的作用。

（二）税务行政诉讼的原则

除共有原则（如人民法院独立行使审判权，实行合议、回避、公开、辩论、两审、终审等）外，税务行政诉讼还必须和其他行政诉讼一样，遵循以下几个特有原则。

1. 合法性审查原则

人民法院只对具体税务行为是否合法予以审查，而不涉及合理性税务审查，这是与税务行政复议的区别之一。

2. 不适用调解原则

根据我国《行政诉讼法》的相关规定,由于行政案件的性质涉及国家的行政管理权,不适用调节。税务行政诉讼是行政诉讼的一部分,当然不适用调解。

3. 起诉不停止执行原则

当事人不能以起诉为理由而停止执行税务机关所做出的具体行政行为,例如税收保全措施和税收强制执行措施。这是为了保障国家课税权的实现。

4. 举证责任由税务机关负担的原则

由于税务行政行为是税务机关单方做出的,因此只有税务机关最能掌握做出该行为的依据。如果税务机关不提供或不能提供证据,将承担败诉的风险。

(三) 税务行政诉讼的管辖

税务行政诉讼管辖,是指人民法院受理第一审税务案件的职权分工。具体来讲,税务行政诉讼的管辖分为级别管辖、地域管辖和裁定管辖。

1. 级别管辖

级别管辖是上下级人民法院之间受理第一审税务案件的分工和权限。根据《行政诉讼法》的规定,基层人民法院管辖一般的税务行政诉讼案件;中高级人民法院管辖本辖区内重大、复杂的税务行政诉讼案件;最高人民法院管辖全国范围内重大、复杂的税务行政诉讼案件。

2. 地域管辖

地域管辖是同级人民法院之间受理第一审行政案件的分工和权限。一般情况下,地域管辖按照最初做出具体行政行为的机关所在地来确定管辖法院。凡是未经复议直接向人民法院提起诉讼的,或者经过复议,裁决维持原具体行政行为,当事人不服向人民法院提起诉讼的,根据《行政诉讼法》第十七条的规定,均由最初做出具体行政行为的税务机关所在地人民法院管辖。

另外,经过复议的案件,复议机关改变原具体行政行为的,由原告选择最初做出具体行政行为的税务机关所在地的人民法院或复议机关所在地人民法院管辖。原告可以向任何一个有管辖权的人民法院起诉,最先收到起诉状的人民法院为第一审法院。

3. 裁定管辖

裁定管辖,是指当发生特殊情况或者管辖权出现争议时,人民法院依法自行裁定的管辖,包括移送管辖、指定管辖及管辖权转移3种情况。

① 移送管辖。针对人民法院发现受理的案件不属于自己管辖时,移送有管辖权的人民法院。受移送的人民法院不得自行移送。

② 指定管辖。根据《行政诉讼法》第二十二条的规定,有管辖权的人民法院因特殊原因不能行使对行政诉讼的管辖权的,由其上级人民法院指定管辖;人民法院对管辖权发生争议且协商不成的,由它们共同的上级人民法院指定管辖。

③ 管辖权的转移。根据《行政诉讼法》第二十三条的规定,上级人民法院有权审理下级人民法院管辖的第一审税务行政案件,也可以将自己管辖的第一审行政案件移交下级人民法院审判;下级人民法院对其管辖的第一审税务行政案件,认为需要由上级人民法院审判的,可以报请上级人民法院决定。

(四) 税务行政诉讼的受案范围

税务行政诉讼案件的受案范围除受《行政诉讼法》有关规定的限制外,也受《征管法》及其他相关法律、法规的调整和制约。具体说来,税务行政诉讼的受案范围与税务行政复议的受案范围基本一致,包括以下各方面。

① 税务机关做出的征税行为:征收税款,加收滞纳金,扣缴义务人、受税务机关委托的单位做出的代扣代缴、代收代缴行为及代征行为。

② 税务机关做出的行政处罚行为:罚款、没收违法所得、停止出口退税权、收缴发票和暂停供应发票。

③ 税务机关做出的责令纳税人提交纳税保证金或者纳税担保行为。

④ 税务机关做出的税收保全措施。

⑤ 税务机关做出的税收强制执行措施。

⑥ 税务机关做出的通知出境管理机关阻止出境行为。

⑦ 税务机关的不作为。包括:认为符合法定条件申请税务机关颁发税务登记证和发售发票,税务机关拒绝颁发、发售或者不予答复的行为。

⑧ 税务机关的复议行为:包括复议机关改变了原具体行政行为;超过期限,税务机关不予答复。

(五) 税务行政诉讼的起诉和受理

1. 税务行政诉讼的起诉

税务行政诉讼起诉,是指纳税人、扣缴义务人等税务管理相对人认为自己的合法权益受到税务机关具体行政行为的侵害,而向人民法院提出诉讼请求,要求人民法院依法判决的行为。

公民、法人或者其他组织直接向人民法院提起诉讼的,应当在知道做出具体行政行为之日起3个月内提出,法律另有规定的除外。公民、法人或者其他组织向行政机关申请复议的,复议机关应当在收到申请书之日起两个月内做出决定,法律、法规另有规定的除外。申请人不服复议决定的,可以在收到复议决定书之日起15日内向人民法院提起诉讼,复议机关逾期不作决定的,申请人可以在复议期满之日起15日内向人民法院提起诉讼。法律另有规定的除外。

根据《行政诉讼法》第四十条的规定,纳税人、扣缴义务人等税务管理相对人在提起税务行政诉讼时,必须符合下列条件。

① 原告是认为具体税务行为侵犯其合法权益的公民、法人或者其他组织。

② 有明确的被告。

③ 有具体的诉讼请求和事实、法律根据。

④ 属于人民法院的受案范围和受诉人民法院管辖。

2. 税务行政诉讼的受理

根据《行政诉讼法》第四十二条的规定:“人民法院接到起诉状,经审查,应当在七日内立案或者作出裁定不予受理。原告对裁定不服的,可以提起上诉。”

对当事人的起诉,人民法院一般审查是否属于法定的诉讼受案范围;是否具备法定的起诉条件,是否已经受理或者正在受理,是否有管辖权,是否符合法定的期限等。

(六) 税务行政诉讼的审理和判决

1. 税务行政诉讼的审理

人民法院受理原告的起诉后,对税务行政诉讼案件进行审理。审理的核心是审查被诉具体行政行为是否合法,即做出该行为的税务机关是否依法享有该税务行政管理权。

税务行政诉讼期间,不停止具体行政行为的执行。但有下列情形之一的,停止具体行政行为的执行:被告认为需要停止执行的;原告申请停止执行,人民法院认为该具体行政行为的执行会造成难以弥补的损失,并且停止执行不损害社会公共利益,裁定停止执行的;法律、法规规定停止执行的。

人民法院公开审理税务行政案件,但涉及国家秘密、个人隐私和法律另有规定的除外。

当事人认为审判人员与本案有利害关系或者有其他关系可能影响公正审判,有权申请审判人员回避。

2. 税务行政诉讼的判决

根据《行政诉讼法》第五十四条的规定,人民法院经过审理,根据不同情况,分别做出以下判决。

① 维持判决。适用于具体行政行为证据确凿,适用法律、法规正确,符合法定程序的案件。

② 撤销判决。被诉的具体行政行为主要证据不足,适用法律、法规错误,违反法定程序,或者超越职权、滥用职权,人民法院应判决撤销或部分撤销,同时可判决税务机关重新做出具体行政行为。

③ 履行判决。税务机关不履行或拖延履行法定职责的,判决其在一定期限内履行。

④ 变更判决。税务机关处罚显失公平的,可以判决变更。

当事人不服人民法院第一审判决的,有权在判决书送达之日起15日内向上一级人民法院提起上诉。当事人不服人民法院第一审裁定的,有权在裁定书送达之日起10日内向上一级人民法院提起上诉。逾期不提起上诉的,人民法院的第一审判决或者裁定发生法律效力。

当事人对已经发生法律效力的判决、裁定,认为确有错误的,可以向原审人民法院或者上一级人民法院提出申诉,但判决、裁定不停止执行。

三、税务行政赔偿

税务行政赔偿是指税务机关及其工作人员违法行使职权侵犯当事人合法权益造成损害的,受害人有依法取得税务机关赔偿的权利。

(一) 税务行政赔偿的构成要件

1. 主体要件

主体要件是构成税务行政赔偿的必要条件,即侵害纳税人及其他当事人合法权益的必须是国家税务行政机关及其工作人员,此时方能产生税务赔偿责任。

2. 行为要件

产生税务赔偿责任必须是税务机关及其工作人员执行职务的过程中违反法律,实施了侵权行为。

根据《国家赔偿法》第三条的规定,该侵权行为或者侵犯了纳税人及其他当事人的人身权利,例如:非法拘禁纳税人及其他当事人或以其他方式剥夺纳税人及其他当事人的人身自由;以殴打等暴力行为或者唆使他人以殴打等暴力行为造成纳税人及其他当事人身体伤害或者死亡等其他违法行为。

该侵权行为或者侵犯了纳税人及其他当事人的财产权利,例如:向纳税人及其他当事人违法实施罚款、没收非法所得或财物等行政处罚;向纳税人及其他当事人违法征收税款或滞纳金;对纳税人及其他当事人的商品、货物或者其他财产违法采取保全措施或者税收强制执行措施;违反国家规定向纳税人及其他当事人征收财物、摊派费用的;造成纳税人及其他当事人财产损害的其他违法行为。

3. 损害结果要件

税务机关及其工作人员违法执行职务的行为必须现实地、确定地给他人造成了利益损害。

4. 因果关系要件

即税务机关及其工作人员违法执行职务的侵权行为必须与损害后果存在因果关系。

只有这4个要件同时具备，纳税人及其他当事人才有权请求税务行政赔偿。税务机关工作人员与行使职权无关的个人行为和因当事人自己的行为致使损害发生的，税务机关不承担赔偿责任。

（二）税务行政赔偿义务机关

根据我国《国家赔偿法》第七条的规定，一般情况下，税务机关及其工作人员在行使行政职权时，侵犯纳税人及其他当事人的合法权益造成损害的，该税务机关为赔偿义务机关。

两个以上税务机关共同行使职权时，侵犯纳税人及其他当事人的合法权益造成损害的，共同行使行政职权的税务机关为共同赔偿义务机关。

税收法律、行政法规授权的组织在行使授权的行政权力时，侵犯纳税人及其他当事人的合法权益造成损害的，被授权的组织为赔偿义务机关。

赔偿义务机关被撤销的，继续行使其职权的税务机关为赔偿义务机关；没有继续行使其职权的税务机关的，撤销该赔偿义务机关的税务机关为赔偿义务机关。

经复议机关复议的最初造成侵权行为的税务机关为赔偿义务机关，但复议机关的复议决定加重损害的，复议机关对加重的部分履行赔偿义务。

（三）税务行政赔偿的程序

1. 申请

根据《国家赔偿法》第九条、第十条的规定，赔偿请求人因税务机关做出的具体行政行为造成损失的，应先向赔偿义务机关提出赔偿申请，也可以在申请行政复议和提起行政诉讼时一并提出。两个以上税务机关共同行使行政职权时，侵犯纳税人及其他当事人的合法权益造成损害的，赔偿请求人可以向共同赔偿义务机关中的任何一个赔偿义务机关要求赔偿，该赔偿义务机关应当先予赔偿。

赔偿请求人要求赔偿，应递交赔偿申请书。赔偿请求人书写确有困难时，可以委托他人代书，也可以口头申请，由赔偿义务机关记入笔录。

2. 受理

赔偿请求人要求赔偿，并递交赔偿申请书的，赔偿义务机关应当受理，并依法给予赔偿。

公民、法人、其他组织在提起税务行政诉讼时，一并提出行政赔偿请求的，人民法院应当一并受理。赔偿请求人单独提起税务行政赔偿诉讼，须以赔偿义务机关先行处理为前提。赔偿请求人对赔偿义务机关确定的赔偿数额有异议或者赔偿义务机关逾期不予赔偿，赔偿请求人有权向人民法院提起行政赔偿诉讼，法院应当受理。

3. 赔偿

赔偿义务机关经过依法确认，对于确有应当属于税务行政赔偿范围的、侵犯纳税人及其他当事人的人身或者财产权利的行为的，应当给予赔偿。

根据《国家赔偿法》第十三条的规定，赔偿义务机关应当自收到申请之日起2个月内依照法律规定给予赔偿；逾期不予赔偿或者赔偿请求人对赔偿数额有异议的，赔偿请求人可以自期满之日起3个月内向人民法院提起行政诉讼。

(四)税务行政赔偿的方式

根据《国家赔偿法》的规定,税务行政赔偿以支付赔偿金为主要方式。能够返还财产或者恢复原状的,予以返还财产或者恢复原状。不能恢复原状的,按照损害程度给付相应的赔偿金。应当返还的财产灭失的,给付相应的赔偿金。对财产造成其他损害的,按照直接损失给予赔偿。

本章小结

税务行政处罚的目的主要是保障和监督税务行政机关能够有效地实施税务行政管理,保护纳税人和其他税务当事人的合法权益,是行政处罚的重要组成部分。税务行政处罚的实施主体主要是县以上的税务机关,税务所可以实施罚款额在2 000元以下的税务行政处罚。针对案件性质的不同,税务行政处罚分为一般程序和简易程序以及听证程序3种。税务行政救济的主要目的是防止、纠正税务机关的违法行政行为,对税务行政机关相对人的合法权益进行保护和补救。主要内容包括税务行政复议、税务行政诉讼、税务行政赔偿等。

快速问答

1. 纳税人、扣缴义务人同税务机关在纳税上发生争议时,可以采取的行为是(　　)。

A. 直接向上一级税务机关申请行政复议

B. 直接向人民法院起诉

C. 必须先依照税务机关的纳税决定缴纳或者解缴税款及滞纳金或者提供相应的担保,然后依法申请行政复议;纳税人对行政复议决定不服的,可以依法向人民法院起诉

D. 通过调解的方式解决

2. 属于税务行政处罚类型的有(　　)。

A. 没收非法所得　　B. 停止出口退税权

C. 收缴发票和暂停供应发票　　D. 罚款

3. 纳税人及其他税务当事人对税务机关做出的具体行政行为不服的,可以按以下管辖原则申请复议(　　)。

A. 对省级国家税务局做出的具体行政行为不服的,向国家税务总局或省级人民政府申请复议

B. 对国家税务总局做出的具体行政行为不服的,向国家税务总局申请行政复议

C. 对省级以下各级国家税务局做出的税务具体行政行为不服的,向其上一级机关或者同级人民政府申请行政复议

D. 对税务机关依法设立的派出机构,依照法律、法规或者规章的规定,以自己名义做出的税务具体行政行为不服的,向设立该派出机构的税务机关申请行政复议

4. 下列各项中,税务行政复议是税务行政诉讼前置程序的有(　　)。

A. 税务机关未及时解除保全措施,使纳税人及其他当事人合法权益造成损失

B. 税务机关收缴发票、停止发售发票的行为

C. 因税务机关适用法律错误,致使纳税人少缴税款,税务机关要求补缴两年前税款引起的争议

D. 税务机关不予认定为增值税一般纳税人引起的税务争议

5. 税务行政处罚的实施主体主要是县以上税务机关,但税务所可以实施罚款额在(　　)以下的税务行政处罚。

A. 1 000 元　　B. 1 500 元　　C. 2 000 元　　D. 3 000 元

思考题

1. 税务行政处罚的原则是什么?
2. 简述税务行政复议的受案范围。
3. 简述税务行政处罚的形式。
4. 税务行政诉讼的管辖范围包括哪些?
5. 税务行政复议的受案范围有哪些?

参考文献

[1] 中国注册会计师协会．税法[M]．北京:经济科学出版社,2014.

[2] 王佐云．税收学[M]．上海:立信会计出版社,2004.

[3] 胡怡建．税收学[M]．上海:上海财经大学出版社,2011.

[4] 杨文生,刘瑞生．国家税收[M]．成都:西南财经大学出版社,2005.

[5] 陶其高．企业税务会计[M]．杭州:浙江大学出版社,2005.

[6] 罗宏斌．国家税收学[M]．长沙:湖南大学出版社,2008.

[7] 王曙光．税法[M]．大连:东北财经大学出版社,2014.

[8] 宋凤轩,于艳芳．税法与税收筹划[M]．北京:人民邮电出版社,2010.

[9] 赵恒群,李昌．税法教程[M]．北京:清华大学出版社,2007.

[10] 朱为群．中国税制教程[M].2 版．上海:上海财经大学出版社,2004.

[11] 全国注册税务师执业资格考试教材编写组．税法Ⅰ．北京:中国税务出版社,2013.

[12] 全国注册税务师执业资格考试教材编写组．税法Ⅱ．北京:中国税务出版社,2013.

尊敬的老师：

您好。

请您认真、完整地填写以下表格的内容（务必填写每一项），索取相关图书的教学资源。

教学资源索取表

书 名				作 者 名	
姓 名		所在学校			
职 称		职 务		讲授课程	
联系方式	电话：	E－mail：		微信号：	
地址（含邮编）					
贵校已购本教材的数量（本）					
所需教学资源					
系/院主任姓名					

系/院主任：＿＿＿＿＿＿＿＿＿＿（签字）

（系/院办公室公章）

20＿＿年＿＿月＿＿日

注意：

① 本配套教学资源仅向购买了相关教材的学校老师免费提供，通过网站和书店零购的读者，请提供购书凭证——发票、购买地点等购书的详细信息索取。

② 请任课老师认真填写以上信息，并**请系/院加盖公章**，然后传真到（010）80115555 转 735253 索取配套教学资源。也可将加盖公章的文件扫描后发送到 presshelp@126.com 索取教学资源。欢迎各位老师关注我们的微信公众号：presshelp，随时和我们进行沟通和互动。

南 京 大 学 出 版 社

http://www. NjupCo. com